# 초등학교 한자교육

초등학교 한자교육

# 초등학교

## 한자교육

서울교육대학교 초등국어교육연구소 교육총서 1

방인태 · 김창호 · 한은수 공저

도서출판 역락

# ▌초등국어교육연구소 교육총서 발간에 즈음하여

　　초등교사 양성 대학인 서울 교육대학은 질 높은 초등 교사 양성을 위해 초등 국어교육의 전문화를 위한 연구소를 설립하고, 그동안 나름대로 학술적 연구와 발표회를 통한 초등국어교육의 질적 발전에 헌신해 왔다. 그동안 前任 소장들의 노고를 바탕으로 <초등국어교육>의 지속적인 발간은 이와 같은 노력의 성과물이라 할 수 있다. 그러나 이제는 더욱 질적 수준을 제고하기 위하여 초등국어교육 연구자에 국한되는 것으로부터 더 나아가 예비 교사들의 교육과 학교 현장에 기여하는 실제적인 성과물을 제시해야 할 때가 되었다. 물론 이러한 새로운 출발은 전임 소장들의 열의와, 관심을 갖고 꾸준히 성원해준 덕택과, 국어교육과 교수들의 애정이 든든한 바탕이 되었다.

　　이의 일환으로 초등교사 양성을 위한 국어과교육의 강의에 적합한 새로운 교재 개발 또한 중요하고 시급한 일이다. 동일한 강좌의 통일된 교재를 통하여 일정 수준 강의의 질과 일관된 내용의 준수는 학교 현장에 필요한 교사의 전문성을 심화시키는 데에 더욱 필요한 일이다. 이러한 노력은 초등교사 양성 대학의 전문성 심화에 일조하리라 굳게 믿는다.

　　이에 본 연구소는 이의 취지를 살리기 위하여 교육총서를 기획하여 발간하고자 한다. 이 교육총서는 교육대학생의 강의 교재로 사용하는 것을 일차 목적으로 하여 개발한다. 그러나 이에 머무르지 않고, 초등학교 현장 교사들에게 적절한 참고용 도서로도 활용할 수 있으며, 전문성 심화를 위한 교사의 연수용 교재, 대학원 강의용 교재로도 사용할 수 있게 개발의 목적을 더욱 광범위하게 설정하여 추진하고자 한다.

　　이번에 이러한 교육총서 발간의 첫 번째로 <초등학교 한자교육>을 내놓을 수 있게 되어 무엇보다 기쁘고, 앞으로 이 교육총서 발간 사업이 지속적으로 실행되어 더욱 훌륭하고 적절한 교육용 교재가 더 많이 강의실에 보급되길 바란다.

2006. 8. 21

서울교대 초등국어교육연구소 所長　方 仁 泰

# 序 文

초등학교 한자교육은 그 필요성에 비추어 실질적인 노력이 많이 부족한 것이 사실이다. 우리 대학에서도 오래전부터 한자교육 강좌가 개설되어 수많은 예비교사들이 교육을 받고 학교 현장에서 한자교육을 실행하고 있다. 그럼에도 불구하고 이 강좌에 적합한 교재가 마땅치 않았던 것 또한 사실이다. 그래서 그동안의 강좌 운영은 담당한 교수의 재량에 의지하여 기존에 발간된 관련 서적을 참고하여 그 일부를 편집하여 강의하여왔거나, 관련된 연구 논문을 근거로 강의안을 작성하여 강의하여 왔다. 이 점에 대하여 그동안 수강자들의 불만이 제기되어 온 것 또한 숨길 수 없는 사실이고, 이에 대한 개선의 필요성 또한 강의 담당 교수들도 함께 인식하고 있었다.

이와 같은 문제를 오래 전부터 인식하여 온 저자들은 초등학교에 적합한 통일된 한자교육 강의용 교재 개발에 의견을 공유하고 교재 발간 작업에 힘을 모으기로 하였다. 때마침 초등국어교육연구소에서 교육총서 발간을 기획하고 있어 그 일정에 맞추어 교재 발간에 본격적으로 착수하기에 이르렀다. 그리하여 우리들은 먼저 그동안 발간된 초등학교 한자교육과 관련된 논문과 저술을 수집하여 정리하고, 장단점을 파악하여 학교 현장에 적합한 내용을 本書에 담으려고 시도하였다.

이와 관련하여 우리가 저술하면서 동의한 몇 가지를 밝히면 다음과 같다. 첫째는 본 저서는 초등학교 교사 양성 대학에서 사용하기 위한 한자교육 강의용 교재를 목표로 하였다. 따라서 중·고등학교의 한문교육에서 취급하는 한자교육과는 다른 관점과 차별화된 내용을 담으려고 하였다. 둘째는 대학 강의용 교재이므로 전문가들을 위한 학술서의 일반적인 체재를 필요에 따라서 적절히 취사선택하기로 하였다. 따라서 일반 학술 서적에서 다른 학자의 연구물을 인용하거나 참고할 때의 인용 典據를 脚註로 상세히 제시하는 것을 가급적 자제하기로 하였다. 세세한 각주는 학습자들의 유장한 독해를 일정 부분 방해한다고 생각하였다. 그래서 이의 보완으로 各章 말미에 인용하고 참고한 연구물을 일괄하여 제시하기로 하였다. 물론 인용한 학술서와 연구 논문의 紙面도 가능한 정확하고 상세하게 제시하려고 하였다. 이에 관하여 해당 연구자들의 양해와 寬容을 기대하며, 아울러 훌륭한 연구물을 이용하여 저술할 수 있게 된 점에 대하여 충심으로 감사하다는 것을 또한 이 자리에 밝힌다. 셋째는 대학 강의용 교재이므로 어떠한 특정 학술적 의견을 따르기 보다는 가능한 보편적인 학계의 일반화 된 논의를 담으려고 노력하였다. 그러다 보니, 저자들의 학술적 의견과는 다소 거리가 있는 내용도 담게 됨으로써 전체적인 내용을 일별해 보니 특징이 뚜렷하지 않는 두루 뭉수리 한 책이 되었다. 이것은 본서가 어떠한 학술적 의견을 제시하고자 한 책이 아니라, 종합적인 한자교육에 관한 이해를 돕고자 기획한 책이므로 필연적으로 가지게 되는 한계임을 이 방면의 학계 전문가와 실제 사용자의 양해를 널리 구하고자 한다. 넷째는 본서가 대학생을 위한 강의용 교재에만 머무르지 않고, 학교 현장에서 한자교육에 관심을 갖고 교육에 힘쓰는 교사 여러분과 한자교육에 열성을 보이는 일반인에게도 일정 부분의 참고가 될 수 있도록 가능한 배려를 아끼지 않았다는 사실도 함께 밝히고자 한다. 따라서 한자교육에 관심을 갖고 계신 많은 분들께도 유용한 책이 되길 적극 기대하고 희망한다.

끝으로 이 작은 책자를 세 사람이 저술하면서 여러 사람의 도움을 입었다. 일일이 다 밝힐 수는 없지만 일부 여기에 기록하고자 한다. 우리나라 한자교육의 礎石을 다지시고, 저자들의 참 스승이신 石泉 鄭愚相 선생님께 제일 먼저 감사를 표한다. 다음으로 서울교대에서 한자교육 강의를 수강한 학생 여러분, 그대들의 지속적인 성원이 있었기에 이제 번듯한 교재를 마련하게 된 점에 대해 역시 감사한다. 마지막으로 우리의 아내들과 아들 딸, 당신들이 있고 적극 후원을 아끼지 않았기에, 유난히 暴炎이 심한 올 여름을 우리는 잘 견디고 이 책을 세상에 내놓을 수 있었음을 결코 잊지 않겠다고 다짐한다.

2006. 8. 23

저자를 대표하여 方 仁 泰 적다

# 차 례

# 제1장

## 초등 한자 교육의 이해

# 1

## 한자 교육의 필요성

## 1) 초등학교의 한자교육은 한자 어휘의 바른 이해와 표현을 통한 국어 어휘 능력을 신장시키는 데 필요하다

현행 국어교육은 실용적인 언어 기능을 강조하고 일차적인 의사소통을 중시하여 말을 하거나 글을 읽고 쓰는 데 절대적으로 요구되는 어휘력 신장을 소홀히 취급하였다. 그 결과로 국어 생활이 파행적으로 이루어지고 어휘에 대한 이해가 부족하여 날로 독서 능력이 쇠퇴하고, 글도 부정확하게 쓰게 된다. 이러한 국어교육을 정상화하는 첩경은 한자교육을 통해 어휘에 대한 정확한 의미를 이해하고, 그것을 바탕으로 명확하게 표현할 수 있도록 어휘력을 신장시켜야 한다. 그런데 한자에 대한 이해는 한자 어휘가 대부분인 우리말의 어휘력 신장에 절대적으로 필요하다. 따라서 기초교육인 초등학교에서부터 한자교육을 통하여 국어교육을 정상화시켜야 한다.

## 2) 他 교과의 한자 어휘로 된 학습 용어를 바르게 이해할 수 있는 기초 능력을 신장시켜 실제의 학습 활동에 기여해야 한다

한자 어휘는 국어 생활에만 필요한 것이 아니다. 어린이가 학습하는 모든 교과서의 학습 용어가 거의 대부분 한자어이다. 그러므로 이 학습 용어에 대한 정확한 이해는 교과 학습의 성취에 절대적으로 요구된다. 이러한 학습 용어에 대한 이해는 한자로부터 비롯한다. 그러므로 이러한 한자 어휘를 이해할 수 있는 한자 능력을 키워 실제의 교과 학습에서 응용하면 실제적인 타 교과 학습의 성취는 뚜렷하게 나타난다. 그러므로 한자교육의 시행은 다른 교과 학습 성취에도 기여하는 바가 대단히 크다.

### 3) 언어와 문자에 대한 바른 이해와 한자문화권의 조화로운 발전을 꾀하는 데 필요하다

半萬年의 우리말의 역사 속에서 한자로 그것을 표기하기 시작한 것은 대략 2~3천 년 전부터이다. 그 뒤에 약 5백여 년 전에 한글을 창제하여 우리만의 문자를 겸하여 쓰기 시작하였으나, 실제 사용 기간은 백여 년 정도이다. 이러한 역사에서 우리말은 한자와 함께 성장하고 변화하였으며 발전해 왔다. 그 당시부터 오늘날까지 한자는 동아시아의 보편적 국제 문자로서 한자문화권의 핵심이 되었다. 그러한 문자의 긴 역사를 거치면서 한자는 사용되는 나라별로 음과 모양과 뜻이 약간의 편차를 보이며 변모하였다. 그럼에도 불구하고 그 변모의 폭이 한자를 사용하는 國家間의 의사소통에는 큰 장애를 주지 않고 있다. 이러한 한자문화권의 현실은 우리로 하여금 그러한 나라들과의 조화로운 동반 발전과 교류를 요구하고 있다. 이러한 상호간의 발전과 교류의 유용한 공통적인 문자 도구가 바로 한자이다. 그러므로 기초교육인 초등학교에서부터 중요한 연모인 한자를 올바르게 가르치고 적극적으로 교육시켜야 한다. 왜냐하면 한자문화권의 다른 나라들과 선의의 경쟁에서 뒤지지 않고 그들과 정상적인 관계를 수립하기 위해서는 한자 능력의 정도가 가장 기본적으로 작용하기 때문이다.

### 4) 바람직한 가치관을 수립하고 전통 문화의 올바른 계승과 발전에 중요하다

우리나라의 교육 이념은 弘益人間이다. 이것은 다른 사람에게 두루 도움을 줄


초등학교 한자교육

수 있는 인간이다. 타인에게 유익한 인간이 되기 위해서는 바람직한 가치관을 갖는 것은 절대적으로 필요하다. 이 바람직한 가치관을 수립하기 위해서는 자신의 존재에 대한 바른 성찰이 요구된다. 그것은 자신이 태어나서 생활하는 사회에 대한 건전한 이해가 선결 과제라 할 수 있다. 또한 이것은 자신이 숨 쉬고 있는 사회의 전통 문화에 대한 올바른 이해도 함께 요청되는 일이다. 그리고 앞으로 후손에게 바람직한 사회를 물려주는 것 또한 선인의 중요한 임무이다. 이러한 연유로 전통 문화를 계승하여 발전시켜나가는 일은 당대인의 마땅한 문화사적 의미이다. 그리고 이러한 일을 하는데 절대적으로 요청되는 능력이 한자 능력이다. 왜냐하면 우리 전통 문화를 기록한 문헌은 모두 한자로 기록되었거나 한자가 근간인 문자(한자어)로 전해오기 때문이다. 다시 말하면 한자는 우리의 전통 문화를 접하기 위한 패스워드(password)이다. 그러므로 초등학교부터 이 패스워드를 사용하는 방법을 가르쳐 주어야 한다. 그것이 바로 초등학교의 한자교육이다.

## 5) 미래 사회를 준비하고 21세기의 지식 정보화에 유용한 도구로 활용할 수 있다

앞으로의 사회는 서구만이 중심이 되는 사회가 아니라 다차원적이고 多중심적인 사회이다. 이와 같은 사회를 미리 대비하기 위해서는 우리나라에서 쓰이는 한글만을 익히거나, 서구에서 사용되는 로마자의 학습에 국한되는 것은 곤란하다. 동아시아의 국제 문자인 한자도 마땅히 미래 준비를 위해 학습해야 한다. 더구나 한 백여 년 전에 들어온 외래 문자인 로마자와 한자는 여러 면에서 다르다. 한자는 이미 2~3천 년 전부터 우리 조상이 사용해왔고, 우리말에 침투하여 우리말식으로 다듬어졌고, 우리말의 다수 구성 성분을 이루고 있으며, 오늘날에도 끊임없이 표기 여부와 상관없이 사용되고 있는 살아 있는 문자이다. 나아가서 한자는 그 문자적 특성상 글자마다 고유의 의미를 가진 표의문자이므로, 그 문자들이 독립적으로 다른 문자와 어울려 단어를 형성하는 造語力이 뛰어나다. 그리고 한자는 의미의 縮約力이 뛰어나서, 한자 하나가 우리말로 길게 풀이되는 뜻을 담게

**15**
제1장_ 초등 한자 교육의 이해

되므로 발음의 경제성도 매우 높다. 이것은 날로 복잡해지는 사회에서 정보의 축적에 유용하다. 컴퓨터에 비유하여 말하면 한자는 정보의 저장과 그 처리 속도가 표음 문자에 비해 상대적으로 많고 신속하다고 할 수 있다. 이것이야말로 21세기의 지식 정보화 사회에 필요한 유용한 기능이다. 과거에는 획수의 복잡함으로 기피되던 한자가 컴퓨터의 발달로 오히려 그 정보 축적에서 앞서므로 그 처리에서 정보화에 유용하게 쓰일 수 있게 되었다. 이러한 유용한 한자를 활용하여 미래 사회에 창의적으로 대응하기 위해서는 기초교육인 초등학교에서부터 한자교육을 실시해야 한다. 이것이 장차 우리나라의 문화적 창의력을 향상시켜 동아시아의 중추적인 국가가 될 수 있는 기반으로 작용할 수 있을 것이다.

# 2

# 한자 교육의 교과적 성격

## 1) 초등학교 한자는 재량 활동 교육이다

현행 제7차 교육과정에서도 한자는 초등학교 교육과정의 정규 교과목이 아니다. 裁量 활동 시간에 다룰 수 있는 과목이다. 그러므로 학교마다 학교장의 교육적 판단에 의해 선택이 좌우되고 있다. 한자 교육의 중요성에 비추어보면 한시바삐 정규 교과목으로 초등학교에서 실행되어야 한다. 그러나 재량 시간의 교과목이라 해서 한자 교육 자체의 중요성과 그 가치가 떨어지는 것은 결코 아니다. 오히려 재량시간이기에 그 교육적 중요성은 더 클 수 있다. 다시 말해서 선택적 학습이 학습자에겐 실질적인 필요성을 더 증대하고 있다. 어느 초등학교의 누구라도 배우는 교과목은 그 보편성으로 말미암아 중요성의 가치가 떨어진다고 볼 수 있다. 이것은 마치 물과 공기의 중요성을 잊고 있는 것과 같은 이치이다. 그런 점에서 선택적인 한자교육은 그 선택적 가치가 보다 높다고 할 수 있다.

10년 국민 공통 기본 교육과정 중에서 초등학교 6년간의 한자 교육은 재량시간에만 가능하다. 중학교 한문 교육과 고등학교의 한문 교육과 연계하여 확장된다. 중·고등학교의 성공적인 漢文 학습을 위해서도 초등학교에서 일정 수준의 한자 학습을 시행해야 한다. 왜냐하면 초등학교 교육과 바르게 연계가 될 때 중고교의 교육 목적을 달성할 수 있을 것이기 때문이다. 그런 점에서 초등학교 한자 교육의 충실한 이수가 국민 공통 기본 교육과정의 성공적인 수행에 직결된다. 제7차 교육과정의 가장 큰 특징은 국민 공통 기본 교육과정과 수준별 교육과정이다. 학습자의 수준에 따라 다른 학습 내용과 목표를 성취하도록 하고 있다. 한자 교육은 재량 교과목이므로 학습자의 수준에 따라 학습량을 조절하고 그 학습의 목표를 달리하여 학습 지도가 가능하다.

새로운 교육과정의 정신은 학습자 개별 수준에 맞는 학습과 활동을 통한 실질적인 학습 목표를 추구하고 있다. 이와 같은 교육과정의 정신에 부응하여 한자 학습도 학습자 개별의 능력과 흥미에 맞는 학습 방법을 제시하고, 각자의 수준에 맞는 활동을 통하여 흥미를 유지하면서 한자를 학습하도록 해야 한다.


## 2) 초등학교 한자는 汎敎科 교육이다

초등학교 한자 교육은 독립적인 의미와 고유한 가치의 교과이지만 그 효율성은 단독적인 수준에 머물지 않는다. 한자가 다루는 것이 한자와 한자어이므로 그 언어를 사용하는 모든 교과가 그 도움을 받는다. 그러므로 이 교과는 범교과적이다. 한자 교육은 단지 이 교과만의 학습 목표에 국한하지 않고, 全 교과에 그 영향을 크게 미칠 수 있다. 따라서 초등학교의 전 교과에 학습 용어상의 유용성을 크게 확대할 수 있는 한자 학습은 그 범교과적 성격으로 말미암아 그 역할이 매우 큰 교과이다.

### 3) 초등학교 한자는 문자 교육이다

초등학교에서 한자를 가르치는 일은 언어 학습이 아니라 문자 학습이다. 이것이 한글의 문자 학습과 그 선후에 있어서 중요성과 필요성 면에서 상관성이 있다. 하나의 문자를 가르치는 일이므로 한글 문자의 학습과 상호 관련이 깊다. 따라서 초등의 경우에 한글 학습이 어느 정도 정착되는 시기인 3학년부터 한자 학습을 실시하는 것이 바람직하다. 문자를 가르치는 것은 문자의 한 글자에 멈추는 것이 아니라, 그 문자로 조어되는 한자 단어와 관련이 된다. 그러므로 한자말로 된 우리말 단어에 대한 그 어휘력이 일정한 정도에 다다른 학습자를 대상으로 한자를 가르치는 것이 한층 효과가 높고 학습 의욕이 앞선다. 따라서 그러한 학습의 환경이 적절한 경우에 한자 교육을 실시하는 것이 최선이다.

### 4) 초등학교 한자는 실용 교육이다

초등학교 한자 교육은 학습의 결과가 학생들의 다른 교과 학습에 실용적인 영향을 끼쳐야 한다. 한문 문장을 읽기 위해서 한자 학습을 하는 것이 아니라, 他교과의 한자어에 관한 올바른 이해를 통하여 교과 학습에 도움을 주고자 하는 도구 교과이다. 그러므로 학습자들이 생각하고 실제로 그러한 실용성을 체험할 수 있는 학습이 되어야 한다. 그것은 학습자의 학습 의욕을 고취시키고, 학습의 성취를 높이는 중요한 점이다. 어린이들이 한자를 배워서 일상의 생활에 도움이 되는 것은 독서를 하는 일과 기타의 한자어로 표기된(한자로 썼던, 한글로 썼던)문자를 읽을 때의 효과를 경험시키는 일과 관련된다. 그리고 학습 어휘의 대부분이 한자어이므로 그것을 한자 학습을 통해서 보다 정확하고 깊이 있게 이해하면 그들은 한자 학습의 實用性을 인식하게 되어 학습의 효과를 높일 수 있다.


초등학교 한자교육

# 3

## 한자 교육의 목표와 방향

### 1) 한자와 한자 어휘 학습으로 국어 문장의 이해와 표현 능력을 기른다

초등학교 한자교육의 첫째 목표는 국어와 관련이 있다. 우리말의 어휘는 고유어와 한자어, 외래어로 구성되어 있다. 이 중에서 고유어도 아니면서 외래어도 아닌 한자어의 비율이 상당히 높다. 한자어가 수입될 당시에는 외국어였으나, 이것이 외래어로 변하면서 自生的인 단어 구성을 하기도 했고, 고유어를 밀어내고 우리말의 대부분을 차지하게 되었다. 따라서 우리말과 문장에서 한자어는 70% 이상의 비율을 차지한다. 그러므로 이 한자어휘에 대한 이해는 우리말과 문자의 표현과 이해를 위해서 반드시 요구된다. 이러한 우리의 언어와 문자의 현실을 감안하여, 이 한자 어휘에 대한 이해의 기본 바탕으로서 한자에 대한 이해를 첫 번째의 한자교육의 목표로 삼았다.

### 2) 한자와 한자 어휘로 언어생활의 실제 사용 능력을 기른다

한자교육의 두 번째 목표로 삼은 것은 한자와 한자의 어휘 이해에 바탕을 두고 실제 언어생활에서 그 사용 능력을 기르는 것이다. 특히 초등학교 한자교육은 한자와 그 한자어 자체라기보다는 그것을 이용한 우리 언어생활의 편의를 위한 것이다. 이것은 중등 한자교육과의 차별성이다. 漢文章 학습을 위한 한자와 한자어의 이해에 앞서 우리말과 문자에 대한 실제의 편리한 運用 능력을 기르고자 하는 것이다. 우리의 언어와 문자의 기초를 익히는 초등교육에서 장차 성장하면서 사용할 언어와 문자의 기본 능력을 갖추는 것이 바로 초등교육의 기본적 성격인 기초교육이다. 그러므로 우리말 어휘와 그 사용에 관한 실제 능력을 초등학교 한자교육에서 갖추어야 한다. 이러한 면을 두 번째의 한자교육의 목표로 설정하였다.

### 3) 한자 학습으로 전통적인 가치에 대한 이해 능력을 기른다

한자 학습을 통하여 학습자는 우리말의 이해력과 표현력을 키우게 된다. 우리말 어휘의 70% 이상의 한자어에는 그 언어와 함께 조상들의 思惟와 생활 경험이 반영되어 있다. 언어는 문화의 핵심 결정체로서 그 언어를 사용하는 사람들의 생활 習俗과 사고의 체계가 고스란히 담겨 있다. 그러므로 한자 학습으로 한자어에 대한 이해력을 기르면서 그 한자어에 담긴 우리의 전통적인 가치관을 접하게 된다. 그러므로 우리는 초등학교 한자교육의 세 번째 목표로 한자어의 학습을 통하여 전통적인 가치관 교육을 할 수 있다. 그 언어에 담긴 가치관을 교육하면서 함께 그 가치에 대한 이해의 능력을 길러야 한다. 한자와 한자어를 배우면서 자연스럽게 전통적인 가치에 대한 이해력도 증대될 것이지만, 이것을 하나의 교육 목표로 삼아 보다 적극적으로 전통적 가치의 이해 능력을 배양해야 할 것이다.

### 4) 한자 학습으로 전통 문화에 대한 이해 능력을 기른다

우리의 중요한 전통 문화는 대부분이 한자로 기록되어 있다. 그러므로 전통 문화에 대한 기록물에 접하기 위해서는 한자와 한문의 解讀 능력을 키워야 한다. 그런 의미에서 초등학교 한자교육의 목적을 위해 그러한 능력의 土臺를 초등학교의 기초교육에서 제공해야 한다. 그리고 이것을 바로 한자교육의 목표로 삼아야 한다. 전통 문화에 대한 이해 능력은 한자 학습을 통하여 저절로 성취되는 것은 아니다. 이것은 학습자 미래의 성장을 이끌기 위한 기본적인 이해 능력을 한자교육의 목적으로 명확하게 설정하여, 의도적이고 계획적인 교육을 시행할 때 성취될 수 있는 목표인 것이다. 이것을 우리는 초등학교 한자교육의 네 번째 목표로 설정하였다.

# 4

# 한자 교육의 역사적 고찰

우리나라의 漢字·漢文教育은 漢武帝가 漢四郡을 설치한 元封 3년(B.C. 108) 이후로, 한자가 수입된 이후 삼국시대를 거쳐 통일신라, 고려, 조선 시대 訓民正音이 창제된 이후에도 계속되었다. 이와 같은 漢字·漢文 위주의 문자 정책이 큰 변화를 겪게 된 것은 乙未勅令[1]을 내려 문자개혁을 단행하면서부터이다. 이후 公文書나 官報에 한문, 국문, 국한 혼용 등의 다양한 글자체가 섞여 쓰이게 되었다. 이러한 흐름은 解放 후까지 이어졌다. 1948년 10월 9일에 공포된 법률 제6호[2] 이후 우리나라의 문자 정책은 한글 전용과 국한혼용의 사이를 십 수 번 오락가락하였다. 한자·한문교육도 이에 따라 심한 변동을 겪어 왔다. 특히 1963년 2월에 제2차 教育課程이 공포되어 1966년에 시행되었을 때, 漢字·漢文教育은 국어과 교육과정에서 "한자 및 한문지도"로 진행되었다. 그러나 1969년 9월 4일 문교부령 제251호로 부분 개정되어 "한자 및 한문지도"라는 조항이 삭제되었는데, 이것

---

1) 을미칙령의 내용 : "法律 命令은 다 國文으로 本을 삼고, 漢譯을 附하며, 或 國漢文을 混用함"
2) 볍률 제6호 : "대한민국의 공용문서는 한글로 쓴다. 다만 얼마 동안 필요할 때는 한자를 병용할 수 있다."

은 "한글전용 계획"이라는 시책에 맞추어 漢字·漢文敎育이 폐지된 것에 연유한 것이다.

이와 같이 한글전용이 시행되자, 우리의 전통 문화를 계승하여 새로운 민족 문화를 창조하거나 동양의 한자문화권과의 조화를 이루기 위해서, 漢字·漢文敎育이 절실하다는 인식이 급속히 확산되어 갔다. 이에 정부는 불과 3년 후인 1972년 5월 8일에 문교부령 제300호를 고시하고, 부분적인 교육과정 개정을 단행하여, 1972학년도 제2학기부터 중·고등학교에 漢文科를 공식적인 제도 교육으로 독립시키기에 이르렀다. 그러나 초등학교에서는 1972학년도에 漢字·漢文 敎科의 實驗學校를 운영하기로 하였으나, 이제까지 실현하지 않고 있다. 다만, 제6차 교육과정기인 1996년도부터 "學校裁量時間"에 초등학교 3학년부터 한자를 가르칠 수 있도록 하였다.

## 1) 三國 時代와 高麗, 朝鮮 王朝 時代의 漢字 敎育

### (1) 古代(B.C. 300년경~三國時代 以前)

우리나라 고대사회의 漢字敎育은 후대의 기록을 근거로 당시 정황을 유추할 수밖에 없다. 때문에 한자 수입기와 당시의 문화 수준 등을 통해 고대 한문 교육의 일단을 살펴야 한다.

당시 한민족의 활동 무대였던 요동반도, 압록강, 청천강, 대동강 등이 중국과 인접해 있었고, 또 기원전 4~3세기의 중국은 群雄이 할거하여 전쟁이 끊이지 않아 동으로의 流移民이 많았던 것을 고려할 때, 이때 중국에서 사용하고 있던 文字와 儒敎가 鐵器 문화와 함께 유입되었을 가능성이 매우 높다. 孔子에 의해 유교가 정비된 것이 기원전 6세기 頃이고, 한사군이 B.C. 108년에 설치되어 약 410여 년간 지속하는 동안 중국의 문화가 전파되었다. 이러한 점을 고려할 때, 기원전 300여 년경에 한자와 유교가 전래되었을 것이다. 왜냐하면 당시에 한반도에는 독자적인 고유문화가 없던 것으로 보이기 때문이다. 그 당시의 한반도는 古朝鮮이 나름의 정치 체제를 갖추고 문화적인 역량을 키우고 있었을 것으로 보아서,

한문학과 유학의 수준이 어느 정도의 궤도에 이르렀을 것으로 추정된다. 또한 삼국 鼎立 초기에 이미 각국이 歷史書(고구려의 留記, 百濟記)를 발간한 점에 비추어 보아서 이전에 한반도에는 한문이 어느 정도 보급이 되었던 것으로 보인다. 그러므로 B.C. 300여 년경에 한자가 傳來된 이래, 상류 귀족층을 중심으로 부분적으로 한문교육이 시행되었을 것이라 보아도 무리가 없다.

## (2) 三國王朝 時代(B.C. 57년~A.D. 935년)

### 가) 高句麗

고구려는 三國 中 가장 먼저 고대 국가의 체제를 갖추었다. 고구려는 지리적으로 한반도 북방에 위치하여 일찍부터 중국과 교섭이 잦았으며, 중국문화의 영향을 많이 받았다. 고구려는 漢字를 사용하고 유학을 장려하였다.

학교 교육은 지식과 사상의 전달 수단인 漢字를 전제로 한다. 고구려에서 문자의 사용에 관한 최초의 기록은 三國史記 高句麗本紀에 "국초부터 문자를 사용하기 시작하였다."는 것이다. 그러나 고구려와 漢과의 관계를 고려해 볼 때, 고구려에서 사용된 文字는 고구려가 건국되기 이전, 적어도 고조선 후기에는 사용되었던 것으로 볼 수 있다.

고구려의 교육기관으로는 太學과 扃堂이 있다. 三國史記에 "소수림왕 2년(372)에 태학을 세워 자제를 교육했다(小獸林王 二年 夏六月…立太學教育子弟)"라고 기록한 것이 우리나라 학교 교육에 관한 최초의 기록이다. 그런데 삼국사기에는 태학을 설립해서 자제를 교육했다는 단편적인 기록만 있을 뿐, 교육 목적과 내용 등에 관해서는 자세한 기록이 없다.

다만 고구려가 前秦의 제도에서 영향을 받았기 때문에, 이 태학의 교육내용은 중국의 기록을 통해 추측할 수 있다. 北史 周書에는 五經(詩傳, 書傳, 周易, 禮記, 春秋), 三史(史記, 漢書, 後漢書), 三國志 晋春秋 등 중국 古代의 經書와 史書를 중요한 교재로 하였다고 되어 있다. 기타 중국의 대학에서 가르친 曆書, 醫書, 樂書, 兵書, 算書 등도 읽었을 것으로 추정된다. 태학은 官學으로서 중앙에 위치하였으며, 귀족 자제들에게 유학을 교육하여 관리로 양성하였다.

한편 고구려에는 私學으로 扃堂이 있었다. 경당에서는 讀書와 習射(활쏘기)를 교육 내용으로 하여 文武를 겸비한 인재를 양성하였다. 고구려의 경당은 舊唐書와 新唐書에 기록되어 있다. 구당서에서는 "풍속이 서적을 사랑하여 허름한 서민의 집에 이르기까지 거리에 큰 집을 지어 이를 경당이라 하고, 미혼의 자제들이 여기서 밤낮으로 독서하고 활쏘기를 익힌다. 그들이 읽는 책은 五經과 史記, 漢書, 范曄의 後漢書, 三國志, 孫晋의 盛春秋, 玉篇, 字統, 字林, 그리고 文選이 있는데 그것을 더욱 아끼고 소중히 여겼다." 그리고 신당서에는 "사람들이 배우기를 좋아해 외딴 마을의 허름한 집에 이르기까지 서로 사랑하고 부지런하여 큰 길가에 모두 큰 집을 짓고 경당이라 불렀다. 미혼의 자제들이 거기 모여서 경서를 암송하고 활쏘기를 익혔다."고 기록하고 있다. 이 기록에 의하면 고구려의 경당은 집의 촌락에 이르기까지 설치된 사립학교로서 평민의 자제를 교육하기 위한 것이라 볼 수 있다. 경당의 설립 시기는 분명치 않으나 장수왕의 평양 천도(A.D. 427)를 전후하여 제사하던 지방의 神殿(大屋)을 독서(誦經)와 무예(習射)의 장소로 개편한 것으로 보인다. 이 때는 고구려가 왕권 체제를 확고하게 확립한 시기이며, 동시에 대외 정복사업이 한창이었던 시기이다.

경당은 고구려의 교육기관으로서, 미혼 자제들을 대상으로 문무를 겸비한 교육을 실시했다는 점이 특징이다. 이런 점에서 고구려의 경당은 신라의 花郞徒와 성격이 비슷하다고 할 수 있다. 고구려의 경당은 서민의 교육장인 동시에 군사적으로 필요한 기술을 익히는 장소였다. 고구려가 隋, 唐 등의 주변 강대국들의 침입을 극복하고 강대한 국가를 형성할 수 있었던 것도 이와 같은 교육의 힘이 원동력이 되었을 것이다.

### 나) 百濟

백제는 고구려와 마찬가지로 일찍부터 중국과 교섭이 잦았다. 백제에 학교가 있었다는 기록은 아직 발견되지 않았다. 그러나 백제는 특유의 찬란한 문화를 누리고 일본에 儒學을 전한 것으로 미루어 볼 때, 교육이 매우 발달했을 것으로 생각한다.

백제는 고구려가 태학을 세우기 87년 전인 A.D. 285년에 博士 王人이 日本에 論語와 千字文을 전했다. 그리고 고구려의 太學이 설립된 지 3년 후인 A.D. 375년에는, 博士 高興이 書記를 지었다. 이로써 볼 때 백제는 일찍부터 漢字를 사용하였을 뿐만 아니라, 유학도 상당한 수준으로 발달하였음을 알 수 있다.

백제의 교육기관에 대해 직접적인 기록은 없으나, 백제가 일찍부터 博士 제도를 두었다는 것을 통해 백제의 교육 수준을 짐작할 수 있다. 박사란 교육의 임무를 맡은 관직의 이름으로서, 학문에 정통한 사람이 그 職任을 맡았다. 중국에는 五經博士가 있었으며 고구려에는 太學博士가 있었다.

백제에서는 박사들로 하여금 일본에 儒學을 전하게 하였다. 25대 무녕왕(日本 繼體天皇 7년, 513) 때 오경박사 段楊爾를 일본에 보냈으며, 그로부터 3년 후엔 漢高安茂와 교대하였다. 26대 성왕 때에는 오경박사, 醫博士, 曆博士 등 각종 전문 박사들을 일본에 보냈다. 또한, 백제의 중앙 관제에는 內法佐平이 있어서, 儀禮를 관장하였다. 내법좌평은 조선시대의 禮曹에 해당하는 관직이다. 백제에 교육과 風化를 관장하는 기관이 중앙 관제에 있었으므로, 거기에 교육기관도 있었을 것으로 짐작할 수 있다.


### 다) 新羅

신라의 교육은 통일 이전의 교육과 통일 이후의 교육으로 나눈다. 통일 이전의 교육은 신라 고유의 花郎道 교육이며, 통일 이후의 교육은 唐의 교육제도에 영향을 받은 國學의 교육이다. 기타 신라의 교육에 관련된 것으로는, 당에 유학생을 파견한 것과 독서출신과를 통해 관리를 선발한 제도를 들 수 있다.

먼저 화랑도의 이념은 崔致遠의 鸞郎碑 序文에 잘 나타나 있다. "나라에 玄妙한 도가 있으니, 이를 풍류라 한다. 이 가르침의 근원은 삼교(儒佛仙)를 포함한 것으로 여러 대중과 접촉하여 교화시켰다. 또한 이것은 집에서 부모에게 효도하고 나아가 나라에 충성을 다하게 하니 이는 孔子의 가르침이며, 無爲한 일에 처하고 말보다 실행을 중시함은 老子의 큰 뜻이고, 어떠한 악행도 하지 않고 착한 행실만을 받드는 것은 釋迦의 교화이다.” 이것은 공자의 충효 사상, 석가의 禁惡行善 思想, 노자의 黙言實踐 사상이 융합된 것이다. 이와 같이 화랑도의 이념은 유·불·선 삼교의 사상을 포함하고 있다.

화랑도의 교육 목적은 평시에 국가를 다스릴 정치적 지도자와 유사시에 국방상의 문제에 대처할 군사적 지도자를 양성하는 데 있었다. 그것은 김대문의 화랑세기에 “어진 재상과 충성된 신하가 여기에서 나오고 어진 장수와 용감한 군사가 이로 인해 생겨났다.”고 한 것을 보아 알 수 있다. 또한 진평왕 때에 원광법사가 내린 세속오계는 화랑들이 닦아야 할 도의 주요 덕목들이었다. 화랑들은 事君以忠에서 충을, 事親以孝에서 효를, 朋友有信에서 신을, 臨戰無退에서 용을, 그리고 殺生有擇에서 인을 배웠다. 이 忠, 孝, 信, 勇, 仁의 덕목들은 신라의 정치적, 군사적 지도자가 갖추어야 할 품성이었다.

화랑도의 교육내용은 지적인 면보다는 정의적이고 활동적인 면에 치중된다. 화랑도는 무술의 기초가 되는 칼쓰기, 활쏘기, 창쓰기, 말타기 등을 학습하였으며, 정서 도야에 필요한 시와 춤과 음악을 즐겨 하였다. 또한 전국의 명산대천을 두루 돌아다니며 심신을 단련하고 浩然之氣를 길렀다. 그리고 五常(仁義禮智信), 六藝(禮樂射御書數), 三師(戒定慧), 六正(布施, 持戒, 忍辱, 精進, 禪定, 知慧)을 공부하였다. 오상과 육예는 유교의 정신이고, 삼사와 육정은 불교의 정신이다.

화랑도의 교육방법은 대체로 집단적이며 실제적인 경험을 통한 것이었다. 화랑도는 집단생활을 통하여 도덕과 무술을 연마하였으며, 시범과 모방을 통해 덕 있는 행동 양식을 익히도록 하였다. 국토순례를 통해 심신수양과 조국애를 기르도록 한 것도 화랑도의 특별한 교육 방법이었다. 화랑 집회는 類聚群遊로써 그 사이에 서로 도의를 연마하고, 사회의 생활 규범을 함께 익히게 하였다.

한편 신라의 國學은 31대 신문왕 2년(682)에 설립되었다. 국학은 예부에 속하였다. 국학은 유교 사상에 입각한 관리의 양성과 유교 사상의 보급을 목적으로 하였다. 국학의 직제는 당시 唐의 것을 모방한 것으로서, 卿 1명과, 博士와 助敎 약간 명, 大舍 2명과, 史 2명을 두었다. 경은 국학을 총괄하고 박사와 조교는 교육을 담당하며, 대사와 사는 국학의 행정을 맡았다.

국학의 입학자격은 15~30세의 귀족 자제들로서 12관등인 대사로부터 無位者까지였다. 그러나 국학의 교육대상은 주로 6두품 자제들이었던 것으로 보인다. 국학의 수업 연한은 9년이었다. 소질이 없는 자는 퇴학시키고, 미숙하나 가망이 있어 보이는 자는 9년 이상 재학할 수 있었다. 국학을 졸업하는 자에게는 성적에 따라 大奈麻, 奈麻, 大舍의 벼슬을 주었다. 신라의 정치조직은 모두 17등급으로 나누어지는데, 이들은 10~12등급에 해당한다.

국학의 교육내용은 유교적 윤리관을 확립하는데 필요한 유학의 경전들이 주가 되었다. 즉 삼국사기에 "교수의 법은 주역, 상서, 모시, 예기, 춘추좌씨전, 문선으로써 학업을 나누었고, 박사 또는 조교 1인을 두었고, ①혹은 예기, 주역, 논어, 효경이나 ②혹은 春秋左傳, 毛詩, 논어, 효경이나, ③혹은 尙書, 논어, 효경, 文選으로써 이를 교수하였다."라는 기록으로 보아, 유학의 박사와 조교들은 학생들을 세 과로 나누어 가르쳤는데, 논어와 효경을 필수로 하였다. 논어와 효경을 필수로 한 것은 유학의 기본 이념인 충과 효의 덕목을 강조하기 위한 것이다.

이렇게 국학이 완비되고 학문이 성하여지면서 유학 교육에 변화가 일어났다. 38대 원성왕 4년(788)에는 일종의 과거법인 讀書三品 출신과를 정하여 인재 등용의 방법으로 삼았다. 통일 이전에는 화랑도 교육과 弓箭法(기마와 궁술로써 시험하여 선발)으로 관리를 선발하였으나, 독서출신과 이후로부터는 시험을 통해 관리를 선발하게 된 것이다.

독서삼품은 국학에서 수학한 학생들의 성적을 셋으로 구분한데서 온 명칭이다. 삼국사기에 "四年(788) 봄에 독서삼품으로 출신을 정하게 하였는데, 춘추좌씨전, 예기, 문선을 읽고 그 뜻에 능통하고 겸하여 논어, 효경에 밝은 자를 上品으로 하고, 曲禮, 논어, 효경을 읽은 자를 中品으로 하고, 곡례, 효경을 읽은 자를 下品으로 하였다. 또한 五經, 三史, 諸子百家書에 널리 통하는 자를 超擢하였다."라는 기록을 통해서 알 수 있듯이, 공부한 정도에 따라 삼품으로 구분하여 인재를 채용하였다.

라) 高麗王朝 時代 (A.D.918년~A.D.1392년)

고려의 학교 교육은 국가의 운영을 위한 관리의 양성이라는 중요한 기능을 발휘하였다. 유학 교육 기관으로서는 수도에 관학인 國子監과 東西學堂(五部學堂), 그리고 私學인 十二徒가 있었고, 지방에는 鄕校와 書堂이 있었다. 이들의 학교는 계속되는 전란과 국가의 관심 부족으로 별다른 발전을 하지 못했다. 그러나 형식적인 유학 교육 체제를 형성한 시대이다.

국자감은 고려의 최고 교육기관이다. 이것은 성종 11년(992)에 "왕이 학교를 세우라는 교서를 내리고 有司에게 勝地를 얻게 하여 學舍와 書齋를 넓게 만들고 田庄을 급여하여 學資를 충당케 함으로써 국자감이 창립되었다."는 고려사의 기록을 통해 볼 때 정식 국가 대학으로 건립된 것이다.

국자감의 조직과 편제는 유학 교육과 實業 교육으로 구성되었으며, 국자감의 교육 연한과 정원은 시대에 따라서 차이가 있는 것으로 보인다. 仁宗 때의 학식에는 삼학(律學, 書學, 算學)에 각 300人으로 되어 있으나, 유학부의 삼학은 6, 70人 내외이고 국자감의 在監 年數를 儒生 9년, 律生 6년이라 하는데 다소 융통성이 있었던 것으로 보인다.

국자감의 교육 내용은 인종 때 제정한 學式에 의하면 유학의 삼학에는 주역, 상서, 周禮, 禮記, 儀禮, 毛詩, 춘추좌씨전, 公羊傳, 穀梁傳과 필수 교과로서 효경, 논어가 있었다. 또 교양으로 算術과 時務策을 익히고 餘科로는 매일 한 장씩의 習書를 課하고 겸해서 國語, 說文, 字林, 三倉, 爾雅를 학습하게 하였다. 그리고 교과 운영은 박사와 조교가 각기 경서를 분담하여 교수하고 1經을 교수하고 종강하도록 하며 종강치 못한 자는 改業하지 못하게 하고 연말에 計講해서 박사와 조교가 考課하게 하였다.

교과 이수과정의 기간은 효경과 논어를 1년에 이수토록 하고, 예기, 좌씨전이 각 3년이고, 주역, 공양전, 곡량전은 2년 반, 毛詩, 주례, 의례가 2년이었다. 실업 교육의 교과는 율학에서는 율학박사가 律令을 교수하고, 書學에서는 서학박사가 八書(古文, 大篆, 小篆, 隸書, 八分, 楷書, 行書, 草書), 산학에서는 算學博士가 산학을 교수했다.

한편 고려의 향교는 지방 교육을 위하여 설치된 교육기관이다. 각 지방에 관학을 설치한 것은 고려시대에 비롯된 것으로 보인다. 고려의 지방 학교인 향교가 언제 처음 창설되었는지에 관해 일반적으로 받아들여지고 있는 說은 인종 5년(1172)에 "諸州에 학교를 건립하여 널리 교도하라."는 詔書를 그 기원으로 본다.

향교는 지방교육기관으로 유학의 전파와 지방민의 교화에 목적이 있었다. 따라서 향교에는 공자 등 先聖을 享祀하는 文廟와 이를 중심으로 講學하는 明倫堂이 있었다. 즉 향교는 제사와 교육의 두 기능을 담당하였는데, 이는 조선시대 향교에도 그대로 계승되었다. 향교의 입학 자격은 국자감의 율·서·산학의 경우와 마찬가지로 문무관 8품 이상의 아들과 서민에게 입학을 허가했었다.

교육내용은 유교경전이 중심이 되었다. 또한 고려의 교육기관으로는 동서학당(오부학당)이 있다. 동서학당에 관해서는 고려24대 元宗 2년(1261) 3월에 "동서학당을 두고 別監을 보내서 교학 교도하였다."는 고려사의 기록과 고려가 개경으로 환도한 직후인 원종 13년(1272)에 다시 개경에 동서학당을 두어 金軌와 文準을 별감으로 삼아 교육하였다는 고려사절요의 기록이 있다. 이로써 학당은 원종 대에 처음으로 國都의 동서 두 곳에 설치된 것임을 알 수 있다. 그리고 고려사에 "안으로 오부학당을 수립하고 밖으로 향교를 설치하여 이로써 儒術을 진흥시켜라."는 조서를 내렸다는 기록을 보면 지방의 향교와 같은 수준의 교육기관임을 알 수 있다. 학당에는 문묘를 설치하지 않았다. 그리고 이 학당을 계승한 것으로 볼 수 있는 조선시대 사학에도 문묘는 설치되지 않았다. 동서학당은 고려 말 공양왕 3년에 정몽주가 성균관 大司成으로 있으면서 오부학당으로 확충시켰다.

한편 고려의 사학 교육기관으로 십이도가 있다. 여기서 徒는 '學을 따르는 무리'라는 뜻이다. 사학 십이도의 설립은 崔冲(984~1068)의 文憲公徒에서 비롯된다. 그 후 문헌공도의 교육성과가 널리 알려지자 유신들이 이를 본받아 유사한 학원을 세웠다. 이렇게 사학이 날로 흥하여 12개교로 발전하였다. 私學十二徒의 교육목적은 인격 완성과 과거 준비에 있었다. 그리고 십이도의 교육 내용은 경서의 九經(周易, 尙書, 周禮, 禮記, 儀禮, 毛詩, 春秋左氏傳, 公羊傳, 穀梁傳)을 九齋로 나누어 가르치고 三史(史記, 漢書, 後漢書)와 詩文을 짓는 것이다.

또한 십이도의 교육방법으로는 夏課(여름철에 유학생이 寺刹에서 학습하는 것), 刻燭賦詩(초에 일정한 표시를 하여 그 선에 타들어 갈 때까지 부과된 시를 짓도록 하는 교육방법), 新 及才者의 교관 등용(科擧에 새로이 합격한 사람을 관리로 등용하기 전에 학교의 교사로 채용하는 것)등을 통해 학습 효과를 증대시켰다. 한편 고려의 지방 서민 교육기관으로 서당이 있었다. 서당은 지방의 자제 교육을 위해서 자치적으로 성립된 학교로서, 조선기에는 사설 교육기관으로 자리 잡게 된다.

## 마) 朝鮮王朝 時代(A.D. 1392년~甲午更張 : 1894년)

### ① 性理學的 敎育課程의 確立

신라와 고려의 두 왕조는 불교를 국교로 정할 정도였으나, 조선왕조는 抑佛崇儒의 정책에 따라 유교를 숭상하는 정책을 폈다. 그 이유는 그 동안 불교와 유교가 서로 화합할 수 없는 신념적 요소들을 내포하고 있었던 탓도 있지만, 그것의 직접적인 원인은 고려 말기에 진행된 불교의 타락상이다.

麗末鮮初의 安珦과 鄭道傳을 비롯한 일련의 신유학자들은 성리학적 논법으로 불교를 배척하는 데 가담하였다. 안향은 佛家들을 일컬어 부모를 버리고 출가하며 윤리를 멸시하고 의리를 짓밟는 사람들이라고 비난하고 주자를 배워 새로운 인륜적 질서를 세워야 한다고 했다. 그리고 易姓革命을 주도하여 고려 왕조를 몰락시키고 이성계를 도와 조선을 세운 정도전은 불교의 輪回說 자체를 거부하였다. 그는 형상이 있는 인간과 만물은 발생, 발전, 소멸의 끊임없는 변화의 과정일 뿐이며 永生不滅의 정신이 있을 수 없다고 하였다. 요컨대, 불교는 전통적 유가 사상이 취해온 가부장적 군주 제도나 가족주의적 윤리에 기초한 현세주의적 국가관과 양립할 수 없다는 것이다. 이렇게 여말 선초의 신유학자들에 의해 抑佛崇儒 사상이 뿌리내리기 시작한 이래, 조선조 전반기에 걸쳐 성리학적 교육이 시행되게 되었다. 따라서 조선조의 학교 교육은 그것이 국학이든 사학이든 대부분이 성리학적 이념에 따라 백성을 교화하는 데 그 목적을 두었다.

조선시대에는 중앙에 成均館, 사학, 그리고 지방의 각지에 향교가 국가에 의해 설립되고, 또한 私人들에 의하여 설립된 書院, 서당 등의 많은 교육기관이 있었다. 먼저 성균관은 成과 均과, 그리고 館의 뜻이 합으로, '成'은 '成人材之未就'에서, '均'은 '均風俗之不齊'에서, 그리고 '館'은 欽材館, 翹材館 또는 接士館 등의 公館에서 뜻을 취했다. 즉 成은 인재를 기른다는 뜻이며, 均은 풍속을 고르게 한다는 뜻이다.

성균관 교육은 유학의 최고 단계인 大學之道를 성취하는 데에 그 목적이 있었다. 조선초에 편찬된 續六典에 "8세 이상은 모두 學堂에 들어가서 소학지도를 배우고, 15세 이상이 되어 소학의 공을 성취하면, ……성균관에 올라가서 대학지도를 배우게 된다."라는 기록을 통해서 확인할 수 있다. 성균관 유생이 공부하는 교과는 經典類, 子集類, 史記類, 古文類, 編纂書類 등으로 다양하였다.

먼저 성균관 유생들의 교과로서 가장 중요한 것은 유학의 기본서인 四書五經이다. 고려의 유학자들은 漢唐의 학풍에 지배적인 영향을 받아 詞章을 중시했으나, 여말 신진 유학자들은 朱子學을 받아들여 成周의 풍조에 따라 經學을 중시했으며 이 풍조가 조선에 그대로 답습된 것이다. 또한 史書는 경학과 더불어 성균관 유생의 중요한 교재로서 유생들의 사회적 안목을 키워주는 것이다. 그들이 읽었던 사서류로는 史記, 前漢書, 通鑑綱目, 通鑑續編, 宋元節要 등의 중국역사서와 三國史記, 東國史略, 高麗史 등의 우리나라 역사서였다. 古文은 경학, 사서에 비하여 성균관의 교육과정에서는 중시하지 않았으며 성균관 유생의 講에도 없으나 科擧 과목의 하나였기 때문에 읽도록 하였는데, 고문류로는 源流至論, 算學提綱, 宋元播芳 등이었다. 子集類로서는 楚辭, 文選과 李白, 韓愈, 柳宗元, 歐陽修, 王安石, 蘇軾, 黃廷堅 등 歷代 諸家의 시를 읽도록 하는 일도 있었다. 자집류의 독서는 老莊, 佛經과 더불어 學令에는 금지되어 있었으나, 간혹 과거에 출제되는 일도 있었다.

성균관의 교육은 1개월을 단위로 할 때 20일간은 경서를 배우고, 4일간은 배운 것을 考講하며 6일간은 三場科文(製述)을 배우도록 했다. 경서는 교관들이 능한 분야를 분담하여 강하는데, 오전에는 訓導하고 오후에는 그날 배운 것을 考講하였다. 제술은 10일을 단위로 한 달에 3차에 걸쳐 2일씩 6일간 교육하였는데, 첫째 날은 교관이 출제한 문제에 대한 답안을 작성하고 둘째 날은 교관이 유생이

**31**

작성한 답안을 考校하여 유생을 개별적으로 지도하였다. 그리고 성균관 유생의 교육 성과를 평가하기 위해 日講, 旬製, 月講, 春秋都會 등 여러 종류의 시험이 있었다. 일강은 하루 동안 유생들이 배운 학습내용을 시험하는 것으로서 오전에는 훈도하고 오후에는 시험하였다. 순제는 每旬마다 제술(삼장)을 시험하는 것이었다. 월강은 월말에 실시하는 시험으로서 성균관에서는 그 달에 유생들이 배운 경서의 多少와 考講 課文의 高下 등을 장부에 기록하여 禮曹에 보고한다. 춘추도회는 매년 춘추 두 차례에 걸쳐 시행하는 제술 시험으로서 3월 3일 三月製와 9월 9일 의 九月製가 있었다.

한편 四學은 조선시대의 국도인 한양에 설립한 국립 유학 교육기관인 동학, 서학, 남학, 중학의 총칭이다. 사학은 조선초기에는 사부학당이라고 불리었으며, 약칭하여 학당이라고도 했다. 사학은 고려 원종 2년(1261)에 설립한 동서학당이 기원이다. 동서학당이 고려 말엽에 오부학당으로 개편되고, 조선 초기에 四部學堂 으로 되었다가, 세조 때에 사학으로 명칭이 변경된 것이다. 사학에 입학할 수 있 는 신분은 士族의 자제들이었으며, 취학 연령은 太宗 때는 오부학당제에는 10세 이상으로 규정되었고, 文宗 때는 8세 이상으로 취학 연령이 나타나 있다. 사학의 교육은 '小學之道'의 功을 성취하는 것이었으며, 사학 유생의 교육목표는 성균관 에 입학하는 것과 生員, 進士試에 합격하는 것이었다. 사학 유생들의 교과는 小 學을 비롯하여 孝經, 四書, 五經, 文公家禮集, 諸史 등과 楚辭, 文選, 歷代諸家 詩 등이었다.

鄕校는 국가에서 지방의 각 행정 단위인 州, 府, 牧, 郡, 縣에 성균관을 축소 하여 설치한 교육기관이다. 향교의 입학 연령은 조선 태조와 태종 때에 10세로 규정하였다. 그런데 經國大典을 비롯한 그 후의 각종 법전에는 17세 이상으로 하 고, 그 이하이면 정원 밖으로 간주한다고 했다. 향교의 입학 자격에 관해서 법제 상으로는 명시한 곳이 없다. 그러나 향교에 다니는 목적이 과거시험 준비에 있었 기 때문에 문과에 응시할 수 있는 신분상의 자격자가 향교에 입학하였다. 그런데 조선시대에 전국에 향교를 확충, 설치한 목적은 관리 자원 확보와 백성 교화에 있었는데, 이 중에서 유교의 이념에 따라 백성을 교화하는 것을 더 중요시 하였다. 따라서 조선시대의 향교 교육은 崇儒主義에 입각한 인재 양성과 民風馴化에 중점을 두었기 때문에, 그 교과에 있어서 유학의 한계를 벗어날 수가 없었다. 향교의 교과는 때에 따라 비중의 차이를 달리하기는 하였으나, 小學, 四書, 五經, 性理大典, 三綱行實, 二倫行實, 孝經, 心經, 近思錄 등의 경서와 通鑑, 宋元節要 등의 諸史, 중국 韓愈, 柳宗元 등의 先學의 諸說, 鄕約, 家禮 등이었다.

書堂은 사설 교육기관이며 설립상의 기본 재산이나 기준에 있어 일정한 것이 없었으므로 개인이나 집단이 자제 교육의 필요에 따라서 설립하고 경영할 수 있었다. 서당에 입학한 학생의 연령은 7,8세로부터 15세 아동이 보통이었다. 敎授者는 訓長이 중심이 되어 지도하였으며, 학생의 수가 많은 경우에는 훈장에게 글을 배우는 학생 중 學德이 높은 자를 接長으로 삼고 훈장을 도와서 학생을 지도하게 하였다. 서당의 교육 내용은 講讀, 製述, 習作의 세 가지로 분류된다. 학습 내용은 강독으로 千字文, 童蒙先習, 通鑑, 小學, 四書, 三經, 唐宋文, 唐律 등이고 春秋, 禮記, 近思錄을 읽는 데도 있었다. 講學이 위주가 되었으나 제술과 習字를 課했다. 교수법은 독해, 暗記 위주로서 학생의 능력에 따라서 교과 진도가 결정되고 주입식 교육이 실행되었다.

조선시대의 書院은 각 지방에 민간 중심으로 先賢 先士 및 先烈 義士에 대한 祠廟를 설치하여 제향을 행하고, 유학 교육을 통하여 儒士를 양성하던 사립 교육기관이다. 따라서 서원은 사묘를 중심으로 하는 祭享 기능과 講學所를 중심으로 한 敎學 기능을 통합적으로 지닌 기관이다. 그런데 사묘는 신라시대부터 유래하였다. 그 후 고려시대의 주자학 보급과 더불어 성행하여 祠, 祠宇, 生祠 등으로 일반화되어 조선시대 서원을 성립시키는 기원이 되었다.

中宗 38년(1534)에 설립된 白雲洞書院은 사묘와 강학소가 통합된 형태로서 조선시대 서원의 효시가 되었다. 서원의 창설기라고 할 수 있는 明宗代에는 29개의 서원이 설립되었다. 서원의 설립과 보급은 官學의 부진에 따른 지방 교육의 필요성에 따라, 鄕村의 士林이 중심이 되었다. 그리하여 宣祖 때부터 肅宗 때까지 154년에 걸쳐 서원은 커다란 발전을 하였다. 이 시기에 서원은 557개소에 창건되었다. 이와 같은 서원의 난립은 朋黨과 결탁하여 黨爭의 근거지가 되었고,

閑丁이 서원에 들어가서 軍役을 피하는 등 폐단이 생기게 하였다. 따라서 高宗 5년(1868)에는 未賜額書院을 철폐하고, 고종 7년(1870)에는 사액서원이라 하더라도 붕당을 만들어 백성들을 해친다고 인정되는 서원을 모두 철폐했다. 그리고 이듬해인 1872년에는 一 先賢 一 書院 외에 중복되어 설치한 서원은 모두 없애고 전국에 47개만 남겨 두었다.

서원의 교과 내용은 유학의 교육이 중심이 되었다. 서원의 교과는 小學과 家禮를 입문으로 삼고 四書五經을 기본으로 하였다. 讀書의 순서는 小學, 大學, 論語, 孟子, 中庸, 詩經, 書經, 周易, 春秋로 정하였다. 그리고 諸史, 子集은 윤리와 관련하여 읽도록 하였으며, 과거에 필요한 詞章과 科擧文도 읽도록 하였으나 그것은 이차적인 학습 활동이었다. 서원에서는 강독 이외에 제술과 습자도 아울러 익혔다. 제술에서 作文은 義理를 나타내는 本이 된다고 하여, 異端의 서적과 잡문은 짓지 못하도록 하였다. 습자는 楷書를 원칙으로 하였다. 서원에서는 강을 통하여 교수하였다. 講이란 학습한 문장을 소리 높여 읽고 의리를 묻고 답하는 교수 방법이다. 강을 통하여 학업에 대한 평가도 동시에 이루어졌다. 강은 매일 실시하는 夕講, 열흘마다 실시하는 旬講, 보름마다 실시하는 望講, 매월 실시하는 月講으로 실시된다. 강은 단순히 암송하는 것으로 그치는 것이 아니라, 文理를 터득하는 일에 중점을 둔 학습활동이다. 따라서 暗誦이 끝난 다음에 전개되는 문답식의 교육 방법을 통하여 주입식이나 획일적인 학습을 피하고 능력별 학습이 이루어질 수 있었던 것이다. 강을 통한 학업의 성적평가는 大通, 通, 略通, 粗通, 不通의 5단계 평가 또는 通, 略, 粗, 不의 4단계 평가로 이루어졌다.


② 實學的 敎育思想의 展開

조선은 건국에서 200여 년 간은 정치적 사회적으로 안정되어 있었다. 따라서 문화적으로 많은 발전을 이루었다. 오랫동안 사회적 안정을 유지하던 조선은 壬辰·丙子의 兩亂을 치르게 되면서 분열과 대립으로 혼란스러워졌다. 그 동안 조선의 지도 사상으로 조선 사회의 안정적 사회 체제를 이끌어 오던 성리학의 사상 체계는 병란 이후 더 이상 혼란한 사회 문제를 해결할 수 없게 되었다. 따라서

17세기 초엽부터 일부 진취적 지식인들에 의하여 사회의 여러 문제들에 대한 비판과 자아 반성이 일어났다. 이 시기에 일어난 반성적 기운은 새로운 사회 질서와 국가 질서의 확립, 민생 문제를 해결하기 위한 시책과 방법 등에 대한 학문적 연구를 자극하였다. 이러한 새로운 학풍을 실학이라고 부른다. 원래 실학의 실은 虛, 空, 華, 權에 대립되는 개념으로서 實德, 實政, 實用, 實效의 實, 또는 誠實, 實理, 實心의 實과 經濟의 實이 합쳐진 의미로 파악된다.

18세기 전후에 이르면 지배 계층에서 소외된 지식인 사이에서 朱子學에 대한 회의로 先秦時代의 原始儒學을 비롯하여 汎 유학적 견해에서 새로운 사상 체계를 모색하려 하였고, 그 중의 하나가 실학사상이었다. 이렇게 실학사상이 성립되는 과정에서 그 학문적 관심 분야에 따라 經世致用 학파, 利用厚生 학파, 實事求是 學派의 세 유파가 형성되었다. 이처럼 실학은 조선 후기 특히 英·正祖 이래 주자학적 권위를 극복해가는 과정에서 비판적 新學風으로 등장하여 근대의식과 탈 中華的 민족의식을 표방하면서 중세 사회에서 근대사회로의 사상적 접근을 보여주었다.

## 2) 開化期 및 大韓帝國期(高宗의 詔書 : 1895년 2월 2일 시행~日帝强占 : 1910)

이 시기의 교육과정은 '敎則大綱'이란 이름으로 불렸다. 즉 1895년 8월 12일 學部令 제3호로 공포된 '小學敎則大綱'에서 비롯되었다. 1905년 이후는 '敎授要旨' 또는 '學科要旨'라고도 했다. 1908년경부터 초등학교급에서는 '敎科課程', 중학교급에서는 '學科課程'이라는 용어로 불렸다.

1895년 2월 2일 고종의 교육에 관한 조서가 내려지고, 이후 漢城師範 학교官制, 외국어학교 관제, 소학교령, 한성사범학교 竝附屬학교 규칙이 제정되었으며, 1899년에는 중학교 관제가 공포되었다. 이어 학부는 1906년 8월 27일자 칙령 제44호로 소학교령을 폐지하고, 새로이 普通學校令, 高等學校令, 師範學校令, 외국어 학교령을 공포하였다. 또한 1908년 4월 2일에 고등여학교령, 같은 해 8월 26

일에 私立學校令이 공포되어, 이 때부터 소학교와 중학교가 각각 4년제 보통학교와 고등학교로 바뀌게 되었다. 이후 우리나라에 처음으로 현대적 의미의 학교제도와 교육과정이 정립되었으며, 특히 일제 침략이 노골화되기 시작한 1905년 이후 사립학교의 설립이 매우 활발하여 1910년 일제강점 전까지 약 2천개 校가 넘게 되었다.

1895년도의 '소학교칙대강'은 제1조에 '總則'이 있고, 제2조부터 제12조까지 "修身, 讀書, 作文, 習字, 算術, 地理, 歷史, 理科, 圖畵, 體操, 裁縫, 外國語"의 순으로 짜여졌다. 이와 같이 제2조부터 제12조까지는 각과의 교칙으로 각과 課程에 해당하며, 제13조는 지방별 구체적인 재편성 요령의 지시이고, 제14조는 학교별 편성이며, 제15조는 성적 관리와 졸업에 대한 것으로 되어있다. 이 중 제3조와 제4조의 '讀書, 作文'과 '習字'가 漢字敎育(국어과)의 교육과정이다. 1906년 8월 27일 칙령 제44호로 보통학교령이 공포되었고 같은 해 9월 4일에 학부령 제23호로 '普通學校令 施行規則'이 공포되었다. 이 시행규칙 제2장 '敎科及編制' 중 제1절 '敎則'이 곧 교육과정에 해당된다. 그 중 제9조의 2項이 國語이고 3項이 漢文이며 4項이 日語이다.

위의 보통학교령 시행규칙을 보면, 漢文교과가 독립되어 있음을 알 수 있다. 학제는 5~6년제의 소학교가 4년제의 보통학교로 되었다. 漢文 時數는 1, 2, 3, 4학년 모두 週當 4시간씩 교수하였으며, 학과과정은 1, 2, 3, 4학년 모두 '簡易한 漢字, 漢文'으로 되어있다. 그러나 1909년 7월 5일에 다시 시행규칙이 개정되어 한문교과가 독립과목에서 '國語及漢文'으로 통합되었다. 이때의 학과과정은 1, 2, 3, 4학년 모두 '日常須知의 諺文及漢字의 讀法, 書法, 綴法, 平易한 漢文의 讀法'으로 되어 있다. 또한 교수 시간은 남자는 1, 2, 3, 4학년 모두 주당 10시간씩, 여자는 1, 2, 3, 4학년 모두 주당 9시간씩 배정하였다.

한편, 1906년 8월 27일 보통학교령 시행규칙과 함께 공포된 '高等學校令 施行規則'을 살펴보면 漢文敎科는 독립되지 않고, 국어와 함께 '國語·漢文'으로 통합되어 있음을 알 수 있다, 또한 이 '國語·漢文'의 수업 시수는 1, 2, 3학년은 주당 7시간씩, 4학년도 주당 5시간씩 교수하였다. 但 豫科는 1, 2, 3, 4학년 모두 주당 5시간씩, 補習科는 1, 2, 3, 4학년 모두 6시간씩 교수하였다.

'國語·漢文'의 學科課程은 1, 2, 3, 4학년 모두 '讀法, 文法, 作文, 習字'로 되어있다. 그리고 예과 및 보습과는 모두 1, 2, 3, 4학년 함께 '講讀及作文'으로 되어있으며, 다만 예과에 '習字'가 추가되었을 뿐이다. 또한 1909년 7월 5일에 다시 시행 규칙을 개정하여 '國語·漢文'을 '國語及漢文'으로 표현하였다. 학과과정은 1, 2학년은 '讀法, 作文, 文法, 習字'로 하고, 3, 4학년은 '講讀, 作文, 文法'으로 하였다, 그리고 수업 시수는 1, 2, 3, 4학년 모두 주당 6시간씩이다.

당시 보통학교에서 漢文教科를 교수하는 목적은 漢字와 漢文의 理解를 통하여 品性을 陶冶하는 한편, 國文의 번역을 효과적으로 수행하는 데 있었다. 또한 한문 교과의 내용은 주로 先人들의 嘉言善行을 기록한 傳記類의 글과 널리 알려진 名言名句로 되어 있었다. 이것은 당시 '普通學校令 施行規則'의 다음과 같은 기록을 통해 알 수 있다.

"漢文 : 普通의 漢字及漢文을 理會하며 兼하야 品性을 陶冶함에 資함으로써 要旨를 함이라. 賢哲의 嘉言善行을 記述한 것과 及 人世에 膾炙한 文詞로 學徒가 理會할 만한 것을 教授함이라. 國語와 連絡함을 務하야 時時 國文으로 飜譯케 함이라."

## 3) 日帝의 朝鮮教育令 施行期(日帝强占 : 1910년~光復 : 1945년)

### (1) 제1차 조선교육령 시행기(1911~1922)

1910년 8월에 한국을 식민지로 삼은 日本은 조선총독부를 설치하고, 朝鮮總督府로 하여금 1911년에 조선교육령을 비롯하여 보통학교 규칙, 고등보통학교 규칙, 여자고등보통학교 규칙, 실업학교 규칙, 사립학교 규칙 등을 제정·공포하고 계속해서 전문학교 규칙(1915), 개정사립학교 규칙(1915), 교원시험 규칙(1916), 서당 규칙(1916), 교원 심득(1916) 등 교육에 관련된 법령과 규칙 및 통첩을 제정하고, 이들을 근거로 하여 한국에 대한 植民地化 교육정책을 용의주도하게 추진하였다.

1910년대의 일제 초기에는 식민지적 질서를 유지하기 위해서 일본 帝國主義
가 내세운 식민지의 교육정책은 조선 교육령과 사립학교 규칙에 포함되어 있으며,
그것들에 의거하여 일본인 통치자들에 의한 소위 일본 帝國臣民의 교육이 강력히
추진되었다. 일본은 한국민을 소위 忠良한 국민으로 육성할 것을 기본적인 목표
로 삼고, 이 같은 목표를 달성하기 위해 한국인 학생을 皇國臣民으로 만들고, 日
本語를 보급하기 위하여 한국의 민족문화를 말살하며 극히 초보적인 실업교육을
강화하였다.

제1차 조선교육령 중 보통학교 규칙을 살펴보면, 일제는 우리의 國語를 외국
어로 격하시켜 '朝鮮語'라 칭하고, 日語를 '國語'라고 개칭하여 일어 교육에 정성
을 쏟았음을 알 수 있다. 보통학교 교과서는 '朝鮮語及漢文' 과목만 제외하고는
모두 일어로 편찬하였으며, 일어는 보통학교의 제1학년 때부터 학습의 교수용어였
으며, 교수 수단이 되고 교내 생활의 일상용어로 등장하였다.

1911년 11월에 공포된 보통학교의 교과과정 중 학과목과 시간 배당을 보면,
중점을 '讀, 書, 算'에 두고 필수 과목은 '修身, 朝鮮語及漢文, 國語(日本語), 算
術'의 4과목이었다. '朝鮮語及漢文'의 수업 시수는 1, 2, 3, 4학년 모두 주당 10
시간씩 교수하였다. 또한 학과과정은 1, 2, 3, 4학년 모두 '讀方, 飜譯, 會話, 暗
誦, 書取, 作文, 習字'로 되어 있다. 보통학교에서 조선어와 함께 한문을 교수하
는 목적은 보통의 언어와 문장을 이해하여 일상의 응대와 용무를 행하며 德性을
함양하는 한편, 국어(日語)를 번역하는데 도움이 되도록 하는 것이었다.

한편 제1차 조선교육령 중 고등보통학교 교칙을 살펴보면, 漢文은 '朝鮮語及
漢文'으로 통합되었음을 알 수 있다. '朝鮮語及漢文'의 수업 시수는 1, 2학년은
주당 4시간씩, 3, 4학년은 주당 3시간씩 배정하였다. 또한 학과과정은 1, 2, 3, 4
학년 모두 '讀方, 解釋, 暗誦, 書取, 作文'으로 되어있다. 고등 보통학교에서 조선
어와 함께 한문을 교수하는 목적은 보통의 언어와 문장을 이해시켜 일상 用務를
수행하는 한편, 덕성의 함양에 도움이 되고자 하는 것이었다.


초등학교 한자교육

## (2) 제2차 조선교육령 시행기(1922~1938)

무력적 위협을 통하여 단시일에 한국을 완전한 식민지로 만들고 일본화 시키려던 일제의 식민지 정책은 1919년의 3·1 독립운동으로 일단 시련에 부딪치게 되었다. 따라서 일제는 표면상으로나마 武斷 정치를 완화하는 소위 文化政治를 내세웠다. 일제가 표방한 문화정치는 3·1운동으로 야기된 세계 여론과 국내 勢의 변화라는 예각을 지능적으로 피하여, 그들 본래적인 식민지 정책을 더욱 구체적으로 추진시키고 더욱 효과적인 수탈을 하려는 데 있었다. 3·1운동을 계기로 한국에 대한 일본의 식민지 정책이 변경됨에 따라 한국에 대한 교육정책도 표면상으로 변경되었다. 그러나 근저에 깔려있는 同化主義와 皇民化 정책은 결코 수정하거나 포기하지 않았다. 오히려 일본은 3·1운동을 계기로 더욱 강화된 한국인의 독립사상을 근원적으로 제거하고, 대신 일본에 대한 예속 의식을 싹트게 하기 위하여 이른바 동화주의 교육을 더욱 강화할 필요성이 있다고 보았다. 이에 1922년에 조선총독부로 하여금 조선교육령을 전반적으로 개정하여 동화주의 교육을 한층 더 강화토록 하였다.

제2차 조선교육령 시행기 각급 학교의 교육과정 실정과 그 운영 방법은 문화정치라는 기본 바탕에 터 잡았기에 외형적으로는 상당히 자유가 허용되고 강압에서 풀어준 듯 보인다. 그러나 조선어 약화 및 제거 교육과 일어의 보급 강화 교육은 간교한 수단과 방법으로 하였다.

제2차 조선교육령에서는 보통학교의 교육 목적을 "아동의 신체발달에 유의하여 德育을 가지게 하고, 생활에 필요한 보통의 지식, 기능을 授與하여 국민으로서의 성격을 함양하며, 국어(일어)를 습득시키는 것을 목적으로 한다."에 두었다. 보통 학교의 교과목은 수신, 국어(일어), 조선어, 산술, 國史(일본사), 지리, 이과, 직업, 圖畵, 唱歌, 체조로 하고, 女兒에게는 '家事及裁縫'을 부과하였다.

중학교 규정에서는 조선어를 필수 과목에서 隨意 과목 또는 선택 과목으로 바꾸었으며, 이 때 漢文은 '國語(日本語)及漢文'으로 하여 일본어와 함께 교수하였다. 이렇게 한문은 일본어의 한 부분으로 교수되면서, 그 내용도 또한 皇國臣民으로서의 신념을 함양시키는 데 필요한 문장에 치중하였다.

### (3) 제3·4차 朝鮮敎育令 施行期(1938~1945)

제3차 조선교육령 시행기(1938~1943)와 제4차 조선교육령 시행기(1943~1945)에 해당되는 1938년부터 1945년 8월까지의 일제 말기는 한국 민족 말살 정책기 또는 소위 황국신민화 정책기라고 할 수 있다. 일본은 황국신민화라는 식민지 정책 목표를 내세우고, 한국 및 한국 국민을 관념상 말살하는 동시에 內鮮一體를 확고히 하고, 황국신민화 교육을 보다 강화하기 위하여 1938년에 제3차 조선교육령을 제정하였다.

조선총독부는 이어서 1941년 3월에 국민학교령을 제정하여 小學校를 國民學校로 개명하고, 1943년에 중등학교령을 제정하여 중등학교의 수업연한을 5년에서 4년으로 단축시켰다. 또한 1943년 3월에 제4차 조선교육령을 제정하고 학제를 개편시켰다. 제4차 조선교육령은 일본이 황민화 교육을 더욱 강화하여 한국의 학교 교육을 전면적으로 군사용 목적에 봉사시키기 위해서 제정한 것이었다. 이 시기에 日帝는 조선어를 철저히 배제하려 했으며, 일어를 급속하게 보급시켰다. 따라서 교과 과정에서 漢文 과목도 사라지고 말았다.

## 4) 美軍政의 敎授要目期(敎授要目：1946년 11월 17일~제1차 교육과정 제정·공고：1955년 8월 1일)

1945년 8월 15일 일본이 연합군에 무조건 항복함으로써 光復을 이룩한 한국은 38線을 경계로 북한은 소련군에 의한 軍政이 실시되고, 南韓은 1948년 8월 15일에 대한민국 정부가 수립되기까지 3년간 美軍에 의한 군정이 실시되었다.

1945년 9월 8일에 인천에 상륙한 미군은 美軍政 기구에 學務局을 설치하고 그 산하에 '朝鮮敎育審議會'를 두었다. 그런데 1945년 12월 8일 조선교육심의회는 전격적으로 한문 사용 폐지안을 통과시켰다. 비슷한 시기인 2차 대전 終戰 직후 일본에서는 미군에 의해 한자 폐지 및 일본어의 로마자화가 추진되었고, 중국에서도 소련에 의해 간체자의 보급과 한자의 로마자화가 추진되었다.

미군은 일본의 漢字를 폐지시킴으로써 日本魂을 말살시킬 수 있다고 믿었고, 蘇聯은 중국의 共産化를 위해 그들의 정신이 담긴 한자를 없애 간자화 및 로마자화로 유도하려고 했다. 북한도 1949년 소련의 스탈린 문자 정책에 영향을 받아 한자를 폐지하였다. 공교롭게도 이처럼 거의 동시에 東北亞 3국에서 한자 退出과 고유어의 로마자화가 시도되었다. 여기에는 미·소가 儒敎와 漢字를 매개로 한 동북아 共通體의 가능성을 제거하려는 의도가 어느 정도 개입되었다고 볼 수 있다.

한편 이 시기는 日帝 殘滓의 淸算을 위한 한글 전용과도 맞물려 한자 교육이 정상적으로 진행되지 못하였으며, 한문과 교육과정도 체계적으로 세워지지 못했다. 당시의 교육과정이나 교과서 등에 관한 조항은 미군정 산하의 교수요목 제정 위원회에서 응급조치로 내놓은 안을 따르고 있었다.

美軍政廳은 1945년 9월에 교육의 각 분야 지도자 7인(후에 3인 추가)으로 조직된 자문 기관인 한국교육위원회의 건의를 토대로 '일반명령 제4호'를 발표하였는데, 그 내용 중에 "교수 용어는 한국어로 할 것과 한국의 이익에 반하는 과목의 설치와 교수를 금한다."라는 항목이 있다. 또 군정기의 '잠정적 국어교육의 조치'에 의해 편찬한 국어 교본들에 대한 기본적인 편찬 태도, 교수 방침에 의하면, 漢字는 <초등 국어 교본>에는 종래의 인습상 부득이 국문과 혼용함을 잠정적으로 襲用하되, 될 수 있는 대로 어려운 한자는 쓰지 않도록 하였으며, 또한 <초등 국어 교본 상·중>과 <한글 첫걸음>에는 순전한 우리 글로 쓰기로 하였다. 그리고 '교수요목' 중의 교과서 집필상의 주의 사항에서도 '문체는 한글로 주로 하되 본래가 한자어 표시가 필요할 때는 거기 마땅한 한글 위에 적을 것'이라고 명기하였다. 참고로 중학교 국어과 교과서의 실태를 소개하면, 조선어학회의 <중등 국어 교본 상>(1946년 1월)에는 한글 위에 한자를 작은 활자로 표기했고, 문교부의 <중등국어>(1950년 4월 1일 발행)에는 한자를 (　　) 속에 표기하였다.

당시의 교수요목에서 한문 교육과 관련된 항목은 '4) 교수의 주의'이다. 이 항목에서 "초급과 고급의 선택 과목은 국어의 보충 교재를 교수하기로 하되, 한문도 교수할 수 있다."라고 하여 국어과의 보충 교재 형식이긴 하지만 한문 교과를 독립 교과로 인정하고 있다. 그러나 당시는 교육과정 운영에서 학교장에게 융통성을 발휘하도록 재량과 권한을 인정해 주었기 때문에 한문 교과의 교수는 학교마다 차이가 있었다. 예를 들어 <휘문 70년사>에 수록된 1948년 휘문 중학교의 주당 교과 시간표에는 국어 교과를 국독, 국문, 국작, 문학, 한문으로 나누고, 한문을 1, 2, 3, 4학년은 주당 1시간씩, 5, 6학년은 문과만 2시간씩 배정하였다. 또한 <진 명 50년사>에 수록된 진명 여자 중학교의 주당 시간 배정표에는 한문이 독립 교 과로 채택되어 6학년 이과를 제외하고는 全學年에서 주당 1시간씩 배정하였다. 1951년 중·고등학교가 분리된 후 <배재 80년사>에 수록된 배재 고등학교의 1954년 주당 시간표에는 한문이 배정되지 않았다.

이 시기의 한문교육은 1) 국어과의 한 부분, 2) 독립된 교과, 3) 한문 과목의 배제 등 학교장의 재량에 의해 다양하게 교수되었다. 그러나 당시의 교수요목은 이를 제정하는 데 충분한 시간적 여유가 없었으므로, 각 교과별로 가르칠 주제를 단순히 열거하는 데 불과하였기 때문에 한문과 교육과정을 체계적으로 세우지 못 하였다. 특히 이 시기는 일제 강점 시대의 잔재를 불식하는 데 진력하여, 한글전 용, 우리말 도로 찾기 및 우리말 용어 제정 등에 힘썼는데, 이러한 배경이 교육과 정에 그대로 반영되었다. 또 이 시기 교육 심의회의 9개 분과 중 제9분과에서는 교과서와 관련된 여러 문제를 다루면서 교과서의 한문 폐지를 함께 검토하였다.

## 5) 大韓民國의 敎育課程期

### (1) 제1차 교육과정기

제1차 교육과정 제정·공포 : 1955년 8월 1일~제2차 교육과정 제정·공포 : 1963년 2월 15일

제1차 교육과정은 미국의 進步主義 敎育思潮에 바탕을 두어 생활 중심, 경험 중심, 흥미 중심, 아동 중심의 교육과정이고, 민주 생활인의 실용 정신에 입각한 일상생활 능력 함양과 도의 교육, 반공 교육 등을 표방하였다. 교육과정의 구조는 영역별로 目標(전체, 학년, 영역)와 지도방법 등으로 되었고 언어 경험 요소와 기 회, 기술면에서 본 학습지도, 읽기 주요 과제, 그리고 생활과 기능, 언어 순화 등

을 위주로 한 단원의 예시를 한 것이 특색이다.

1951년 2월 문교부는 전시 중요 문교 시책인 '戰時學習指導要領'을 발표하여, 이곳에서 '漢字指導 要綱'을 제시하였다. 그 내용은 문교부가 수년간 조사해 놓은 기초 자료를 검토, 정리하여 일상생활에 긴요하다고 인정되는 교육한자 1,000자를 선정하였다. 국민학교 4학년 300자, 5학년 300자, 6학년 400자를 배당하여, 744자의 한자를 교과서에서 병기하여 가르치도록 하였고, 이어 9월에 상용한자 1,260자를 제정하여 1,000자의 교육용 한자는 초등학교뿐만 아니라 중학교에도 적용하도록 하였다. 또한 漢字 讀本을 국정으로 발간할 계획을 세워 한자교육을 실시하였는데, 이때에 제시한 '漢字指導 要綱'의 내용이 이후 한자교육내용의 모태가 되었다.

제1차 중·고등학교 교육과정(1955년 8월)에 '한자 및 한자어 학습' 항을 두어 광복 후 처음으로 한자 및 한자어 교육에 대한 사항을 구체적으로 명시하였다. 그러나 이를 중학교는 국어과에, 고등학교는 국어과Ⅱ에 포함시켜 한문 교육을 국어 교육의 일부로 간주하였다. 이렇게 한문을 국어의 일부로 포함하는 방식은 근대화 교육이 시작된 대한제국 시절부터 일제 시기까지 이어져온 관행을 따른 셈이었다. 고등학교에서는 중학교에서 학습한 한자 및 한자어 지식을 기초로 하여 평이한 한문 문장을 가르쳐 漢學 특유의 취의를 파악하게 하고, 한학이 우리 문학에 미친 영향과 동양 문화의 연원을 인식하게 하여, 견실한 인격도야에 이바지하도록 하는 데 그 의의를 두었다.

교육과정과 별도로 정부는 1948년 10월 9일 법률 제6호로 '한글전용법'을 공포하였다. 이 법은 한글 교수지침과 교수요목 등, 미군정 시기의 과도적인 조치를 친미 성향이 짙었던 제1공화국에서도 그대로 계승하여 제정한 것이다. 국민학교 국어과에서는 한자 교육에 관하여 전혀 언급하지 않고 중·고등학교에만 국어과 교육 과정에 항목을 따로 하여 한자 교육 내용을 설정해 놓았다. 그러나 1949년 11월 5일 국회 문교·사회위원회에서는 교과서에서의 한자 사용을 결의하였다.

1957년 12월 6일에는 국무회의에서 '한글 전용 적극 추진에 관한 건'을 의결하였는데, 이것은 그 동안 정부가 일관되게 한글 전용 정책을 펴왔음에도 불구하

**43**

고, 대부분의 사람들이 여전히 한글과 한문을 혼용하자, 한글 전용을 보다 더 적극적으로 시행하기 위한 것이었다. 그리고 4·19혁명에 의해 탄생된 제2공화국은 1961년 9월 13일 '정부공문서규정'을 발표하였는데, 이것은 한글 전용에 관한 법률을 한층 강화한 것으로서 1962년 3월부터 신문, 잡지 등 모든 간행물은 한글을 전용해야 한다는 것을 주된 내용으로 하였다. 그러나 이숭녕 등 한자 사용을 주장하는 학자와 신문 등 언론에서는 이 규정을 강력히 반대하며 앞서 1957년에 제정한 '임시 제한 한자 일람표'에 의한 한자라도 사용할 것을 주장하였다.

### (2) 제2차 교육과정기
제2차 교육과정 제정·공포 : 1963. 2. 15~제3차 교육과정 제정·공포 : 1973. 8. 31

문교부는 1958년부터 교육과정 개정에 대한 기초 조사를 하며 수집에 힘써오던 중 5·16군사 혁명을 계기로 하여 종래의 교육을 평가하고 새로운 교육과정을 전면적으로 개편하여 1963년 2월 15일 문교부령 제121호로 이를 공포하였다. 이 교육과정은 개념상 생활 중심의 교육과정, 또는 경험 중심의 교육과정이라 부른다. 이는 교과과정의 내용에서 생산성, 유용성, 자주성을 강조하여 국가 사회의 절실한 요구, 학생 생활의 필요 불가결한 과제를 중심으로 학생들의 생활 경험을 통하여 교육함으로써 쓸모 있는 사회인이 되게 하였다. 또한 교과과정의 계열화와 학교 급별 계열화를 통하여 일관성 있는 발전적 계통 학습을 강조하고, 필요 불가결한 최소의 내용 요소를 엄선하여 기초 학력을 충실히 할 것을 강조하였다. 이 시기의 漢文科 교육과정은 가장 심한 변동을 겪게 되어 1969년에 전면 폐지되었다가 3년 후인 1972년에 독립교과로 부활하였다. 이 교육과정에서 한자 교육의 근거가 마련되었고, 새 교육과정에 따라 1964년 신학기부터 국민학교 600자, 중학교 300자의 범위 안에서 한자 교육을 부활시켰으며 1965년 이후의 교과서는 괄호를 제거하고 한자를 노출시켜 편찬하였다.

제2차 교육과정에서의 한자 및 한문 지도 관계 사항은 제1차 '한자 및 한자어 학습' 사항과 대동소이하다. 다만 그 내용을 보다 체계화하였으며, 교과서에서 한자를 노출시켰다. 그러나 1969년도 교육과정 부분 개정시(1969년 9월 4일 개정,

1970년 3월 1일 시행)에는 중학교 국어과 교육과정에서 '한자 및 한문지도' 항을 완전히 삭제하였고, 인문계 고등학교는 국어 I 에서 한자 교육 부분을 삭제하는 한편, 국어 II 에 있는 한문을 4단위에서 6단위로 증가시켰다. 또한 1970학년도의 국어과 교과서를 한글 전용 교과서로 개편함에 따라 1966년 이래 본문에 노출되던 한자가 자취를 감추게 되었다.

그러나 1968년 5월 2일에 여론의 반대가 극심한 가운데 한글 전용 5개년 계획안이 공포되어 초·중등학교의 한자교육이 폐지되었다. 같은 해 10월 당시 박정희 대통령은 '한글 전용 촉진 7개 사항'을 지시하였고, 공공기관에서 한자가 사용된 서류는 접수를 금지하게 하는 등 한자 사용을 철저히 봉쇄하였다. 그리고 이의 보완책으로 고전의 한글 번역을 서두를 것을 아울러 지시하였다. 이 같은 강력한 정부의 정책에도 불구하고 정부 기관지인 서울신문을 제외한 다른 신문과 잡지는 대부분 전과 같이 한자를 계속 사용했으며, 전에 정부에서 선정 발표했던 '제한한자'보다 1967년 12월에 한국신문협회에서 자체 제정한 2,000자를 오히려 더 많이 활용하였다.

그런데 1971년의 교육과정 부분 개정시에는 한국 어문 교육 연구회 (1969년 7월 31일 발기)등이 한자와 한문 교육의 부활을 주장하였고, 이에 1971년 11월 17일에 문교부는 국민학교에서 한자교육을 실시하기로 다시 정책을 번복하고, 전국 각 시·도에 실험학교를 선정하는 등 준비에 착수하였지만, 1972년 2월에 교육령 시행령의 개정으로 중학교에 한문교과를 독립 신설하여 각 학년에서 주당 1~2시간씩 배당하여 지도하게 되었다. 또한 검인정 한문 교과서를 개발(중등 한문 교육 연구회)하여 1972학년도 2학기부터 지도하는 한편, 문교부는 한문 교사 양성을 위한 강습회를 개최하였다.

1972년 8월 16일에 문교부에서 종래의 상용한자 1,300자, 5대 신문사의 상용한자 약 1,300자, 무작위로 선정한 3종의 고교 한문 교과서에 쓰인 한자 및 한자어, 일본의 '當用 漢字' 1,300자, 예일 대학 교육용 한자 1,000자를 기본으로 하여 한문 교육용 기초한자 1,800자를 확정, 공표하였다. 이때부터 중·고등학교에서는 각각 900자씩을 가르치고, 추가로 지도할 수 있는 허용 한자의 수를 기초 한자의 10%인 180자로 하였다.

### (3) 제3차 교육과정기
제3차 교육과정 제정·공포 : 1973 : 8. 31~제4차 교육과정 고시 1981. 12. 31

1970년대에 들어서며 사회는 다시 維新體制 등으로 바뀌어가고, 敎育憲章이 공포되어 한층 가치관 교육, 지식 교육의 쇄신 등이 강조되었다. 이 시기 교육과정은 舊 교육과정의 생활 중심 교육과정을 지양하고 학문 중심 교육과정을 강조한 것이 특징이다. 또한 이 시기의 漢文科 교육과정은 獨立 敎科로서의 기반을 다진 시기이다.

1971년도의 부분 개정 때 신설하여 1972년에 교육법 시행령으로 공포한 한문 교과가 존속됨에 따라 중학교에서 명실상부한 한문과 교육과정을 제정하게 되었다. 1974년 12월 31일에 한문이 국어과에서 분리하여 독립되고 한문 교과는 다시 <漢文Ⅰ>과 <漢文Ⅱ>로 분리되어 <漢文Ⅰ>은 필수교과가 되고, <漢文Ⅱ>는 선택 교과가 되었다. 또한 고등학교는 종전까지 국어Ⅱ에 포함되었던 한문 과정이 한문 교과로 독립되었으며, 한문Ⅰ·Ⅱ로 구분한 교육과정의 내용을 목표·내용·지도상의 유의점으로 구성하였다.

1974년 7월 11일에 문교부가 중·고등학교 교과서에서의 한글·한자 병기 방침을 결정하여 1975학년도부터 중·고등학교 학교 교과서에 한문교육용 기초 한자의 범위 내에서 한자를 괄호 안에 병기하도록 확정하여 발표하였다. 그리하여 1975년 3월부터 중·고등학교 교과서에 한자가 들어가게 되었고, 국어과 교과서의 본문에도 종전처럼 한자를 괄호 안에 병기하게 하였다. 그 이유로 첫째 일반 사회에서는 국·한문을 혼용하고 있는데 교과서만이 한글을 전용하여 학교 교육과 사회 현실과 거리가 생겼고, 둘째 한글 전용의 결과 학습지도에 무리한 점이 많았고, 셋째, 英字는 병기하면서 한자는 안 쓴다는 것이 모순된다는 점 등을 들었다.

이후 대한교육연합회, 한국어문교육연구회 등이 국민학교부터 한자교육을 실시할 것을 촉구하자, 1976년 9월 22일 문교부는 "국민학교 한자교육을 않기로 한다.”고 발표하였으며, 1977년 8월 18일 당시 박정희 대통령은 “현실적으로 상용되고 있는 한자를 없애자는 극단적인 주장도 옳지 않지만, 상용한자를 현재보다 더 늘려야 한다는 주장도 옳지 않다”는 내용의 담화를 발표하기에 이르렀다. 이 담화 발표 이후 1979년 3월에 상용한자 1,800자를 확정 발표하여 이후 한자의 교육과 사용은 철저하게 이 1,800자의 범위 내에서 제한되었지만, 현실적으로 이 1,800자 마저도 제대로 사용되거나 교육되지 못한 채 한자는 우리의 생활과 교육의 현장에서 점차 멀어지게 되었다.

### (4) 제4차 교육과정기

**제4차 교육과정 제정·공포 : 1981. 12. 31 고시, 1984. 3. 1 시행~제5차 교육과정 : 1987. 6. 31 고시**

1980년대에 접어들면서 우리나라 교육은 어느 정도 土着化 되었고 정착화가 이루어져, 교육과정도 교육부에서 연구기관(한국교육개발원)에 위탁, 연구 개발하는 방향으로 나아갔다. 제4차 교육과정에서는 人文主義, 人間主義, 국민정신 함양, 민족공동체 의식, 全人敎育 등을 강화하는 내용을 표방하였으며, 교육과정 구성 방향은 건전한 心性의 육성, 知力과 기술의 배양, 도덕적인 인격의 형성, 民族공동체 의식의 高揚에 역점을 두었다.

이 시기의 한문과 교육과정은 그 내용을 보다 체계화하여 前 시기에 다져진 독립 교과로서의 기반을 더욱 확고히 한 시기이다. 중학교 한문과 교과과정의 체계는 ‘가. 교과목표, 나. 학년목표 및 내용, 다. 지도 및 평가상의 유의점’으로 구성하여, 중학교 한문과 교육이 제3차 교육과정에 이어 발전적으로 시행될 수 있도록 체계화하여 간명하게 제시하였다.

한편 고등학교 한문은 Ⅰ·Ⅱ로 구분하고, 교육과정의 내용을 각각 중학교와 같이 ‘가. 교과목표, 나. 학년목표 및 내용, 다. 지도 및 평가상의 유의점’으로 구성하였다. 전반적인 체계는 제3차 과정과 대동소이하나, ‘평가상의 유의점’을 규정하여 제시한 점이 특기할 만하다.

## (5) 제5차 교육과정기

제5차 교육과정 : 1987. 6. 30 고시, 1989. 3. 1시행~제6차 교육과정 : 1992. 9. 30

제5차 교육과정은 우리나라 사회의 미래 展望을 자유 민주주의, 정의사회, 福祉社會, 文化社會로 분석하고, 이러한 사회에 적합한 인간상을 기르는데 있었다. 이러한 목적 밑에 고쳐진 교육과정의 개정 중점을 첫째 기초 교육의 강화, 둘째 정보화 사회에 대응하는 교육의 강화, 셋째 교육과정의 효율성 제고에 두었다. 또한 기준 단위제의 최초 도입, 교과서 편찬시의 학습량 기준 제시, 학교장 운영 재량권 등을 대폭 강화해서 국가 기준으로서의 기능을 보완하였고, 탄력적이고 융통성 있는 교육과정 운영을 가능하게 했다.

이 시기의 한문과 교육과정은 제4차 교육과정에 이어 발전적으로 시행될 수 있도록 보다 체계화한 것이다. 중·고등학교 한문과 교육과정의 체제를 제4차 교육과정과 동일하게 '가. 교과 목표 나. 학년 목표 및 내용 다. 지도 및 평가상의 유의점'으로 구성하였다. 그러나 내용에 있어서는 '가) 한자, 나) 한자어, 다) 한문'으로 분류하여 수준에 맞도록 단계적으로 체계화하고 계열화하여 간명하게 제시하였다.

중학교는 종래의 한자 학습에서 편향적 흐름을 시정하기 위하여 '지도 및 평가상의 유의점'을 상세하게 진술하였다. '부수, 획수, 필순 지도'에서 지나치게 강조하지 않아야 할 점을 명시하고, 평가에서도 '한자는 바르게 읽고 쓰며 그 뜻을 알아 바르게 사용하는 것을 평가하되, 부수, 획수, 필순에 치중하지 않도록 한다.'라고 한 것과, '한문은 문장을 바르게 독해할 수 있는 학습 내용에 중점을 두어 평가하되, 문법 지식을 평가하는 데 치중하지 않도록 한다.'라고 한 것이 구체적인 예이다.

고등학교 학생이면 누구나 공통 필수로 이수해야 하는 한문Ⅰ과, 인문사회 과정만 선택하는 한문Ⅱ 등으로 구분하지 않고 단일 교육과정으로 구성하였다. 이는 제5차 교육과정에서 한문교과를 과정별 선택 교과로 규정하고, 과목 Ⅰ,Ⅱ로 구분하지 않았기 때문이다. 또 중학교와의 연계성을 고려하여, 학습의 방향을 명시적으로 제시할 수 있도록 하기 위하여 교과목표의 전문을 설정하였고, 교과목표는 진술을 보다 구체화하여 제4차의 4개항에서 5개항으로 늘어났다.

### (6) 제6차 교육과정기

**제6차 교육과정 고시 : 1992. 6. 30~제7차 교육과정 고시 : 1997. 12. 30**

제6차 교육과정의 특징은 첫째, 교육과정 결정의 분권화이다. 즉 중앙 집권형 교육과정을 지방 분권형 교육과정으로 전환하여, 시·도 교육청과 학교의 자율 재량권을 확대하였다. 둘째, 교육과정 구조의 다양화이다. 즉 다양한 이수과정과 교과목을 개설하고, 필수과목을 축소하는 한편, 선택과목을 확대하여 교육내용의 획일성을 해소하였다. 셋째, 교육과정 내용의 적정화이다. 즉 학습량과 수준을 조정하고, 교과목 체계의 개선으로 교과 내용의 적합성을 높이고 학습 부담을 줄였다. 넷째, 교육과정 운영의 효율화이다. 즉 학생의 적성, 능력, 진로를 고려하고, 학습과 생활의 기초 능력을 신장하며, 평가방법을 개선하여 교육과정이 효율적으로 운영될 수 있도록 하였다.

국민학교는 제6차 교육과정에서 학교 재량 시간을 통하여 일부에서 '한자' 교육을 실시하였다. 그러나 '국민학교 교육과정'(교육부, 1992~16호)에서 언급하고 있듯이 "학교 재량 시간의 운영은 시·도의 교육과정 편성·운영 방침에 따르되, 교육과정 편제에 제시된 교과 및 특별활동의 보충·심화 또는 학교의 독특한 교육적 필요, 학생의 요구 등에 따른 창의적인 교육 활동(예 : 한자, 컴퓨터, 노작(勞作) 활동 등)을 골라서 지역 특성과 학생 실정에 맞게 운영할 수 있도록 한 것"이므로, 전체적으로 선택되지 못하고 운영상에도 제약이 있었다. 그나마 수업 시수(時數)의 확보라는 측면에서 의의를 가진다고 하겠다.

제6차 교육과정에 따른 중·고등학교 6차 한문과 교육과정을 살펴보면 다음과 같다. 6차 교육과정에서 중·고등학교 한문교과가 필수 과목(5차)에서 선택 과목으로 바뀌었으며, 고등학교 한문교과는 한문Ⅰ과 한문Ⅱ로 구분하였고, 과정별 필수 과목으로 하였으며 한문Ⅰ은 6단위, 한문Ⅱ는 4단위로 하였다.

중·고등학교 한문과 교육과정의 체제는 '가. 성격, 나. 목표, 다. 내용 (1) 내용체계 (2) 학년별 내용, 라. 방법, 마. 평가'로 구성하였다. 제6차 교육과정은 '성

**49**

격' 항을 신설하였으며, 제5차의 '학년 목표' 대신에 내용체계를 신설하고, 제5차에서 지도상의 유의점의 하위항목으로 지도와 평가가 설정되어 있던 것을 방법과 평가로 독립해서 제시하였다.

### (7) 제7차 교육과정기
제7차 교육과정 고시 : 1998. ~

1990년대에 들어서면서부터 국제 사회의 환경 변화로 인한 중국과 동북아시아 지역의 세계무대에서의 위상 제고 등에 힘입어 우리 사회에서 한자 교육의 필요성을 강조하는 목소리들이 다시 고개를 들기 시작하였다. 이러한 분위기 속에서 조선일보는 1994년 2월 7일부터 28일까지 17회에 걸쳐 '아태(亞太)시대 우리들의 국제 문자 한자를 배웁시다.'라는 기획시리즈를 연재하여 한자에 대한 인식을 새롭게 하는 계기가 되었다.

1994년 3월 당시 김영삼 대통령은 일본과 중국을 방문하면서 한·중·일 3국의 협력 과제의 하나로 '한자의 국제 표준화'를 제시하였고, 이런 상황에서 국민들의 한자 학습 열기는 매우 고조되었다. 이후 1999년 2월 9일 김대중 정부에서 다시 '한자병기' 방침을 밝혔으나, 아직까지 별다른 후속 조치가 없다. 2002년 월드컵 개최와 함께 중국 방문객이 증가하면서 중국과 한자에 대한 범국민적 관심이 일어나고 있다. 동북아 시대에 대한 기대감, 지적 능력 향상에 있어서의 한자의 긴요성(예를 들면, 학부모들의 입에서 오가는 "한자를 잘 하는 학생이 修能에 더 유리하다"는 이야기 등), 한자 능력에 대한 국가 공인 자격 부여, 한자 능력에 대한 대기업의 취업 시의 가산점 부여 등의 분위기와 관련하여, 한자 학습에 대한 관심이 어느 때보다 고조되고 있으나, 이것의 대부분을 사교육권(학습지, 학원 등)에서 담당하고 있는 실정이다.

제7차 교육과정에서 초등학교 교육은 국민 공통 기본 교육과정에 편제되어 있는데, 국민 공통 기본 교육과정은 교과, 재량 활동, 특별 활동으로 편성되어 있다. 이 중 재량 활동은 교과 재량 활동과 창의적 재량 활동으로 구분하였는데, 초등학교 1학년의 경우 연간 60시간, 2~6학년의 경우 68시간이 설정되어 운영되고 있다. 이 '재량활동' 시간을 통해 한자 교육을 실시할 수 있으나 실제 운영은 그렇지 못한 실정이고, 오히려 이전 시기와 마찬가지로 아침 자습과 특별 활동 등을 통해 주로 이루어지고 있는 것이 일반적인 실정이다.

# 5

## 동북아의 한자 교육

### 1) 북한의 한자 교육

북한의 기본 學制는 11년제이다. 취학전 1년제와 10년제 고등의무교육으로 편성되었다. 10년제는 4년제 人民學校와 6년제 高等中學校로 나뉜다. 우리는 初等 6년제와 中等 6년제로 편성이 되었으므로 초등의 비교는 우리 기준으로 보아, 북한의 고등중학교 1~2년은 우리의 초등 5~6학년에 해당한다. 북한의 인민학교에는 漢字 교과(북한의 교과명은 漢文)가 없다. 하지만 고등중학교 6년 과정에서 1학년은 2시간, 2학년은 1학기 2시간 2학기 1시간, 3~6학년은 週當 1시간씩 배당되었다. 과목의 순위는 국어 문학 다음으로 배치되어 전체 24과목 중에서 8번째의 순위로 되었다. 우선 북한의 교육제도는 우리 남한과 비교하여 초등과정이 6년이 아니라 4년으로 되어 최근 북한의 학제는 유치원 1년, 인민학교 4년, 고등중학교 6년의 11년제 의무교육을 기본 골격으로 하고 있다.

북한은 고등중학교 6년 동안 漢文을 필수 과목으로 이수한다. 인민학교 4년과



제 1 장_초등 한자 교육의 이해

고등중학교 6년의 과정은 우리와 달리 선택과목의 개념이 없어 대등하게 비교하기는 어렵다. 교과 명칭도 남한은 초등의 경우는 漢字, 중등은 漢文으로 이분화되었지만 북한은 漢字를 중심으로 가르치지만 敎科目 명칭은 漢文으로 되어 있다. 북한의 한자교육은 1953년부터 실시하였는데, 그 목적을 1) 고문헌의 해독, 2) 국어 어휘의 어원과 어근 이해, 3) 중국 문화 학습의 편익 등에 두었다가, 1964년과 1966년의 김일성의 교시에서 "남조선출판물과 지난날의 문헌을 읽을 수 있게"로 하였듯이, 실제 한자 교육의 목적은 한글 전용의 지나친 강조로 어휘의 이해 부족을 보완하는 것이다. 북한의 한자교육에 관한 기본적 성격은 김정일 체제에서도 변화가 없어 보인다.

북한의 한자교육은 해방 후에 시작한 한글 專用, 한자 廢止의 정책을 수정하여 金日成의 교시로 한자교육을 부활한 뒤에, 교육한자를 선정하여 보급하고 학교에서 한자교육을 지속적으로 실시하고 있다. 이러한 정책의 방향 전환은 한자교육을 전제하지 않은 한글 專用교육의 失敗와 더불어 대두된 語彙力 빈곤의 심각한 문제를 해결할 필요성을 절감한 때문이다. 이러한 처지에서 북한 한문 교육의 성격은 國語의 語彙力 빈곤을 해결하려는 것이다. 이 점은 한문 교과서가 국한문의 문장을 제시한 것과 또한 한자말을 이용한 국한문의 短文 쓰기를 자주 연습시키는 것도 그러한 것의 反證일 것이다. 그러한 점은 우리와 비교할 때 엄청난 수의 한자말을 제시하고, 그것의 讀音 지도나 한자를 이용한 다양한 한자말 만들기 연습도 그렇다. 보통 한 단원에 수십 개의 한자말을 제시하여, 본문에서 새로운 한자말을 배우기 위해 나온 새 한자와 관련된 한자말은 거의 모두 登場시키고 있다. 북한 한문교육의 기본 성격은 남한과 같이 語彙力을 풍부하게 하여 원활한 국어 생활을 도모하는 것이다. 하지만 이 기본 성격은 정치 교육에 종속되는 것처럼 보인다. 왜냐하면 남한의 '일반 교양'의 자리에 人民의 政治 敎化를 위한 북한 교육의 일반 3대 원칙을 놓고 있기 때문이다.

우리나라에 비하면 초등학교 5학년부터 中2학년까지 1,500자, 대학까지 3,000자의 한자교육을 하고 있다. 1979년 평양에서 발행한 한문교육용 <國漢混用讀本>과 1983년 3월 북한의 <인민학교 고등학교 과정안>에 의하면 고등중학교 1


초등학교 한자교육

학년(우리의 초등학교 5학년)부터 국한 혼용 독본으로 한자교육을 하고 있으며, 초등 5학년에서는 주당 2시간, 초등 6학년에서는 1학기에 주 2시간, 2학기에 1시간씩 한자교육을 하고 있다. 북한은 초등과정인 고등중학교 1~2년 동안 다룬 漢字는 845자이고, 한자말은 1,700單語에 이른다. 한자어구라 할 수 있는 경우는 4자 5자 6자 성어는 합성어가 상당수를 차지하고 있지만 남한에서도 통할 수 있는 成語는 40여개 정도다.

북한은 國漢文의 한자말을 읽고 쓸 줄 아는 능력, 곧 한자말이 포함된 국한문을 자유롭게 사용하는 일이 한문 교육의 일차 목표이므로 학습 내용을 제시한 한자말의 수가 우리에 비할 때 엄청날 정도로 많다. 그 數量을 수치로 비교하면 고등중학교 2개년(남한의 초등 5~6년) 동안에 배우는 한자말은 1학년(우리의 초등 5학년)에 1,152個, 2학년(우리 초등 6학년)에 578個, 합계 1,700개의 한자어가 되는데 이것은 우리의 300여 개와 비교하면 거의 倍의 차이가 난다. 그것도 남한의 4권과 북한의 두 권의 紙面을 비교하면 더 차이가 난다. 북한의 고등중학교 1학년 105면, 2학년 85면 도합 190면과 우리의 4단계(1단계 150면, 2단계 150면, 3단계 150면, 4단계 152면)의 도합 602면에 비교할 때 지면에 담은 한자어 수의 밀도가 紙面上 3배, 한자어 數字上 3.5배, 數値上으로 3×3.5＝10.5倍로 드러난다.

이로 보면 남한의 초등 한자 교육에서 學習量은 북한에 비해서 1/10 정도로 빈약하기 짝이 없다. 학습량과 그 효과에 관한 것은 별도로 논의할 일이다. 남한은 4개 학년에서 재량 선택 시간으로 週當 1시간 학습하는 것과 북한의 2개 학년에서 필수로 1~2시간 학습하는 것과는 기본적인 학습 환경이 다르다. 그 점을 도외시하고 平面的으로만 비교하는 것은 그 자체로 한계가 있다. 이러한 것을 감안해도 학습량은 북한이 壓倒的인 것만은 분명하다.

실제로 학습 내용을 살펴보면 남한은 '漢字, 漢字語, 漢字語句'의 뜻을 알고, 읽고 쓰는 능력을 길러 언어생활에 활용하는 것을 주 내용으로 한다. 북한의 교과서를 보면 남한의 학습 내용과 비교하여 볼 때 기본 내용은 남한과 별로 다르지 않다. 북한도 '漢字와 漢字말'의 뜻을 알고 읽고 쓰는 것을 중심으로 한다. 남한과 달리 '한자어구'라는 용어를 쓰지 않고, 남한의 한자어구에 해당하는 것은

'한자말'에 포함시켜 다루고 있는 것이 특기할 정도다.

1953년에 시작한 북한의 교육용 한자는 초급 중학교 1학년(우리의 5학년)부터 3년간 600자, 고급 중학교 3년간 1,200자, 1970년부터 보통교육용 2,000자, 대학용 1,000자를 새로 査定하여 국한문 혼용체로 강화하였다. 고등중 1학년(초등5년)에 주당 2시간, 고등중 2년(초등 6학년) 1학기 주당 2시간, 2학기 주당 1시간씩 국한 혼용 독본 교재로 교육한다.

북한 한문 교육의 목적은 어휘력 향상에 있으며 부수적으로 도덕 교육이나 사상 교육의 측면도 고려되었다고 말할 수 있다. 첫째, 한자의 의미 습득 둘째, 한자 단어의 정확한 분석, 셋째 黨性에 입각한 계급의식과 공산주의 교양 및 혁명전통 고양, 넷째 단어 해석의 과학성 보장이다. 실제의 교수는 첫째 사전에 의한 정의식으로 글자의 뜻에 기초하여 의미를 정확히 해설한다. 둘째 단어에 반영된 사물 현상 내용을 설명하여 이해를 돕는다. 셋째 동의어로 환원하거나 반의어로 해명하는 방법, 넷째 단어의 용례를 들어 설명하는 방법, 다섯째는 단문 작성의 방법, 여섯째 조선어를 정확히 말하여 쓸 수 있도록 그 기초를 공고히 하는데 기여해야 할 것을 강조한다. 北韓은 첫째 敎師主導形 학습, 둘째 思想 교육의 手段化, 셋째 단순한 反復 학습, 넷째 語彙力 향상에 주안점을 두는 학습 방법이다.

## 2) 중화인민공화국(중국)의 한자 교육

중국 교육제도는 6년제 소학(우리의 초등학교, 5년제도 있음)과 3년제 초급중학(우리의 중학교), 3년제 고급중학(우리의 고등학교), 대학으로 나뉜다. 이 중에서 초중학교 9년이 의무교육이다. 이 9년의 의무교육 과정 중에 생활에 필요한 常用字 2,500자, 次常用字 1,000자 등 3,500자를 익힌다. 고등학교 과정에서 非常用字를 추가로 학습한다. 상용자 2,500자는 초등학교에서 모두 익히며, 차상용자 1,000자는 중학교에서 배우게 되어 있다. 초등학교에서 배우는 상용자 2,500자는 학년별로 글자 수와 글자의 종류를 국가교육위원회에서 정한다. 학년별로 한자 수는 1학년 400자, 2학년 750자, 3학년 550자, 4학년 400자, 5학년 250자, 6학년

150자로 총 2,500자이며, 1학년부터 필순에 의한 쓰기, 음과 훈, 단어의 독음과 의미 이해와 운용, 작문 등을 꾸준히 학습하며, 2학년부터 자전 찾는 방법과 활용에 대해 학습한다. 쓰기는 연필로 쓰기, 펜과 붓글씨를 함께 학습한다. 고학년일수록 이러한 학습 내용을 숙달시킨다. 중·고등학교에서는 한자와 관련 학습의 폭을 넓히고, 어문교육의 목적을 달성하기 위해서, 중학교에서 1,000자의 차상용자를 추가하고, 한자교육 내용 면에서도 한자 구성 원리(특히 형성자)를 집중 지도하여 同音字와 多音多義字 등의 구별에 많이 노력한다. 학습의 폭을 넓히면서 상용자는 아니지만 알 필요가 있는 자를 提高字, 잘 사용하지 않는 글자인 生僻字도 적지 않게 교과서에서 지도하고 있다.

이와 같은 중국의 한자교육은 語文敎育의 목적 달성을 위한 것인데, 어문 교육의 목적은 언어 문자의 훈련과 사상 교육으로 나뉘고, 언어 문자 훈련은 한자의 읽기와 쓰기, 뜻의 이해, 말하기, 내용 이해, 작문을 포함한다. 이 중에 한자교육의 목적은 한자의 읽기와 쓰기 뜻의 이해가 해당하며, 그 이상의 한자로 표기된 내용의 이해는 다른 나라들의 자국어 교육과 동일한 목적이다. 즉, 문자로 표기된 내용은 사상 교육의 대상이 된다. 이것은 역사와 문화, 사회와 자연 환경 이해 교육이 해당된다. 그러므로 중국의 한자교육의 목적은 자국어에 대한 표기 문자로서의 교육인 것이다.

1950년에 1,017자를 상용한자로 발표하고, 1952년에 이를 보완하여 교육부에서 常用字 2,000자를 공포하였다. 1975년에 국가 문자개혁위원회가 "4,500字表"를 발표하고, 1979년에 "增訂 2,500字表"를 추가로 발표하였다. 현재 중국에서 사용하는 常用字가 공포된 것은 1988년인데, 國家語言文字工作委員會와 國家敎育委員會는 "現代漢語常用字表"를 발표하였고, 여기에 常用字 2,500자와 次常用字 1,000字를 수록하였다. 이와 함께 常用字의 현재 사용 비율을 함께 알아보았는데, 각종 인쇄물에 사용된 300만 자를 대상으로 조사한 결과에 따르면, 상용자 즉 2,500자가 97.97%를 차지하였고, 차상용자 1,000자는 1.51%를 차지하였다. 합계 99.48%로서 이 상용자만 익혀도 일상생활에는 전혀 문제가 없다는 결론을 얻고 학교 교육에서 사용하기로 하였다.

　　중국은 한자가 字形이 복잡하므로, 이를 쉽게 익혀 쓸 수 있도록 두 가지 조치를 취했는데, 하나는 상용자의 제정이고, 또 하나는 字形의 간소화, 즉 簡化이다. 자형의 간화는 이미 宋나라 때부터 개인들이 시도하여 왔다. 이 흐름이 중화민국에 이어져 개인과 기관들이 연구하고 실험하였다. 이것을 중화인민공화국이 들어서면서 본격적으로 국가가 나서서 연구하기 시작하였다.

　　중국의 첫 시도는 1951년 12월 26일 中國文字改革研究委員會의 설립을 의결하여 1952년 2월 5일 발족시키고 연구를 진행하였다. 그 방침은 ① 문자 개혁은 세계문자 공동의 拼音 방향을 택하고, ② 형식은 민족적이고, ③ 字母 방안은 고유 한자를 근거로 하는 것이다. 1954년에 "漢字簡化方案草案"을 마련하여, 798개의 簡化字를 수록하고 400개의 異體字를 없앴고, 漢字偏旁 筆記簡化表를 제시해 筆記時에 참고하도록 하였다. 1955년에 초안을 수정하여 10월에 526개의 간화자와 54개의 간화편방으로 "한자간화방안"을 통과시키고, 1956년 1월 31일에 515개의 簡體字와 54개의 간화편방을 최종 정식 공포하였다. 그리고 이후에는 古代書籍의 再印刷와 기타 특수한 원인을 제외하고 본래의 繁體字를 인쇄물에 사용하는 것을 금지하였다. 1964년 5월에 중국문자개혁위원회는 "簡化字總表"를 발표하였는데, 이는 3개의 字表로 구성되었다. 제1자표는 간화된 편방을 사용하지 않는 352개의 간화자, 제2자표는 간화된 편방을 사용하는 132개의 간화자와 14개의 간화편방, 제3자표는 제2자표에 의해 유추하여 간화할 수 있는 1,754개의 간화자를 수록하였다. 이 3개 자표에 수록된 글자수는 2,238(2,236, 두 자 중복)인데, 다시 개별 조정하여 1986년에 최종 2,235자를 확정했다.

　　簡體字는 여러 기준을 따라서 만들었다. 전래하던 기존 간체자를 채택한 것, 자형을 일부 변형시킨 것, 새롭게 만든 것 등이 있다. 또 簡化의 방법은 여럿인데, 대별하면 字形의 簡化와 字數의 精簡, 즉 異體字의 정리이다. 자형의 간화는 ① 필획의 수를 줄인 筆劃의 간화, ② 古體字의 채용, ③ 草書 형태의 楷書化, ④ 자형의 윤곽 채택, ⑤ 자형의 일부 생략, ⑥ 복잡한 편방의 간략화, ⑦ 필획 적은 同音字로 대체, ⑧ 새 會意字 만들기, ⑨ 새 形聲字 만들기 등의 방법을 사용하였다. 한자 간화의 성과는 대략 둘인데, 첫째는 필획을 감소시키고 통용자를 줄여 글자의 학습과 사용에 편의성을 주었고, 둘째는 字音을 분명하게 표시하여 形聲字의 경우에 聲符만으로도 字音을 정확하게 읽을 수 있게 하였다.

## 3) 중화민국(대만)의 한자 교육

臺灣은 標準字體表 4,808자와 차상용한자 4,399자를 中華民國 71년에 교육부에서 공포한 바 있다. 중화민국에서는 "표준자체" 3종을 제정 공포하였는데, 常用國字 4,808字를 1982년 9월 2일 교육부에서 공포하였고, 次常用國字 10,740자는 12월 20일에, 罕用國字 18,480字는 1983년 10월 10일에 공포하여 도합 34,028자의 字體表를 제정하여 출판과 인쇄 컴퓨터의 문자를 표준화하였다. 이 중에서 常用國字標準字體表 4,808자는 교육부의 위탁으로 국립대만사범대학 국문연구소(대학원)에서 1979년 8월 1일부터 1982년 7월 말까지 3년 동안의 연구와 시행, 교정을 거쳐 1982년에 정식 공포한 것이다. 『中文大辭典』 49,905자를 근거로 기존의 「常用字表」 2,408자와 「國民學校常用字彙表」 4,708자를 합하여 중복된 것을 제외하고, 15종의 古今 字典과 辭典, 당시의 서간 잡지, 출판물을 총 망라하여 통계를 잡은 것으로 자체는 楷書를 근간으로 俗子, 異體子, 略字, 簡字 등을 감안하여 확정하였다.

대만의 학제는 國民小學(초등학교, 6년)과 國民中學(3년)은 의무교육이고, 고등학교인 高級中學 역시 3년 과정이다. 국민소학의 어문 교과는 「國語」라 하고, 국민중학과 고급중학은 「國文」이라 달리 칭한다. 이 「國語」 교과의 교육 내용을 제시한 「國民小學 國語科課程 標準」에서 常用國字(漢字)에 관한 학습을 정리하면, 字形과 字音, 字義 이해, 執筆과 運筆의 방법과 筆記 자세와 바른 글씨쓰기 등을 지도한다. 소학교 교재에 제시한 한자 수는 1학년 538자, 2학년 768자, 3학년 547자, 4학년 277자, 5학년 262자, 6학년 226자, 6년 과정 총 한자 2,168자로 나타난다. 이후 국민중학의 「國文」 교과에서는 우리나라의 국어 교과처럼 어문교육의 문자 운용과 언어생활에 대한 교육을 시행한다. 또 고급중학은 「國文」과 「國學常識」의 교과로 나누고 文·史·哲을 기본적으로 학습하게 한다.

## 4) 일본의 한자 교육

일본은 明治時代부터 국가가 체계적인 한자교육을 시작한 이후로 시기별로 다소의 변화가 있었지만 제2차 대전 말까지 지속적으로 시행하면서 한자 문제를 일본어 표기 문제의 주요 과제로 삼았다. 제2차 대전 이후의 한자교육은 미군 점령기와 當用漢字 사용기와 常用漢字 사용기로 구분할 수 있다. 미군 점령기에 美軍政廳은 한자 폐지 혹은 제한 사용하도록 어문 정책을 추진하였고, 한자수를 줄이는 제1안과 한자 폐지와 가나문자만 사용하는 제2안, 한자와 가나자 모두 폐지하고 로마자를 채용하는 제3안을 제시하고, 美軍 측에서는 제3안을 강력히 희망했지만, 현실적 제1안을 시행하였다.

當用漢字 사용은 1948년 2월부터 1981년 9월까지로 한자를 제한하는 시책이 전면적으로 시행되던 시기이다. 당용한자는 1947년 9월 국어심의회의 의결을 바탕으로 1948년 2월 내각 훈령으로 공표되었고, 학교 교육과 일반 사회의 사용 한자 수를 1,850자로 제한하고, 각 한자의 音(2,099개)과 訓(1,830개)을 제한하여 제시하였다. 당용한자를 학교 교육에 정착시키기 위해서 일본 문부성은 1951년 "학습지도요령(국어과편)"을 발행하여, 초등학교에서 가르쳐야 할 한자 881자와 학년별 배당표를 제시하였고, 나머지 한자를 중·고등학교에서 가르치도록 규정하였다. 이에 따라 전후 일본의 학교 교육에서는 '당용한자'를 교육하였다.

'常用漢字' 사용은 1981년 10월부터 현재에 이른다. 상용한자를 새로 제정한 것은 '당용한자'의 字種 선정의 문제와 한자 사용의 제한에 대한 재검토 여론을 수용하여 1981년 10월 內閣 告示 형태로 공표하였다. 상용한자표는 당용한자표에 95자를 추가하여 1,945자가 제시되고, 한자의 字體表를 겸한 音訓表(음 2,187개, 훈 1,900개, 총 4,087개의 음훈)와 人名과 地名用 한자 166자(1990년에 118자 추가, 총 284자)를 추가하였다.

小學校(초등학교)의 한자교육은 학년별로 제시한 바, 1학년 80자, 2학년 160자, 3학년 200자, 4학년 200자, 5학년 185자, 6학년 181자를 배당하였는데, 6년간에 배울 1,006자는 일상생활에 기본적으로 쓰이는 중요 한자라는 점과 학습자의 학습 가능성을 고려한 결과이다. 각 학년별 한자교육 내용을 '小學校學習指導要領'에 의해 살펴보면, 1학년은 "80자를 읽고 쓸 수 있게 한다. 학습한 한자를 문장 중에서 적절히 쓸 수 있도록 한다." 2학년은 "1, 2학년에 배당된 한자를 모두 읽고 쓰게 한다. 학습한 한자를 문장 중에서 쓸 수 있도록 한다." 3학년은 "1, 2, 3학년에 배당된 한자를 모두 읽고 쓰게 한다. 학습한 한자를 문장 중에서 바르게 쓸 수 있도록 한다." 4학년은 "1, 2, 3, 4학년에 배당된 한자를 모두 읽고 쓰게 한다. 학습한 한자를 문장 중에서 쓸 수 있도록 하며 한자의 구성에 대한 지식을 가지게 한다." 5학년은 "1, 2, 3, 4, 5학년에 배당된 한자를 모두 읽고 쓰게 한다. 문장에서의 한자의 역할을 알고, 또 한자의 유래와 특질에 관한 초보적 지식을 가지게 한다." 6학년은 "1, 2, 3, 4, 5, 6학년에 배당된 한자를 모두 읽고 쓰게 한다. 한자 가나 혼합 문장에서의 한자의 역할을 이해하게 하며, 가나 및 한자의 유래와 특징에 대하여 이해하게 한다"와 같다. 여기서 알 수 있듯이 한자의 音訓과 쓰기 교육, 문장의 활용, 한자에 관한 초보적 지식, 가나와 한자 혼용문에서의 한자 역할 등을 교육한다. 이밖에도 한자의 표준 字體 교육도 실시하는데, 여기에는 약자체도 다수 포함되었다. 예컨대, 한국의 '體'는 일본에서 '体'를 표준 자체로 삼는다.

현재 일본의 중·고등학교 교육에서 '漢文' 교과는 우리처럼 독립되지 않고, 국어 교과 속에 편입되어 있다. 일본의 현행 국어(일본어)교육은 1989년에 文部省의 교육심의회가 개정한 '學習指導要領'에 따라 1994년부터 실시하고 있다. 일본은 1960년에 지도요령을 공표한 이후, 1970년에 1차 개정, 1978년에 2차 개정, 1983년에 3차 개정하여 확정하고 그 5년 뒤에 현장 교육에 적용한다. 중학교는 소학교 때 배운 1,006자를 완전히 읽고 쓰게 하고, 1,945자의 상용한자 중의 나머지 한자는 대략 읽을 수 있는 데까지 교육 목표로 삼는다. 고등학교는 "상용한자를 익숙하게 읽게 하고 주요한 상용한자를 쓸 수 있도록 한다."이고, 학습할 한자 수는 제시하지 않는다.

국립국어연구원(1992), 「북한의 한자·한문교육」, 『북한의 언어정책』, 170쪽.

김민수(1999), 「북한의 한자 교육」, 『새국어생활』 제9권2호, 국립국어연구원, 96쪽.

김병기(2002), 『아직도 '한글전용'을 고집해야 하는가?』, 다운샘.

南廣祐(1985), 「北漢의 漢字敎育」, 『어문연구』 61호.

南廣祐(1996), 『동북아시대의 한자교육』, 한국어문교육연구회.

란 정(1987), 「일본에서의 한자 한문교육 이제」, 『어문연구』 55·56합집.

方仁泰(1999), 「南北韓의 初等漢字敎育 比較」, 『한자한문교육』 제5집, 한국한자한문교육학회.

심경호(2006), 「일본에서의 한자 한문교육」, 『한문교육연구』 14호, 한국한문교육학회, 96쪽·105쪽.

안승덕(1991), 「일본의 한자교육에 대한 연구」, 『청주교육대학교 논문집』.

임동석(1999), 「臺灣(中華民國)의 漢字敎育」, 『새국어생활』 제9권 2호, 66~69쪽. 75~80쪽.

이규갑(1999), 「중국의 한자교육」, 『새국어생활』 제9권2호, 국립국어연구원, 18~ 29쪽.

李胤杓(1988), 「北漢의 漢字敎育 實態」, 『어문연구』 59·60호.

이한섭(1999), 「일본의 한자교육」, 『새국어생활』, 제9권2호, 국립국어연구원.

장영희(2001), 「한자교육의 실태와 방향」, 『국어교육연구』 제8집, 서울대 종합교육연구원 국어교육연구소.

장희구(1994), 「한자조기교육」, 『광주교육』 14호, 광주직할시교육청.

鄭載喆(1993), 「漢文科 敎育課程의 變遷」, 『漢文科敎育論』, 한샘출판사.

漢字敎育活性化推進會(1999), 『漢字敎育新講』, 傳統文化硏究會.

허 철(2004), 「중국한자교육의 역사와 내용에 대하여」, 『한문교육연구』, 제23호.

許南郁(1999), 「漢文科 敎育課程의 變遷」, 『新漢文科 敎育論』, 傳統文化硏究會, 59~72쪽·76~89쪽.

# 제 2 장

## 한자의 이해

# 1. 한자의 기원과 자형의 변천

한자는 언제 만들어졌을까? 한자의 모양은 어떤 변화를 거쳐 왔을까? 『설문해자』에는 창힐이라는 사람이 새나 짐승의 발자국을 보고 처음 글자를 만들었다는 내용이 있다. 그에 대해 눈이 네 개였다거나 태어날 때부터 글자를 잘 알았다는 등의 설명이 뒤따르는 것을 보면, 실존 인물이 아닌 전설상의 인물이라 할 수 있을 것 같다. 문자의 역사를 보면, 오래된 것일수록 특정인에 의해 창작된 경우를 보기 힘들다. 문자란 서로의 약속에 의한 것이다. 한 사람이 많은 글자들을 만들어 다른 사람들에게 의미를 이해시키고 공동의 약속을 얻는 것은 불가능하다. 또한 문자의 탄생이란 사회 문화의 발전 단계상, 집단 생산과 노동의 과정에서 사물에 대한 관찰과 그에 대한 사고의 성숙과 함께 나타나는 현상이다.

## 1) 갑골문

가장 이른 시기의 漢字는 甲骨文을 통해 볼 수 있다. 갑골문은 지금부터 3,300년 전 은(殷)나라 때 사용된 문자이다. 그런데 갑골문에는 구조상 어느 정도 발전된 단계에서 나타나는 형성문자가 존재한다. 이것을 볼 때 초기의 한자는 은나라 이전부터 사용되어 왔음을 알 수 있다. 갑골문이란 거북의 배딱지(또는 등딱지)나 소의 어깨뼈 위에 새겨진 한자를 말한다.

은나라 왕들은 제사, 정벌, 사냥, 농사 등의 일이 있을 때면 점을 쳐서 신의

**63**

그림 1 갑골문

뜻을 물어보았다. 이 때 신에게 물어보기 위해 뼈 위에 써 놓은 문자가 갑골문이다. 갑골문은 1899년 하남성(河南省) 안양시(安養市) 소둔촌(小屯村)에서 발견되었는데, 이 일대는 은대의 도읍지였다.

갑골문의 발견과 관련하여 흥미 있는 이야기가 전한다. 1899년 갑골문 발견 이전, 이 지역 사람들은 밭을 갈 때 나오는 이상한 뼈들을 돌멩이처럼 버리거나 밭의 한 귀퉁이에 쌓아두었다. 그러다가 우연히 이 뼈의 가루가 상처 치료에 효험이 있다는 것이 알려지면서 무슨 뼈인지는 모르나 약효가 대단하다는 의미의 용골(龍骨)이라는 이름으로 거래된다. 전국적으로 유명세를 탄 용골은 수도인 북경의 약방에서까지 판매되는데, 당시 국자감 좨주(祭酒)였던 왕의영이 말라리아에 걸려 고생하면서 이 용골을 먹고 있었다. 어느 날 그는 용골 표면에 무언가 새겨진 것을 보고 고대의 문자임에 틀림없다고 판단하여 이 뼈를 수집하게 했는데, 이 때가 1899년이다.

한동안 개인 수집에 그치던 갑골문은, 1928년에 중국 중앙연구원에 의한 15차례의 발굴 작업이 이루어지면서 대량으로 출토되었다. 현재까지 발견된 갑골편의 숫자는 약 10만 편이 넘으며, 여기에 새겨진 문자는 총 4672자, 식별 가능한 글자도 1,723자나 된다.

갑골문의 자형은 한자가 그림에서 발전되어 왔음을 잘 보여준다. 그림에서 필획이 단순한 문자로 변하고, 그러한 문자로부터 다시 대량의 새로운 글자들이 만들어졌다. 갑골문은 지금 쓰는 한자에 비해 몇 가지 특징이 있다. 칼로 새겼기 때문에 글자가 매우 날카롭고, 편방의 위치가 좌우·상하 뒤바뀐 것이 많으며, 글자의 모양이 한결같지 않다. 그리고 두 세 글자를 한 글자처럼 쓴 것들이 많고, 같은 모양이면서 다른 글자들이 많다.


초등학교 한자교육

## 2) 금문

갑골문 이후의 자형의 변화를 알 수 있는 자료는 金文이다. 금문은 청동기에 새겨진 글자로 은나라 말기부터 춘추(春秋) 시기에까지 사용되었다. 금문은 장식용이나 기념품으로 만든 그릇들 표면에 새겨 놓은 것이다. 청동기를 제작한 사람들은 대부분 大臣과 관리들이었으며, 주(周) 왕실이 동천(東遷)하고 조정의 세력이 쇠락해지면서 제후들의 기물이 증가한다.

금문의 내용은 대부분 그릇 주인의 공적을 기리는 내용으로, 그릇 주인이 어떤 일에 공적이 있어 군주에게 포상을 받았는지 기록하고 있다. 금문의 자형은 형체상 갑골문을 그대로 이어받았다. 그러나 갑골문에 비해 선이 굵으면서도 부드럽고, 보다 네모진 모양으로 정제되었다.

그림 2  금문

## 3) 소전

戰國時代를 통일한 진시황(秦始皇)은 중국 역사상 최초의 중앙 집권 국가를 만들기 위해 대 개혁을 실시하였다. 각 나라마다 달랐던 도량형을 통일하여, 수공업 생산, 상업 활동, 농업 생산, 징세 등을 전국적 단위에서 실시하는 데에 용이하게 했다. 그리고 車軌를 통일함으로써 수레에 의한 전국 왕래를 도모하고자 하였다. 그러나 무엇보다 주목할 것은 문자 통일 정책이었다.

진시황은 통일 초기에 한자가 통일되지 않아 많은 고생을 했다. 진이 있었던 서방에서 사용하던 글자와 흡수된 동방 여러 나라의 글자체가 달라 효율적인 행정에

그림 3  秦始皇 26年 銅紹販

어려움이 있었던 것이다. 그리하여 기원전 220년에는 李斯의 주장을 받아들여 문자를 통일하게 된다. 먼저 자기 나라의 문자를 고친 다음 전국 각지에 보급을 하는데, 고치기 이전의 것을 대전(大篆)이라 하고, 그 이후의 것을 소전(小篆)이라고 한다.

소전의 자형은 선이 둥근 형태이고, 약간 타원형으로 정연하다. 또 각 편방을 통일하여 편방마다 단지 하나의 자형만을 갖게 하였으며 한자 내에서의 편방 위치를 고정시켰다.

### 4) 소전 이후

| | 갑골문 | 금문 | 소전 | 예서 | 초서 | 해서 | 행서 |
|---|---|---|---|---|---|---|---|
| 虎 | | | | | | | |
| 象 | | | | | | | |
| 鹿 | | | | | | | |
| 鳥 | | | | | | | |
| 鼎 | | | | | | | |

소전 이후 한자 자형의 변화는 예서(隸書), 초서(草書), 해서(楷書), 행서(行書) 등을 통해 알 수 있다.

예서의 발생에 대해서는 진나라 때의 정막(程邈)이 만들었다는 이야기가 있다. 정막은 당시 죄수를 관리하는 일을 맡고 있었다. 그런데 어느 날 호송하던 죄수가 도망치는 바람에 투옥되게 된다. 그러던 중 평소 소전에 대해 느꼈던 불편을 해소하고자 하는 작업에 착수하여 간편한 형태의 예서를 만들게 되었다는 것이다. 그러나 문자가 한 사람에 의해 단기간에 만들어질 수 있는 것이 아니라는 점에서, 정막이 자형의 통일이나 다른 어떤 중요한 일을 한 것으로 추측할 수 있을 듯하다.

예서는 당시 지식계층보다는 신분이 낮은 사람들이 주로 즐겨 사용했다. 이런 뜻에서 隷書라 이름 붙였다고 한다. 또 일설에는 감옥에 있는 사람들 때문에 만들어진 글자라는 의미에서 노예를 뜻하는 '隷字'를 써서 예서라 불렀다고 하기도 한다.

소전은 글자의 모양이 복잡하면서도 둥근 필획이 많아 쓰기에 불편하다는 단점이 있었다. 따라서 정중한 글을 쓸 경우가 아니라면 간단하면서도 빨리 쓸 방법이 필요했는데, 둥근 필획을 빠르게 쓰기 위해 직선 형태로 바꾼 것이 예서다. 이 무렵부터 한자는 예전의 상형 문자적인 요소가 축소되고 본격적인 근대 문자 단계로 진입하게 된다.

이 밖에 漢나라 초기부터 초서가 사용되었음을 볼 수 있다. 예서를 쉽게 쓰기 위해 만든 것이 초서이다. 예서의 윤곽을 쓰거나 혹은 글자의 일부만을 쓰되 필획을 연결시켜 빨리 쓰도록 한 것이다. 그런데 초서로 쓴 글자들은 식별이 쉽지 않고, 모양이 매우 어지러운 듯한 인상을 주었다. 이에 예서의 단아함과 초서의 편리함을 아우를 수 있는 단정한 형태의 해서가 등장하게 된다. 해서는 쓰기의 편리함과 단정함을 모두 갖춘 완전한 형태의 글자로, 모범적인 글씨체라는 의미에서 楷書라는 명칭을 갖게 되었다. 서예의 대명사로 불리는 王羲之, 歐陽詢, 顔眞卿 등은 모두 해서를 장기로 삼은 이들이다. 해서를 약간 흘려서 좀 빠르게 쓴 행서도 있는데, 한 획씩 바르게 써야하는 해서의 비능률성과 지나치게 간단한 초서의 난해성을 해결하고자 하는 데서 비롯된 것이다.

## 5) 간화자

복잡한 한자를 간략하게 만들려는 노력은 宋나라 때부터 있었다. 그러나 본격적으로 많은 한자를 간소화하여 쓴 것은 1950년대 이후이다. 중국 정부는 1951년에 정무원문화교육위원회를 만들고 여기에서 본격적으로 연구를 하기 시작하여 1956년에 정식으로 515개의 간체자와 54개의 簡化偏旁을 공포했다. 1964년에는 簡化字總表를 발표하였고, 1986년에는 개별글자에 대한 조정을 거쳐 2,235자로 확정했다.

간소화의 방법에는 자형을 간소화 한 것, 같은 의미인데 여러 가지 형태로 쓰이는 글자 수를 줄이는 것 등이 있다.

자형을 간소화 한 것으로는 다음과 같은 것을 들 수 있다.

- 필획의 간소화 : 燈 → 灯
- 초서 형태의 이용 : 書 → 书
- 자형 일부 생략 : 龜 → 龟
- 필획이 적은 동음자로 대체 : 韆 → 千
- 옛날 글자 형태의 채용 : 禮 → 礼
- 복잡한 편방을 부호화 : 環 → 环
- 새로운 형성자를 만듦 : 驚 → 惊
- 새로운 회의자를 만듦 : 體 → 体

같은 의미인데 여러 가지 형태로 쓰이는 글자 수를 줄인 것은 다음과 같다. 자형의 정리 방식이라 할 수 있다.

- 迹(跡, 蹟), 輝(煇, 暉)

간체자 보급은 문맹률을 낮추는 데에 기여했지만, 많은 문제점도 드러냈다. 장점으로는 다음과 같은 것을 들 수 있다.


초등학교 한자교육

- 필획을 감소시키고, 통용자를 줄임으로써 글자를 배우거나 쓸 때 매우 편리하도록 하였다.
- 字音을 분명하게 표현한 것들이 있다.
  예) 證 → 証, 態 → 态

간소화로 인한 문제점은 다음과 같다.

- 형체가 유사한 글자와 同形異字를 만들어냈다. '남는다'는 의미의 '餘'는 '나'를 의미하는 '余'와 모양이 같게 되었다.
- 자형의 파괴로 글자 의미의 근원을 소멸시켰다.
- 문화의 단절을 가져왔다. 간체자 보급 이후 대부분의 중국인들이 고전에 사용된 글자를 읽거나 해석할 수 없는 실정이다.

# 2

# 한자 형성 과정과 부수의 이해

## 1) 한자 형성 과정

현재 자전에서 볼 수 있는 한자는 5~6만 자나 된다. 그러나 형성 방식의 면에서 볼 때 몇 단계의 과정으로 간추릴 수 있다.

한자를 만드는 맨 처음의 방식은 사물의 모양을 본뜨는 것이었다. 사물 전체의 윤곽이나 특정 부분만을 그려 만든 것으로 사물을 바라보는 각도에 따라 다양한 글자들이 만들어졌다. 사람을 정면에서 상형한 '大', 말의 옆모습을 그린 '馬', 제비가 날아가는 모습을 아래에서 보고 그린 '燕'(제비 연), 위에서 사방으로 뻗은 길거리를 내려보고 그린 '行'(거리 항, 다닐 행), 절구의 단면(斷面)을 그린 '臼'(절구 구) 등은 대표적인 예이다.

구체적인 모양의 사물은 외형을 본떠 쉽게 글자를 만들 수 있다. 그러나 사물이 놓여있는 위치 등 약간 어려운 의미는 나타내기가 쉽지 않았다. 이에 새로운 방식을 생각하게 되는데, 그것은 부호를 이용하는 것이었다. '一', '二', '十' 등으로는 숫자를 표시하고, '上', '下' 로는 위와 아래를 표기하는 것을 볼 수 있다.

이미 만들어진 상형자에 일부 모양을 첨가한 글자들도 생겨났다. 칼(刀 : 칼 도)의 칼날 부분에 그곳이 칼날임을 표시하는 부호를 더해 만든 '刃'(칼날 인), 나무(木) 위에 과일의 모양을 더해 만든 '果'(과일 과) 등을 들 수 있다.

다음으로는 하나의 글자에 다른 글자를 합치는 방식이 나타난다. 같은 모양의 글자를 합쳐 만든 것도 있고, 다른 글자들을 합쳐 만든 것도 있는데, 이때부터 다른 글자들을 조합하여 수많은 글자를 만들 수 있게 되었다. 글자와 글자의 결합 방식은 상하, 좌우, 내외, 또는 혼합된 형태 등 다양하다. 숲에 나무가 많다는 뜻에서 '木'을 두 개 모아 만든 '林'(수풀 림), 사람이 나무 옆에서 쉰다는 뜻으로 '人'과 '木'을 더해 만든 '休'(쉴 휴) 등을 들 수 있다.

이상의 방식은 새로운 글자를 만들지 않고 기존에 있던 글자를 이용한다는 장점이 있다. 그러나 형체만을 이용해 글자를 만드는 데에는 숫적인 한계가 있어 글자의 음까지 활용하는 방법이 필요하게 되었다. 이러한 방법을 形聲이라고 말한다.

形聲 방식의 한자는 구조상 한 쪽은 뜻을, 한 쪽은 소리를 나타낸다. '靑'을 이용한 글자만 들어도 그 활용 폭이 대단히 넓음을 알 수 있다.

- 淸 – 맑을 청
- 晴 – 개일 청
- 請 – 청할 청
- 菁 – 부추꽃 청
- 鯖 – 청어 청

본래의 뜻과는 전혀 다른 뜻으로 쓰이는 글자도 볼 수 있다. 이러한 것을 假借라고 한다. '酉'와 '酒'를 예로 들 수 있다. '酉'는 술독을 그려 만든 것으로 원래 '술'을 뜻했다. 그런데 이것인 '辛酉' 등에서 볼 수 있는 것처럼 십간십이지(十干十二支)의 하나로 쓰이자, 술은 물로 만든 것이라는 데서 '水'를 더해 '酒'를 만들었다.

## 2) 부수의 이해

부수는 자형을 구조상으로 분석하여 일정한 部類로 나눌 때 그 나뉜 부류를 대표하는 기본자다. 부수는 해당자의 구조 내에서 변·몸·머리·받침 등으로 위치해 있으며, 형태상 상형·지사자로서 해당자의 뜻을 일정하게 한정한다. 부수의 형(形)·의(義)에 대한 정확한 인식은 해당 개별자의 형·의의 파악에 일정한 도움을 준다. 부수의 수는 역대로 변화가 있었으나, 1615년 명나라 매응조(梅膺祚)의 「字彙」에 이르러 214부수로 정해져 오늘에 이르고 있다. 개별 부수의 의미에 대해서는 'Ⅲ. 한자의 교수·학습 영역 3. 한자 지도 요소'에서 자세히 다루기로 하고 여기에서는 부수의 이해와 관련된 개별적인 내용만 언급하기로 한다.

자전 가운데 가장 많은 글자를 수록하고 있는 것은 『한어대자전』으로 54,679개의 한자가 실려 있다. 이 자전에서는 잘 사용하지 않거나 수록된 글자가 많지 않은 부수를 통합하여 200부수를 채택하고 있다.

참고로 이 자전에 수록된 글자들을 조사해 보면 가장 많은 부수를 가진 글자는 '艸'부이다. 많은 순서대로 적으면 다음과 같다.

> - 艸 − 2,073자    水 − 1,874자
> - 口 − 1,755자    木 − 1,716자
> - 手 − 1,367자    心 − 1,332자
> - 金 − 1,332자    人 − 1,218자
> - 虫 − 1,161자    言 − 1,133자

다섯 번째인 '手'까지 합치면 총 8,785자로서, 이 다섯 부수에 속한 글자가 전체 한자의 약 16%를 차지한다. 그리고 열 번째인 '言'까지는 14,951자로서 전체 한자의 27.3%를 차지한다. 다음으로 많은 부수자는 糸부, 竹부, 鳥부, 土부이며, 山부, 女부, 月부(肉부를 포함), 火부가 뒤를 잇는다.

한자는 사람들의 생활이나 사고방식이 반영된 것이기 때문에 글자 수를 비교해 보면 그들의 마음속에 있는 개념이나 관심사 등을 알 수 있다.

첫째, 가장 많은 열 개 부수 중 '口', '手', '心', '人', '言'부 등 무려 다섯 개가 사람과 직접적으로 관련된 것들이다. 즉 중국인들에게 있어서 가장 중요한 것은 사람 그 자체에 관한 것이다.

둘째, '艸'부가 가장 많다. 이는 중국인들의 생활에서 가장 중요한 것 중의 하나가 식물과 관련되어 있음을 보여준다. 이러한 사실은 같은 식물인 '木'부가 네 번째를 차지하고 있는 것에서도 증명된다. 그런데 식물과는 달리 동물을 의미하는 '虫'부나 '鳥'부는 비교적 낮은 비중을 차지하고 있다.

셋째, '水'부가 두 번째로 많은 수를 차지하고 있다. '水'부에 속하는 글자는 모두 1,874자로서, 이는 같은 자연계를 나타내는 '土'부와 '山'부를 합친 1,914자와 거의 대등한 숫자이다. 즉 중국인에게 있어서 흙과 산도 중요했지만, 이들과는 비교가 안 되게 물은 생활 그 자체와 가장 밀접한 관계를 맺고 있었으며, 물과의 관계가 어떠한 것인가가 바로 사람이 어떻게 살아가는 가를 보여주는 것이었다. 그래서 물의 모양은 물론이거니와 물의 흐름과 유형, 강의 이름까지 아주 자세히 표현하고 있다.

# 3

한자와 언어생활

## 1) 어문정책과 한글전용의 주장

해방 직후인 1945년 11월 사회 각 계층의 인사 80명으로 조선교육심의회가 조직되어 각종 교육문제를 분과별로 토의하게 된다. 이 때 '교과서 분과 위원회'에서 "한자 사용을 폐지하고 초등, 중등 학교의 교과서는 전부 한글로 하되, 다만 필요에 따라 한자를 도림(괄호)안에 적어 넣을 수 있음"이라는 결의를 한다. 이것은 한글 전용에 대한 최초의 공식적인 결의인데 이후 70년대를 거치며 정부가 한글 전용의 입장에 섬으로써 현실적 어문 정책은 한글 전용을 기조로 하게 되었다.

해방 이후부터 한글 전용은 애국 또는 자주독립의 한 실천처럼 생각되어왔다. 학자들 가운데에도 이러한 생각아래 古語를 재생하고 방언을 수집 활용해야 하며, 순 우리 말 식의 신조어를 개발하자는 주장을 하는 이들도 있었다. 또한 한글을 전용해야 하는 이유를 적극 개발·제시함으로써 나름의 호응을 불러일으키기도 하였다. 한글 전용의 이유를 정리하면 다음과 같다.

① 한자는 근본적으로 어려운 문자이다.
② 한글 전용은 교육적 효과를 높일 수 있다.
③ 한글은 우수한 우리문학 창작에 크게 유리하다.
④ 한글은 기계화가 용이하다.

⑤ 한글은 문자발달사상 가장 발전한 단계의 문자인 소리글자이고 한자
　　는 뜻글자로서 소리글자보다 전 단계의 미개한 문자이다.
⑥ 한글의 우수성은 이미 세계적으로 인정받았다.
⑦ 한글은 민족문화의 발전과 보존에 유리하다.
⑧ 한글의 사용으로 민족 주체성을 보다 공고히 할 수 있다.
⑨ 시대적 상황이 한글 전용을 요구하고 있다.

　이러한 내용 가운데에는 귀기울여 들을 만한 내용도 있다. 한글을 사용하고
갈고 닦음으로써 우리 언어생활이 편리해지고 능률적으로만 된다면 구태여 그 밖
의 것을 고려할 필요가 없을 것이다. 우리의 언어생활은 어떠한가? 언어생활의 문
제에 있어 한자의 위상에 대해 살필 필요가 있다.

　문자발달 단계를 볼 때, 한글은 가장 발전한 단계의 문자인 소리글자이고, 한
자는 소리글자보다 전 단계의 글자인 뜻글자이다. 뜻글자는 여러 단점을 가진다.
무수히 많은 사물과 개념을 표기하기 위해 엄청난 숫자의 글자가 필요하며, 새로
운 사물과 개념이 등장할 때마다 계속 새로운 글자를 만들어 내어야 한다. 그리
고 많은 글자들이 구별되기 위해서는 제각기 모양이 달라야 하기 때문에 그 모양
도 복잡할 수밖에 없다. 이러한 내용은 한자의 발달 단계에도 적용되는 것이기도
하다.

　그러나 한자가 뜻글자라고 해서 미개한 문자라고 보아서는 안 된다. 상형 문
자에 뿌리를 둔 세계의 문자가 거의 다 도태되었으나 한자가 오늘날까지 남아서
세계에서 사용 인구가 가장 많은 문자가 된 데에는 나름의 이유가 있다. 형성자,
회의자의 개발, 전주법과 가차법의 운용 등 기본자의 활용도를 높여 기존자 이외
에 추가적으로 번잡한 글자를 만들 필요가 없게 했다. 또한 한자어가 자연스럽게
고유어를 대신하여 자리잡아 가는 과정에서 볼 수 있듯이, 한자 자체의 장점도
눈여겨 볼 필요가 있다. 한글이 우수한 문자임에는 의심의 여지가 없다. 그러나
현실적인 문자 생활에서 한글만으로 해결되지 않는 부분이 있다면 당연히 보조수


초등학교 한자교육

단을 써야할 것이다.

## 2) 우리말과 한자어

한 연구에 따르면 국어대사전(李熙昇 編) 수록 어휘 약 25만 8천개 가운데 한자어가 70%나 된다고 한다. 이 숫자는 고유어의 거의 3배에 해당한다.

이런 막대한 수의 한자어는 490개의 한자음(가·각·간·갈·감·갑…)만으로 되어있다. 따라서 한자어에는 동음이의어가 많고, 같은 음의 글자로 시작하는 것, 같은 음의 글자로 끝나는 것이 매우 많다. 동음이의어의 예를 들어본다.

> • 국가－國家·國歌
> • 동기－冬期·同期·同氣·動機·童妓·銅器
> • 부정－不正·不定·不淨·不精·否定·副正·不貞·負定

동음이의어에는 2개짜리에서부터 5, 6개짜리, 7, 8개짜리도 많으며 10개가 넘는 것도 적지 않다. 한글학회 국어사전에는 동음이의어(한자말)가 22,983단어나 되어 총 어휘수 91,825의 4분의 1정도 된다는 통계가 있다. 따라서 국어대사전 (李熙昇 編)에도 약 4, 5만 개의 동음이의어가 있을 것으로 추산되는데, 이 가운데에는 18개(상사·사전·정수), 23개(사기·고사)짜리도 실려 있다.

같은 음으로 시작하거나 같은 음으로 끝나는 어휘도 헤아릴 수 없을 정도다.

> • 정가·정기·정당·정도·정상·정복·정의·정조·정지·정직…
> • 개정·단정·동정·법정·부정·수정·일정·조정·출정·친정…

이러한 어휘 의미의 정확한 이해는 해당자가 定, 正, 精, 政, 程, 頂, 貞, 靜, 情, 停, 整, 廷, 訂, 淨, 征 가운데 어느 글자인가를 알아야 한다.

이밖에도 한자의 의미를 알았을 때 의미 이해가 정확하고 빠른 어휘들이 매우 많다. 다음과 같은 것들을 예로 들 수 있다.

• **가공(架空)**

가(架)는 물건을 걸어두는 기구, 시렁. 공(空)은 비다, 근거가 없다는 뜻. 어떤 시설물을 공중에 가설함. 이유나 근거가 없음, 또는 사실이 아니고 거짓이나 상상으로 꾸며내는 것을 가리킨다.

• **각광(脚光)**

영어 '풋 라이트(foot-light)'를 번역한 말이다. 무대의 전면 아래쪽, 즉 다리께에서 배우를 향해 올려 비춰주는 광선을 말한다. 각광을 받은 배우는 다른 배우와 확연히 구별될 정도로 돋보이게 된다.

• **간신(艱辛)히**

간(艱)은 어렵다. 신(辛)은 맵다, 고생하다의 뜻. 가까스로, 겨우, 겨우겨우 등의 의미로 쓰인다.

• **갈등(葛藤)**

갈(葛)은 칡. 등(藤)은 등나무의 뜻. 갈등이란 칡과 등나무가 얽히듯이 까다롭게 뒤엉켜 있는 상태를 표현하는 말. 일이나 인간관계가 까다롭게 뒤얽혀 풀기 어려운 상태를 가리킨다. 혹은 두 가지 서로 다른 생각이 정리되지 않은 채 혼란을 일으키는 것을 가리키기도 한다.

• **경부선(京釜線)**

'경'(京)은 서울, '부'(釜)는 부산. 서울과 부산을 잇는 복선 철도.

• **경위(經緯)**

경(經)은 베틀로 베를 짤 때 쓰는 씨실. 위(緯)는 베틀로 베를 짤 때 쓰는 날실을 말한다. 직물(織物)을 짤 때 쓰는 날과 씨를 아울러 이르는 말. 지구를 가로로 나타내는 선과 세로로 나타내는 선을 합쳐 경위(經緯)라고 한다. 씨실과 날실의

움직임에 따라 직물이 짜지기 때문에 경위가 움직인 자리를 상세하게 알 수 있는
데서, 곧 일이나 사건의 자세한 과정을 가리킨다.

### ◆ 고무적(鼓舞的)

고(鼓)는 북을 두드리다. 무(舞)는 춤을 추다라는 뜻이다. 고무(鼓舞)란 북을 치며 춤을 춘다는 뜻. 북을 치며 춤을 추면 어깨춤이 절로 나도록 흥겨워지고 신이 난다. 이처럼 남의 마음을 흔들어 신나게 하거나 북돋워주는 일을 '고무하다', '고무적이다' 등으로 표현했다.

남을 격려하여 자신을 얻도록 용기를 북돋워주는 일이나, 마음을 흔들어 의연히 새로운 일을 할 만한 기운을 내게 하는 일 등을 가리킨다.

### ◆ 광복(光復)

잃었던 왕권이나 군권(君權)을 회복했다는 뜻. 8·15 해방 때 이 말을 쓰면서 빼앗긴 주권을 도로 찾았다는 뜻으로 의미가 확대되었다.

### ◆ 굴지(屈指)

굴(屈)은 굽히다, 지(指)는 손가락. 손가락은 다 합쳐 열 개다. 등수를 가릴 때 열 개 안에 들어야 굴지하여 표현 할 수 있다. 손가락을 꼽아 셀 만큼 뛰어난 것을 가리키는 말이다. 10등까지 포함하지 않고 일이 등 정도는 돼야 이런 표현이 가능해졌다. 심지어 제일이라는 뜻으로 쓰이는 경우가 많다.

### ◆ 금슬(琴瑟)

금(琴)은 거문고. 거문고는 원래 중국의 7줄 악기를 고구려의 왕산악이 6줄로 변형해 만든 것. 슬(瑟)은 거문고의 뜻이나, 왕산악의 거문고보다 크기가 크다. 열다섯, 열아홉, 스물다섯, 스물일곱 줄로 된 것 등의 여러 종류가 있다. 그러므로 금슬(琴瑟)은 거문고와 큰 거문고과 조화를 이루어 좋은 소리를 낸다는 뜻이다. 금과 슬의 소리가 화음을 이루듯이, 부부 사이가 매우 좋은 것을 나타내는 말이다.

### ◆ 낭자(狼藉)

낭(狼)은 이리, 어지럽다, 흩어지다. 자(藉)는 깔개, 자리라는 뜻. 이리가 자고 일

어난 자리라는 뜻이다. 이리가 자고 일어난 자리는 풀 따위가 어지럽게 널려 있
게 마련이다. 어지럽고 지저분하다는 뜻으로 쓰인다.

◆ 도로(徒勞)

도(徒)는 한갓. 로(勞)는 힘쓰다 라는 뜻이다. 도로는 한갓 힘쓰기만 할 뿐임을
뜻한다. 일이 어긋나 그 동안 들인 공이나 노력이 수포로 돌아간 것을 가리킨다.

◆ 망라(網羅)

망(網)은 물고기를 잡는 그물이고, 라(羅)는 새를 잡는 그물을 말한다. 망라는
모든 종류의 그물을 말한다. 그물로 덮어버리듯이, 널리 받아들여 모두 포함한다
는 뜻으로 쓰인다.

◆ 보루(堡壘)

보(堡)는 작은성. 루(壘)는 큰성을 말한다. 보루는 적군을 막거나 공격하기 위해
흙이나 돌로 튼튼하게 쌓아놓은 진지를 가리키는 군사용어. 1백~2백 평 규모의
군사용 성으로 약 1백 명이 주둔하는 규모다. 본뜻에서 유추해서 나온 것으로, 가
장 튼튼한 발판을 일컫는 말로 널리 쓰인다.

◆ 빈축(嚬蹙)

빈(嚬)은 눈을 찡그리다. 축(蹙)은 얼굴이 쭈그러지다, 오그라들다의 뜻이다. 못
마땅하여 얼굴이 찌그러지는 것이 빈(嚬)이고, 몸을 움츠리거나 얼굴을 쭈그리는
것은 축(蹙)이다. 못마땅한 사람을 비난하거나 미워하는 표정을 가리키는데, 곧 누
군가를 못마땅하게 생각한다는 뜻이다. '빈축을 산다'고 표현한다.

◆ 수작(酬酌)

수(酬)는 술을 따라 주는 것. 작(酌)은 술을 받는 것. 그래서 수작은 본래 술잔
을 서로 주고받는다는 뜻. 하지만 술을 주고 받는게 대부분 접대를 하는 것인만
큼 이 자리에서 밀약을 꾸미고 음모를 꾸미는 일이 많이 생기게 되면서 뜻이 변
하게 되었다. 술은 마시는 자리에서 음모가 싹트고, 비리가 생기면서 나쁜 뜻으로
변했다. 즉 남의 말이나 행동을 업신여기거나 비하하기 위해 쓰는 말로 굳어졌다.

◆ 신사(紳士)

신(紳)은 벼슬아치의 상징으로 허리에 두르는 띠 즉 관대(冠帶). 즉 관대는 벼슬아치들만이 하던 것으로, 신사란 의관(衣冠)을 정제(整齊)하고 속대(束帶)한 벼슬아치를 말한다.

◆ 알력(軋轢)

알(軋)은 삐걱거리다(바퀴가 수레에 닿아 나는 소리), 력(轢)은 삐걱거리다(바퀴가 쓸려서 나는 소리)의 뜻이다. 수레바퀴가 잘 맞지 않아 수레에 닿거나 바퀴가 쓸려 삐걱거리는 소리이다.
서로 의견이 맞지 않아 자주 다투는 것을 가리킨다.

◆ 애로(隘路)

좁고 험한 길을 뜻한다. 무슨 일을 하는데 어렵고 곤란한 지경에 이른 것을 가리킨다.

◆ 영감(令監)

조선시대에 정3품과 종2품의 당상관을 높여 부르던 말이다. 벼슬이 그 이상일 때는 대감(大監)이라고 불렀다. 그러던 것이 조선시대 중기에 80세 이상의 나이 많은 노인들에게 명예직으로 수직(壽職)이라는 벼슬을 주었는데 그들까지도 영감이라고 높여 불렀다. 일반 남성 노인들을 부르는 일반 호칭으로 낮아졌다. 오늘날에는 나이 많은 남편을 부르는 호칭으로도 쓰인다. 특수하게는 군수나 판검사 등 조금 높은 관직에 있는 사람들이 자기들끼리 서로 높여 부르는 말로 쓰기도 한다.

◆ 와중(渦中)

소용돌이치며 흐르는 물의 한가운데. 소용돌이치는 물의 한가운데처럼 번잡스럽고 떠들썩한 사건의 한가운데를 가리킨다.

◆ 이비인후과(耳鼻咽喉科)

귀(耳)·코(鼻)·인두(咽)·후두(喉)의 해부·생리·병리 치료를 취급하는 의학의 한 분과.

◆ 이판사판(吏判事判)

이판(吏判)은 참선, 경전 공부, 포교 등 불교의 교리를 연구하는 스님, 사판(事判)은 절의 산림(山林)을 맡아 하는 스님의 뜻. 산림이란 절의 재산 관리를 뜻하는 말인데 산림(産林)이라고 쓰기도 한다. '살림을 한다'의 살림이 여기서 유래되었다. 조선 시대에 승려가 천민으로 신분이 격하되면서 이판승이든 사판승이든 천민이기는 마찬가지라는 뜻으로 변하고, 나아가 마지막에 몰린 상황을 가리켜 쓰이기 시작했다.

◆ 인색(吝嗇)

인(吝)은 아끼다, 색(嗇)은 쌀광에 넣을 줄만 알고 낼 줄은 모르는 걸 나타낸다. 한나라 시대에 고을에서 소송과 조세를 담당하던 하급 관리였다. 재물을 아끼는 태도가 몹시 지나친 걸 말한다. 또는 어떤 일을 하는 데 대하여 지나치게 박한 것을 나타내기도 한다.

◆ 잠식(蠶食)

잠(蠶)은 비단을 뽑아내는 누에. 잠식이란 누에가 뽕잎을 갉아먹는 것을 가리킨다. 누에가 뽕잎을 갉아먹는 것이 처음엔 대수롭지 않게 느껴지나 잠깐 사이에 큰 나뭇잎 하나를 갉아먹는다. 누에가 뽕잎을 갉아먹는 것 같다는 소리는 어느 틈에 야금야금 다 먹어치워 버린다는 뜻이다. 이익이나 영역을 한꺼번에 차지하지 않고 상대방 모르게 조금씩 침범해 나중에 다 차지하는 것을 가리킨다.

◆ 정곡(正鵠)

중국 후한(後漢)의 대학자 정현(鄭玄)의 주석에 따르면 정(正)은 천으로 만든 과녁, 곡(鵠)은 과녁 중 사방 4척(尺) 이내의 자리로 가죽으로 만든 것. 사물이나 문제의 핵심을 가리킨다.

◆ 짐작(斟酌)

침(斟)은 술잔을 서로 주고받다, 작(酌)은 술을 따르다의 뜻. 고대에는 술잔을 주고받고, 술을 따라주는 일이 매우 중요한 의례(儀禮)였다. 왕이나 높은 사람에게 침작할 수 있는 자리는 엄격한 분위기이긴 했으나 이 과정에서 서로의 감정이 노


초등학교 한자교육

출될 수밖에 없었다. 왕이나 높은 사람에게 술잔을 올리거나 술을 따르는 과정에서 상대의 의중을 알아차릴 수가 있었다. 요즘에도 술잔을 받는 태도나 따르는 걸 보면 상대가 어떤 생각을 하는지 대략 눈치를 챌 수 있는 것과 같다. 그래서 침작하는 것이 곧 상대의 의중을 헤아린다는 뜻으로 변한 이유이다. 다만 발음은 침작에서 짐작으로 순화되었다.

◆ 척결(剔抉)

척(剔)은 뼈를 깎아내다, 결(抉)은 살을 도려 내다의 뜻. 척결이라고 하면 상하거나 썩어가는 곳의 살을 긁어내고 뼈를 발라낸다는 뜻이다. 주로 사회에 해악이 될 만한 단체나 사람, 또는 일을 찾아내어 그 뿌리부터 없애는 것을 일컫는 말로 널리 쓰였다.

◆ 추파(秋波)

맑은 가을 물결. 여기에서 여인의 눈빛이 이와 같다 해서, 여인이 남성을 유혹하기 위해 던지는 눈짓을 가리켰다.

요즘은 딱히 여자가 남자에게 던지는 눈길만이 아니라, 상대방의 환심을 사려고 아첨을 하거나 접근을 하는 것을 가리키기도 한다.

◆ 태동(胎動)

어머니의 모태 안에서 태아가 하는 운동을 말한다.

어떤 사물이나 현상이 생기려고 그 기운이 싹트기 시작하는 것을 가리키는 사회 문화적 용어.

◆ 파경(破鏡)

거울을 깨뜨린다는 뜻. 옛날 중국 진나라가 수나라한테 망할 즈음의 일이다. 진나라의 관리였던 서덕언이 헤어지게 될 아내에게 두 쪽으로 깨뜨린 거울의 한 쪽을 주며 말했다.

"수나라가 쳐들어오면 우린 필시 헤어지게 될 터이니 우리 서로 이 깨진 거울을 증표로 가집시다. 내년 정월 대보름에 장안의 길거리에 내다 팔면 기필코 내가 그대를 만나러 가리다."

# 81

이듬해 정월 대보름날 서덕언은 장안에서 어떤 노파가 깨진 거울을 팔고 있는 것을 보았다. 서덕언이 품에 품고 있는 거울 반쪽을 맞춰보니 딱 들어맞았다. 그는 깨진 거울의 뒷면에 자신의 심경을 시로 적어 그 노파 편에 보냈다. 이 무렵 그의 아내는 수나라의 노예가 되어 성밖으로 나올 수가 없었던 것이다. 이 애틋한 소식을 들은 수나라의 귀족이 이 여인을 풀어주어 두 사람은 마침내 다시 만났다. 이처럼 헤어질 때 다시 만날 것을 언약하는 징표였다.

오늘날에 와서는 본뜻과는 정반대로 부부의 금슬이 좋지 않아 이별하게 되는 일, 즉 이혼을 뜻하는 말로 쓰인다.

◆ 파행(跛行)

파(跛)는 절뚝거리다, 행(行)은 가다의 뜻. 두 다리로 온전히 걷지 못하고 절뚝거리며 걸어가는 것을 이르는 말이다.

어떤 일이 순조롭고 원만하게 진행되지 않고 균형이 깨어진 상태로 진행되는 것을 일컫는다.

◆ 편도(片道)

가고 오는 길 가운데 어느 한쪽. 또는 그 길.

◆ 피로연(披露宴)

'피로(披露)'란 문서 따위를 펴보이거나 일반에게 널리 알리는 것을 말한다. 피로연이라고 하면 결혼이나 회갑 등 경사스런 일을 알리기 위해 베푸는 연회를 말한다.

◆ 해이(解弛)

해(解)는 풀어지다, 이(弛)는 늘어지다의 뜻. 활을 쏘고 나면 그 탄성을 보존하기 위해 느슨하게 시위를 풀어두는데 그 모습을 표현한 글자이다. 이(弛)는 본래 시위가 느슨해진 활을 나타낸 말이다.

정신이나 행동에 긴장감이 없이 풀어헤쳐지고 느슨해졌다는 뜻으로 널리 사용된다.


초등학교 한자교육

◆ 호통(號筒)

호통(號筒)은 옛날 군중(軍中)에서 입으로 불어 명령을 전하는 큰 통을 가리키는 말이다. 북방 유목민들이 쓰던 것으로 전쟁의 시작을 알리거나 명령을 전하는 수단으로 쓰인다.
몹시 화가 나서 크게 소리 지르거나 꾸짖는 소리를 가리킨다.

◆ 황당(荒唐)

황(荒)은 공허하다, 당(唐)은 허풍을 떨다의 뜻.
언행이 공허하고 거짓된 것을 말한다.

◆ 효시(嚆矢)

소리 내며 날아가는 화살이다. 옛날 전쟁을 시작할 때 개전(開戰)신호로 소리가 나는 화살을 적진에 쏘아 보낸 데서 비롯된 말이다.
어떤 사물의 맨 처음을 가리키는 말이다.

◆ 휘하(麾下)

본래는 장수의 깃발 아래를 가리키는 말이다. 오늘날에도 각 군대마다 각기 다른 깃발이 있듯이, 옛날에도 각각의 장수마다 각기 다른 깃발을 가지고 있었다. 그 깃발 아래 모이는 것은 곧 그 장수 아래 있는 사람이라는 표시였다.
어떤 장수의 지휘 아래 소속되어 있는 것, 또는 그의 지휘 아래 딸린 병사나 사람을 가리키는 말이다. 본래는 군사용어였는데 오늘날에는 일반 조직체에서도 널리 쓰이고 있다.

## 3) 한자의 장점 - 시각성, 조어력, 축약력

한자는 한 자 한 자에 뜻이 있다. 글자 수도 많고 글자에 따라 획수가 많아 쓰기 힘들며, 기계화에 있어 한글에 비해 어려움이 있는 것이 사실이다. 그러나 한자에는 시각성·조어력·축약력이 한글에 비해 월등하다는 장점이 있다.

## (1) 시각성

표의문자인 한자는 시각적 인지에 의해 의미를 파악하기 쉽다. 다음의 예를
살펴보자.

> ◆ 가정과 교육 - 家庭科 敎育 - 家庭과 敎育
>
> >>> 그녀는 가정과 교육을 전공했다.
>
> 병용 : 그녀는 가정과 교육(家庭科 敎育)을 전공했다.
>
> 혼용 : 그녀는 家庭科 敎育을 전공했다.
>
> ◆ 조씨 - 曺氏 - 趙氏
>
> >>> 조씨는 참 부지런하다.
>
> 병용 : 조씨(曺氏)는 참 부지런하다.
>
> 혼용 : 曺氏는 참 부지런하다.

'가정과 교육'이 '家庭科 敎育'인지 '家庭과 敎育'인지, '정씨'가 '鄭氏'인지
'丁氏'인지, '조씨'가 '曺氏'인지 '趙氏'인지 한자에 의해 분명해진다. 해당자를
한자로 노출해서 쓰는 한자 혼용과 한글로 적고 한자를 괄호 안에 쓰는 한자 병
용의 적절성에 대해서는 학자마다 의견이 다르다.

## (2) 조어력

조어력이란 개별 한자가 어휘를 구성하고 확장하는 능력을 말한다. 이것은 여
러 연구를 통해 증명된 바 있다. 쉽게 볼 수 있는 '大'자를 떠올려 보자.

> • 大軍, 大臣, 大豐, 大人, 大將, 大運動場, 大會, 大量, 大統領, 大尾,
> 大木, 盛大, 巨大, 多大, 肥大, 擴大, …

이 밖에 不, 無, 自, 高, 公, 國, 金, 內, 同, 文, 白, 分, 生, 水 등도 한자의 조어력이 어느 정도인가를 보여주는 대표적인 것들이다. 효율성의 면에서 이런 조어력을 가진 한자는 계속 이용될 필요가 있다.

### (3) 축약력

우리말에도 얼마간의 준말(약어)이 있다. 그러나 한 자 한 자 뜻이 있는 한자를 이용해서 간결하고도 정확하게 말을 줄여 쓸 수 있는 한자의 축약력을 당할 수는 없다. 다음의 예를 보자.

- 대학수학능력시험 → 대수능(大修能)
- 대학입학시험 → 대입시(大入試)
- 과학기술부 → 과기부(科技部)
- ○○고등학교 → ○○고교(高校)
- 건설교통부 → 건교부(建交部)

이상의 세 가지 특징은 우리 언어생활에서 한자의 사용이 매우 효율적이라는 것을 잘 보여준다. 여기에 한글 사용만으로도 언어생활에 불편함이 없으며 교육적 효과도 크다는 한글 전용론 주장에 대한 대응 방식의 설명을 통해 한자 학습의 필요성을 구체적으로 드러낼 필요가 있다.

## 4) 한자 학습의 필요성

한글 전용을 주장하는 이들은 대개 한자는 근본적으로 어려운 문자라는 주장을 펼친다. 한자의 수가 5~6만 자에 이를 정도로 많은 것은 사실이다. 그러나 풀이름, 물이름, 지명 등 고유명사가 상당수를 차지하는 한자를 다 외우는 사람도 없으며 또 외울 필요도 없다. 2,000자 정도의 한자만 알면 일상 언어생활에 불편

함이 없을 정도라고 한다.

한자가 어렵다는 주장을 하면서 "한자는 한 가지 뜻에 여러 가지 글자를 구별하는 것이 많으므로 그것을 일일이 구별하기가 어렵다."는 근거를 들기도 한다. 그러나 한글에서 '집' 하나로 밖에 표현하지 못하는 의미를 한자를 사용하면 家(가), 屋(옥), 室(실), 舍(사), 戶(호), 閣(각), 廈(하) 등으로 다양하면서도 약간씩 다른 의미를 표현할 수 있다. 民家(민가), 廳舍(청사), 陋屋(누옥) 등의 어휘에 쓰이는 '집' 관련 글자는 약간씩 다른 의미를 나타내고 있음을 볼 수 있다.

또한 한자 사용을 반대하는 이들은 학생들의 학습내용을 쉬운 한글로 표기해서 가르치면 교육적 효과가 한층 높다고 주장하기도 한다. 한 예를 들어보기로 한다. 중학교 국사(하) 교과서 44~45면에는 다음과 같은 내용이 있다.

> - 정권에서 소외된 많은 양반들은 경제적으로 몰락하여 **잔반**이 되었다.
> - **납속책**의 확대로 웬만큼 재산이 있는 상민은 쉽게 신분을 높일 수 있었다.

여기에서 '잔반'의 '잔'(殘)이 '쇠잔할', 또는 '나머지'의 의미를, '납속책'의 '납'(納)이 '바치다', '속'(粟)이 '곡식', '책'(策)이 '정책'이라는 의미를 지닌다는 것을 한자의 뜻을 들어 설명할 때 쉽게 이해할 수 있을 것이다. 그러나 이 같은 핵심 용어에 대한 명확한 설명 없이 사전적 풀이만을 제시한다면, 학생들은 그 단어가 왜 그런 뜻을 지니게 되었는지를 전혀 알지 못한 채 마치 외국어 단어 외우듯이 일일이 외울 수밖에 없을 것이다.

또한 초등학교 교과서의 한 예를 보기로 한다. 사회 6학년 1학기, 2-2단원의 차례를 보자.

> 2. 근대 사회로 가는 길
>
>   ......
>
>   2) 외세의 침략과 우리 민족의 대응
>     1. 척화비를 세운 까닭
>     2. 조선, 어디로 가야 하는가
>     3. 대한제국을 선포한 뜻은

여기에는 1. '척화비를 세운 까닭'이라는 소단원이 있다. '척'(斥)이 배척을 뜻하고, '화'(和)가 외국과의 화친을 뜻하며, '비'(碑)가 비석을 말한다는 것을 설명한다면, 수업의 핵심 내용은 자연스럽게 드러나게 된다. 초등학생들이 사회과목을 어려워한다고 하는데, 이는 학생들의 이해 수준에 비해 용어가 어렵기 때문이다. 학생들이 기초 한자 지식을 갖춘 상태에서 교사가 핵심적인 어휘에 대해 한자의 의미 풀이만 곁들여도 수업은 한결 쉽고 재미있게 될 것이다.

1960, 70년대까지만 해도 일부 지식인층 또는 일반 대중에 있어서도 어려운 한자 단어나 한문식 조어가 만연되어 있었다. 한 예로 결혼식 청첩장에는 첫 문구가 으레 '尊堂之萬福'이나 '謹啓時下 立春之節' 등으로 시작되는 것을 볼 수 있었다. 그러나 지금은 "안녕하세요.… 저희 두 사람이 사랑으로 만나 … 꼬옥 참석하여 자리를 빛내주시기 바랍니다."라는 글에서 볼 수 있듯, 이해하기 쉬운 한글로 바꾸어 쓰고 있다. 그리고 생활의 일부가 되다시피 한 인터넷 관련 용어 ―예를 들면 누리꾼, 댓글, 도토리―도 우리말의 사용이 점점 늘어나고 있다. 이처럼 정겹고 편한 우리말이 언어생활의 대세를 이루는 추세다. 그럼에도 불구하고 아직도 한자를 쓰고 배워야 하는 이유는 엄연히 존재한다. 예를 들면, 신진대사, 간조와 만조, 역학적 에너지, 전하, 출아법, 용불용설 등의 전문 용어나 조령 이남의 경상도 지역을 일컫는 영남지방 같은 역사지리적 용어는 어떻게 설명하는 것이 가장 효율적인가? 이러한 문제는 한자라는 보조수단만 사용하면 쉽게 해결할 수 있는 것이다.

마지막으로 한자의 기계화 문제를 거론할 필요가 있다. 종종 한자와 기계화는

**87**

서로 거리가 있는 말로 언급되곤 한다. 6, 70년대에 사용되던 타자기를 두고 말하자면 한글만이 기계화가 용이하다는 주장이 가능하다. 그러나 현재 한자의 기계화는 컴퓨터의 기능 확대로 인하여 성공적으로 수행되고 있다. 특히 1991년에는 한국, 대만, 일본, 중국의 국가표준한자코드를 하나로 통합한 「국제통합한자코드세트」가 완성됨으로써 한자의 정보처리를 위한 소프트웨어의 개발은 더욱 탄력을 받을 전망이다.

# 4

## 한자와 전통문화

해방 이후 70년대까지 한글의 사용이 애국, 애족으로 인식되던 때가 있었다. 이것은 한자와 한자어, 특히 일본식 한자어 남용의 폐해를 없애고, 조국 재건을 위해 문자사용을 대중화하려는 것에 배경을 두고 있다. 그러나 지금의 상황을 보면, 누구도 한글을 제쳐두고 민족 주체성이 손상될 만큼 한자를 쓰고 있거나 또 그렇게 주장하는 사람도 없다. 국민들 사이에도 문자는 애국심이나 민족 주체성에 관계없이 누구라도 필요에 의해 어느 문자라도 사용할 수 있다는 개방적인 생각이 자리하고 있다. 이제는 민족 주체성을 한글 전용과 동일시하던 생각에서 벗어나 문자가 담고 있는 내용으로서의 전통문화와 민족정신에 주목해야 할 때이다. 여기에서 자연스레 한자 교육과 전통 문화의 관계를 생각해 볼 필요가 있다.

## 1) 전통 문화의 이해와 한자

한 조사에 의하면 일본 학생들이 한국에 수학여행 와서 유물, 유적을 관람할 때 머무는 시간 및 주의집중도와 우리나라 학생들이 우리의 유적지를 돌아볼 때의 그것을 비교해보면 일본 학생들의 그것이 훨씬 길고 깊다고 한다. 과연 그 이유가 어디에 있을까? 단지 학교에서의 생활지도나 예절교육 차원에서만 이야기될 수 있을까.

박물관에 전시된 개개의 유물 아래에는 라벨이 있고, 거기에는 유물의 명칭이 한글과 한자로 쓰여져 있다. 국립중앙박물관에 전시된 국보 제78호 반가사유상(半跏思惟像)을 한 예로 들어보자.

초등학교 때부터 한자를 배우는 일본 학생들의 경우, '半跏思惟像'이라는 이 다섯 개의 한자 가운데 '半', '思', '惟', '像' 등은 무리없이 읽을 수 있을 것이다. 아마 '跏'자에 대해서도 부수를 통해 발(足)과 관계된 글자라고 머리 속으로 생각하고 있을 것이다. 이 학생들은 그 유물의 모습과 반가사유상(半跏思惟像)이라는 명칭을 연관시켜 가면서, "아! 이 불상은 반쯤 발 모양을 어떻게 하고 생각에 잠긴 불상이구나"라고 머릿속으로 정리를 하고 있을 것이다. 그러면서 "무슨 생각을 하길래 이렇게 진지할까?", "어느 시대에 만들어진 것일까?", "명칭에 걸맞게 생각하는 모습을 잘 표현했구나." 등의 확산적이고 심화적인 사고를 하고 있을 것이다.

그러나 학교에서 한자를 제대로 배울 수 없는 우리의 초등학생, 또는 중고등학생의 경우는 어떠할까. 반가사유상(半跏思惟像)을 이루는 낱낱의 한자를 모르는 학생의 입장에 서보자. 이러한 수준에서는 감각적이고 표피적인 이해, 감상의 차원을 넘어서기란 쉽지 않다. "저 부처님이 너 닮았다.", "아니다. 너 닮았다.", "저 부처님이 손 모양을 하는 것이 꼭 어떤 모습 같애."하며 장난스런 말이 오가고 다시 다른 곳으로 발길을 옮기거나 전시된 유물보다는 장난에 열중하는 아이들의 모습. 집으로 돌아가서는 견학기록문을 어떻게 억지로 써서 이튿날 제출하는 공부의 과정. 이것이 지금 우리 학생들이 전통 문화, 정신, 유물 등에 대해 보고 배우

**89**

제2장_한자의 이해

고 느끼는 수준이며 현실이다.

기초적인 한자 학습만 되어 있어도 문화유산을 바라보는 우리의 눈은 달라질 것이다. 예를 들어 견학을 간 자리에서, 勤政殿이라는 건물을 마주하고 있다고 하자. 한자의 의미인 '부지런할 근', '정사 정', '집 또는 대궐 전' 정도의 의미만 알아도 '이 건물의 이름은 임금과 신하가 정사에 부지런해야 한다'는 의미에서 붙여진 것이라는 것을 짐작할 수 있을 것이며, 그러한 의미 이해의 과정 속에서 TV의 사극에서 보았을 만한 어느 장면을 떠올리게 될 것이다. 그리고 정사에 부지런하고 백성을 위해 노력하는 것이 위정자의 본분임을 생각하게 될 것이다.

이러한 원인을 어디에서 찾을 수 있을까? 그것은 언어생활만이 아니라 문화 내용의 因素를 이루는 한자에 대한 이해의 부족에서 비롯된 것이라 할 수 있다. 유물의 명칭과 내용 이해의 실마리를 담고 있는 한자 의미 이해 여부가 연계적이고 확산적인 사고로 나아가느냐 아니면 감각적 인상의 차원에 머물지의 경계가 된 것이다. 작은 부분이라 생각할 수 있는 문자의 해독 능력 여부가 이처럼 학습 태도, 감상의 수준까지 좌우할 수 있는 것이다. 다음의 용례도 한자 의미의 이해가 전통 문화의 이해에 중요한 실마리를 제공하고 있음을 보여준다.

◆ **봉선사(奉先寺)**

'봉'(奉)은 '받들다', '선'(先)은 '선조'(先祖), 즉 세조를 말함. 969년 법인국사(法印國師) 탄문(坦文)이 창건하여 운악사라 하였는데, 1469년(예종 1) 정희왕후(貞熙王后) 윤씨가 광릉(光陵)의 세조를 추모하여 89칸으로 중창하고 봉선사라고 하였다.

◆ **봉은사(奉恩寺)**

'봉'(奉)은 '받들다', '은'(恩)은 '은혜'. '은혜', 즉 선조인 성종의 은혜. 794년(원성왕 10) 연회국사(緣會國師)가 창건하여 견성사(見性寺)라고 하였는데, 1498년(연산군 4)에 정현왕후(貞顯王后)가 선릉(宣陵) 즉 성종릉(成宗陵)을 위하여 중창하고 봉은사로 개칭하였다. 중종 때는 이곳에서 승과시(僧科試)를 치루었는데, 서산(西山)·사명(泗溟) 두 대사도 여기서 등과하였다고 한다.

◆ 경복궁(景福宮)

‘경’(景)은 ‘크다’는 뜻. ‘복’(福)은 ‘복’, ‘궁’(宮)은 궁궐. 큰 복이 내리기를 기원한다는 의미가 담겨있다. 서울특별시 종로구 세종로에 있는 조선시대의 정궐(正闕). 한양으로 도읍을 옮긴 태조는 수도 건설에 박차를 가하여, 주야로 작업을 진행, 1395년 9월에 이 건물의 낙성을 보았다. 명칭은 ≪시경≫의 ‘군자만년 개이경복(君子萬年 介爾景福)’이란 글귀에서 따왔다.

◆ 몽룡실(夢龍室)

‘몽’(夢)은 꿈, ‘용’(龍)은 용, ‘실’(室)은 방. 율곡을 낳던 날 저녁, 신사임당의 꿈에 검은 용이 바다에서 집으로 날아와 마루 사이에 서려 있는 꿈을 꾸었다고 하는데, 율곡을 낳은 방을 몽룡실(夢龍室)이라 한다.

◆ 오죽헌(烏竹軒)

‘오’(烏)는 ‘까마귀’로 ‘검다’는 의미. ‘죽’(竹)은 ‘대나무’, 헌(軒)은 ‘집’의 뜻. 보물 제165호. 율곡(栗谷) 이이(李珥)가 태어난 집으로 조선 중종 때 건축되었다. 지금도 강원도 강릉에 있는 오죽헌에 가보면 주위에 검은 줄기의 대나무가 무성함을 볼 수 있다.

◆ 사가정(四佳亭)길

사가정(四佳亭)은 조선 전기 문신인 서거정(徐居正)을 말함. 동대문구 전농동과 중랑구 면목동에 걸쳐 있는 길. 이 길의 이름은 아차산 앞 벌판에서 살았던 조선 전기의 문신 서거정(徐居正)의 호에서 따왔다.

◆ 세검정(洗劍亭)

‘세’(洗)는 ‘씻다’, ‘검’(劍)은 ‘칼’, ‘정’(亭)은 정자. 서울의 부암동, 홍지동, 평창동, 신영동 일대를 일컫는 말. 1623년 인조반정(仁祖反正) 때 거사 동지인 이귀(李貴)·김류(金瑬) 등이 광해군 폐위 문제를 의논하고 칼을 씻은 자리라고 해서 ‘세검정’이라는 이름이 붙었다고 한다.

'지'(遲)는 '더디다', '느릿느릿하다'라는 뜻. 경기도 수원과 의왕시에 걸쳐있는 고개. 정조가 아버지 장헌세자의 원침인 현륭원(顯隆園) 전배(展拜)를 마치고 환궁하는 길에 이 고개를 넘으면서 멀리서나마 현륭원이 있는 화산을 바라볼 수 있으므로 이곳에 행차를 멈추게 하고 현륭원쪽을 뒤돌아 보면서 떠나기를 아쉬워하였다고 한다. 이때 정조의 행차가 '느릿느릿' 하였다 하여 이곳의 이름을 지지대(遲遲臺)라고 부르게 되었다고 한다.

## 2) 전통 문화 享受와 한자

한자를 모르는 탓에 우리는 소중한 문화유산을 내팽개치고 있으며, 그 문화유산을 토대로 새로운 문화를 창조할 위대한 힘을 스스로 포기하고 있다. 예를 들어 국악의 보존과 선양이라는 구호 아래 많은 노력이 기울여지는 듯 하나 실상 보존되고 국민들이 관심을 갖는 분야는 판소리나 가야금, 대금, 거문고 등의 산조나 농악, 사물놀이 등 대부분이 俗樂들이다. 고도의 예술성을 가지고 있는 차원 높은 음악인 正樂, 즉 雅樂은 극히 일부 연주자와 연구가에 의해 명맥이 유지될 뿐이다. 이것은 최소한의 깊이 있는 교육을 실시하기보다 국민들의 전통 문화에 대한 이해도를 고려, 감각적으로 전통문화를 이해하도록 방임 상태로 놓아두었기 때문이다. 전통문화에 대한 교육이 제대로 이루어질 수 없는 주된 원인은 바로 한자 이해가 부족하기 때문이다.

전통 회화의 문제에 있어서는 보다 직접적이다. 우리는 김홍도, 신윤복의 풍속화, 겸재 정선의 산수화를 감상하며, 그림의 기법이며 연관된 생활사, 풍속사 등의 내용을 곧잘 이야기 한다. 그러나 산수화 등에 쓰여진 제화시(題畵詩) 한 구절 정도도 그 의미를 짐작조차 하기 어렵다. 한자문화권의 동양화는 한 화폭 안에 그림과 시와 서예가 공존한다. 따라서 제대로 감상하기 위해서는 그림에 곁들여진 시의 내용에 대해서도 알 필요가 있다.

참고로 김홍도의 그림인 <老年看花>와 신윤복의 그림인 <月下情人>을 보자. 그림의 내용을 보며 각자가 생각하는 주제와 내용을 정리한 다음, 아래의 번

역문을 읽고 다시 그림을 보자. 이해와 감상의 면에서 제화시의 내용을 알기 전
과 안 후에 어떠한 차이가 있는가?

그림 4  김홍도의 〈老年看花〉

<老年看花>

나그네의 세월 시집 안에 있고

살구꽃 피는 소식 빗소리 속에 있네.

客子光陰詩卷裏

杏花消息雨聲中

그림 5 신윤복의 〈月下情人〉

<月下情人>

달빛 흐릿하고 밤 이슥한데

두 사람의 마음 두 사람만이 알리라.

月沈沈夜三更

兩人心事兩人知

 

회화에서 볼 수 있는 이해와 감상의 문제는 철학, 사상, 문학 분야에서 더욱 심각하다. 어떤 이들은 國譯된 내용을 통해 읽으면 그만이라고 주장하기도 한다. 그러나 국역서 이해의 수준에 있어서도 한자를 알고 모르는 것의 차이는 이해와 감상에 있어서도 큰 차이를 가져온다.

## 3) 생활 속의 한자어

일상생활 속에서 우리는 많은 어휘들을 접한다. 그런데 그 어휘들 속에는 대화의 상황이나 이야기의 맥락 속에서 이해될 뿐이지, 곰곰이 생각해보면 정확한 의미를 모르는 것들이 적지 않다. '영향'(影響)이라는 어휘를 예로 들어 보자. "태풍의 영향권", "~의 영향을 받았다."는 표현에서 볼 수 있듯이, 자주 듣고 사용하기도 하지만 '영'(影)이 '그림자'를 뜻하고, '향'(響)이 '울려 퍼지는 소리'를 뜻한다는 의미를 아는 사람은 얼마나 될까?

이러한 경우는 우리의 생활 속에 남아있는 여러 어휘, 특히 저변에 문화적 의미를 둔 어휘들에서 보다 분명하게 드러난다. 또 하나의 예를 들어보자. 서울의 한 지역인 성북구의 '미아동' 지역은 옛날 도성 안에서 동북부 지역으로 향하던 길목이다. 지금도 많은 차들이 이곳을 오가고 있으며, 지하철 역명에도 '미아삼거리', '미아' 등이 있음을 볼 수 있다. 그런데 지하철이나 버스로 오가는 이들이 '미아'라는 이름에서 어떠한 의미를 떠올릴까? 아마 종종 뉴스에도 나오는, 그래서 어느 정도 익숙한 '길 잃은 아이'로서의 미아라는 의미를 먼저 떠올리지 않을까? 물론 설마 한 지역의 이름을 그렇게 지었을까 생각하며, 다시 다른 뜻을 생각하게 될 것이다. 그러나 미아가 '가득할 미(彌)', '언덕 아(阿)'라는 것을 알게 된다면, 이 지역이 옛날 산언덕이 많았던 지역이므로 그러한 이름이 생겼다는 것을 쉽게 알 수 있을 것이다. 이러한 예는 전국의 지명, 이십사절기, 민속놀이, 예의, 법식, 전통음식 등의 이름에서 많이 찾아 볼 수 있다. '수'(水, 氵) 부수의 한자가 들어간 지명은, 대부분 江이나 하천, 바다, 또는 질 좋은 물로 유명하여, '산'(山) 부수의 한자가 들어간 지명은 해당 지역의 높은 산, 지역의 경계가 되는 산, 사람들의 생활과 밀접한 산의 이름을 가져다 쓴 것이다. 그리고 24절기는 각 명칭이 계절 변화의 모습[예: 穀雨, 寒露]을 충실히 반영하고 있으며, 민속놀이의 명칭도 각 놀이의 성격[예: 車戰]을 분명하게 담고 있으므로, 한자의 의미만 알면 이해를 위한 더 이상의 노력이 필요 없을 정도이다.

이처럼 한자의 학습은 우리의 생활 속에서 來源을 모르고 사용하는 많은 어휘, 특히 조상들의 삶과 우리의 삶을 소통시켜주는 어휘의 이해에 있어서도 매우 중요하다고 할 수 있다. 이러한 예의 한자어들을 들면 다음과 같다.

◆ 영남(嶺南)

조령(鳥嶺) 이남이라는 뜻. 즉 경상도 지역을 말함.

◆ 경상도(慶尙道)

조령 이남에서 경주(慶州)가 가장 크고 상주(尙州)가 그 다음인 데서 경주와 상주를 중심으로 한 지역을 경상도라 일컫게 되었다. 북쪽으로는 조령, 동쪽과 남쪽으로는 바다, 서쪽으로는 지리산을 경계로 한 우리나라의 동남 지역을 가리키는 행정 지명이다. 한편 울산시와 부산시는 광역시로서 경상도와 대등한 행정 단위이지만 관습상 경상도라는 지명에 포함되는 것으로 본다.

◆ 호남(湖南)

전라남북도를 통틀어 가리키는 명칭이다. 호남(湖南)은 '호'(湖) 남쪽이란 뜻으로 금강 이남 지역을 가리킨다. 금강(錦江)의 옛 이름이 호강(湖江)이었다. 「당서(唐書)」는 금강을 웅진강(熊津江)이라고 적고 있고, 「동국여지승람」에는 금강의 명칭이 지역에 따라 다르게 기록되어 있다. 호남은 원래 공주·부여 등 충청도 일부와 전라도 지방을 가리키는 말이었으며, 호서(湖西)는 충청도를, 기호(畿湖)는 경기도와 황해도 남부 일부, 그리고 충남의 금강 이북 지역을 가리키는 말이다. 이밖에도 호남의 어원에는 충북의 의림지 혹은 김제의 벽골제를 호(湖)로 보아 그 남쪽을 가리킨다는 주장과 중국에서 동정호(東庭湖)남쪽을 호남성이라고 부르는 데서 따왔을 것이라는 추측이 있다. 오늘날에 이르러 호남은 행정구역상 전라남도와 전라북도를 가리키는 말로 굳어졌다. 따라서 금강의 남쪽 지역인 공주, 부여 등 충남 일부 지역은 호남에 포함하지 않는다.


초등학교 한자교육

◆ 왕십리(往十里)

성동구의 중심지이며 예로부터 서울 동부지구 중심지의 하나. 조선시대 초에 무학대사(無學大師)가 태조(太祖)의 지시로 국도를 정하려던 때, 한 농부가 소를 몰면서 "십리를 가라"(往十里)하며 북서쪽을 가리키므로 지금의 서울을 도읍으로 정하게 되었다는 고사에서 유래한 지명.

◆ 경기도(京畿道)

'경'(京)은 천자(天子)가 도읍한 경사(京師), 즉 왕이 거주하는 도성을 일컫는다. 기(畿)는 왕이 거주하는 도성으로부터 사방 500리까지의 지역을 말한다. 경기(京畿)는 서울과 도성 밖 500리까지의 지역을 일컫는 것이다. 경기라는 말이 합성 단어로 등장한 것은 당나라 시대에 왕도의 외곽 지역을 경현(京縣)과 기현(畿縣)으로 나누어 통치하였던 데서 기원한다. 왕도(王都) 외곽 지역을 '경기'라 한 것은 고려 현종 9년(1018년)의 일이다.

◆ 삼각산(三角山)

'북한산'의 다른 이름. 백운대, 인수봉, 만경대의 '세 봉우리'가 있어 이렇게 부른다.

◆ 구랍(舊臘)

음력 섣달(12월)을 '납월'(臘月)이라고 한 데서 온 말로서, '구랍'이란 곧 지난 해 섣달(12월)이란 뜻이다.

◆ 보모(保姆)

'보'(保)는 지키다. '모'(姆)는 여자스승을 뜻한다. 옛날 궁중에서 왕세자를 가르치고 보육하던 궁녀를 말한다. 한동안 유치원 교사나 아동복지시설 종사자를 가리키는 말로 쓰였다. 그 후 1990년대부터 교사라는 이름이 이를 대신하면서 쓰지 않는 말이 되었다. 좋은 말이지만 여스승이란 뜻의 모(姆)가 식모(食母), 유모(乳母)와 같은 모(母)로 오해된 탓이다.

◆ 경칩(驚蟄)

'경'(驚)은 '놀라다', '칩'(蟄)은 '숨다'의 뜻. 이십사절기의 하나. 우수(雨水)와 춘분(春分) 사이에 들며, 양력 3월 5일경이다. 겨울잠을 자며 숨어있던 벌레, 개구리 따위가 깨어 꿈틀거리기 시작한다는 시기.

◆ 상강(霜降)

'상'(霜)은 '서리', 강(降)은 '내리다'의 뜻. 이십사절기의 하나. 한로(寒露)와 입동(立冬) 사이에 들며, 아침과 저녁의 기온이 내려가고, 서리가 내리기 시작할 무렵. 10월 23일경.

◆ 투호(投壺)

'투'(投)는 '던지다', '호'(壺)는 '병', '항아리'의 뜻. 옛날 궁중이나 양반집에서 항아리에 화살을 던져 넣던 놀이.


초등학교 한자교육

## 참고문헌

김기창·김창진·배원룡 편저,『교양인을 위한 漢字 漢文』, 전통문화연구회, 28~31쪽.

김병기(2002),『아직도 '한글전용'을 고집해야 하는가?』, 다운샘, 15~112쪽.

김언종(2001),『한자의 뿌리』, 문학동네, 1071~1123쪽.

김재춘·부재율·소경희·채선희(2000),『교육과정과 교육평가』, 교육과학사.

남광우(1980),『國漢混用論』, 廣場.

아쯔지 데쯔지 저·심경호 역(1996),『한자학:『설문해자』의 세계』, 이회, 29~56쪽.

오지호·정찬룡·장희구·김갑식·김관균(1985),「한국아동의 국어력 실태와 한자학습지도의 필요성」,『국어교육과 漢字문제』, 한국정신문화연구원.

이규갑(2000),『한자가 궁금하다』, 학민사, 9~20쪽·65~115쪽·155~158쪽.

이돈주(1992),『漢字學總論』, 박영사.

이재운·조규천 편저(2005),『뜻도 모르고 자주 쓰는 우리 한자어 사전』, 책이있는마을.

이학근 저·하영삼 역(1991),『古文字學 첫걸음』, 동문선.

이현복(1985),「한글전용의 필요성과 필연성」,『국어교육과 漢字문제』, 한국정신문화연구원, 11~44쪽.

정우상(1999),「한문과 교육의 개념」,『신한문과 교육론』, 石泉 鄭愚相博士고희기념논저간행위원회, 전통문화연구회.

최현배(1999),『한글만 쓰기의 주장』, 정음문화사.

한국어문교육연구회(2005),『漢字敎育과 漢字政策에 대한 硏究』, 도서출판 역락.

한예원(2003),「日本 初中高 漢字·漢文 敎育의 특징에 관하여」,『한문교육연구』제21호, 145~150쪽.

# 제 3 장

## 초등 한자의 교수 · 학습 영역

# 초등 한자 교육 영역

## 1) 내용 영역의 개관

초등학교 한자 교육의 내용 영역 설정에 대한 필요성은 오래전부터 제기되어 왔다. 그러나 아직까지 초등한자 교육 연구자들이 합의한 안은 마련되지 못한 실정이다. 중·고등학교의 경우에는 한문과가 독립교과로 설정되어 있고, 이에 따른 한문과 교육과정이 고시되어 있어서 한문교육의 내용 영역이 '한자·한자어·한문'으로 구분되어 있다. 그러나 초등학교의 경우는 국가 수준의 통일된 교육과정이 없기 때문에 영역에 대해 통일된 안이 없다. 그동안 교육청에서 고시하였거나 학계에 보고 된 초등학교 한자 교육과정의 내용 영역을 표로 제시하면 아래와 같다.

| | 내용 영역 | 제목 및 출처 |
|---|---|---|
| 서울특별시교육청(1997) \<A 안\> | 1) 한자<br>2) 한자어<br>3) 한자어구 | '초등학교 한문' 교육과정 |
| 방인태(1997) \<B 안\> | 1) 한자<br>2) 한자어<br>3) 언어생활 | 초등 한자 교육론<br>(한국초등교육 제9권 제1호) |
| 김왕규(2000) \<C 안\> | 1) 한자<br>2) 한자어<br>3) 동양문화 및 민족고전문화를 이해하고 감상할 수 있는 학습내용 | 초등학교 한문 교육의 현황과 실제<br>(한자한문교육 제6집) |

| 강병륭·송영일·허왕욱<br>(2002)<br><D 안> | 1) 한자<br>2) 한자어 | '초등학교 한자 교육과정' 개발연구(어문연구 30권 2호) |
| 김정숙(2003)<br><E 안> | 1) 한자·한자어<br>2) 한자생활 | 초등학교 '한자'의 교육과정 모형 제시(한자한문교육 제 11집) |

[표 3-1] 초등학교 한자 교육과정에 나타난 영역 구분

위의 표에서 보듯이 서울시교육청에서 '한자, 한자어, 한자어구'의 3개 영역으로 내용을 구분한 이후, 이와 유사한 교육과정의 내용 영역 연구가 이루어졌다. 초등학교 한자 교육의 내용 영역에 대한 통일된 안은 없으나 지금까지 보고된 교육과정에 관한 논의들은 '한자'와 '한자어'를 내용 영역으로 설정하고 있다. 또한 실제적인 교육 내용에 있어서도 '한자'와 '한자어' 그리고 한자어를 활용한 '언어생활/국어생활/한자생활'을 공통적으로 담고 있다. 따라서 초등학교 수준의 한자 교육 영역은 '한자'와 '한자어'로 한정하는 것이 타당하다고 할 수 있다. 즉 초등학교 단계에서는 한문 문장의 지도보다는 한자와 한자어의 지도에 중점을 두는 것이 합리적일 것이다.

## 2) 한자 교육의 성격과 목표

초등학교 한자 교육의 내용 영역에 대한 논의는 본질적으로 초등학교 한자 교육의 성격과 목표에 바탕해야 한다. 왜냐하면 일반적으로 각 교과의 교육과정에서 교과의 성격과 목표는 그 교과의 내용, 방법, 평가를 결정하는 좌표가 되기 때문이다. 그러므로 초등학교 한자 교육의 내용 영역을 탐색하기 위해서는 각 연구자가 초등학교 한자 교육과정에서 제시하고 있는 초등학교 한자 교육의 성격과 목표를 살펴보아야 한다.

[표 3-1]의 각 연구자가 제시한 초등학교 한자 교육의 성격을 일괄하면 다음과 같다.

| 구분 | 초등학교 한자 교육의 성격 |
| --- | --- |
| A안 (서울특별시) | 1) 중학교 한문 교육용 기초 한자 900자 중 600자 가량을 바탕으로 한자·한자어·한자어구를 익혀 언어생활에 활용하게 하여, 한자로 이루어진 국어의 기본 어휘의 이해력을 높여서 바람직한 언어생활을 하는데 도움을 준다.<br>2) 한자어의 학습을 통하여 한국인으로서 갖추어야 할 일반 교양을 기르게 한다.<br>3) 한자·한자어·한자어구를 익혀 언어생활에 활용하며, 어휘의 이해력을 높일 수 있도록 하는데 중점을 둔다.<br>4) 초등학교 한문 교육에서 다루는 한자·한자어·한자어구는 중학교 한문교육용 기초 한자 900자 중 600자 가량을 바탕으로 하여 각 단계별 학생 수준에 알맞은 내용으로 구성한다.<br>5) 한자는 짜임을 바탕으로 음과 뜻에 대한 이해도를 높이도록 지도하고, 한자어는 뜻을 파악하기 용이한 것을 중심으로 난이도에 따라 단계적으로 지도하며, 한자어구는 평이한 내용의 것을 선별하여 지도한다. |
| B안 (방인태) | 1) 초등학교 교육용 기초 한자 600자를 바탕으로 한자, 한자어를 익혀 언어생활에 효과적으로 활용하게 하며, 한자로 된 국어의 기초적 어휘의 이해력을 키워 바람직한 국어생활을 가능하게 한다.<br>2) 한자어의 학습을 통해서 한국인으로서의 한자 문화적 교양을 기르게 하고, 학생들이 필요한 한자어를 익혀 교과 학습에 활용하며, 창의력 향상에 도움이 되도록 한다.<br>3) 초등학교 한자 교육에서 다루는 한자, 한자어는 초등 교육용 기초 한자 600자를 바탕으로 3~6학년 수준에 알맞은 내용으로 구성한다.<br>4) 한자는 기초 한자부터 지도하고, 한자어는 학습 어휘를 중심으로 난이도에 따라 활용도가 높은 어휘를 중심으로 지도하며, 언어생활은 정확하고 효과적인 국어생활에 이바지하도록 지도한다. |
| C안 (김왕규) | 1) 초등학교 학생 수준에 알맞은 한자·한자어 및 이를 활용한 자료를 학습하는 교과<br>2) 한자어의 학습을 통하여 정확하고 효과적인 언어생활을 영위하는데 도움을 주는 교과<br>3) 한자어로 된 학습 용어를 이해하는 데 필요한 능력을 길러 교과 학력 신장에 도움을 주는 교과<br>4) 동양문화 및 한국고전문화를 초등학생 수준에서 이해하고 감상하는데 필요한 기초 능력을 기르기 위한 교과<br>5) 초등학생 수준에서 선인들의 지혜와 사상을 이해하고, 이를 통해 올바른 가치관과 바람직한 인성을 함양하는데 기여하는 교과<br>6) 한자라는 공통 문어 매개체를 통하여 한자 문화권의 상호 이해 증진과 조화로운 발전에 초석이 되는 교과 |
| D안 (강병륜 외) | 1) 일상적인 언어생활을 원활하게 영위하기 위한 기초적인 언어사용 능력을 기르는 교과이다.<br>2) 학습자의 창의적 사고력과 인성을 계발하는 데 유용한 역할을 한다.<br>3) 범교과적이고 통합교과적인 성격을 갖는다.<br>4) 학습자의 기초적 언어 사용 능력과 사고력 신장, 인성 계발에 기여하는 한편, 통합교과적인 성격에도 부응해야 한다. |

| | |
|---|---|
| E안<br>(김정숙) | 1) 초등학교 교육용 기초 한자를 익혀 언어생활에 활용하게 하고, 한자어로 된 국어 어휘를 정확히 이해하여 원만한 국어 생활을 하도록 돕게 한다.<br>2) 한자어로 된 학습 용어를 이해하는데 필요한 기능을 길러, 일반 교과를 학습하는데 필요한 도구교과적 성격을 지닌다.<br>3) 한국인으로서 갖추어야 할 일반 교양을 기르게 하는 교과이다. 또한 선인들의 삶의 모습과 지혜, 사상과 감정을 이해하고, 올바른 가치관을 가지도록 하는데도 유의해야 한다.<br>4) 재량활동 시간에 선택되는 영역이므로 아동들의 흥미와 요구를 반영하여 체계적으로 접근할 수 있도록 해야 한다. |

[표 3-2] 초등학교 한자 교육의 성격

〔표 3-2〕의 초등학교 한자 교육의 성격 규정과 관련하여 그 내용을 일부 살펴보자. 이 표 중 A안은 서울특별시교육청에서 <초등학교 학교 재량시간 및 중학교 선택과목 관련 교육과정>을 고시하면서 밝힌 '초등학교 한문'의 교육과정 중 성격의 내용이다. 이 안은 초등학교에 국가 수준의 교육과정이 고시되지 않은 상태에서 시·도 교육청 수준의 교육과정을 최초로 공포한 선구자적 역할이 일정 부분 있다. 그러나 그 점을 제외하면 교육과정의 성격으로서 적지 않은 문제점을 가지고 있다. 서울특별시에서 고시한 '초등학교 한문' 교육과정에 서술된 성격에는 '초등학교 한문'이 교과로서 갖는 성격과 특징이 분명하게 제시되지 않았다. 위의 교육과정에서 밝힌 초등학교 한자 교육의 성격의 요점은 다음과 같다.

> "초등학교 한문은 학교재량시간을 활용한 선택 영역이며, 중학교 교육용 기초 한자 900자 중 600자 가량을 바탕으로, 한자·한자어·한자어구를 익혀 언어생활을 하는 데 도움을 준다."

이를 보면 초등학교 한자 교육의 특성 및 성격이 분명하게 제시되어 있지 못하고, 한문과 공통의 성격과 목표도 포함하지 못하였다. 또한 성격 중에서 후반부는 초등학교 한자 교육의 내용과 지도 방법에서 논의될 요소임에도 불구하고 초등학교 한문의 성격을 규정하는데 서술되어 있다.

다음으로 초등학교 한자 교육의 목표를 살펴보면 다음과 같다.

| 구분 | 초등학교 한자 교육의 목표 |
| --- | --- |
| A안<br>(서울특별시) | 중학교 한문 교육용 기초 한자 900자 중 600자 가량을 바탕으로 한자·한자어·한자어구를 익혀 언어생활에서 바르게 활용하며, 전통문화를 이해하고 올바른 가치관을 가지게 한다.<br>1) 한자를 익혀 언어생활에 활용하게 한다.<br>2) 한자어를 익혀 언어생활에 활용하게 한다.<br>3) 간이하고 평이한 한자어구를 익히고, 그 뜻을 독해할 수 있는 초보적인 능력을 기르게 한다.<br>4) 한자어 및 한자어구 학습을 통하여 예절바른 생활태도를 기르며, 선인들의 생활모습을 이해하고, 올바른 가치관을 가지게 한다. |
| B안<br>(방인태) | 초등교육용 한자를 익히고, 한자어를 바르게 이해하여, 언어생활에 활용한다.<br>1) 한자의 음과 뜻을 바르게 알고 쓰게 한다.<br>2) 한자어의 음과 뜻을 바르게 알고 쓰게 한다.<br>3) 한자와 한자어를 익혀 언어생활에 효과적으로 활용하게 한다.<br>4) 한자와 한자어 학습을 통해 한자 문화를 이해하고, 전통문화에 대한 올바른 태도를 기르게 한다. |
| C안<br>(김왕규) | 1) 초등학교 교육용 기초 한자의 음과 뜻을 바르게 알고 쓸 수 있다.<br>2) 초등학교 교과 교육 및 언어생활에 필요한 한자어의 음과 뜻을 바르게 알고 쓸 수 있다.<br>3) 한자와 한자어에 대한 기본적인 지식을 익혀, 이를 다양한 언어 사용 상황에서 활용하는 능력을 기를 수 있다.<br>4) 한자와 한자어 사용의 원리와 적용 양상을 익혀, 개인의 사상과 감정을 정확하고 효과적으로 표현하는 능력을 기를 수 있다.<br>5) 한자·한자어와 이를 활용한 학습 자료를 통하여 선인들의 지혜와 사상을 익히고, 이를 통하여 건전한 가치관과 바람직한 인성을 함양할 수 있다.<br>6) 한자·한자어와 이를 활용한 학습 자료를 통하여 초등학생 수준에서 동양 문화 및 한국 고전 문화를 이해하고 감상하는데 필요한 기본 능력을 기를 수 있다.<br>7) 한자·한자어와 이를 활용한 학습 자료를 통하여 초등학생 수준에서 한국·중국·일본을 중심으로 하는 한자 문화권의 이해 증진과 발전에 기여할 수 있는 태도를 가질 수 있다. |
| D안<br>(강병륜 외) | 초등학교 한자 교육은 한자 및 한자어의 이해와 활용을 바탕으로 학습자의 언어 사용 능력과 언어적 사고력을 신장시키고, 학습자로 하여금 언어로 이루어진 민족 문화의 계승과 발전에 이바지할 수 있는 가치관과 태도를 기른다.<br>1) 기초적인 한자와 평이한 한자어를 익혀 적절하고 효율적인 언어생활을 영위한다.<br>2) 기본적인 한자어의 이해를 바탕으로 언어적 사고력을 기름으로써 자기주도적 학습 능력과 문제해결 능력을 신장한다.<br>3) 한자 학습을 통하여 민족 문화를 이해하고, 이를 계승·발전시킬 수 있는 바람직한 가치관과 태도를 갖는다. |

| | |
|---|---|
| E안<br>(김정숙) | 초등학교 교육용 한자를 익혀 언어생활에서 바르게 읽고 쓰며, 일상생활에서 한자를 활용할 수 있는 능력을 기른다. 이를 통하여 선인들의 삶과 지혜를 이해하고 건전한 가치관과 바람직한 인성을 함양하며, 전통문화를 계승, 발전시키려는 태도를 지닌다.<br>1) 초등학교 교육용 기초 한자와 한자어의 음과 뜻을 알고 쓸 수 있다.<br>2) 언어생활에서 한자를 활용할 수 있는 기초적인 능력을 기른다.<br>3) 일상생활에서 한자 활용을 통하여 선인들의 삶과 지혜를 이해하고 건전한 가치관을 함양하며 전통문화를 계승, 발전시키려는 태도를 지닌다. |

[표 3-3] 초등학교 한자 교육의 목표

〔표 3-3〕의 초등학교 한자 교육의 목표와 관련하여 그 내용을 일부 살펴보자. 이 표 중 A안은 서울특별시교육청에서 고시한 '초등학교 한문'의 것이다. '초등학교 한문' 교육 목표의 구성 방식은 외형적인 면에서 중학교 한문과 교육목표와 유사한 모습을 보이고 있다. 곧, 초등학교 한문 교육의 목표를 전문과 하위 영역으로 구분하여 제시하는 체제는 현행 중·고등학교 교육과정과 유사하다. 그러나 담고 있는 내용과 지향점은 상이하다.

'초등학교 한문' 교육과정에서 제시한 목표는 전문과 하위 영역으로 구성되어 있다. 인지적 영역과 정의적 영역을 총괄하여 '전문'으로 제시하고, 인지적 영역의 교육 내용으로 지식과 기능을, 정의적 영역의 내용으로 태도를 포함하였다고 볼 수 있다. 4개의 항목으로 구성된 하위 영역 중에서 1), 2), 3) 항은 지식과 기능을 통합하여 제시하였고, 4) 항은 정의적 영역인 태도를 밝혔다.

〔표 3-3〕의 B안은 A안에서 제시한 '초등학교 한문' 교육의 목표를 비판적으로 검토하면서 한자와 한자어를 활용한 언어생활에 역점을 둔 초등 한자 교육의 목표를 새롭게 제시한 것이다. 이 안은 초등학교 교육과정에서 제시된 '한자어구'는 초등학교의 경우에 적절하지 않으며, 그 개념도 불분명하다고 파악하였다. 또한 한자어구 학습은 초등에서 과도한 것이므로 한자와 한자어를 활용한 언어생활에 보다 역점을 두어야 한다고 강조하고 있다. B안은 초등학교 한자 교육의 목표를 학습자 중심으로 지식, 기능, 태도 및 습관을 포괄하여 제시하고 있으며 한자와 한자어를 활용한 언어생활에 중점을 둔 것이 그 특징이라고 할 수 있다.

## 3) 한자 교육의 영역

앞에서 기술했듯이 초등학교 한자 교육의 내용 영역은 필연적으로 초등학교 한자 교육의 목표와 성격을 도외시하고 논할 수 없다. 그러므로 초등학교 한자 교육의 목표와 성격이 다른 여러 가지 안에서 단일한 내용 영역을 도출하기는 어렵다. 다만 초등학교 한자 교육의 목표와 성격이 다르더라도 그 내용은 일정 부분 공통분모를 지닐 수 있다. 여기에서는 앞에서 거론한 여러 가지 안의 내용 영역과 내용 체계를 일부 검토하면서 그 공통분모가 될 수 있는 부분을 탐색하기로 한다.

### 가) 서울특별시교육청 고시 '초등한문' 교육과정의 내용 체계

| 영역＼단계 | 1단계 | 2단계 | 3단계 | 4단계 |
|---|---|---|---|---|
| 한 자 | • 한자의 음과 뜻<br>• 한자 쓰기<br>• 한자의 짜임<br>• 한자의 활용 | • 한자의 음과 뜻<br>• 한자 쓰기<br>• 한자의 짜임<br>• 한자의 활용 | • 한자의 음과 뜻<br>• 한자 쓰기<br>• 한자의 짜임<br>• 한자의 활용 | • 한자의 음과 뜻<br>• 한자 쓰기<br>• 한자의 짜임<br>• 한자의 활용<br>• 자전에서 한자 찾기 |
| 한자어 | • 한자어의 음과 뜻<br>• 한자어의 활용 | • 한자어의 음과 뜻<br>• 한자어의 활용 | • 한자어의 음과 뜻<br>• 한자어의 활용 | • 한자어의 음과 뜻<br>• 한자어의 활용 |
| 한자어구 | | | • 평이한 한자어구의 풀이 | • 평이한 한자어구의 풀이<br>• 간이한 문장풀이 |

### 나) 방인태, '초등 한자' 교육과정의 내용 체계

| 영역＼학년 | 3학년 | 4학년 | 5학년 | 6학년 |
|---|---|---|---|---|
| 한 자 | • 한자의 음과 뜻<br>• 한자 쓰기 | • 한자의 음과 뜻<br>• 한자 쓰기 | • 한자의 음과 뜻<br>• 한자 쓰기<br>• 자전에서 한자 찾기 | • 한자의 음과 뜻<br>• 한자 쓰기<br>• 자전에서 한자 찾기 |

| | | | | |
|---|---|---|---|---|
| 한자어 | • 한자어의 음과 뜻<br>• 한자어 읽기 | • 한자어의 음과 뜻<br>• 한자어 읽기 | • 한자어의 음과 뜻<br>• 한자어 쓰기<br>• 자전에서 한자어 찾기 | • 한자어의 음과 뜻<br>• 한자어 쓰기<br>• 자전에서 한자어 찾기 |
| 언 어<br>생 활 | • 한자 활용<br>• 한자어 활용 | • 한자 활용<br>• 한자어 활용 | • 한자 활용<br>• 한자어 활용<br>• 한자어의 문장 활용 | • 한자 활용<br>• 한자어 활용<br>• 한자어의 문장 활용 |

## 다) 강병륜, '초등학교 한자' 교육과정의 내용 체계

| 영역<br>범주 | 한 자 | 한자어 |
|---|---|---|
| 한자에<br>대 한<br>교 육 | • 기초적인 한자의 음과 의미 알기<br>• 한자의 구성 이해하기<br>• 일상적인 사물의 이름 익히기<br>• 한자의 자원 이해하기 | • 기본적인 한자어의 음과 의미 알기<br>• 한자어의 구조 이해하기<br>• 여러 교과의 기본적인 개념어 익히기<br>• 한자어에 담긴 속뜻 이해하기 |
| 한자에<br>의 한<br>교 육 | • 한자의 의미 관계 이해하기<br>• 우리말 낱말과의 관련성 찾기<br>• 낱말의 사용과 이해에 한자 활용하기<br>• 일상 언어생활에 한자 활용하기 | • 한자어의 의미 연관성 이해하기<br>• 우리말 문장과의 관련성 찾기<br>• 문장의 이해와 표현에 한자어 활용하기<br>• 일상 언어생활에 한자어 활용하기 |
| 한자를<br>통 한<br>교 육 | • 한자와 관련된 체험 공유하기<br>• 적절한 표현을 위한 한자의 필요성 이해하기<br>• 한자학습에 흥미 갖기 | • 한자어와 관련한 체험학습 주제 찾기<br>• 한자 표현과 우리말 표현 비교하기<br>• 한자어에 대한 긍정적 인식 형성하기 |

## 라) 김정숙, '초등학교 한자' 교육과정의 내용 체계

| 영역 | 중영역 | 내 용 |
|---|---|---|
| 한 자<br>·<br>한자어 | • 한자익히기 | • 한자의 짜임을 통하여 음과 뜻 알기<br>• 기본 필순을 알고 바르게 쓰기<br>• 자전에서 한자어 찾아보기<br>• 컴퓨터를 이용하여 한자의 음과 뜻 알기 |
| | • 한자어 익히기 | • 한자어의 음과 뜻 알기<br>• 한자어의 음과 뜻을 알고 바르게 쓰기 |
| 한 자<br>생 활 | • 한자 활용하기 | • 익힌 한자로 한자어 만들어 보기 |
| | • 한자어 활용하기 | • 한자어를 문장에서 활용해 보기 |
| | • 전통문화 이해하여 가치관 형성하기 | • 전통문화 이해하기<br>• 선인들의 삶을 이해하고 올바른 가치관 가지기 |

가)의 내용 체계표는 서울특별시교육청에서 학교 재량 시간의 설정, 운영에 따라 제정하여 고시한 것이다. '초등학교 한문' 교육 과정 중에서 '3. 내용'은 학년별 내용을 선정하는 준거가 되는 '내용 체계'와 이를 토대로 선정한 교육 내용을 단계별로 조직한 '단계별 내용'의 체제로 구성되었다. 초등학교 한문 교육과정의 내용 체계는 4단계로 구분하였으며, 영역은 한자, 한자어, 한자어구로 나누었다. 한자와 한자어는 1, 2, 3, 4단계에서 모두 제시하였으나, 한자어구는 3, 4단계에서만 제시하였다. 한자 영역에서는 한자의 음과 뜻, 한자 쓰기, 한자의 짜임, 한자의 활용이 각 단계마다 공통적으로 제시되었고, 4단계에서 자전에서 한자 찾기를 제시하였다. 한자어 영역은 1, 2, 3, 4단계에서 공통적으로 한자어의 음과 뜻, 한자어의 활용을 제시하였다. 한자어구는 3단계에서 평이한 한자 어구의 풀이, 4단계에서 평이한 한자어구의 풀이, 간이한 문장의 풀이를 내용으로 제시하였다.

이와 같은 서울시교육청의 초등학교 한문 교육과정에 따른 한문의 내용 체계와 내용은 몇 가지 점에서 개선이 요구된다. 먼저 내용 체계를 구성한 기본 관점이 불분명하다는 점을 들 수 있다. 또한 교육과정의 내용 체계를 구성하기 위해 교육 내용을 범주화할 때 적용한 원리와 학년별 내용의 선정·조직·배열의 기본 원리가 모호하다. 그리고 현행 초등학교 한문 교육과정에 제시된 내용 체계와 단계별 내용은 기본적으로 거의 같은 진술로 되어 있어 각 영역별 내용 체계가 학년별 내용 선정의 준거가 되기에 미흡하다.(단계별 내용은 본장의 제4절을 참고하기 바람)

다음으로 내용 체계의 영역 설정에서 한자, 한자어, 한자어구로 구분한 근거가 불분명하다. 또한 '한자어구'의 개념과 범위가 한자어, 한자성어 및 한문의 그것과 어떤 변별성이 있는 것인지에 대한 논의가 필요하다. 이것과 관련하여, 한자어구의 4단계에서 '간이한 문장 풀이'라는 내용이 있는데 '간이한 문장 풀이'가 과연 한자어구의 범위에 포함되는 것인지에 대한 논의가 필요하다. 그리고 한자, 한자어, 한자어구의 각 단계별 내용 체계가 수준과 위계성에 대한 고려없이 기술되었다는 점 또한 문제점으로 지적할 수 있다.

나)의 내용 체계표는 방인태가 제시한 것이다. 방인태의 '초등 한자 교육과정'

중에서 '3. 내용'은 학년별 내용을 선정하는 준거가 되는 '내용 체계'와 학년별 신습한자 배당표, 학년별 내용을 제시하였다. '초등 한자 교육과정'은 서울특별시교육청의 내용 체계와는 달리 단계로 표시하지 않고, 학년으로 표시하여 3~6학년을 설정하였으며, 영역은 한자, 한자어, 언어생활의 셋으로 구성하였다. '초등 한자 교육과정'에서는 한자어구 대신 언어생활을 설정하였고, 3~6학년 균일하게 내용을 제시하였다. 이것은 한자와 한자어를 통한 언어생활의 실용성을 중시하는 초등 한자 교육과정의 성격 규정에 따른 것으로 이해된다. 이에 따라 서울시교육청의 '초등학교 한문' 교육과정의 내용 중 한자와 한자어의 활용 부분이 여기에서는 언어생활로 포함되었다. 그러나 한자와 한자어의 음과 뜻을 익히고 이를 언어생활에 활용한다는 기본 관점은 '초등학교 한문' 교육과정의 내용 체계와 대동소이하다고 볼 수 있다.

'초등한자 교육과정'은 한자와 한자어를 통한 언어생활의 실용성을 중시하는 교육과정을 작성하고 이에 따라 한자어구 대신에 한자, 한자어, 언어생활 영역 설정을 했고, 3~6학년에 균일하게 내용을 제시하였다. 그러나 언어생활이라는 설정 근거는 설명되었지만, 한자, 한자어와 같이 독립 영역의 하나로 설정할 수 있는 것인지에 대한 논의가 요구된다. 그리고 초등 한자 교육과정에서 제시한 내용 체계와 내용은 기본적으로 같은 진술로 반복되어 있어 각 영역별 내용 체계가 학년별 내용 선정의 준거가 되기에 부족하다고 볼 수 있다.

위의 가), 나), 다), 라)의 내용 체계표에서 보듯이 서울시교육청에서 '한자, 한자어, 한자어구'의 3개 영역으로 내용을 구분한 이후 여러 가지 교육과정의 내용 영역 연구가 이루어졌으나 초등학교 한자 교육의 내용 영역에 대한 통일된 안은 없다. 그렇지만 지금까지 보고된 내용체계에 관한 대부분의 논의들은 '한자'와 '한자어'를 공통적인 영역으로 설정하고 있고 실제적인 교육 내용도 '한자'와 '한자어' 그리고 한자어를 활용한 '언어생활/국어생활/한자생활'을 공통적으로 담고 있다. 따라서 초등학교 수준의 한자 교육 영역은 한문 문장의 지도보다는 한자와 한자어의 지도에 중점을 두는 것이 합리적일 것이다. 다만 중등학교 한문 교육과의 연계성을 고려하여 '한자성어/고사성어'를 한자어 영역의 확장된 범주로 설정



초등학교 한자교육

하여 지도할 수 있도록 하여야 할 것이다.

# 2

## 한자의 범위와 수

초등학교에서 한자를 몇 자 가르치는 것이 좋은가에 대해서는 국가적인 차원에서 결정된 것이 없다. 학자들 사이에도 500자에서 1000자까지 다양한 견해가 제시되고 있다. 하지만 현재까지 중학교 교육용 기초한자 900자 범위 내에서 지도하는 것이 바람직하다는 것이 대체적인 의견이며, 한자의 수도 중학교 교육용 기초한자 900자 중에서 600자 정도를 지도하는 것이 바람직하다는 의견이 많다. 서울시교육청에서 발표한 '초등학교 한문' 교육과정에서도 600자를 예시로 제시하고 있다. 따라서 현재로서는 중학교 교육용 기초한자 중에서 600자 정도를 지도하는 것이 적합한 것으로 보인다('초등학교 한문 교육용 기초한자' 및 '중학교 교육용 기초한자'는 本章 끝 부분에 제시). 학자, 또는 학회 차원에서 제시한 지도 한자수를 <표>로 제시하면 다음과 같다.

| 학회 · 연구자 | 제시 漢字 수 | 제시 년도 |
|---|---|---|
| 안승덕 | 578자 | 『국어교육』 28(1976) |
| 한국어문교육연구회 | 1000자 | 1991 |

| 한은수 | 667자 | 『한자한문교육』 창간호(1994) |
|---|---|---|
| 방인태 | 600자 | 『한국초등교육』 제9권 제1호(1997) |
| 서울시교육청 | 600자 | 초등학교 한문 교육과정(1997) |
| 김혜영 | 670자 | 부산대학교교육대학원논문(1997) |
| 한국 한문교육학회 | 500자(1800자)<br>600자(2000자) | 한문 교육용 기초한자 1,800자 조정에<br>관한 연구 보고서(1999) |
| 총 계 | 500~1000자 | |

　　이 표에 제시된 한자의 수는 각각의 연구자가 일정한 근거 아래 산출한 것으로 모두 읽기와 쓰기 능력을 전제한 것이다. 그런데 시대 상황의 변화와 함께 새로운 방식의 제시가 필요할 듯 하다. 초, 중, 고 한자한문교육의 여건을 보면, 수업 시수나 과목의 비중 면에서 점점 입지가 줄어들고 있는 것이 사실이다. 그러나 여러 연구는 언어생활의 편리, 독서 능력, 학습 효율성의 면에서 한자 학습의 효과가 여전히 의미 있다는 결과를 내놓고 있다. 따라서 열악한 환경에서도 효율적 학습 방법을 모색하는 등의 노력이 필요하지만, 한편으로는 지도 대상 한자 수를 이원화할 필요가 있다. 즉 현재의 지도 대상 한자수를 '읽기 한자'와 '쓰기 한자'로 이원적으로 구성하는 것이다. 일본에서는 학년별로 前學年에서는 읽기 지도에 중점을 두고, 後學年에서는 읽을 줄 아는 한자를 정확하게 쓸 수 있도록 하고 있다. 재량활동이나 선택과목으로 한자를 교육할 수밖에 없는 우리의 여건상 초, 중, 고 각급 학교에서 학습 가능한 읽기 및 쓰기 한자 수를 개략적으로 제시하면 다음과 같다. 이 부분에 대해서는 추후 상세한 연구가 필요하다.

| | 읽기 한자 수 | 쓰기 한자 수 |
|---|---|---|
| 초등학교 | 600 | 300 |
| 중 학 교 | 900 | 600 |
| 고등학교 | 1800 | 900 |


초등학교 한자교육

# 3

## 한자 지도 요소

### 1) 훈음

한자는 보통 한 글자가 한 개의 音을 가지면서, 주로 핵심적인 의미의 한 뜻으로 쓰이거나, 그것으로부터 파생된 여러 개의 뜻으로 사용된다. 경우에 따라서는 여러 가지 음으로 읽히며 뜻이 달라지는 것들도 있다. 가령 '樂'과 같은 경우, '즐기다, 풍류, 좋아하다' 등의 뜻이 있고, 음도 '락, 악, 요' 등으로 읽는다. 또 '山'과 같은 한자는 출판사마다 '메 산', '뫼 산', '산 산'으로 표기되는 등 교재나 교사에 따라 그 訓과 音이 다르게 지도되고 있다. 이처럼 漢字의 훈과 음이 여러 가지이거나 관용적으로 서로 다르게 지도되는 경우에, 학생들에게 어떤 뜻과 음을 표준으로 삼아 지도할 것인가에 대한 문제가 대두된다.

이러한 문제를 해결하기 위해 교육용 기초한자의 대표적인 훈과 음을 정리한 연구결과가 있다(교육한자 대표훈음 선정위원회, 『교육한자 대표훈음 선정안』, 사단법인 한국어문회, 2000). 따라서 초등학교 한자 지도에서 한자의 훈과 음은 이 안을 참고해도 좋을 듯하다.

한자의 훈음에 대한 지도는 주로 훈 위주로 이루어지고 있다. 다만 한자음에 대한 지도는 두음법칙이 적용되는 한자나 음이 두 세 개인 한자에 유의할 필요가 있다. 각각의 예를 살펴보도록 한다.

◆ 한자와 두음법칙

   국어의 음운 법칙 등과 맞물려 한자의 음이 변하는 경우가 있는데, 대표적인 것이 두음법칙이다.

1. 한자음 '녀, 뇨, 뉴, 니'가 단어 첫머리에 올적에는, '여, 요, 유, 이'로 적는다. 단어의 첫머리 이외의 경우에는 본음대로 적는다.

   예     女軍(녀군 → 여군)   歌女(가녀)   尿石(뇨석 → 요석)   檢尿(검뇨)

           紐帶(뉴대 → 유대)   結紐(결뉴)   泥海(니해 → 이해)   金泥(금니)

   *다만, 다음과 같은 의존 명사에서는 '녀'음을 인정한다.

        몇 年(몇 연→ 몇 년)

   *접두사처럼 쓰이는 한자가 붙어서 된 말이나 합성어, 둘 이상의 단어로 이루어진 고유 명사를 붙여 쓰는 경우, 뒷말의 첫소리가 'ㄴ'소리로 나더라도 두음법칙에 따라 적는다.

        新女性(신여성), 空念佛(공염불), 男尊女卑(남존여비)


2. 한자음 '라, 려, 례, 료, 류, 리'가 단어의 첫머리에 올 적에는, '야, 여, 예, 요, 유, 이'로 적는다. 단어의 첫머리 이외의 경우에는 본음대로 적는다.

   예     兩班(량반 → 양반)   良心(량심 → 양심)   改良(개량)

           歷史(력사 → 역사)   禮儀(례의 → 예의)   家禮(가례)

           龍宮(룡궁 → 용궁)   流行(류행 → 유행)   源流(원류)

           理髮(리발 → 이발)   經歷(경력)   鷄龍(계룡)   推理(추리)

   *다만 兩(양)이 의존 명사로 쓰이는 경우에는 '냥'으로 적는다.

        兩重(량중 → 냥쭝)

   *다음과 같은 의존 명사는 본음대로 적는다.

        몇 리(里)냐?

   *모음이나 'ㄴ' 받침 뒤에 이어지는 '렬, 률'은 '열, 율'로 적는다.

        羅列(나렬 → 나열)   分裂(분렬 → 분열)

   *외자로 된 이름을 성에 붙여 쓸 경우에도 본음대로 적을 수 있다.

        申砬(신립)

   *준말에서 본음으로 소리나는 것은 본음대로 적는다.

        國聯(국련, 國際聯合)



초등학교 한자교육

*접두사처럼 쓰이는 한자가 붙어서 된 말이나 합성어, 둘 이상의 단어로 이루
어진 고유명사를 붙여 쓰는 경우나 십진법에 따라 쓰는 수(數)는 뒷말의 첫소
리가 'ㄴ' 또는 'ㄹ' 소리로 나더라도 두음 법칙에 따라 적는다.

> 逆利用(역이용)　　熱力學(열역학)
>
> 海外旅行(해외여행)

3. 한자음 '라, 래, 로, 뢰, 루, 르'가 단어의 첫머리에 올 적에는, '나, 내, 노, 뇌,
누, 느'로 적는다. 단어의 첫머리 이외의 경우에는 본음대로 적는다.

> 樂園(락원→낙원)　來日(래일→내일)
>
> 老人(로인→노인)

*접두사처럼 쓰이는 한자가 붙어서 된 단어는 뒷말을 두음 범칙에 따라 적는다.

> 上老人(상노인)　　重勞動(중노동)

♦ 음이 여러 개인 한자

> 惡 : 악할 (악), 미워할 (오)
>
> 樂 : 풍류 (악), 즐거울 (락), 좋아할 (요)
>
> 說 : 말씀 (설), 기뻐할 (열), 달랠 (세)
>
> 省 : 덜 (생), 살필 (성)
>
> 殺 : 죽일 (살), 감할 (쇄)
>
> 金 : 쇠 (금), 성 (김)
>
> 龜 : 나라이름 (구), 거북 (귀), 틀 (균)
>
> 車 : 수레 (거), 수레 (차)
>
> 更 : 다시 (갱), 고칠 (경)
>
> 降 : 내릴 (강), 항복할 (항)
>
> 洞 : 마을 (동), 통할 (통)
>
> 北 : 북녘 (북), 패할 (배)
>
> 狀 : 모양 (상), 문서 (장)
>
> 塞 : 막을 (색), 변방 (새)
>
> 索 : 빌 (삭), 찾을 (색)
>
> 屬 : 무리 (속), 붙을 (촉)

**117**

率 : 거느릴 (솔), 율 (률)

數 : 셀 (수), 자주 (삭), 빽빽할 (촉)

宿 : 잘 (숙), 별자리 (수)

拾 : 주을 (습), 열 (십)

識 : 알 (식), 기록할 (지)

食 : 먹을 (식), 밥 (사)

易 : 바꿀 (역), 쉬울 (이)

刺 : 찌를 (자), 찌를 (척)

便 : 편할 (편), 똥 (변)

暴 : 햇빛쪼일 (폭), 사나울 (포)

訓에 대한 지도는 자원, 또는 육서를 이용할 수 있다. 자원을 이용할 때에는 갑골문, 금문, 소전의 변화 과정을 사진이나 그림으로 보여줌으로 학생들의 이해를 도울 수 있다. 초등생 수준에 맞게 자료를 가공하거나 그림을 곁들이면 더욱 좋을 듯하다. 육서를 이용한 지도방법은 한자의 의미 형성 방식, 구조 등에 대한 감각을 키우기에 좋다. 이때 육서나 상형, 지사 등의 용어는 쓰지 않는 것이 좋다. 자원과 육서를 이용할 수 있는 자료 몇 가지를 예시한다(字源의 이용은 제4장 - 2. 한자의 교수·학습 방법 부분 참조).


◆ 육서

① **象形文字** : 象形文字는 사물의 모양을 본떠 만든 글자이다. 상형문자에 대한 지도는 사물의 모양을 그림으로 그리고, 그림의 변천과정을 제시하면서 글자의 훈과 음을 지도한다. 예를 들어 '山'(메 산)에 대한 지도는 산의 그림에서 글자로 변하는 과정을 그림을 그려가거나 그려놓은 자료를 활용해 지도를 하면 학생들이 매우 쉽고 재미있게 받아들인다.

② **指事文字** : 指事文字는 형태가 없는 추상적 개념을 도형 혹은 부호로서 형상화한 문자이다. 이 지사문자에 대한 지도 역시 그림을 제시하고 그림의 변천과정을 설명하면서 지도하는 것이 효과적이다. 예를 들어 '本(근본 본)'은 나무를 나타내는 '木'과 나무의 뿌리 부분을 표시하는 '一'을 합해서 '뿌리, 근본'

이라는 뜻을 지닌다. 이 글자에 대한 지도는 나무를 그리고 나무의 뿌리를 강조하는 획을 그은 다음, 글자의 변천과정을 제시하며 설명한다.

③ 會意文字 : 會意文字는 두 개 이상의 한자를 조합하여 그들이 가진 의미의 결합으로 다른 뜻을 나타내는 글자이다. 會意文字에 대한 지도 역시 그림을 그리고 그림의 변천과정을 제시하며 지도하는 것이 효과적이다. 예를 들어 '休(쉴 휴)'는 사람을 뜻하는 '人'과 나무를 뜻하는 '木'이 합하여져 나무 아래에서 사람이 쉰다는 의미에서 '쉬다'의 뜻이 되었다. 이 글자를 지도할 때에도 나무와 사람을 그리고 학생들이 이 글자의 뜻이 무엇인가를 생각하도록 하면서 글자의 변천 과정을 제시하여 준다.

④ 形聲文字 : 形聲文字는 두 개 이상의 한자를 결합하여 만든 문자로 한쪽은 뜻[形]을 나타내고 한쪽은 음[聲]을 나타낸다. 형성문자는 음부분에 대한 설명과 뜻부분에 대한 설명을 하며 지도한다. 예를 들어 '問'(물을 문)은 소리를 나타내는 '門'과 뜻을 나타내는 '口'가 합하여져 만들어진 글자로, '묻다'의 뜻을 지니고 '문'이라고 읽혀진다. 이 글자를 지도할 때에는, 우선 '門'이 있는 것을 강조하면서 이 글자의 음이 '문'임을 지도하고, 그 뜻은 '口'를 강조하면서 '입으로 물어 본다'는 의미가 있음을 를 설명하여, 이 글자가 '물을 문'이라는 것을 알도록 한다.

⑤ 轉注文字와 假借文字 : 轉注文字는 기존의 한자 중에서 유사한 뜻을 가진 한자를 다른 뜻으로 전용하여 사용하는 문자이고, 假借文字는 기존 한자의 음이나 형태를 빌어다가 사물과 개념을 기록하는 문자이다. 그런데 轉注文字와 假借文字는 그 수가 많지 않아 수업 시간에 다룰 일이 거의 없고, 한자의 구조적 학습을 위해서도 크게 도움이 되지 못한다. 만약 轉注文字 또는 假借文字를 지도해야 하는 경우가 있으면, 원래는 '어떤 뜻이었는데 음이나 뜻이 변해서 이런 뜻과 음으로 사용된다'는 정도만 설명하여 지도하여도 무방하다.

## 2) 부수

### (1) 부수의 위치와 명칭

부수의 명칭은 놓이는 위치에 따라 다르다. 위치와 명칭은 다음과 같다.

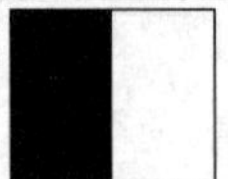 **변(邊)** 부수가 해당자의 왼쪽에 위치함.

氵　(水)　삼수 변 : 江(강 강), 海(바다 해)

扌　(手)　손수 변 : 打(때릴 타)

亻　(人)　사람인 변 : 休(쉴 휴)

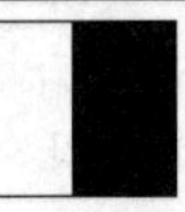 **방(傍)** 부수가 해당자의 오른쪽에 위치함.

刂　(刀)　칼도 방 : 利(날카로울 리)

阝　(邑)　고을 읍(우부 방) : 邦(나라 방), 郡(고을 군)

攵　(攴)　칠복 : 改(고칠 개)

 **머리** 부수가 해당자의 위쪽에 위치함.

宀　　집면(갓머리) : 安(편안 안), 家(집 가)

艹　(艸)　초두머리 : 草(풀 초), 花(꽃 화)

 **발·다리** 부수가 해당자의 아래쪽에 위치함.

儿　　어진사람인 : 兄(맏 형), 先(먼저 선)
皿　　그릇명 : 盛(담을 성)

**엄호**(戶 · 广)　부수가 위와 왼쪽을 덮고 있음.

尸　　주검시　　局(판 국), 尿(오줌 뇨)
疒　　병들역　　病(병 병)

**받침**　부수가 왼쪽과 아래를 덮음.

廴　　길게걸을인(민책받침) : 建(세울 건)
辶　　쉬엄쉬엄갈착(책받침) : 過(지날 과)
走　　달아날주 : 超(넘을 초)

**몸**　부수가 글자의 전체나 일부분을 에워싸고 있음.

口　　큰입구(에운담) : 國(나라 국)
門　　문문 : 聞(들을 문)
凵　　입벌릴감 : 出(날 출)
匚　　상자방 : 區(구역 구)

**제부수**　글자 자체가 부수인 한자

穴(굴 혈), 用(쓸 용), 言(말씀 언),

(2) **部首의 訓音**

　한자자전이나 옥편을 보면, 부수는 자획별로 1획에서 17획까지 순서대로 배열되어 있다. 자획별 부수자(훈음 포함)를 들면 다음과 같다.

1획 : 6개의 부수자(一(한 일), ｜(뚫을 곤), 丶(심지 주), ノ(삐칠 별), 乙(빼어나올 을), 亅(갈고리 궐))
2획 : 23개의 부수자(二(두 이), 亠(머리 두), 人(사람 인), 儿(받침 사람 인), 入(들 입), 八(갈라질 팔), 冂(먼 곳 경), 冖(덮을 멱), 冫(얼음 빙), 几(안석 궤), 凵(입 벌릴 감), 刀(칼 도), 力(힘 력), 勹(쌀 포), 匕(견줄 비), 匚(상자 방), 匸(감출 혜), 十(열 십), 卜(점 복), 卩(뼈마디 절), 厂(바위 밑 거처 한), 厶(사사로울 사), 又(손 우))
3획 : 31개의 부수자(口(입 구), 囗(에울 위), 土(흙 토), 士(선비 사), 夂(뒤져올 치), 夊(천천히 걸을 쇠), 夕(저녁 석), 大(큰 대), 女(계집 녀), 子(아이 자), 宀(집 면), 寸(한 치 촌), 小(작을 소), 尢(절름발이 왕), 尸(주검 시), 屮(싹 날 철), 山(뫼 산), 巛(내 천), 工(교묘히 꾸밀 공), 己(실을 가를 기), 巾(수건 건), 干(범할 간), 幺(작을 요), 广(바위 집 엄), 廴(길게 걸을 인), 廾(두 손으로 받들 공), 弋(말뚝 익), 弓(활 궁), 彐(돼지 머리 계), 彡(붓으로 그려 꾸밀 삼), 彳(작은 걸음 척))
4획 : 34개의 부수자(心(심장 심), 戈(창 과), 戶(외짝 문 호), 手(손 수), 支(대나무 가지 나눌 지), 攴(칠 복), 文(무늬 문), 斗(말 두), 斤(도끼 근), 方(아우른 배 방), 无(없을 무), 日(해 일), 曰(말할 왈), 月(달 월), 木(나무 목), 欠(하품 흠), 止(발 지), 歹(남은 뼈 알), 殳(몽둥이 수), 毋(말 무), 比(친밀할 비), 毛(털 모), 氏(나무 밑 둥 씨), 气(구름 기운 기), 水(물 수), 火(불 화), 爪(새 발톱 조), 父(아비 부), 爻(사귈 효), 爿(쪼갠나무 장), 片(쪼갠 나무 편), 牙(어금니 아), 牛(소 우), 犬(개 견))
5획 : 23개의 부수자(玄(검을 현), 玉(구슬 옥), 瓜(오이 과), 瓦(질그릇 와), 甘(달 감), 生(날 생), 用(쓸 용), 田(밭 전), 疋(발 소), 疒(병들 녁), 癶(등질 발), 白(흰 백), 皮(가죽 피), 皿(그릇 명), 目(눈 목), 矛(창 모), 矢(화살 시), 石(돌 석), 示(보일 시·땅 귀신 기), 内(짐승 발자국 유), 禾(벼 화), 穴(굴 혈), 立(설

립))

6획 : 29개의 부수자(竹(대 죽), 米(쌀 미), 糸(가는 실 멱), 缶(장군 부), 网(그물
망), 羊(양 양), 羽(깃 우), 老(늙을 로), 而(수염 이), 耒(쟁기 뢰), 耳(귀 이), 聿
(붓 율), 肉(고기 육), 臣(신하 신), 自(코 자), 至(이를 지), 臼(절구 구), 舌(혀
설), 舛(등질 천), 舟(배 주), 艮(그칠 간), 色(빛 색), 艸(풀 초), 虍(범무늬 호),
虫(벌레 훼), 血(피 혈), 行(갈 행), 衣(옷 의), 襾(덮을 아))

7획 : 20개의 부수자(見(볼 견), 角(뿔 각), 言(말할 언), 谷(골 곡), 豆(제기 두), 豕
(돼지 시), 豸(짐승 치), 貝(조개 패), 赤(붉을 적), 走(달릴 주), 足(발 족), 身
(몸 신), 車(수레 거), 辛(매울 신), 辰(떨 신), 辵(쉬엄쉬엄 갈 착), 邑(고을 읍),
酉(술 유), 釆(분변할 변), 里(마을 리))

8획 : 9개의 부수자(金(쇠 금), 長(길 장), 門(문 문), 阜(언덕 부), 隶(미칠 체), 隹(새
추), 雨(비 우), 靑(푸를 청), 非(어긋날 비))

9획 : 11개의 부수자(面(낯 면), 革(가죽 혁), 韋(어긋날 위), 韭(부추 구), 音(소리
음), 頁(머리 혈), 風(바람 풍), 飛(날 비), 食(밥 식), 首(머리 수), 香(향기 향))

10획 : 8개의 부수자(馬(말 마), 骨(뼈 골), 高(높을 고), 髟(털 늘어질 표), 鬥(싸울
투), 鬯(울창술 창), 鬲(오지병 격), 鬼(귀신 귀))

11획 : 6개의 부수자(魚(물고기 어), 鳥(새 조), 鹵(소금 밭 로), 鹿(사슴 록), 麥(보리
맥), 麻(삼 마))

12획 : 4개의 부수자(黃(누를 황), 黍(기장 서), 黑(검을 흑), 黹(바느질할 치))

13획 : 4개의 부수자(黽(맹꽁이 맹), 鼎(솥 정), 鼓(북 고), 鼠(쥐 서))

14획 : 2개의 부수자(鼻(코 비), 齊(가지런할 제))

15획 : 1개의 부수자(齒(이 치))

16획 : 2개의 부수자(龍(용 룡), 龜(거북 귀))

17획 : 1개의 부수자(龠(피리 약))


(3) **部首 指導 內容**

大 : ① 팔다리 편 사람 모양. 「人」자가 側面 象形임에 대하여 「大」자는 四肢를
벌린 사람을 正面에서 본뜬 것이다. → 夫[大＋一(비녀 같은 머리 장식품을 뜻
함)]・奔[大＋卉(본래 세 개의 발로 빠름을 표시)] ② 크다. → 奕, 夸

尸 : ① 본래 人體가 가로 놓인 모양에서 특히 下半身이 강조된 상형. ② 집을 뜻
하는「厂」·「广」의 變形. →① 屍·尿. ② 層·屛[尸＋幷(표음)→본래 門 앞
에 친 작은 담장].

臣 : 외눈의 상형으로, 이 부수자가 들어 있는 글자들의 뜻은 事物을 보는 일과
관련이 있다. →臨·鑑·望(望).

自 : 코의 상형. →臭·嗅·息(숨).

欠 : 사람이 입술을 벌리고 호흡하는 것. →歎·歌·飮·歈.

又 : 사람의 오른손을 상형. →受·及.

寸 : 역시 사람의 손에서 손목까지의 부위(지사)하되 특히 손목을 강조했다. 따라
서 이 부수를 따른 글자들의 뜻도 직접·간접으로 손의 동작과 관련이 있다.
→導·尋.

爪(爫) : 손가락으로 물건을 움키거나 긁는 동작을 가리킴. →采(캐다)·爭·爲.

攴(攵) : 「又」가 손의 상형이므로 이 부수를 따른 글자들의 뜻도 역시 당초에는
손의 동작과 관련이 있다. →效(본래 바친다는 뜻)·赦(본래 손에서 놓는다는
뜻).

止 : 윗부분은 발가락, 아랫부분은 발뒤꿈치를 상형했다. 따라서, 이 부수를 따른
글자들의 뜻에는 발의 움직임과 관련이 있다. →歷·步.

彳 : 본래 걸어가는 동작을 가리킨다. →循·徐

卩 : 본래 다리뼈의 마디를 상형한 글자다. 그래서, 이 부수를 따른 일부 글자들의
뜻은 다리나 다리의 동작과 관련이 있다. →卻(却, 물러나다)·卽[皀(음식물)
＋卩 → 본래 사람이 음식물 앞에 나아가서 꿇어앉아 음식을 먹는 동작→나
아가다].

行 : 본래 네거리를 본뜬 글자다. →街·衢

阜(左阝) : 충단을 밟아 올라갈 수 있는, 위가 평평한 土山을 상형했다. 따라서, 이
부수를 따른 글자들의 뜻은 일반적으로 산이나 높이 솟은 흙 둔덕과 관련이
있다. →阿(산비탈)·險.

邑(右阝) : 古代의 작은 城市를 가리킴. →都·鄙(中央에서 먼 시골지방)·郭(外
城).

宀 : 房屋·居住와 관련이 있다. →家·宇·官(본래는 官衙)

广 : 역시 房屋과 관련이 있다. →廟·府(본래는 錢財를 쌓아 두는 곳간)·廢(본래

는 房屋이 허물어져 쓸모없이 된다는 뜻).

巾 : 이 부수를 따른 글자들의 뜻은 대부분 織物과 관련이 있다. →布(삼베·칡 베)·帛(실로 짠 직물의 총칭)·幣(禮物로 보내는 帛).

斤 : 본래 나무를 쪼개는 자루 있는 도끼를 상형한 글자로서, 날카로운 연장이나 그것을 쓰는 행위를 뜻하여 「刀」자와 의미상 서로 통한다. →析·斷.

瓦 : 질그릇, 즉 土製器物의 총칭. 「缶」도 역시 질그릇의 일종으로 부수가 되어 둘은 의미상 자주 통한다. → 瓶·缺(본래는 질그릇의 이가 빠졌다는 뜻).

皿 : 음식을 담는 容器를 상형. → 益[皿＋水 → 그릇 위로 물이 넘쳐남 → 더욱]·盛[皿＋成(표음) → 담다]·盜[皿＋氵(물→침)＋欠(입을 벌림) → 그릇에 담긴 음식물을 탐내어 침을 흘림 → 도둑질하다].

歹(歺) : 앙상한 뼈. 따라서, 이 부수를 따른 대다수 글자들의 뜻은 죽음·殺傷·危急 등에 관련되어 있다. → 死[歹＋人]·殘[歹＋戈(창)＋戈 → 殺傷하다]·殆[歹＋台(표음)]·殉[歹＋旬(표음)].

示(礻) : 갓잡은 희생을 제탁(祭卓) 위에 올려놓은 모습. 아래의 좌·우는 갓잡은 희생에서 피가 뚝뚝 떨어지는 것. '복', 또는 '화', 복을 빌거나 화를 면하기를 비는 의식(儀式)과 관련이 있다. → 社(땅귀신)·祀(제사)·祈(빌다)·祝(빌다)·祭(제사)·禍·福.

竹 : 종이와 붓이 없던 고대에는 대쪽에다 칼로 새겨 기록을 했다. 그래서, 이 부수를 따른 많은 글자들의 뜻은 文字를 記載하는 일과 관련을 가지고 있다. → 篇·簿·箋·籍·簡(기록에 쓰는 대쪽, 편지)·策(엮은 竹簡)

貝 : 본래 조개의 상형이나 古代에는 조개껍질로 화폐를 삼아 썼기 때문에 이 부수를 따른 글자들은 財物·賣買와 관련된 뜻을 가진 것이 대부분이다. → 財·貨·賣·買·賈·購·貧·貪·費·貴·賤·貫.


## 3) 자획과 필순

### (1) 한자의 자획(字劃)

가. '자획'이란 한자를 이루고 있는 점이나 선을 말한다. 한자를 쓸 때 붓을 대어 한 번에 긋는 것을 '획'이라고 한다. 즉 한자를 쓸 때에 한 번 붓을 대어서

뗄 때까지 그어진 점이나 선이 1획이 된다. 이러한 점이나 선을 합친 수를 '획수'라고 한다. 예를 들어 '山'자는 총 3획이고, '日'자는 총 4획이다.

한자에 따라서 1획인지 2획인지 잘 구분하기 힘든 것도 많이 있다. 이러한 한자는 미리 익혀두면 나중에 자전(옥편)에서 한자를 찾을 때 매우 유용하다. 그럼 자획을 점과 직선 및 곡선으로 나누어 살펴보면 아래와 같다.

① 점으로 된 획

-     <꼭지점> … 文, 主, 家

／     <왼점> … 州, 心, 性

＼     <오른점> … 小, 下, 心

② 직선으로 된 획

一     <가로긋기> … 一, 十, 下

丨     <내리긋기> … 中, 川, 下

𠃌     <평갈고리> … 空, 冠

ㄱ     <오른 꺾음> … 口, 日, 月

ㄴ     <왼꺾음> … 山, 出, 齒

亅     <왼갈고리> … 小, 水, 事

ㄴ     <오른갈고리> … 民, 良, 衣

③ 곡선으로 된 획

　　／　　<삐침> … 人, 火, 木

　　＼　　<파임> … 人, 火, 木

　　＼　　<받침> … 走, 足, 道

　　✓　　<치킴> … 江, 冷

　　∖　　<지게다리> … 民, 成, 戈

　　＼　　<누운지게다리> … 心, 思, 忠

　　Ｌ　　<새가슴> … 北, 兆, 毛

　　）　　<굽은갈고리> … 手, 勝, 象

　　�45　　<좌우꺾음> … 弓, 引, 弟

## (2) 한자의 필순

한자의 점획을 써 나가는 순서를 필순이라고 한다. 한자에서 필순은 반드시 지켜야 하는 절대적인 것은 아니다. 그러나 필순은 오랜 세월에 걸쳐 써 온 경험에 따라 정해진 것이므로, 이 필순에 따라 쓰면 쓰기도 쉬울 뿐 아니라 쓰고 난 뒤에 자형(字形)도 균형 잡히고 보기 좋게 된다.

글자를 능률적으로 써서 쓸데없이 힘이나 시간을 낭비하지 않고, 글자의 모양을 바르게 잡기 위해서는 바른 필순을 익혀 두는 것이 중요하다. 필순은 점이나 획을 더하고 짜 맞추어 글자를 이루는 순서이다. 먼저 쉬운 글자의 기본적인 필

순을 익히고, 그것을 복잡한 글자에 응용하면 된다. 한자의 필순에는 다음과 같은
기본적인 원칙이 있다.

① 필순의 기본원칙

   (가) 위에서 아래로 : 글자의 위쪽부터 쓰기 시작하여 아래로 써 내려간다.
     (예 : 三)

   (나) 왼쪽에서 오른쪽으로 : 글자의 왼쪽부터 쓰기 시작하여 오른쪽으로 써 나
     간다.(川)

② 필순의 일반 규칙

   필순은 글자에 따라 다소의 차이가 있으나 위의 기본 원칙을 바탕으로 하여
일반적으로 다음과 같이 쓰는 규칙이 있다.

   (가) 가로획을 먼저 쓰는 경우 : 가로획과 세로획이 서로 엇갈려 있을 때에는 일반
     적으로 가로획을 먼저 쓴다.(예 : 十)

   (나) 세로획을 먼저 쓰는 경우 : 가로획과 세로획이 서로 엇갈릴 때, '田'자와 같은
     경우에는 세로획을 먼저 쓴다.

   (다) 한가운데 부분을 먼저 쓰는 경우 : 글자가 '小'자와 같이 한가운데를 중심으
     로 좌·중·우로 이루어졌을 경우에는 한가운데 부분을 먼저 쓴다.
     그러나 '川'자와 같은 경우에는 기본 원칙대로 왼쪽에서 오른쪽으로 차례로
     써 나간다. 또한 '火'자와 같이 양쪽 점을 먼저 쓰고 다음에 가운데 부분을
     쓰는 예외도 있다.

   (라) 에운담은 먼저 쓴다. : '同'자와 같은 글자에서 안을 에워싸고 있는 바깥 둘레
     를 에운담이라고 하는데, 이런 글자는 에운담부터 쓰고 안을 쓴다.

   (마) 삐침을 파임보다 먼저 쓴다. ' ノ '을 '삐침'이라고 하고, ' 乀 '을 '파임'이라
     고 하는데, 이 삐침과 파임이 함께 어울린 글자는 삐침을 먼저 쓴 뒤 파임을
     쓴다.(예 : 文)

   (바) 글자 전체를 꿰뚫는 세로획은 맨 나중에 쓴다. : '中'자와 같은 글자인 경우에
     는 가운데를 세로로 꿰뚫은 획 ' ｜ '은 맨 나중에 쓴다.

(사) 글자 전체를 꿰뚫는 가로획은 맨 나중에 쓴다. : '母'자와 같은 글자의 가로
꿰뚫는 획 'ㅡ'은 맨 나중에 쓴다. 그러나 '卅'자와 같은 경우 가로 획 'ㅡ'을
맨 먼저 쓰는 예외도 있다.

## 4) 한자어 지도

한자어 지도의 내용으로는 ① 한자어의 음과 뜻 알기, ② 한자어를 바르게
쓰기, ③ 한자어의 짜임 이해하기, ④ 고사성어에 대하여 알기, ⑤ 한자어를 언
어생활에 바르게 활용하기 등을 들 수 있다.

### (1) 한자어의 음과 뜻 알기

한자가 모여 한자어가 되는 경우를 살펴보기로 한다. 예를 들면, '敎'자의 앞
뒤에 여러 한자가 결합되어 '宗敎', '胎敎', '敎師', '敎育' 등의 한자어가 된다.
또, '敎育'이라는 한자어에는 수많은 한자가 붙어 '敎育學', '敎育家', '敎育觀'
등의 새로운 한자어가 된다. 나아가 '敎育學'이란 한자어에는 또 많은 한자어가
결합되어 새로운 한자어가 얼마든지 이루어진다.

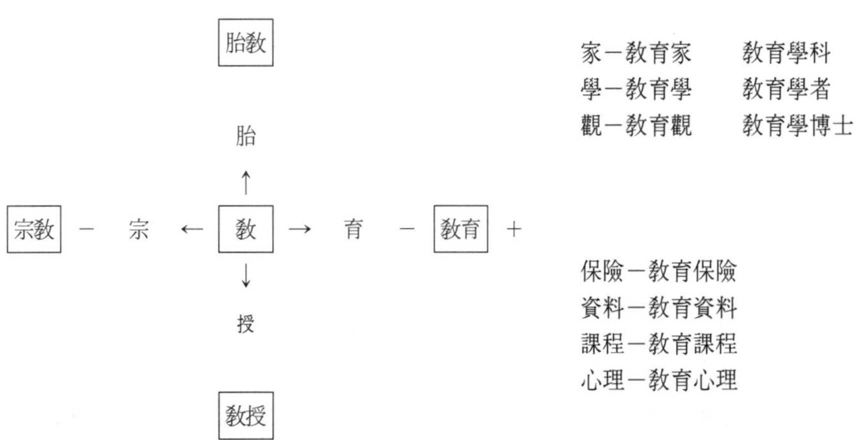

이렇게 어떤 漢字의 앞뒤에 새로운 한자를 결합시키면, 수많은 새로운 한자어가 생겨난다.

모든 한자는 한 가지 이상의 음과 뜻을 지니고 있다. 특히, 여러 가지 음과 뜻을 지니고 있는 한자가 다른 한자와 결합하여 한자어를 이룰 때에는 그 쓰임에 따라 음이 결정된다. 따라서, 여러 가지 음과 뜻을 지니고 있는 한자가 들어 있는 한자어는 특히 그 독음에 주의해야 한다.

또, 하나의 한자어가 여러 가지 뜻으로 쓰이는 경우가 있는데, 이 경우는 앞뒤의 문맥을 보고 뜻을 파악해야 한다. 예를 들면, '日月'은 ① 해와 달, ② 세월 등의 뜻으로 쓰이는데, '日月星辰'이라 할 때는 ①의 뜻으로, '日月逝矣'라 할 때는 ②의 뜻으로 쓰인다.

한자어의 음에 대한 지도에서는 음의 표기 지도와 아울러서 '두음법칙'이나 '활음조 현상' 등 국어의 음운 법칙과 관련지어 한자어의 발음에도 유의하여 지도하여야 한다.

두음법칙이나 활음조 현상에 유의하여 지도해야 할 한자어를 예시해보면 다음과 같다.

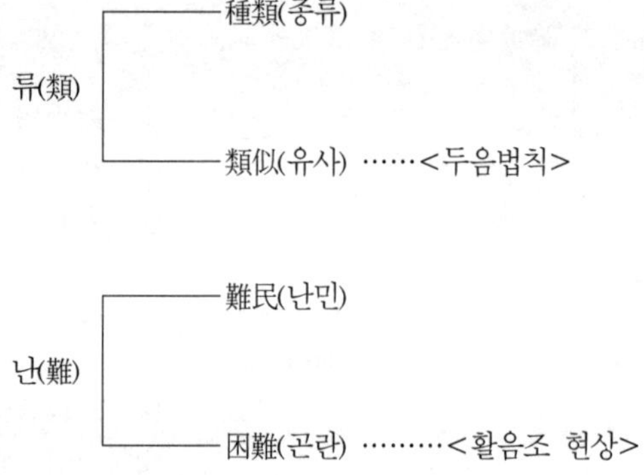


이렇게 한자어의 음과 뜻이 그 쓰이는 상황에 따라 달리 나타나므로 한자어의 바른 음과 뜻을 알아야 한다.

## (2) 한자어 바르게 쓰기

'한자어를 바르게 쓰기'는 문맥과 뜻에 맞는 적절한 한자어를 가려 사용하고, 한자어를 구성하고 있는 한자를 획이나 필순, 글자의 모양에 맞게 써야 함을 뜻한다.

자전의 字音 索引을 보면, 음이 같은 한자가 수십여 자에 달하는 것도 많다. 문맥이나 뜻을 고려하지 않고 음 중심으로 한자어를 구성하게 되면, 의도했던 것과는 전혀 다른 말이 되거나 사전에도 없는 억지 한자어가 되고 만다. 예를 들면, 환자를 치료하는 '의사'를 한자어로 표기하면 '醫師'이다. 이것을 '議事', '意思', '義士', '義死' 등으로 쓴다면 전혀 엉뚱한 뜻이 되고 만다. 또한 '醫師'로 써야 할 것을 잘못하여 글자의 어느 한 부분을 잘못 쓴다든지 획을 빠뜨려 '醫帥' 등으로써도 엉뚱한 음과 뜻이 되고 만다.

## (3) 한자어의 짜임 이해하기

두 자 이상의 漢字가 결합하여 한 단위의 意味體를 형성할 때는 반드시 기능상의 관계를 가지게 된다. 따라서, 한자어의 짜임을 문법적 기능 관계에 따라 이해하도록 하고, 이를 토대로 하여 수많은 한자어를 학습하게 하면 한자어 학습의 효과를 높일 수 있다.

한자어의 짜임을 통한 한자어의 뜻을 파악할 수 있는 예를 하나 들어보자. '讀書'는 '~를 ~한다'의 짜임이므로 그 뜻은 '책을 읽는다'로 해석된다. 이렇게 짜임을 통해 한자어의 뜻을 파악하면 뜻을 모르는 한자어들, 예를 들면 '作文, 修身, 愛國, 敬老' 등의 뜻도 쉽게 파악할 수 있게 된다.

한자어는 한자들의 결합 방법에 따라 主述關係, 述目關係, 述補關係, 修飾關係, 竝列關係(대립관계 대등관계 유사관계 첩어관계) 등으로 나눌 수 있다. 이러한 한자어의 결합 방법을 다음과 같은 略號로 나타내어 설명하고자 한다.

| | |
|---|---|
| 주술 관계(主述關係) : [ □ ‖ □ ] | 술목 관계(述目關係) : [ □ ㅣ □ ] |
| 술보 관계(述補關係) : [ □ / □ ] | 수식 관계(修飾關係) : [ □　　□ ] |
| 대립 관계(對立關係) : [ □↔□ ] | 대등 관계(對等關係) : [ □ : □ ] |
| 유사 관계(類似關係) : [ □＝□ ] | 첩어 관계(疊語關係) : [ □•□ ] |

### ① 主述關係 [ □ ‖ □ ]

주어와 서술어 관계로 짜여져 한자어로 서술어는 행위·동작·상태 등을 나타내고 주어는 그 주체가 된다. '~가 ~한다', '~가 ~이다'의 관계로 성립되기 때문에, 주어를 먼저 새기고 나중에 서술어를 새긴다.

<보기> 日‖出 : 해가 뜸

頭‖痛 : 머리가 아픔

### ② 述目關係 [ □ ㅣ □ ]

서술어와 목적어 관계로 짜여진 한자어로, 서술어는 행위나 동작을 나타내고 목적어는 그 대상이 된다. '~를 ~한다'의 관계로 성립되기 때문에 목적어를 먼저 새기고 서술어를 나중에 새긴다. '술목 관계'의 한자어는 어순이 우리말과는 반대이다.

<보기> 讀ㅣ書 : 책을 읽음

修ㅣ身 : 몸을 닦음

### ③ 述補關係 [ □ / □ ]

서술어와 보어의 관계로 짜여진 한자어로, 서술어는 행위나 동작을 나타내고 보어는 서술어를 도와 부족한 뜻을 완전하게 해 준다. '~이(가) ~하다', '~에 ~하다'의 관계로 성립되기 때문에 보어를 먼저 새기고, 서술어를 나중에 새긴다. '술보 관계'의 한자어도 그 어순이 우리말과는 반대이다.

<보기> 有/罪 : 죄가 있음

無/限 : 한이 없음


④ **修飾關係** [ □　　□ ]

수식어와 피수식어의 관계로 짜여진 것으로, 수식어에는 명사류를 수식하는 것과 동사류를 한정하는 것이 있다.


가) 관형어 + 체언

관형어가 체언을 수식하는 관계로 짜여진 것으로, '~한 ~', '~하는 ~'로 새긴다. 어순은 우리말과 같다.

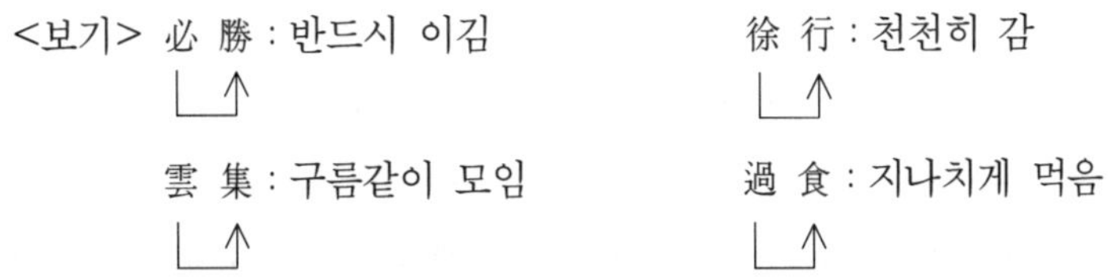

<보기> 青 山 : 푸른 산　　　　流 水 : 흐르는 물

白 雲 : 흰구름　　　　幼 兒 : 어린 아이


나) 부사어 + 용언

부사어가 용언을 한정하는 관계로 짜여진 것으로 '~하여 ~하다', '~하게 ~하다'로 새긴다. 어순은 우리말과 같다.

<보기> 必 勝 : 반드시 이김　　　　徐 行 : 천천히 감

雲 集 : 구름같이 모임　　　　過 食 : 지나치게 먹음


⑤ **竝列關係**

같은 성분의 한자끼리 나란히 병렬되어 짜여진 것으로, 이것은 다시 아래와 같이 나누어진다.


가) 대립관계 [ □↔□ ]

서로 반대 또는 상대되는 의미를 가진 한자가 나란히 놓여 이루어진 짜임으로

**133**

'~와(과)', '~하고 ~함'으로 새긴다. 어순은 우리말과 같다.

<보기> 贊↔反 : 찬성과 반대　　　勝↔敗 : 승리와 패배

　　　　可↔否 : 옳고 그름　　　　善↔惡 : 착함과 모짊


나) 대등관계 [ □ : □ ]

서로 대등한 의미를 가진 한자가 나란히 놓여서 이루어진 짜임으로 '~와(과)'
로 새긴다. 어순은 우리말과 같다.

<보기> 松 : 柏 : 소나무와 잣나무　　手 : 足 : 손과 발

　　　　夫 : 婦 : 남편과 아내　　　　牛 : 馬 : 소와 말


다) 유사관계 [ □ = □ ]

서로 비슷한 뜻이나 같은 뜻을 가진 한자가 나란히 놓여서 이루어진 짜임으
로, 두 글자가 종합된 뜻으로 새긴다.

<보기> 海=洋 : 바다　　　　　希=望 : 바람

　　　　群=衆 : 무리　　　　　思=想 : 생각


라) 첩어관계 [ □ · □ ]

같은 글자가 겹쳐진 한자어로, 두 글자가 종합된 뜻으로 새긴다.

<보기> 家·家 : 집집마다　　　急·急 : 매우 급함

　　　　色·色 : 여러 가지 빛깔　　層·層 : 층마다


한자어 짜임에 대한 지도는 짜임의 관계가 한자어의 의미를 파악하는 데에 도
움을 줄 수 있는 경우에 한정하는 것이 바람직하다. 즉, 모든 한자어를 짜임을 통
하여 지도하는 것은 삼가야 한다. 이는 자칫하면 한자어의 풀이를 지나치게 도식
화, 형식화하여 한자어의 이해에 흥미를 잃게 할 우려가 있기 때문이다.

주술 관계, 술목 관계, 술보 관계, 수식 관계, 병렬 관계 등으로 이루어진 한
자어의 짜임을 통해 같은 구조인 한문 구조의 이해에도 활용할 수 있다.

예를 들어 '積金'은 '돈을 쌓다(모으다)'라는 뜻의 한자어로, 그 짜임이 국어의

어순에 따르면 '金積'이어야 할 것이 한문 자체의 어순에 따라 '積金'으로 된 것이다. 이러한 한자어의 짜임은 곧 한문 문장의 구조에서 유래한 것이다. 그러므로 이와 같은 한자어의 짜임을 한문 구조에 적용하고 활용하여 한문의 구조를 이해하는 데에 나아갈 수도 있다. 그러나 이 부분의 지도는 기본적인 한자·한자어 학습이 선행된 경우에 가능하며, 그렇지 않은 경우에는 굳이 하지 않아도 된다.

### (4) 고사성어에 대하여 알기

'成語'란 오랜 세월에 걸쳐서 쓰이는 동안 그 뜻이 고정된 한자어이다. 여기에는 우리의 일상 언어생활에서 오랫동안 쓰여 그 뜻이 고정된 '일반적 성어'와 역사 속의 사건이나 전설 속의 이야기와 관련이 있는 '고사성어'가 있다. 古事成語는 대체로 2~4자로 이루어진 관용구로, 지금도 우리의 일상생활에서 많이 인용되어 쓰이고 있다.

고사성어는 어떻게 해서 그 말이 생기게 되었는가 하는 내용을 알도록 지도해야 한다. 또 그 성어 속에 담겨져 있는 내용을 알게 해야 하는데, 한자·한자어 학습 지도에 비해 정의적인 면을 보다 고려할 필요가 있다.

### (5) 한자어를 언어생활에 바르게 활용하기

'언어생활'이란 일상생활에 있어서 말하고, 듣고, 읽고, 쓰는 일들을 가리킨다. 말하고 듣는 것은 음성언어를 수단으로 하는 언어생활을, 읽고 쓰는 것은 문자언어를 수단으로 하는 언어생활을 가리킨다. 그리고 말하기와 쓰기는 자기의 사상이나 감정을 표현하는 일을, 듣기와 읽기는 남의 사상이나 감정을 이해하는 일을 가리킨다.

'바르게 사용한다'라는 것은 말하기·쓰기의 과정에서 한자어를 그 뜻에 맞게 바르게 사용하며 듣고 읽기의 과정에서 한자어의 뜻을 올바로 이해하는 것을 뜻한다. 일상의 언어생활에서 자기의 사상과 감정을 표현하는 말하기와 쓰기에 있어서는 우선 그 한자어의 뜻을 명확히 알아야 하고, 표현하고자 하는 내용에 적합한 한자어를 사용해야 한다. 또, 남의 사상이나 감정을 이해하는 듣기와 읽기에 있어서는 무엇보다도 사용된 한자어의 뜻을 명확하게 이해할 줄 알아야 한다. 이렇게 되기 위해서는 한자 및 한자어의 의미에 대한 정확한 설명과 함께, 학생들로 하여금 언어 생활 및 교과 학습, 독서 생활 차원에서 적용·점검해 나가도록 지도하는 것이 필요하다.

# 4

## 초등 한자 교육과정

교육과정이란 무엇을, 어떻게, 왜 가르칠 것인가에 대한 계획을 담고 있는 문서다. 제6차 교육과정의 학교 재량 시간이 편성되고, 한자가 교과로서의 위상을 가지게 되면서, 1997년 '초등학교 한문 교육과정'의 수립을 보게 되었다. 그러나 이것은 국가 수준의 것이 아니라 지역 교육청 수준 교육과정으로, 1995년 서울시 교육청에서 서울초등한자한문교육연구회에 의뢰하여 구안하고 1997년에 수정·배포한 것이다. 아직까지 국가 수준의 교육과정은 개발되고 있지 않다.

서울시 교육청의 '초등학교 한문 교육과정'은 무계획적으로 수행되었던 초등 한자 교육에 있어 하나의 준거를 제시했다는 점에서 중요한 의의를 가진다. 또한 언어생활과 교양의 차원에서 초등 한자의 성격을 분명하게 규정짓고 있으며, 재량 시간이 당시 3~6학년에 걸쳐 적용되었던 점을 고려하여 네 개의 단계로 설정하는 등 세심한 배려를 하고 있다. 그러나 교과로서의 성격과 특징이 분명하게 제시되지 않았다는 점, 내용 체계 구성의 기본 관점이 불분명하다는 점, '한자어구'의 개념 문제 등에서 재론의 여지를 제공하기도 한다.

1997년 서울시 교육청에서 마련한 '초등학교 한문 교육과정'은 다음과 같다.

## 초등학교 漢文 敎育課程

서울특별시 교육청

### 1. 성격(性格)

초등학교 한문 교육은 중학교 한문 교육용 기초 한자 900자 중 600자 가량을 바탕으로 한자(漢字)·한자어(漢字語)·한자 어구(漢字 語句)를 익혀 언어생활에 활용하게 하여, 한자어로 이루어진 국어의 기본 어휘의 이해력을 높여서 바람직한 언어생활을 하는데 도움을 준다. 뿐만 아니라 한자어의 학습을 통하여 한국인으로서 갖추어야 할 일반 교양을 기르게 한다. 한문 교육은 학교재량시간을 활용한 선택 영역인 점을 감안하여, 학생들이 쉽고 재미있게 한자·한자어·한자어구를 익혀서 언어생활에 활용하며, 어휘의 이해력을 높일 수 있도록 하는데 중점을 둔다.

초등학교 한문 교육에서 다루는 한자·한자어·한자어구는 중학교 한문 교육용 기초한자 900자 중 600자 가량을 바탕으로 하여 각 단계별 학생 수준에 알맞는 내용으로 구성한다.

한자는 짜임을 바탕으로 음과 뜻에 대한 이해도를 높이도록 지도하고, 한자어는 뜻을 파악하기 용이한 것을 중심으로 난이도에 따라 단계적으로 지도하며, 한자어구는 평이한 내용의 것을 선별하여 지도한다.

### 2. 목표(目標)

중학교 한문 교육용 기초 한자 900자 중 600자 가량을 바탕으로 한자·한자어·한자어구를 익혀 언어생활에서 바르게 활용하며, 전통문화를 이해하고 올바른 가치관을 가지게 한다.

가. 한자를 익혀 언어생활에 활용하게 한다.

나. 한자어를 익혀 언어생활에 활용하게 한다.

**137**

다. 간단하고 평이한 한자어구를 익히고, 그 뜻을 독해할 수 있는 초보적인 능력을 기르
　　게 한다.
라. 한자어 및 한자어구 학습을 통하여 예절바른 생활태도를 기르며, 선인들의 생각을
　　이해하고, 올바른 가치관을 가지게 한다.

## 3. 내용(內容)

가. 내용 체제

| 영역 ＼ 단계 | 1단계 | 2단계 | 3단계 | 4단계 |
|---|---|---|---|---|
| 한자 | 1.한자의 음과 뜻<br>2. 한자 쓰기<br>3. 한자의 짜임<br>4. 한자의 활용 | 1.한자의 음과 뜻<br>2. 한자 쓰기<br>3. 한자의 짜임<br>4. 한자의 활용 | 1. 한자의 음과 뜻<br>2. 한자 쓰기<br>3. 한자의 짜임<br>4. 한자의 활용 | 1. 한자의 음과 뜻<br>2. 한자 쓰기<br>3. 한자의 짜임<br>4. 한자의 활용<br>5. 자전에서 한자 찾기 |
| 한자어 | 1. 한자어의 음과 뜻<br>2. 한자어의 짜임<br>3. 한자어의 활용 | 1. 한자어의 음과 뜻<br>2. 한자어의 짜임<br>3. 한자어의 활용 | 1. 한자어의 음과 뜻<br>2. 한자어의 짜임<br>3. 한자어의 활용 | 1. 한자어의 음과 뜻<br>2. 한자어의 짜임<br>3. 한자어의 활용 |
| 한자<br>어구 | | | 1. 평이한 한자 어구의 풀이 | 1. 평이한 한자 어구의 풀이<br>2. 간이한 문장풀이 |

나. 단계별 신습한자(新習漢字) 배당표 <예시>

| 단 계 | 학 기 | 시 간 수 | 시간당신습한자 | 소 계 | 계 | 누 계 |
|---|---|---|---|---|---|---|
| 1단계 | 1학기 | 17 | 2 | 34 | 94 | 94 |
| | 2학기 | 15 | 4 | 60 | | |
| 2단계 | 1학기 | 17 | 5 | 85 | 160 | 254 |
| | 2학기 | 15 | 5 | 75 | | |
| 3단계 | 1학기 | 17 | 5 | 85 | 160 | 414 |
| | 2학기 | 15 | 5 | 75 | | |
| 4단계 | 1학기 | 17 | 6 | 102 | 186 | 600 |
| | 2학기 | 14 | 6 | 84 | | |

다. 단계별 내용

(1) 1단계
(가) 한자(漢字)
　　1) 한자(80~100자)의 음과 뜻 알기
　　2) 한자의 기본 필순을 알고 바르게 쓰기
　　3) 한자의 짜임을 통하여 한자의 형(形), 음(音), 의(義) 이해하기
　　4) 한자를 익혀 언어생활에 활용하기

(나) 한자어(漢字語)
　　1) 한자어의 음과 뜻 알기
　　2) 한자어를 익혀 언어생활에 활용하기

(2) 2단계
(가) 한자(漢字)
　　1) 한자(150~200자)의 음과 뜻 알기
　　2) 한자의 기본 필순을 알고 바르게 쓰기
　　3) 한자의 짜임을 통하여 한자의 형, 음, 의 이해하기
　　4) 한자를 익혀 언어생활에 활용하기

(나) 한자어(漢字語)
　　1) 한자어의 음과 뜻 알기
　　2) 한자어를 익혀 언어생활에 활용하기

(3) 3단계
(가) 한자(漢字)
　　1) 한자(150~200자)의 음과 뜻 알기
　　2) 한자의 필순을 알고 바르게 쓰기
　　3) 한자의 짜임을 통하여 한자의 형, 음, 의 이해하기
　　4) 한자를 익혀 언어생활에 활용하기

(나) 한자어(漢字語)

  1) 한자어의 음과 뜻 알기

  2) 한자어를 익혀 언어생활이나 한자어구 이해에 활용하기


(다) 한자어구(漢字語句)

  1) 평이(平易)한 한자어구(漢字語句)를 풀이하고 이해하기

  2) 한자어구(漢字語句)를 익혀 언어생활에 활용하기

  3) 한자어구(漢字語句) 속에 담긴 선인들의 생각을 이해하고 올바른 가치관 가지기

  4) 한자어구(漢字語句)의 학습을 통하여 예절 바른 태도 가지기


(4) 4단계

(가) 한자(漢字)

  1) 한자(150~200자)의 음과 뜻 알기

  2) 한자의 필순을 알고 바르게 쓰기

  3) 한자의 짜임을 통하여 한자의 형, 음, 의 이해하기

  4) 한자를 익혀 언어생활에 활용하기

  5) 부수를 알고 자전에서 한자 찾기


(나) 한자어(漢字語)

  1) 한자어의 음과 뜻 알기

  2) 한자어를 익혀 언어생활이나 한자어구 이해에 활용하기


(다) 한자어구(漢字語句)

  1) 평이(平易)한 한자어구(漢字語句)를 풀이하고 이해하기

  2) 한자어구(漢字語句)를 익혀 언어생활에 활용하기

  3) 간이한 문장 속에 담긴 선인들의 생각을 이해하고 올바른 가치관 가지기

  4) 간이(簡易)한 문장(文章)풀이를 통하여 예절 바른 태도 가지기


## 4. 방법(方法)

가. 초등학교 한문 영역의 교수·학습 계획을 수립할 때에는 '한자', '한자어', '한자어
  구'의 각 영역이 4단계에 걸쳐 학습의 연계성이 유지되도록 한다. 특히, '한자'는 중

학교 한문 교육용 기초한자 900자 중 600자 가량이 각 학년에서 난이도를 고려하
여 학습될 수 있도록 한다.
나. 초등학교 한문 영역의 교수·학습 계획을 수립할 때에는 학습 목표와 제재의 특성
에 맞는 학습이 이루어지도록 하며, 선행 단원과의 연계성이 유지되도록 한다.
다. '한자', '한자어', '한자어구'의 각 영역별 지도는 학생들이 쉽고 재미있게 학습할 수
있도록 체계적으로 지도하되, 다음 사항에 유의하도록 한다.
  (1) 한자는 가능한 한 한자어나 평이한 한자어구와 관련지어 지도한다.
  (2) 한자의 짜임은 그 특징이 뚜렷한 한자를 통하여 한자 학습의 흥미(興味)를 유발
  시키고, 한자의 음과 뜻에 대한 이해도를 높이는 범위 내에서 지도한다.
  (3) 한자(漢字)의 부수(部首), 획수(劃數), 필순(筆順)은 한자(漢字)의 음(音)과 뜻을 알
  고, 바르게 쓰는 데 도움이 되는 범위 내에서 지도한다.
  (4) 한자어는 가능한 한 언어생활에 관련지어 지도한다.
  (5) 한자어구와 간이한 문장은 겉으로 드러난 뜻과 함께 담긴 뜻을 파악하고, 선인
  들의 생각을 이해하며, 그 가르침을 되새길 수 있게 지도한다.
라. '한자', '한자어', '한자어구'의 교수·학습 효과를 높이기 위하여 시청각 자료를 그
특성에 맞게 활용하여 지도하도록 한다.
마. 초등학교 한문 영역의 교수·학습 자료는 실생활에 활용도가 높고 전통문화의 이해
와 올바른 가치관을 확립하는 데 도움이 되는 것을 선정하도록 한다.
바. 초등학교 한문 교육내용은 주당 시수를 고려하여 학습자의 학습 흥미를 유발하고
자율학습이 가능하게 체계적으로 구성하도록 한다.


## 5. 평가(評價)

<평가 지침>

가. 초등학교 한문 영역의 평가에서는 한자 및 한자어의 읽기, 쓰기, 활용, 한자어구의
풀이 등을 평가하되, 문법 지식평가에 치중하지 않도록 한다.
나. '한자'의 평가는 중학교 한문 교육용 기초 한자 900자 중 600자 가량을 바르게 읽
고 쓰며 그 뜻을 알아 바르게 사용하는가에 중점을 두도록 한다. 1단계에서는 가급
적 쓰기 평가는 지양하도록 한다.
다. '한자어'의 평가는 한자어를 언어생활에 바르게 활용할 수 있는가에 중점을 두도록 한다.
라. '한자어구'의 평가는 한자어구의 뜻을 바르게 이해하는가에 중점을 두도록 한다.

# 141

마. 초등학교 한문 영역의 평가는 '한자', '한자어', '한자어구'의 각 영역별 학습 내용을 균형 있게 평가하되, 다음 사항에 유의하도록 한다.

　(1) 한자는 형(形), 음(音), 의(義) 3요소를 관련지어 평가한다

　(2) 한자와 한자어는 가능한 한 언어생활에 관련지어 평가한다.

　(3) 한자어구의 풀이와 함께 담긴 뜻의 이해도 겸하여 평가한다.

<평가 결과 활용>

바. 초등학교 한문 영역의 평가 결과는 학생들의 학업성취 수준을 평가하는 데는 물론이고, 한문 교육의 교수·학습 방법의 개선을 위해서도 적절하게 활용하도록 한다.

## 初等學校 漢文 敎育用 基礎漢字 600字(例示)[3]

| | | | | | | | | |
|---|---|---|---|---|---|---|---|---|
| 가價 | 가可 | 가家 | 가歌 | 가加 | 가街 | 각各 | 각角 | 간間 | 감感 | 감減 | 강江 |
| 강強 | 개開 | 개改 | 개個 | 객客 | 거擧 | 거巨 | 거去 | 거車 | 건建 | 견見 | 결結 |
| 결決 | 경經 | 경競 | 경敬 | 경景 | 경京 | 경慶 | 경輕 | 계計 | 계季 | 계界 | 고高 |
| 고固 | 고苦 | 고告 | 고古 | 고考 | 고故 | 곡曲 | 공工 | 공公 | 공空 | 공共 | 공功 |
| 과過 | 과科 | 과果 | 과課 | 관觀 | 관官 | 광廣 | 광光 | 교交 | 교橋 | 교校 | 교敎 |
| 구句 | 구求 | 구九 | 구救 | 구口 | 구究 | 국國 | 군君 | 군軍 | 군郡 | 귀貴 | 극極 |
| 근近 | 근根 | 근勤 | 금金 | 금今 | 금禁 | 급急 | 급給 | 기己 | 기基 | 기氣 | 기技 |
| 기記 | 기起 | 기期 | 길吉 | 난難 | 남男 | 남南 | 내內 | 녀女 | 년年 | 념念 | 노怒 |
| 농農 | 능能 | 다多 | 단單 | 단短 | 달達 | 담談 | 답答 | 당堂 | 대代 | 대對 | 대大 |
| 덕德 | 도度 | 도道 | 도到 | 도都 | 도圖 | 도島 | 독讀 | 독獨 | 동動 | 동童 | 동東 |
| 동同 | 동洞 | 동冬 | 두頭 | 득得 | 등登 | 등等 | 락樂 | 락落 | 래來 | 랭冷 | 량良 |
| 량量 | 량兩 | 력力 | 력歷 | 렬列 | 령令 | 례例 | 례禮 | 로老 | 로勞 | 로路 | 록綠 |
| 론論 | 료料 | 류留 | 류流 | 륙陸 | 륙六 | 률律 | 리理 | 리利 | 리里 | 림林 | 립立 |
| 마馬 | 만萬 | 만滿 | 말末 | 망亡 | 망望 | 매買 | 매每 | 매賣 | 면勉 | 면面 | 명命 |

---

3) 위 예시는 중학교 한문 교육용 기초한자 900자 중 600자(제외된 300자는 별도 제시)를 임의로 선정한 예시자료에 불과한 것이며, 특정한 한자를 특정한 학년에 배정하지 않고, 학년별로 적절히 선정하여 지도할 수 있도록 한 것임.


초등학교 한자교육

명名 명明 모母 모毛 목目 목木 무無 무武 무務 문門 문問 문聞
문文 물物 미美 미米 민民 밀密 반半 반反 발發 방方 방訪 방防
방放 배拜 백白 백百 번番 법法 변變 별別 병病 병兵 보步 보保
보報 복復 복服 복福 본本 봉奉 부父 부夫 부富 부婦 부部 북北
분分 불不 비悲 비非 비備 비飛 비比 비鼻 빈貧 빙氷 사四 사死
사師 사使 사寺 사史 사士 사思 사私 사事 사仕 산算 산産 산山
살殺 삼三 상相 상商 상常 상賞 상上 상想 색色 생生 서書 서序
서西 석夕 석石 석席 선先 선善 선船 선鮮 선仙 선線 선選 설設
설雪 설說 성聖 성城 성成 성姓 성星 성省 성誠 성聲 성性 세歲
세勢 세稅 세洗 세世 소笑 소少 소素 소小 소所 소消 속俗 속速
손孫 송送 수數 수守 수手 수水 수首 수修 수受 수收 수授 수樹
숙宿 순順 습習 승勝 시始 시試 시示 시市 시視 시是 시詩 시時
식食 식植 식識 식式 신臣 신新 신信 신身 신神 실實 실失 실室
심深 심心 십十 아兒 악惡 안安 안眼 안案 암暗 애愛 야野 야夜
약藥 약弱 약約 양洋 양養 양羊 양陽 어魚 어漁 어語 억億 언言
업業 여如 역逆 연硏 연然 열熱 엽葉 영榮 영永 영英 예藝 오午
오五 옥玉 옥屋 온溫 완完 왕往 왕王 외外 요要 욕浴 용勇 용用
용容 우牛 우右 우雨 우友 운雲 운運 웅雄 원元 원原 원遠 원園
원願 월月 위位 위偉 유油 유有 유由 육肉 육育 은恩 은銀 음音
음飮 음陰 읍邑 응應 의衣 의議 의義 의意 의醫 이移 이二 이耳
이以 익益 인認 인仁 인因 인人 인引 일一 일日 입入 자者 자字
자子 자自 작作 작昨 장長 장章 장場 재材 재財 재才 재再 재在
쟁爭 저貯 저低 적的 적敵 적赤 전展 전田 전全 전戰 전前 전典
전電 전傳 절絶 절節 접接 정庭 정定 정政 정精 정情 정正 제第
제製 제題 제弟 조朝 조祖 조造 조助 조鳥 조早 조調 족族 족足
존存 존尊 졸卒 종終 종種 종宗 좌左 죄罪 주走 주注 주主 주住
주晝 죽竹 중中 중衆 중重 증增 지地 지知 지止 지志 지至 지指
지紙 직直 진進 진眞 질質 집集 차次 착着 찰察 참參 창唱 창窓
책責 천川 천千 천天 청靑 청淸 청請 체體 초初 초草 촌村 촌寸
최最 추秋 축祝 춘春 출出 충充 충忠 취取 치治 치致 치齒 칙則
친親 칠七 쾌快 타他 타打 태太 택宅 토土 통通 통統 퇴退 특特

파波 팔八 패敗 편便 평平 표表 품品 풍風 풍豊 필筆 필必 하夏
하河 하下 학學 한限 한漢 한寒 한韓 합合 해解 해海 해害 행行
행幸 향向 향香 향鄉 현賢 현現 혈血 협協 형形 형兄 혜惠 호湖
호好 호號 혼婚 화畫 화火 화貨 화化 화和 화花 화話 환患 활活
황黃 회會 회回 효孝 효效 후後 훈訓 휴休 흑黑 흥興 희希 희喜

　　初等學校 漢文 敎育用 基礎漢字 600字(例示)에서 제외된 300字<例示이므로 初等學校에서는 中學校교육용한자 900字 中에서 600字 정도를 任意로 選擇하여 指導하도록 한다.>

가假 가佳 각脚 간看 간干 갈渴 감敢 감甘 갑甲 강降 강講 개皆
갱更 거居 건乾 견犬 견堅 결潔 경耕 경庚 경驚 계溪 계鷄 계癸
곡穀 곡谷 곤困 곤坤 골骨 관關 구久 구舊 궁弓 권權 권勸 권卷
귀歸 균均 급及 기其 기幾 기旣 난暖 내乃 단但 단端 단丹 당當
대待 도徒 도刀 두斗 두豆 등燈 란卵 랑郎 랑浪 량凉 려旅 련練
련連 렬烈 령領 로露 류柳 륜倫 막莫 만晚 망忙 망忘 매妹 맥麥
면免 면眠 명鳴 모暮 묘妙 묘卯 무戊 무茂 무舞 묵墨 물勿 미未
미味 미尾 반飯 방房 배杯 벌伐 범凡 병丙 복伏 봉逢 부否 부浮
부扶 불佛 붕朋 사舍 사射 사謝 사絲 사巳 산散 상尙 상霜 상傷
상喪 서暑 석昔 석惜 성盛 세細 속續 송松 수誰 수須 수雖 수愁
수壽 수秀 숙叔 숙淑 순純 술戌 숭崇 습拾 승乘 승承 시施 씨氏
신申 신辛 심甚 아我 안顔 암巖 앙仰 애哀 야也 약若 양揚 양讓
어於 억憶 엄嚴 여余 여餘 여汝 여與 역亦 역易 연煙 연硯 열悅
염炎 영迎 오吾 오悟 오誤 오烏 와瓦 와臥 왈曰 욕欲 우于 우宇
우憂 우又 우尤 우遇 운云 원怨 원圓 위危 위爲 위威 유酉 유猶
유唯 유遊 유柔 유遺 유幼 을乙 음吟 읍泣 의倚 의矣 이貳 이已
이而 이異 인忍 인寅 인印 일壹 임壬 자姉 자慈 장將 장壯 재栽
재哉 저著 적適 전錢 점店 정丁 정頂 정停 정井 정貞 정靜 정淨
제祭 제帝 제除 제諸 조兆 종鐘 종從 좌坐 주朱 주宙 주酒 즉卽
증曾 증證 지只 지支 지枝 지之 지持 진辰 진盡 집執 차且 차此
차借 창昌 채菜 채採 책冊 처妻 처處 척尺 천泉 천淺 철鐵 청晴
청聽 초招 추追 추推 축丑 충蟲 취吹 취就 침針 탈脫 탐探 태泰


초등학교 한자교육

투投 파破 판判 패貝 편篇 편片 폐閉 포布 포抱 폭暴 풍楓 피皮
피彼 필匹 하賀 하何 한閑 한恨 항恒 해亥 허虛 허許 형刑 호戶
호乎 호呼 호虎 혹或 혼混 홍紅 화華 환歡 황皇 후厚 흉凶 흉胸

## 참고문헌

교육인적자원부, 『초등학교 교육과정 해설서』.

서울시교육청(1997), 초등학교 한문 교육과정.

강병륜·송영일·허왕욱(2002), 「初等學校 漢字 教育課程 개발 연구(Ⅰ)」, 『어문연구』 제30권 제2호, 한국어문교육연구회, 293~297쪽.

강병륜·송영일·허왕욱(2003), 「初等學校 漢字 教育課程 개발 연구(Ⅱ)」, 『공주교대논총』 제40집 1호, 공주교육대학교, 56~65쪽.

고려대학교 한문학교실(2000), 『기초한문』, 고려대학교 출판부, 1~29쪽.

김기창(1999), 「漢字語 教授·學習 方法」, 『신한문과교육론』, 432~444쪽.

김상홍·정우상·이동환·신용호·심경호, 「한문 교육용 기초한자 1,800자 조정에 관한 연구보고서」, 한국한문교육학회, 1999, 45쪽.

김왕규(2000), 「初等學校 漢文 教育의 現況과 實際」, 『한자한문교육』 제6집, 한국한자한문교육학회, 186~198쪽.

김왕규(2003), 「한국의 초등학교 한자교육의 현황과 과제」, 『한문교육연구』 제21집, 한국한문교육학회.

김정숙(2003), 「初等學校 '漢字'의 教育課程 模型 提示」, 『한자한문교육』 제11집, 한국한자한문교육학회, 158~162쪽.

김종운(1993), 「초등학교 교육용 한자의 선정과 학년별 적용에 관한 연구」, 한국교원대학교대학원 석사학위논문.

방인태(1997), 「初等 漢字 教育論」, 『한국초등교육』 제9권 제1호, 서울교육대학교 초등교육연구소, 97~102쪽.

방인태(1998), 「한자 교육에 대한 초등교사의 의식조사」, 『한자한문교육』 제4집, 한국한자한문교육학회.

방인태(2005), 「初等 漢文教育의 문제 및 해결 방안」, 『초등학생 실력 향상을 위한 어휘력 강화 학습에 대한 세미나』 자료집, 서울시교육의정회, 12~19쪽.

송병렬(2003), 「한문과 교육과정의 영역과 내용체계의 문제」, 『새로운 한문 교육의 지평』, 문자향.

송영일(2002), 『한자 교수 학습 방법과 평가론』, 장서원, 33쪽.

안승덕(1993), 『한자교육론』, 아세아문화사, 3~24쪽.

안재철(1996), 「初等 漢文教育課程과 教科書 分析」, 『한자한문교육』 제3집, 한국한자한문교육학회, 126~132쪽.

정우상(1995), 「초등학교 교육용 기초 한자의 선정과 표준 훈음의 설정시안」, 『한자한문교육』 제2집, 한국한자한문교육학회.

정우상(1998), 「한자의 지도법」, 『한자교육신강』, 한자교육활성화추진회편, 전통문화연구회刊, 37-55쪽.

진철용, 「초등학교 한자지도」, 『초등한자한문 교원 직무연수 자료』, 서울초등한자한문교육연구회, 26~52쪽.

진철용(2005), 「한자습득이 한자어의 의미 파악에 미치는 영향 연구」, 한국교원대 교육대학원 석사학위 논문.

한은수(2002), 「初等學校 漢字敎育 評價方法의 摸索」, 『한자한문교육』 제9집, 한국한자한문교육학회, 69~
74쪽.

한은수(2004), 「初等學校 漢文 敎材의 內容 水準 問題」, 『한자한문교육』 제13집, 한국한자한문교육학회,
7~60쪽.

# 제4장

## 초등 한자의 교수·학습 방법

# 한자 교육과 교수 · 학습 과정

## 1) 한자 교육의 범위와 지도 단계

제7차 교육과정의 중 · 고등학교 한문과 교육은 그 내용 체계를 '한자 · 한자어 · 한문'의 3영역으로 구분하고 있다. 반면 초등학교의 경우 국가 수준의 통일된 교육과정이 없기 때문에 한자 교육의 영역에 대해 기준이 될만한 안이 없다. 서울시교육청은 시 · 도 교육청 수준에서 '초등학교 한문' 교육과정을 제정하면서 '한자, 한자어, 한자어구'의 3개 영역으로 구분하였으며, 한자어구의 영역에서 한문의 문장도 지도할 수 있도록 하였다.

초등학교 한자 교육의 영역 설정과 교육 내용에 대한 국가 수준의 기준안은 없으나 지금까지 논의된 초등학교 한자 교육과정에 대한 내용을 살펴보면 '한자'와 '한자어'를 공통적인 영역으로 설정하고 있다. 또한 초등학교 수준에서의 한자 교육 내용은 한자와 한자어 그리고 한자어를 활용한 언어생활/국어생활로 논의를 집중하고 있다. 따라서 현재로서는 초등학교 한자 교육의 영역을 '한자'와 '한자어'의 영역으로 제한하는 것이 적절하며, 교육의 내용도 '한자', '한자어', '언어생활'로 한정하여 보는 것이 타당하다. 즉 현재로서는 한문 문장의 지도보다는 한자와 한자어의 지도에 중점을 두는 것이 바람직하다.

초등학교 한자 · 한자어 교육은 다음과 같이 3단계의 과정을 통하여 이루어질 수 있다. 이 3단계 학습은 기본적으로 '한자 지도 → 한자어 지도 → 실생활에 활용'의 과정을 담고 있다.

### (1) 訓音 단계

이 단계는 漢字가 만들어진 과정이나 짜임새를 통해 한자의 訓[뜻]과 音[소리]을 익히는 단계이다. 한자를 학습하는 방법으로 '한자의 부수를 통해 한자를 이해하는 방법'과 '한자의 구조 분석을 통해 한자를 이해하는 방법'이 있다.

가) 部首 先習 학습을 통한 한자 학습-부수와 관련된 한자를 익히는 방법이다. 부수란 한자 구성의 기본 글자로서 214자로 되어 있다. 수만자가 되는 한자들은 214자가 기본이 되기 때문에 부수 선습 과정은 한자의 기초 학습으로서 매우 흥미있고 적절한 방법이다. 예컨대, '雲, 雪, 露, 霜'의 부수는 '雨'이다. '雨'는 하늘에서 빗물이 뚝뚝 떨어지는 모양을 본뜬 글자로 '비'의 뜻을 지니고 있는 상형문자이다. 그러므로 이 글자들은 모두 '비'와 관계되는 구름[雲], 눈[雪], 이슬[露], 서리[霜]의 뜻을 가진 글자로 한자의 의미 발견 학습에 매우 효과적이다.

나) 한자의 구조 분석을 통한 한자 학습-한자의 구조란 수만자가 되는 한자를 조립한 구조 유형에 따라 여섯가지로 분류한 六書[상형, 지사, 회의, 형성, 전주, 가차]를 말한다. 교사는 六書에 근거하여 한자 字體의 구조를 분석하고, 그 분석된 요소를 결합하는 과정에서 한자의 훈음을 발견학습케 하는 방법이다.

### (2) 造語 단계

이 단계는 배운 한자의 훈음을 익히고 그 학습한 한자들을 조합하여 한자어를 만드는 단계이다. 한자를 조합하거나 이미 형성된 한자어를 분석하는 것도 이 단계의 학습이다. 한자 학습과 무관하게 독서나 생활을 통하여 이미 알고 있거나 배운 단어가 있다. 이런 한자어도 학습한 한자로 그 의미를 다시 분석하여 原義를 알아보고, 轉義를 확인하는 학습도 조어 학습의 일부이다. 이러한 학습 과정을 통하여 한자 학습의 의욕을 자극하고, 그 필요성을 실제적으로 체험시킬 수 있다.

(예 : 美人, 小人 ← 人 → 人間, 人道)

## (3) 適用 단계

　　이 단계는 조어 단계를 거쳐서 생성된 한자어를 우리 언어생활에 적용하는 단계이다. 한자 학습의 완성 단계로서 초등학생이 한자를 학습하는 실제적인 목적과 연관된다. 이 단계에서는 국어 문장에서 한자어를 찾아서 그 의미를 풀이하게 하거나, 한자를 학습하기 전과 학습한 후에 그 의미 파악에 변화가 있는가를 직접 확인하게 한다. 단어의 의미를 정확하게 이해하는 것이 독서와 언어 사용에 어떤 장점이 있는가를 인식하게 하여, 지속적인 한자 학습 의욕을 고취시킨다. 또한 이 단계에서는 다양한 형태로 한자어를 적용하게 한다. 한자를 혼용하여 글을 쓰게 하고, 한자가 혼용된 글을 읽게 하면서 한자의 적용 범위를 확장하게 한다. 이것은 한자 학습의 실용적인 필요성을 학습자 스스로 인식하게 하는 것이다. 이러한 과정은 한자 학습의 성취도 달성에 매우 유익하다.

- 木 → 手 － 木手가 기영이네 집을 고쳤다.
- 木 → 植木日 － 우리는 植木日에 산에 가서 나무를 심었다.

　　한자를 지도하는 수업은 이 3단계 지도 방법을 근간으로 하는 것이 바람직하다. 바꾸어 말하면 초등학교 한자 지도는 '한자를 지도하는 단계(훈음단계), 한자어를 지도하는 단계(조어단계), 실생활에 활용하는 단계(적용단계)'의 3단계가 모두 포함되어야 완전학습을 하였다고 볼 수 있다. 만약 한자만 지도하고 한자어를 지도하지 않았거나, 한자와 한자어를 지도하였으되 실생활에 적용되는 사례를 지도하지 않았다면 이는 완전히 한자 지도를 했다고 볼 수 없다.

　　이 3단계 학습은 실제 수업에서 '훈음단계 → 조어단계 → 적용단계'의 순으로 적용할 수도 있고(상향식 방법), 역으로 '적용단계 → 조어단계 → 훈음단계'의 순으로 적용할 수도 있다(하향식 방법). 예를 들어 '한자를 지도하고 → 지도한 한자를 이용해 한자어를 만들고 → 만든 한자어를 넣어서 짧은 글을 짓는 것'은 상향식 방법에 해당하고, '신문이나 문장에서 한자어를 찾아내고 → 찾아낸 한자어의 뜻과 음을 익히고 → 한자어에 쓰인 한자의 뜻과 음을 익히는 것'은 하향식 방법이 된다.

## 2) 한자 교수·학습 과정

　　앞에서 언급한 3단계의 과정을 일반적인 수업의 흐름인 도입, 전개, 정리의 과정에 적용하여 초등학교 한자 수업의 기본 과정을 생각해보면 다음과 같다.

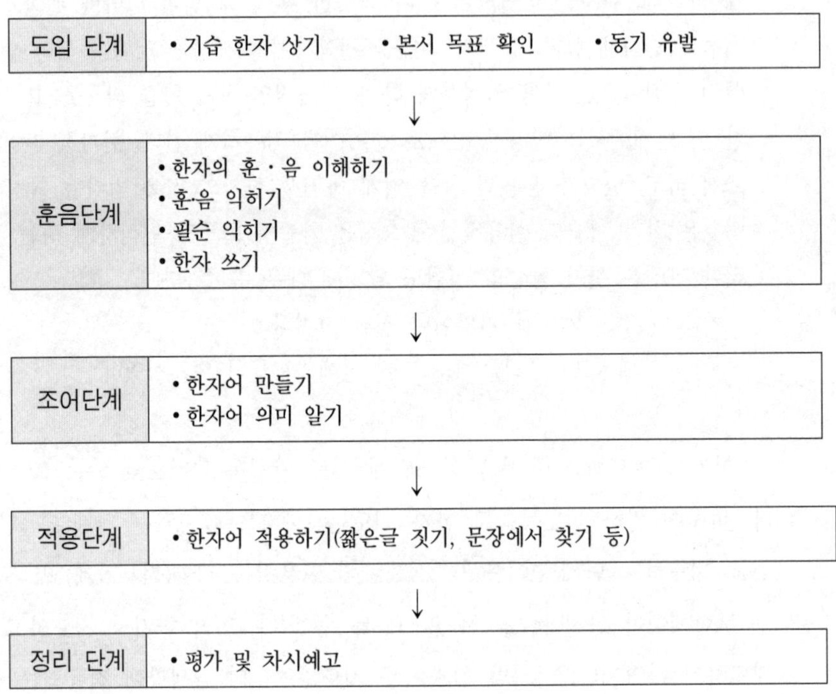


### (1) 도입 단계

　　이 단계에서는 앞 시간에 학습한 한자를 상기시키고 본시 목표를 확인하며 학습의 동기를 유발하는 활동을 한다. 이 단계의 활동은 일반적인 수업에서 이루어지는 활동과 같은데, 한자 지도의 경우에는 이 단계에서 이루어지는 활동이 다양하지 못했던 점이 없지 않다. 하지만 생각을 조금 달리해보고 다양한 방법들을 생각해보면 한자의 경우도 이 단계에서 얼마든지 재미있고 활발한 활동들을 이끌어낼 수 있다. 이 단계에 적용할 수 있는 몇 가지 활동들을 예로써 제시하면 아래와 같다.

### 가) 한자의 일부분을 가리고 알아맞히기

교사가 한자 카드를 칠판에 제시하고 다른 종이로 한자의 일부분을 가리고 무슨 한자인지 학생들이 알아맞히도록 한다. 처음에는 한자의 많은 부분을 가리고 맞히는 학생들이 없으면 조금씩 가린 부분을 줄여가며 학생들이 맞히도록 한다. 이 방법은 한자 카드를 사용해도 되고, 한자의 한 획씩 칠판에 써가며 해도 되며 실물화상기를 사용하여 할 수도 있다.

### 나) 旣習 한자의 훈·음 읽기

교사가 지금까지 학습한 한자를 카드로 만들어, 한자 카드를 한 장 한 장 넘겨가며 학생들이 한자의 훈과 음을 읽도록 하는 방법이다. 교재가 있다면 교재에서 배운 한자의 훈과 음을 읽어보도록 할 수도 있다.

### 다) 한자 찾아 말하기

학습한 한자카드를 여러 장 바닥에 놓고 실물화상기로 잠깐 보여주었다가 끈다. 그리고 학생들에게 어떤 한자들이 있었는지 말하도록 한다. 또는 한자 카드 중의 하나를 거꾸로 놓거나 옆으로 놓고서 같은 방법으로 실물화상기로 잠깐 보여주고 거꾸로 되어있는 한자의 훈과 음을 말하도록 한다.

### 라) 노래 부르기

학습하는 한자가 어떤 주제로 묶여있을 경우에는 그 주제에 맞는 노래를 부를 수도 있다. 가령 '동서남북'에 관한 단원이면 '동동 동대문을 열어라'라는 노래를 부를 수도 있다.

지금까지 제시한 것은 몇 가지 예에 불과하다. 위와 같은 방법 이외에도 교사들의 재량과 능력에 따라 얼마든지 다양하고 흥미있는 방법들이 도입단계에서 적용될 수 있을 것이다.

## (2) 훈음 단계

이 단계에서는 한자의 훈과 음을 이해하고 반복하여 익히며, 필순을 익히고 쓰기를 통해 한자 낱글자에 대해 학습하는 단계이다. 이 단계의 활동에 대해 좀 더 자세하게 알아보면 다음과 같다.

### 가) 한자의 훈·음 이해하기

이 단계는 한자의 훈과 음을 학생들에게 설명하는 단계이다. 보통 한자의 훈과 음을 교사가 일방적으로 아무런 설명없이 제시하기 쉬운데, 한자에 대한 흥미를 높이고 학생들로 하여금 한자를 쉽게 이해하고 오래 기억하도록 하기 위하여 한자의 훈과 음에 대한 설명을 해 주는 것이 좋다.

한자의 훈과 음에 대한 설명에서, 대개 훈에 대한 설명거리는 많지만 음에 대해 설명할 것은 많지 않다. 한자의 음에 대한 설명은 깊이 들어가면 古語 音의 변천과정을 들어 설명할 수는 있겠으나, 한자음의 변천과정에 대한 자료들이 거의 없고 교사들이 이를 알기 어려우며, 초등학생들이 이해하기도 매우 어렵다. 그러므로 한자음에 대한 지도는 두음법칙이 적용되는 한자나 음이 두 세 개인 한자의 경우에만 예를 들어 설명하는 정도가 좋다.

한자의 훈은 자원을 통해 설명하면 학생들이 쉽고 재미있게 이해하고 오래 기억한다. 자원을 통한 지도는 한자의 구조 분석을 통한 지도(상형, 지사, 회의, 형성, 전주, 가차의 육서를 통한 지도)와 같은 맥락인데, 한자의 생성 원리에 맞게 자원의 변천과정을 제시하면서 한자의 훈을 설명하는 것이다. 자원과 한자의 구조에 대한 이해를 통한 한자 학습은 학생들이 한자를 매우 쉽고 재미있게 한자를 이해하고 오래 기억한다는 점에서 매우 효과적이다. 그런데 자원을 통한 지도에서 몇 가지 알아두어야 할 점이 있는데, 이를 제시하면 다음과 같다.

첫째, 한자의 훈과 음을 학생들이 유추하도록 한다.

—자원을 통해 한자를 지도하면 학생들이 한자의 훈을 유추할 수 있다. 가령 '人(사람 인)'은 사람이 서있는 모습을 옆에서 본 모양을 본떠 만든 글자인데, 사람이 서 있는 모습에서 '人'자로 변천된 과정을 그려놓고 이 글자의 뜻을 유추하여 발표하도록 하면, 교사가 그 뜻을 직접 제시하지 않아도 학생들이 그 뜻을 생각해 발표할 수 있다. 또는 '休(쉴 휴)'도 나무 아래 사람이 있는 모습에서 '休'로

변천된 과정을 그려놓고 그 뜻을 유추하도록 하면, 저학년 학생들도 그 뜻을 유추하여 발표할 수 있다. 이처럼 자원을 통해 한자를 지도할 때에는 되도록 한자의 훈을 학생들에게 직접 제시하기 이전에, 학생들이 한자의 뜻을 유추하도록 하는 것이 좋다.

둘째, 지도하는 교사가 육서의 원리를 알 필요가 있지만, 학생들에게 육서 자체를 지도할 필요는 없다.

육서에 관한 내용, 즉 한자가 상형(象形), 지사(指事), 회의(會意), 형성(形聲) 등으로 구분되고, 어떤 한자가 육서 중에서 어느 것에 해당하는 것인지에 대해서 지도교사가 알고 있으면 학생들 지도에 참고할 수 있다. 하지만 육서 자체에 대한 내용과 한자가 육서 중에 어느 것에 해당하는 지의 문제는 초등학생들에게 한자를 지도할 때에 반드시 필요한 내용이 아니다. 그리고 초등학생들에게 육서에 대한 설명과 한자를 육서 중의 하나로 분류하는 활동은 매우 어렵고 학문적인 내용이어서 자칫하면 학생들에게 한자에 대한 거부감을 가지게 할 수 있다. 그러므로 초등학생들에게는 상형, 지사, 회의, 형성이란 용어의 개념을 설명할 필요가 없으며, 한자를 육서 중의 하나로 분류하는 활동을 지도할 필요가 없다. 육서에 대한 내용은 한자를 이해하기 위한 자료이며, 초등학교 한자 수업의 주 내용이 아니다.

셋째, 자원에 대한 지도는 한자의 훈과 음을 이해하는 과정이며, 한자의 자원 자체가 학습의 목표가 아니다.

자원을 설명해 주면 학생들은 매우 흥미 있어 하고 쉽게 한자의 훈을 기억한다. 따라서 자원을 학생들에게 설명해 주는 것은 효과적인 한자 학습 방법이다. 하지만 한자의 자원은 어디까지나 학생들에게 한자의 훈을 설명해 주는 과정으로서 유의미하며 자원 자체가 학습의 목적이 아니다.

넷째, 학문적으로 정확한 자원을 설명하는 것이 가장 바람직하지만, 그것이 어려울 경우에는 학생들이 이해하기에 가장 적합하다고 생각되는 것을 골라 설명하는 것이 차선의 방법이다.

현재로서는 자원에 대한 풀이가 문자학적인 측면에서 논의가 분분한 것들이 있고, 더구나 초등학생들을 지도하기 위한 통일된 자원 풀이 지도 자료가 없다. 따라서 교사들이 학생들에게 자원을 설명하기 위해서는 시중에 제각기 나와 있는 참고 자료들을 활용할 수밖에 없다.

**157**

시중에 나와 있는 참고 자료들 중에는 학설에 따라 자원의 설명이 다른 한자들이 있는가 하면, 정통하지 않은 견해에 따라 설명된 것들도 있다. 그래서 참고 서적마다 자원의 설명이 다른 것들도 많은데, 문자학적인 소양이 부족한 교사들이 이런 자료들을 접할 때에 어느 것이 더 학문적으로 정확한 것인가를 가려내기는 쉽지 않다.

자원 설명에서 가장 바람직한 것은 학문적으로 정확한 자료를 갖고 자원을 설명하는 것이겠지만, 이것이 어려운 경우에는 학생들이 가장 이해하기에 적당하다고 생각되는 것을 골라 설명하여도 무방하겠다. 왜냐하면 자원에 대한 학문적 정확성 여부는 학문적으로 먼저 정리되어야 할 문제로서 학문적으로 합의된 자원 설명 자료가 교사들에게 공급되어야 할 것인데, 현재 이러한 자료가 없는 상태에서 교사들이 자원 설명에 대한 학문적 검토를 할 능력과 시간이 부족하다. 그리고 수업에서 자원 설명은 어디까지나 학생들에게 한자의 훈에 대한 이해를 돕는 차원에서 투입되는 것이다. 참고 자료에 있는 자원 설명이 학생들이 한자의 훈을 이해하는 데에 도움을 주었다면, 자원 설명 부분이 수업에서는 역할을 다 한 것이다.

다섯째, 초등학생들이 이해하기 어려운 자원 설명은 생략하거나 초등학생 수준에 맞추어 지도한다.

대개의 한자 자원들은 교사나 학생들이 이해할 수 있으나, 경우에 따라서는 학생들이 이해하기 어려운 것들도 있다. 이러한 한자에 대해서는 학생들이 쉽게 알아들을 수 있도록 쉬운 용어로 풀어서 지도하는 것이 좋다. 그리고 초등학생들이 도저히 이해하기 어려운 자원 설명은 생략하는 것이 좋다. 앞에서도 언급했지만 자원에 대한 설명은 한자의 훈을 이해시키는 과정으로서 의미를 지니고 그 자체가 수업의 목적이 아니다. 자원 설명이 오히려 학생들의 학습 부담을 가중시키고 학생들이 이해하기 어려워한다면 이 과정을 생략하는 것이 좋겠다.

여섯째, 자원 학습은 가능한 한 시각적인 자료와 매체를 활용한다.

한자의 자원 설명은 그림이나 동영상 등 시각적인 매체나 자료를 통해 지도하는 것이 효과적이다. 이러한 자료들은 시중에 나와 있는 자료들을 활용하거나 직접 제작할 수 있다.

## 나) 한자의 훈·음 익히기

한자의 훈과 음을 이해한 다음에는, 이해한 한자의 훈과 음을 반복적으로 익히도록 하는 과정이 필요하다. 이 단계에서 유의해야할 점을 들면 다음과 같다.

첫째, 쓰기 중심의 반복 학습은 지양하는 것이 좋다.

한자의 훈과 음을 반복적으로 익히기 위해서 흔히 한자를 공책에 쓰면서 익히도록 하기 쉽다. 그러나 '한자 쓰기'를 너무 강조하면 학생들이 오히려 한자에 대한 거부감을 갖기 쉽다. 따라서 한자의 쓰기는 되도록 적게 하는 것이 좋다. 그리고 한자의 쓰기 지도는 필순에 대한 지도가 이루어진 직후 실시되는 것이 좋다.

둘째, 다양한 방법을 적용한다.

한자의 훈과 음을 반복적으로 익히게 하는 방법으로 기본적인 것은 칠판에 학습할 한자를 써 놓고 교사가 한자를 짚어가며 한자의 훈과 음을 읽도록 하는 방법이다. 이 방법에서도 한자를 짚는 순서나 방법을 뒤섞어본다든지 짚는 속도에 변화를 주어가며 지도하면 반복학습의 지루함을 없앨 수 있다.

한자의 훈과 음을 반복적으로 익히게 하는 방법으로 더 좋은 것은 놀이나 게임을 통해서 지도하는 것이다. 그리고 아울러 시청각 자료나 한자 카드와 같은 활동 자료를 활용하면 더욱 좋다. 예를 들어 교사가 말하는 한자카드를 빨리 집기라든가, 한자 카드를 책상 위에 놓고 빙고 게임을 하는 등의 활동은 학생들이 흥미를 느끼고 활동하면서 자연스럽게 한자의 훈과 음을 익히게 하는 활동들이다.

## 다) 한자의 필순 익히기와 쓰기

학생들에게 필순을 지도하지 않으면 학생들이 매우 엉뚱한 순서로 한자를 쓸 가능성이 있다. 그러므로 한자의 필순을 지도하는 것은 꼭 필요한 과정이다. 그러나 한자의 필순을 지나치게 강조하여 지도할 필요는 없다. 한자의 필순은 한자를 쓰기 위해 필요한 과정이지만 초등학교에서는 쓰기보다는 읽기에 중점을 두는 것이 좋으며, 지나친 쓰기의 강조는 한자에 대한 거부감을 초래할 수 있다. 그러므로 한자의 쓰기는 한두 번 정도 써보는 수준에서 하는 것이 좋겠다. 예를 들어 한자의 필순을 지도한 후 학생들이 한자 카드에 직접 한자를 써보면서 한자카드를 스스로 만들도록 하는 것도 좋은 방법이 될 수 있다.

### 라) 부수와 획수에 대한 지도

한자의 부수와 획수는 한자를 이해하는 데 도움이 되고 필요한 것들이다. 하지만 부수와 획수가 초등학생들이 한자의 훈과 음을 익히는 데 반드시 필요한 요소는 아니다. 따라서 너무 무리해서 부수와 획수를 지도할 필요는 없다. 한자의 훈·음 단계에서 중요한 것은 학생들로 하여금 한자의 훈과 음을 알도록 하는 것이다.


## (3) 조어 단계

이 단계에서는 학습한 한자를 바탕으로 한자어를 만들고 그 의미를 파악하는 과정이다. 앞에서 말한 바와 같이 초등학교 한자 지도는 단순히 한자의 훈과 음을 익히는 데 국한되지 않고, 한자어의 영역까지 포함한다. 초등학교 한자 교육에서 한자어에 대한 지도는 매우 중요하며 초등학교 한자 교육의 궁극적인 지향점이기도 하다.

이 단계의 활동은 '한자어 만들기'와 '한자어의 의미 알기' 활동으로 구분하여 볼 수 있다. '한자어 만들기' 활동은 한자를 서로 결합하여 한자어를 만들어 보는 활동으로, 이런 활동을 통해 학습자의 造語力을 신장시킬 수 있다. '한자어 의미 알기' 활동은 한자어의 뜻을 이해하는 활동이다.


### 가) 한자어 만들기

이 과정에서는 학생들이 스스로 한자어를 만들어 보도록 유도한다. 가령 '父, 母, 兄, 弟, 子, 女'라는 한자를 배웠다면, '父, 母, 兄, 弟, 子, 女'를 갖고서 학생들이 한자어를 만들어 보도록 한다. 그러면 학생들은 '父母', '兄弟', '子女', '母子', '父子' 등의 한자어를 만든다.

이 과정에서는 학생들이 스스로 한자어를 만들도록 하는 것이 중요하지만, 교사가 한자어를 만드는 과정에 어느 정도 관여하여야 한다. 학생들은 이미 한자 낱글자의 뜻을 알고 있기 때문에 대부분 한자어를 잘 만들지만, 간혹 '兄父'와 같이 존재하지 않는 낱말을 만드는 경우가 있다.

한자어 만들기 과정 역시 한자 카드나 시청각 자료를 사용하는 것이 좋다. 가

령 한자 카드를 책상에 늘어놓고, 한자 카드를 옮겨가며 한자어를 만들어보도록
한다든가, 칠판에 한자 카드를 붙여 놓고 한자 카드를 옮겨서 한자어를 만들어
보도록 한다면 학생들이 보다 더 많은 흥미를 갖고 활동하게 된다.

## 나) 한자어 의미 유추하기

학생들은 이미 한자 낱글자의 훈과 음을 알고 있기 때문에, 한자어를 만들면
서 동시에 한자어의 뜻을 저절로 알 수 있는 것들이 많이 있다. 예를 들어 '父母'
의 경우 학생들은 이미 '父'와 '母'의 뜻을 알고 있기 때문에 '父母'를 만들고 '아
버지와 어머니'라는 뜻을 알 수 있다. 또 '父子'와 같은 경우에도 학생들이 이 한
자어를 모르고 있었다 하더라도 '父'와 '子'의 뜻을 합쳐 '父子'가 돈이 많은 사람
이 아닌 '아버지와 아들'이라는 뜻을 알 수 있다.

한자어에는 한자 낱글자의 뜻만으로 한자어의 뜻을 쉽게 알기 어려운 것들도
있다. 가령 '祖國'·'政治' 등의 한자어는 한자의 뜻만으로 한자어의 뜻을 정확하
게 이해할 수 없다. 그런데 이런 한자어들에 대해서도 학생들은 한자의 뜻을 통
해 그 한자어의 뜻을 어렴풋이나마 짐작할 수는 있다.

이 과정에서는 한자어의 뜻을 교사가 직접 알려주기 보다는 학생들이 한자어
의 의미를 스스로 찾도록 하는 것이 좋다. 교사는 여기에서 '父母'와 '父子'의 뜻
을 미리 말해주기 보다는 학생들이 한자어의 뜻을 스스로 생각해 보도록 시간과
기회를 주는 것이 좋다.

## 다) 한자어의 의미 정리하기

학생들이 스스로 한자어의 뜻을 생각해 본 다음에는, 반드시 그 뜻을 확인하
고 정리하도록 하여야 한다. 왜냐하면 자신이 알게 된 뜻이 맞는 것인지 스스로
확인할 필요가 있기 때문이다. 또 한자어의 뜻을 어렴풋이 알 것 같지만 말이나
글로써 정리하기가 어려운 경우도 있는데, 이런 경우에는 한자어의 뜻을 확인하
고 정리하는 학습을 하면서 스스로 한자어의 개념을 분명히 알도록 하는 과정이
필요하다.

학생들이 만든 한자어의 의미를 확인하고 정리하는 방법으로는 만든 한자어
의 의미를 발표하도록 하여 교사가 이를 확인해 주는 방법이 있을 수 있다. 그리
고 학생들이 국어사전을 찾아 자신들이 생각한 뜻과 비교하며 확인하는 방법이

## 161

있을 수 있다. 시간적인 여유가 있다면 발표와 국어사전 찾기를 병행하고 찾은
뜻을 공책에 정리하도록 하는 것도 좋은 방법이 될 수 있다.

## (4) 적용 단계

이 단계에서는 학습한 한자어를 실제 언어생활에 적용해 보는 단계이다. 한자
어를 이용해서 짧은 글을 짓는다거나, 신문이나 교과서의 문장에서 학습한 한자어
를 찾아 스크랩을 하는 등의 활동을 할 수 있다.

### 가) 한자어를 활용하여 짧은 글 짓기

훈음 단계에서 익힌 한자는 그 자체로는 무의미하며 조어 단계에서 다른 한
자와 연합하여 한자어를 구성하여야 한다. 예를 들어 '人'의 음과 훈을 익히는 것
도 중요하지만 '人'자가 다른 한자와 결합하여 한자어를 구성하는 조어법을 아는
것이 더 유익하다. 곧 '人'자가 다른 한자의 앞 또는 뒤에 위치하여 '美人', '人心'
등의 한자어를 만든다. 이를 도시하면 다음과 같다.

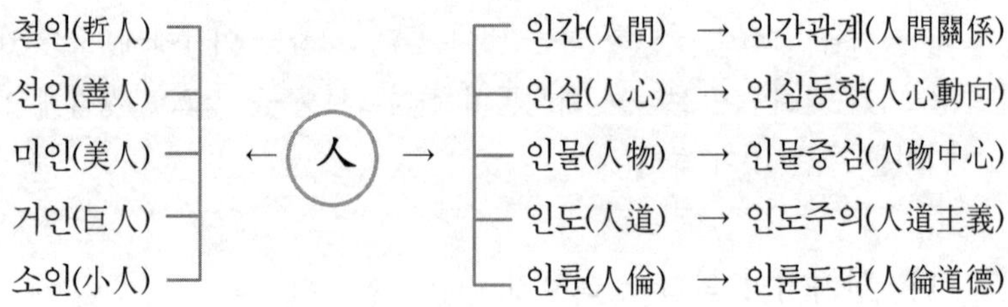


이와 같은 방법으로 조어적 단계를 거친 어휘를 우리의 국어 생활에 적용하
는 것이 적용의 단계이며, 초등학교 학생들의 수준에서 쉽게 접근할 수 있는 것
이 짧은 글 짓기이다. 앞에서 조어된 어휘를 이용하여 다음과 같이 짧은 글을 지
을 수 있다.

① 공자, 맹자, 소크라테스, 플라톤 등은 훌륭한 哲人이다.
② 善人은 늘 하늘에서 복을 주신다고 합니다.
③ 우리 선생님은 美人이시다.
④ 巨人들이 사는 나라에 가 보고 싶다.

⑤ 걸리버는 小人들이 사는 나라에 가게 되었다.
⑥ 人間은 혼자서 살아갈 수 없다.
⑦ 도시보다는 농촌의 人心이 좋다.
⑧ 나는 커서 훌륭한 人物이 될 것이다.
⑨ 사람은 人道로 다니고, 차는 차도로 다닌다.
⑩ 人倫을 저버리는 끔직한 사건은 사라져야 한다.

## 나) 한자어를 찾아 스크랩하기

조어적 단계를 거쳐 생성된 한자어를 언어생활에 적용하는 방법 중의 하나로 신문이나 교과서의 문장에서 학습한 한자어를 찾아 스크랩하는 활동을 들 수 있다. 한자어 스크랩은 학생들이 배운 한자어를 교과서의 문장 속에서 찾게 함으로써 각 교과에서 학습한 내용에 대하여 용어의 개념, 내용의 이해 등에 걸쳐 확실한 인식을 할 수 있게 한다. 또한 교과서 외의 신문이나 책 등을 통해 배운 한자어를 확인하게 함으로써 한자어 학습의 외연을 확장할 수 있을 뿐만 아니라 한자어 학습의 본질적인 목표인 국어 기본 어휘의 이해력을 높여 바람직한 언어생활을 영위하게 할 수 있다. 한자어 스크랩의 예를 들면 다음과 같다.

① 그때껏 서울에서 내가 보아왔던 반장들은 하나같이 힘과는 거리가 멀었다. 집안이 넉넉하거나 운동(運動)을 잘 해 거기서 얻은 인기(人氣)로 반장이 되는 수도 있었으나, 대개는 성적순으로 반장, 부반장이 결정되었고, 그 구실도 반장이라는 명예를 빼면 우리와 선생님 사이의 심부름꾼에 가까웠다. 드물게 힘까지 센 아이가 있어도, 그걸로 아이들을 억누르거나 부리려고 드는 법은 거의 없었다. 다음 선거가 있을 뿐만 아니라, 아이들도 그런 걸 참아주지 않는 까닭이었다.
그런데 나는 그 날, 전혀 새로운 성질(性質)의 반장을 만나게 된 것이었다.
"반장이 부르면 다야? 반장이 부르면 언제든지 달려가서 대령해야 하느냐고?"
그래도 나는 사내다운 꿋꿋함으로 마지막 저항을 하여 보았다.
<5-1 국어 읽기 '우리들의 일그러진 영웅'>

② 그리스인들은 이 세계(世界)와 이 우주(宇宙)를 어떤 것으로 여기고 있었을까? 그리스인들의 황당한, 그러나 나름대로 이치를 꿰뚫고 있는 세계관(世界觀)과 우주관(宇宙觀)을 엿보기로 하자.

**163**

그리스 신화에 따르면, 처음에 이 세상(世上)에는 아무것도 없었다. 온 우주(宇宙)와 온 땅은 그냥 막막하게 퍼진 듯한 평퍼짐한 모양을 하고 있었다. 이 막막하게 퍼진 것을 '카오스'라고 한다. '혼돈'이라는 뜻이다. 카오스는 형상도 질서도 없는 하나의 덩어리에 지나지 않는다. 생명(生命)이 없는 퇴적물, 사물로 굳어지지 못한 모든 요소가 구획도 없이 밀치락달치락하고 있는 하나의 상태일 뿐이다. 이와 반대되는 상태를 '코스모스'라고 한다. '질서'라는 뜻이다.

<이윤기의 그리스 로마 신화>

### (5) 정리 단계

이 단계에서는 학습한 한자와 한자어에 대해 정리하는 단계이다. 이 단계의 활동으로는 학습 내용에 대한 간단한 평가와 차시 예고 등으로서 일반 수업의 정리 단계와 크게 다르지 않다. 다만 한자와 한자어의 평가에서 쓰기 중심의 평가와 부수나 획수 등 지엽적인 평가, 그리고 육서의 구분 등 문법적이고 어려운 평가는 지양해야 하며, 한자의 훈과 음, 한자어의 의미를 알고 있는 정도를 평가하는 데에 중점을 두어야 한다.

# 2

# 한자의 교수 · 학습 방법

교수 · 학습 방법은 설정된 교육 목적을 학생들에게 효과적으로 획득시키기 위하여 교사의 가르치는 일과 학생의 배우는 일이 相互作用하는 活動의 過程이다. 1980년대까지만 해도 학생들에게 산업사회에서 요구되는 知的 能力을 신장시켜 줄 수 있는 교수・학습 방법의 탐색에 주안점을 두어 왔다. 그리하여 그간에 개발되어 온 대부분의 교수・학습에 관한 연구들은 학습자의 學習心理와 認知情報處理過程에 기초한 교수・학습 방법의 탐색이 주류를 이루어 왔다. 그러나 1990년대에는 情報通信媒體의 발달과 함께 지식・정보 사회가 형성되기 시작하면서 교수・학습 방법관도 획기적으로 바뀌었다. 즉, 傳統的 産業社會의 교육에서 강조되어 왔던 知識 위주의 교수・학습관으로부터 현대의 디지털 지식・정보 사회에서 요구되는 創意的 思考力과 問題解決力을 伸張시켜 줄 수 있는 교수・학습관으로 교육 패러다임이 轉換되게 되었다. 이러한 변화는 학교의 교실수업 방식이 바뀌지 않으면 안 되는 새로운 교수・학습 풍토의 당위성을 불러일으켰다.

교수・학습 풍토의 측면에서 볼 때 전통적인 학교 교육에서는 교수 활동의 주요한 목적은 知識과 情報의 傳達 또는 發見이라 이해하여 왔고, 학습자의 역할은 情報의 수용자, 청취자, 추종자로 받아들여 왔으며, 주요한 교수 방법으로는 암기, 반복, 일제식, 강의식 수업이 주류를 이루어 왔다. 이와는 대조적으로 현대의 디지털 정보사회에서의 학교교육에서는 교수 활동이란 개인적 이해를 위한 사고의 안내 및 지식의 공동 구성에 관심을 두고 있고, 학습자의 역할도 환경과 상호작용하며 의미를 구성하는 능동적 학습자, 산출자, 설명자, 해설자로 받아들이고 있으며, 주요한 교수방법으로는 자기주도학습, 문제해결학습, 토의학습, 협동학습, ICT활용학습, 소집단 학습, 맞춤식 교수 방법(customized instruction) 등이 활용된다.(박성익;2002)

초등학교 한자 교육의 교수・학습 방법도 이와 같은 교수・학습관과 교수・학습 방법의 변화를 수용하여야 할 것이다. 제7차 교육과정은 학교교육의 교육목표를 普遍妥當한 절대적 眞理와 知識의 추구에 두지 않고 있다. 학습자들에게 脈絡에 적합한 意味 構成 能力을 伸張시켜 주는 것에 교육의 목표를 두고 있으므로 초등 한자 교육의 교수・학습 방법도 이와 같은 것에 교육 목표를 두고 이루어져야 할 것이다. 학생들이 지니고 있는 다양한 수준의 潛在的 才能들을 계발하기 위한 교수·학습 방법의 실현 방향은 産出指向的(product- oriented) 방법보다는 過程指向的(process-oriented) 방법에 중점을 두어야 하며, 間學問的 接近(interdisciplinary approach)을 수행하여야 할 것이다.

교수·학습 방법은 '특정한 敎授·學習 目標를 효과적으로 성취하기 위하여 敎育의 過程을 구성하고, 수업 자료를 구안하며, 수업에서 교수·학습을 안내하는데 사용하는 일종의 計劃이나 절차'를 말한다.

초등학교 교육과정상 漢字 敎科가 없는 현재의 상황에서 인접 교과라고 할 수 있는 國語 敎科의 경우 제7차 국어과 교육과정의 '방법' 부분에서 교수·학습 방법에 대해 매우 포괄적인 영역을 설정하고 있다. 곧 교육과정에서 교수·학습에 대한 논의를 '교수·학습 계획'과 '교수·학습 방법', '교수·학습 자료'로 크게 구분하여 진술하였다. 이렇게 커다란 개념으로 정의를 내리다 보니, 수업과 관련된 모든 내용이 교수·학습 방법의 範疇 속에 포함되는 경향이 있었다.

이러한 문제점을 해결하기 위하여 學校級別 연구가 이루어지고 있는데, 초등학교 국어 교과의 경우 韓國敎育課程評價院에서 다음과 같은 표로 정리한 바 있다.

<table>
<tr><td align="center">방 법</td></tr>
<tr><td>직접교수법, 문제해결학습법, 창의성계발학습법, 반응중심학습법, 유의미수용학습법, 탐구학습법, 비지시적교수법, SQ3R, 총체적언어학습법, 현장학습법, 개별화학습법</td></tr>
<tr><td align="center">ICT활용학습법, 역할놀이학습법,<br>가치탐구학습법, 토의·토론식 교수법, 협동학습법</td></tr>
</table>

<table>
<tr><td align="center">기 법</td></tr>
<tr><td>문답법, 마이크로티칭, 시뮬레이션, 팀경쟁학습, 팀보조개별학습, 팀프로젝트, 체크리스트, 시네틱스, 브레인스토밍, 게임·시뮬레이션이용법, 학습지활용법, 생각그물, 자리학습법, 버즈집단학습, 놀이학습법, 신문활용교육법, 학습파트너, 군집집단좌석배치, 팀평가, 집단 평가, 모둠토의, 원탁토의, 공개토의, 단상토의, 배심토의, 스타인터뷰, 협동학습구조</td></tr>
</table>

〈표 4-1〉 제7차 국어과 교육과정에 따른 교수·학습 방법의 틀

이 표에서는 국어과 교수·학습 방법을 크게 '方法'과 '技法'의 두 범주로 나


초등학교 한자교육

누고 '방법' 속에 授業 模型 및 방법에 해당하는 것들을, '기법' 속에 戰略 및 活動에 해당하는 것들을 배치하고 있다.

한문과 교수·학습 방법에 대한 연구도 적잖게 진행되어 있다. 일찍이 한국교원대학교 부설 교과교육연구소에서 '한문과 散文 學習의 교수·학습 모형'과 '漢字 및 漢字語의 교수·학습 모형'을 개발하였다. 최근에는 한국한자한문교육학회, 한국한문교육학회의 학회지를 통하여 다양한 한문과 교수·학습 방법에 대한 연구 성과가 소개되었다. 또한 전국한문교사 모임에서도 『漢文敎育』 회지를 통하여 교수·학습 방법에 대해 줄기차게 소개하고 있는 실정이다.

그러나 이와 같은 연구 성과들이 초등학교 한자 교육보다는 중등학교 한문 교육에 치중되어 있거나 아니면 초등학교 국어 교과의 교수·학습 방법에 관한 것이어서 초등 한자 교육의 교수·학습 방법에 적확하게 적용할 수는 없다. 다만 초등학교 한자 교육에 관한 교수·학습 방법이 본격적으로 연구되지 못한 상태에서 인접한 교과교육학의 교수·학습 방법을 원용하는 것도 중요한 시금석이 될 수 있다.

## 1) 字源 학습

### (1) 자원 학습의 개념

문자란 일종의 도형적 부호이다. 그러므로 일정한 모양〔形〕을 가지고 있으며, 문자를 읽을 수 있는 소리〔音〕와 사상과 감정을 내포하는 뜻〔義〕을 가지고 있어야 한다. 그러므로 모양·소리·뜻은 한자를 구성하는 3대 요소이다.

한자는 글자의 모양으로 보면 소리를 기록하기도 하고, 뜻을 표현하기도 한다. 또 글자의 뜻으로부터 한자 모양의 근거를 찾기도 하고, 소리의 유래를 재구성하기도 한다. 이와 같이 한자가 만들어진 과정을 근원으로 분석하여 이를 구조적으로 이해하고자 하는 것이 자원 학습이다.

한자의 자원 학습은 한자가 가지고 있는 본래의 문자적 의미를 字形과 字意, 字音면에서 분석·종합하여 이를 구조적·체계적으로 접근함으로써 한자를 쉽고 재미있게 학습할 수 있도록 하며 다음과 같은 교육적 효과를 볼 수 있다.

첫째, 한자를 유의미한 철자로 이해할 수 있게 한다. 한자는 표의문자이지만 『설문해자 說文解字』에 실린 9,353자 중 상형으로 간주되는 한자는 264자에 불과하다. 그러므로 상형자 이외의 한자는 자원을 알아야 한자의 뜻을 명확히 이해할 수 있다. 만일 자원의 의미를 모르고 한자를 공부하면 이는 무의미한 글자를 학습하는 것과 마찬가지이다. 그렇다고 모든 사상과 사물을 상형화하여 한자를 학습할 수는 없다. 이러한 문제점을 극복할 수 있는 것 중 하나가 형성자(形聲字)의 제자 원리이다. 형성의 방법으로 한자의 자원을 이해하면 한자를 유의미한 철자로 이해할 수 있을 것이다.

둘째, 한자를 친숙한 문자로 이해하여 장기 기억에 도움을 준다. 학교 수업에서 무의미한 철자로 학습자에게 교육을 반복한다면 교육적 효과가 없을 뿐만 아니라 비효율적이어서 학습자의 흥미를 유발할 수 없다. 한자의 자원 학습은 자형과 자의를 분석하는 데서 출발하므로 한자를 유의미한 철자로 이해하게 한다. 또한 학습자로 하여금 한자를 보다 친숙한 문자로 이해하도록 하여 자기주도적 학습과 창의적 사고를 가능하게 하고 장기 기억에 도움을 줄 수 있다.

셋째, 반복 학습을 통한 강화 효과를 준다. '雨'는 하늘에서 빗물이 뚝뚝 떨어지는 모양을 본뜬 글자로 '비'의 뜻을 지니고 있는 상형문자이다. 예컨대, '雲(구름 운), 雪(눈 설), 露(이슬 로), 霜(서리 상)' 등은 '雨'와 관련된 한자이다. 이와 같이 '雨'의 자원을 앎으로써 '雨'와 관련된 한자를 반복 학습하게 되고 이를 통하여 강화 효과를 얻을 수 있다.

### (2) 자원 학습의 방법

첫째, 수업 목표를 구체적으로 명시한다.
둘째, 학습 자료의 의미를 검토한다.
셋째, 학습자의 한자 학습 수준을 진단한다.
넷째, 자원 학습을 학생 수준에 맞게 실시한다.


초등학교 한자교육

다섯째, 평가 및 보충·심화 학습을 실시한다.

## (3) 자원 학습의 실제

한자 학습에서 자원을 통한 효과적인 학습 방법은 중국이나 일본의 경우에도 유효한 학습 방법이다. 중국에서는 한자의 구성 규칙과 특징 및 造字 方法에 근거한 字理識字敎學法을 통하여 字源 硏究의 성과가 활용되며, 일본에서는 漢字의 語源에 대한 설명을 첨부하는 방법으로 한자 학습에 자원을 효과적으로 이용하였다고 한다.

初等學校 漢字 교재는 2006년 현재 36종의 교과서가 각 市·道 敎育廳으로부터 認定을 받아 사용되고 있다. 중학교 漢文 교과서와 달리 초등학교 漢字 교과서는 학습자들의 이해를 돕기 위하여 字源을 그림과 설명을 통하여 기술하고 있다. 그림을 통한 자원 설명의 경우, 한자의 字形 변화에 중점을 두어 3단계 내지 4단계로 나누어 제시하고, 그림 아래에 간략하게 자원에 대하여 설명하고 있다. 이러한 자원 기술 방법은 초보적인 수준의 학습자가 한자를 학습하는데 흥미와 효율의 양면을 얻게 할 수 있는 설명 방법이다.

한자의 자원은 갑골문이 만들어지기 이전부터 글자를 만드는 과정에서 형성된 것이며, 동일한 글자라 하더라도 다양한 형태의 甲骨文·金文이 존재한다. 그러므로 한자가 만들어진 과정이나 원리를 정확하게 파악하기는 어렵다. 그래서인지 초등학교의 인정 교과서에 나와 있는 자원 설명을 살펴보면 교과서마다 천차만별인 것을 확인할 수 있다. 다음 東, 西, 左, 右, 兄, 弟 등의 예를 통해 교과서마다 한자의 자원 설명이 어떻게 다른지 확인해 보기로 하자.

❖ 東(동녘 동)

초등학교 한자 교과서에 나타난 '東'의 字源 설명은 다음과 같다.[4]

---

4) 본고에서 참고한 초등학교 한자 교과서는 다음과 같다.
　a. 김봉영 외, 『초등학교 漢字』 기초1~4단계, 한국생활한자교육연구회, 2002.
　b. 박기용 외, 『漢字』 1단계~5단계, 경상남도 거창교육청, 1999.

a  나무에 아침 해가 걸린 모양을 나타낸 글자(기초1-77p)

b  본래는 물건을 넣는 자루의 양끝을 묶은 모습에서 '물건'을 뜻했다. 나중에 음을 빌어 '동쪽'이라는 뜻을 나타냈다.(3-2p)

c  해가 떠오를 때 나무에 걸린 모양(3-가-72p)

d  해가 나무 사이로 떠오르는 모양을 본뜬 글자로, 해뜨는 곳이 '동쪽'임을 나타냄(1-25p)

e  아침 해가 나무의 중간까지 떠오르는 모양을 본뜬 글자.(2-74p)

f  아침에 해가 뜨는 동쪽 즉 '동녘'을 뜻합니다.(3-71p)

g  해가 나무줄기에 걸려 있는 모양으로 '동쪽'을 뜻한 글자입니다.(1-53p)

h  해가 떠오를 때 나무 사이로 보이는 것을 본뜬 글자로 해뜨는 쪽이 '동쪽'이라는 뜻임.(1 · 2-108p)

j  東은 아침에 해가 나무에 걸린 모양을 나타냈습니다.(1-56p)

k  해가 동쪽에서 떠올라 나무 사이로 보이는 모양을 본뜬 글자로, 동녘(동쪽)이라는 뜻을 나타냄.(1-56p)

l  나무에 아침 해가 걸린 모양을 나타낸 글자. 해가 뜨는 '동녘'의 뜻을 나타냅니다.(1-96p)

m  나무 사이로 아침 해가 비출 때니 '동녘'(2-72p)

■  '東'은 알곡이나 과일을 가득 담아 양끝을 묶어놓은 자루의 상형인데, 隷書 시대에 와서 상형성이 많이 없어지면서 마치 해의 상형 日에 나무의 상형 木을 더한 것처럼 보였으므로 "아침에 떠오르는 해가 나무에 걸린 모양(日在木上)"

---


c. 김명동 외,『티나라 재량한자』3학년~6학년, 티나라, 2003.

d. 이병혁 외,『초등학교 신나는 漢字』1단계~5단계, 천재교육, 2003.

e. 조갑래 외,『재미있는 漢字마당』1단계~6단계, 창의마당연구소, 2003.

f. 강종출,『국어과 한자어를 활용한 한자공부』3~6, 근아출판사, 2003.

g. 홍성식 외,『초등 한자와 생활』1단계~5단계, 학문사, 2003.

h. 홍진복 외,『초등학교 漢字』1단계~6단계, 상서각, 2002.

I. 정우상 외,『초등학교 漢字』1단계~4단계, 전통문화연구회, 1996.

j. 전한준 외,『초등학교 漢字』1단계~4단계, 재능교육, 1996.

k. 장재영 외,『즐거운 한자』1단계~4단계, 천재교육, 2005.

l. 홍광식 외,『초등학교 漢字』1단계~4단계, 교학사, 1996.

m. 양혜순 외,『한자야 이야기랑 놀자』1단계~4단계, 한자교육평가원, 2005.

으로 잘못 해석하기도 했다(김언종,『한자의 뿌리』, 문학동네, 2001, 273~274쪽).

❖ 西(서녘 서)

초등학교 한자 교과서에 나타난 '西'의 字源 설명은 다음과 같다.

a  둥지 위에 새가 앉아 있는 모양을 나타낸 글자(기초1-78p)
b  새의 둥지를 나타냈다. 해가 서쪽으로 지면 새가 둥지로 들어간다는 뜻에서 '서쪽'을 나타냈다. (3-2p)
c  해가 지면 새가 둥지로 들어가는 모양(3-가-73p)
d  새 둥지의 모양을 본뜬 글자로, 해가 지는 곳이 '서쪽'임을 나타냄(1-26p)
e  둥지 위에 새가 쉬고 있는 모양. 새가 둥지에 돌아올 때쯤은 해가 서쪽에 저물 때이므로 서녘의 뜻을 나타낸 글자.(2-74p)
f  해가 지는 서쪽 즉, '서녘'을 뜻합니다.(3-71p)
g  새가 둥우리에 앉아 있는 모양을 본뜬 글자입니다.(1-53p)
h  해질 무렵 새가 둥지로 돌아와 앉는 모습으로 해가 지는 쪽이 '서쪽'이라는 뜻임.(1·2-108p)
i  해질 무렵 새가 둥지 위에 앉아 있는 모양을 본뜬 글자로 '서녘'을 나타냄.(1-49p)
j  西는 새가 둥지에서 쉬고 있는 모양을 나타냈습니다.(1-56p)
k  해가 서쪽으로 넘어갈 무렵 새가 둥지에 돌아온 모양을 본뜬 글자로, 서녘(서쪽)이라는 뜻을 나타냄.(1-57p)
m 해질 무렵 새가 둥지로 돌아와 앉은 모양을 나타냄.(2-73p)
■ '西'는 대나무로 엮은 바구니, 즉 竹籃의 상형이다. "새가 둥지에 있는 모양(鳥在巢上)"의 상형이며 해질 무렵 새들이 깃으로 날아듦으로 서쪽을 의미하게 되었다는 해석이 널리 알려져 있지만 이 역시 원래의 형태에 대한 오해에서 만들어진 소전(小篆)에 근거한 것일 뿐 진실과는 거리가 있다. 그 당시 '대바구니'의 중국어 발음이 해지는 쪽을 뜻하는 발음과 같았으므로 가차되어 서쪽의 뜻으로 널리 쓰인 것이다(김언종;274).

❖ 左(왼 좌)

초등학교 한자 교과서에 나타난 '左'의 字源 설명은 다음과 같다.

a  왼손으로 도구를 쥐고 일을 하는 모양을 본뜬 글자(기초2-51p)

b  원래는 왼손으로 '어떤 일을 하다(工)' 또는 '어떤 일을 돕는다'는 뜻이었다.(1-
   14p)

e  목수가 왼손에 자를 들고 일할 때의 모습을 본떠 만든 글자(1-64p)

f  위치를 나타낸 말로 '왼쪽'을 뜻합니다.(3-82p)

g  왼손으로 일을 돕는다는 데서 '왼쪽'을 뜻한 글자입니다.(1-65p)

h  목수가 왼손에 자를 든 모양으로 왼쪽의 뜻이 됨.(1・2-48p)

j  左는 왼손으로 자를 쥐고 공작하는 모양을 본떴습니다.(1-62p)

l  도구를 만들 때 재료를 잡는 쪽이기 때문에 '왼쪽'의 뜻을 나타냈습니다.(1-
   50p)

m  목수가 자를 잡은 손이니 '왼쪽'(2-73p)

■  '左'는 屮(좌)와 工(공)으로 이루어진 글자이다. 屮는 '왼손'의 상형으로 본뜻이
   '왼손'이다. 工은 목수의 필수품인 '曲尺'의 상형이라고도 하고 '손도끼'의 상
   형이라고도 한다. 어쨌든 이것이 工具임에는 이의가 없다. 이 둘을 합한 左의
   본뜻은 '공구를 들고 일을 돕는다'는 데에서 추출한 '돕다'이다(김언종;829~
   830).


❖ 右(오른 우)

초등학교 한자 교과서에 나타난 '右'의 字源 설명은 다음과 같다.


a  음식을 먹으려고 할 때 오른손으로 음식을 가져가 먹게 되므로, '오른쪽'을 뜻
   하는 글자(기초2-52p)

b  원래 '오른손과 입으로 돕는다'란 뜻이었으나 뒷날 '오른쪽'이란 뜻으로 쓰였
   다.(1-14p)

e  오른손으로 일을 하고 음식을 먹는 모습을 생각하여 만든 글자로 오른쪽을 나
   타냄(1-64p)

f  위치를 나타낸 말로 '오른쪽'을 뜻합니다.(3-82p)

g  입에서 말이 떨어지자마자 곧 움직여 돕는 손이 오른손이라는 데서 '오른쪽'
   을 뜻한 글자입니다.(1-65p)

h  오른손으로 음식을 먹는 모습으로 오른쪽을 나타냄(1・2-48p)

l 입에 음식을 가져갈 때에 오른쪽 손을 쓰므로 '오른쪽'의 뜻을 나타냅니다.
  (1-50p)

m  입과 함께 돕는 손이니 '오른쪽'(2-71p)

■ '右'는 又와 口로 이루어진 글자이다. 又는 '오른손'의 상형으로 본뜻이 '오른
  손'이다. 口는 '입'의 상형, 이 둘을 합한 右의 본뜻도 '돕다'이다(김언종;830).


❖  兄(맏 형)

  초등학교 한자 교과서에 나타난 '兄'의 字源 설명은 다음과 같다.


a 입으로 아우를 타이르는 형을 뜻하는 글자(기초2-67p)

b 제사를 지낼 때, 나이 많은 어른 또는 맏형이 신에게 무언가를 빌면서 제사를
  지내는 모습을 나타냈다.(2-35p)

d 동생에게 입으로 말하는 형의 모습을 본뜬 글자(1-76p)

e 어진 말을 하는 사람이 형이라는 뜻으로 만든 글자(1-44p)

f 부형, 종형, 의형제, 학부형, 형제자매의 예처럼 '형'을 뜻합니다.(3-43p)

g 아우를 타이르고 지도하는 사람이라는 데서 '형'을 뜻한 글자입니다.(1-91p)

h 어진 말을 잘하는 사람이 '형'이라는 데서 본뜬 글자임.(1 · 2-84p)

i 아우를 타이르고 지도하는 '형'을 나타낸 글자.(1-121p)

k 입을 벌리고 있는 사람을 본뜬 글자로, 동생들을 타이르고 지도하는 사람이라
  는 데서 형이라는 뜻을 나타냄.(1-76p)

l 아래 동생에게 입으로 말하면서 지도하는 사람을 나타낸 글자로, '형'을 뜻합니
  다.(1-66p)

m 입으로 어진 말을 하는 사람이니 '형'(1-13p)

■ '兄'은 '祝'과 같은 자원이다. 祝의 갑골문을 보면, 사람이 신주 앞에 꿇어앉아
  서 하늘을 향해 크게 입을 벌려 복을 구하기를 비는 형상이다. 그러므로 兄의
  본뜻은 '복 받기를 기도드리는 것'이었다. 그런데 고대에는 맏이가 제사를 주
  관하였으므로 '형'이란 뜻으로 쓰이게 되었다(谷衍奎 編,「漢字源流字典」, 北
  京 華夏出版社, 2003, 120쪽).


**173**

❖  弟(아우 제)

초등학교 한자 교과서에 나타난 '弟'의 字源 설명은 다음과 같다.


a  막대기에 가죽 끈을 감는 모양을 본뜬 글자로서 끈을 감을 때는 위에서 차례
   로 감아야 된다는 데서 차례를 나타낸 글자.(기초2-68p)
b  말뚝에 새끼를 둘러매는 모습으로, 원래 '차례'를 뜻하는 말이었다가 '아우'란
   뜻으로 사용하게 되었다.(2-35p)
d  말뚝에 새끼를 둘러 맨 모양을 본뜬 글자로, 형제간의 순서인 '아우'를 뜻
   함.(1-77p)
e  막대기를 가리키는 '가닥날 아(丫)'에 가죽 끈을 내리감은 모양에서 형제간의
   순서를 나타내는 '아우'를 나타낸 글자.(1-44p)
f  자제, 친형제, 형제자매 등의 예처럼 '아우'를 뜻합니다.(3-43p)
g  막대의 가죽끈을 차례로 내리감은 모양을 본뜬 글자입니다.(1-91p)
h  머리를 갈라지게 땋고 활을 메고 있는 모습으로 '아우'를 나타냄.(1·2-84p)
k  말뚝에 새끼를 둘러맨 모양을 본뜬 글자로, 뒤에 의미가 변하여 아우(동생)라
   는 뜻을 나타냄.(1-77p)
m  사람이 죽어 슬퍼할 때 지팡이를 짚고 서 있는 모양(1-14p)
■  '弟'는 기원전 11세기 이전의 은나라 때 만들어진 글자로, 처음 생겨날 때는
   아우라는 뜻과는 거리가 먼 것이었다. 그것은 '끈으로 어떤 물건을 묶어 놓은
   모양'을 상형한 글자로, 그 물건이 막대기처럼 길쭉한 것은 분명하나 정확히
   무슨 물건인지는 밝혀지지 않았다. 다만 끈을 차례로 고르게 감았다는 데에서
   유래한 次序, 次例, 次第 등의 의미가 본뜻이 되었고 여기에서 '아우'라는 뜻
   도 생겨났다(김언종;820).


이상의 내용은 한 글자의 자원이 교과서마다 다르게 기술되어 있음을 여실히
보여준다. 이상의 6개 한자는 교과서에 따라 자원 설명이 천차만별이며 상당부분
學理的 근거가 빈약하고 恣意的, 便宜的 記述이 이루어져있음을 확인할 수 있다.
물론 위에 밝힌 자원 설명의 내용을 분류하여 정리하면 서너 가지로 압축할 수
있으나, 어떠한 설명은 한자 본래의 자원과는 전혀 관련이 없는 것도 있어서 자


초등학교 한자교육

원을 활용한 한자 교육이라는 본질적인 면을 놓치게 한다. 이렇게 잘못된 자원 학습이 한자의 자원에 대한 그릇된 개념을 심어줄 수 있다. 그렇다고 하여 철저하게 학술적 기반을 갖춘 교과서를 만들어 가르치는 것이 한자교육의 내실을 다지는 것은 아닐 것이다. 무엇보다 학습자의 흥미와 수준을 고려하여 字源을 교육시키는 것이 효과적인 초등 한자 교수·학습의 방법이 될 것이다.

〈자원 학습 교수·학습 지도안 예〉

| 단원명 | 9. 우리 가족을 소개합니다.<br>(『어린이한자』 1단계) | | 지도 한자 | 父, 母, 兄, 弟 | 차시 | 1/2 |
|---|---|---|---|---|---|---|
| 학습목표 | ·자원을 통해 한자의 뜻과 음을 알 수 있다.<br>·한자를 익혀 일상생활에 활용할 수 있다. | | | | | |

| 단계 | 학습요소 | 교수·학습 활동 | 시간 | 자료 및 유의점 |
|---|---|---|---|---|
| 도입 | 기습한자익히기<br><br>한자알아맞히기<br><br><br><br>본시 목표 확인 | ○교사가 기습 한자 카드를 넘겨가며 아동들이 뜻과 음을 말하도록 한다.<br>○교사가 칠판에 이미 배운 한자 중에서 하나를 골라, 일부분을 써가며 아동들이 어떤 한자인지 맞히도록 한다.<br>○오늘 배울 한자를 소개한다. (父, 母, 兄, 弟) | 5' | 전체학습<br><br>한자카드 |
| 훈음 | 훈음 이해하기<br>(자원을 통한<br>한자의 뜻 이해)<br><br><br><br><br><br><br>훈음 익히기<br><br><br><br>필순 익히기<br><br>한자 쓰기 | ○한자의 생성 과정을 설명하고, 각 모둠별로 각 한자의 뜻이 무엇인지 유추하여 토론하도록 한다.<br>−父, 母, 兄, 弟의 자형 변화를 알 수 있는 학습지를 만들어서 아동들에게 나누어 주고 이 한자의 뜻을 유추할 수 있도록 힌트를 주거나 강조하여 설명한다.<br>○유추한 한자의 뜻을 발표하도록 한다.<br>○칠판의 한자를 짚어가며 한자의 훈과 음을 반복해서 읽도록 한다.<br>○칠판에 필순에 맞게 한자를 써가며, 아동들이 허공에 손가락으로 따라 쓰게 한다.<br>○한자를 공책에 필순에 맞게 쓰도록 한다. | 15' | 조별학습<br><br><br>자원<br>학습지<br><br><br>전체학습 |
| | 한자어 찾기 | ○오늘 배운 한자가 들어가는 한자어를 찾아보도록 한다.<br>−한자어를 찾을 때에는 한자를 모르더라도 우리말로 아는 것은 모두 만들어보도록 한다.<br>−父 : 부모, 부자, 부녀, 숙부, 조부<br>−母 : 부모, 모자, 모녀, 숙모, 조모<br>−兄 : 형제, 친형, 사촌형, 학부형 | 10' | 개별학습 |

| | | | | |
|---|---|---|---|---|
| 조어 | 한자어 의미알기 | 一弟 : 형제, 제자, 사제<br>○만든 한자어를 발표하도록 한다.<br>○한자어의 뜻을 유추하여 토론하도록 한다.<br>○한자어의 뜻을 발표하도록 하며, 교사가 한자어의 뜻을 설명해 준다.<br>○국어사전을 보고 한자어의 뜻을 공책에 적게 한다. | | 조별학습<br><br>개별학습<br>국어사전 |
| 적용 | 짧은글 짓기 | ○만든 한자어를 넣어서 짧은 글을 짓도록 한다.<br>○짧은 글을 지은 것을 발표하고 서로 비교하도록 한다. | 5' | 개별활동 |
| 정리 | 평 가<br><br>정 · 리<br>차시 예고 | ○한자를 제시하고 한자의 뜻과 음을 말하게 한다.<br>○한자어를 제시하고 그 뜻을 말하게 한다.<br>○차시 예고 | 5' | |

## (4) 자원 학습의 용례

### 가) 가족과 나

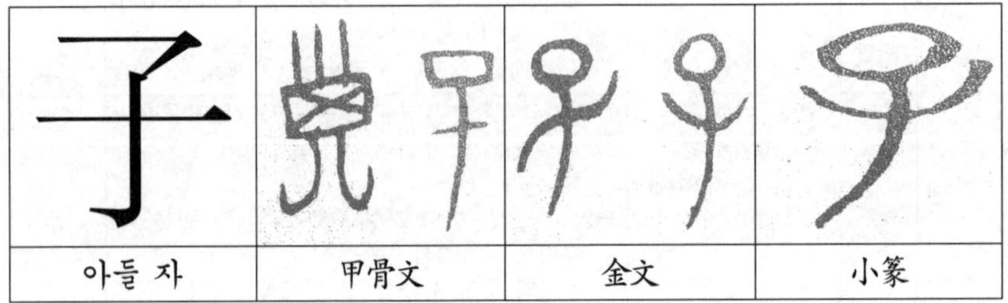

| 아들 자 | 甲骨文 | 金文 | 小篆 |
|---|---|---|---|

갓난아이가 강보 속에서 두 손을 움직이는 모양이다. 본뜻은 '아이', '아들'이다.

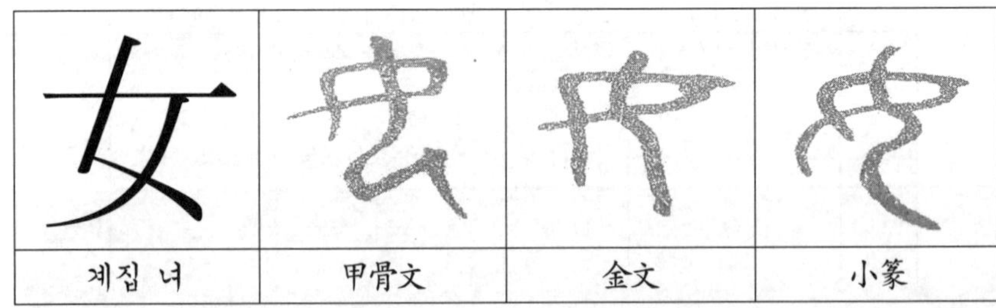

| 계집 녀 | 甲骨文 | 金文 | 小篆 |
|---|---|---|---|


초등학교 한자교육

무릎을 땅에 꿇은 여자의 모습이다. 두 손을 나란히 아래로 드리우고 눈도 아래를 향하고 있다. 고대 사회에서 여성의 지위가 남성에 비해 낮았음을 보여준다.

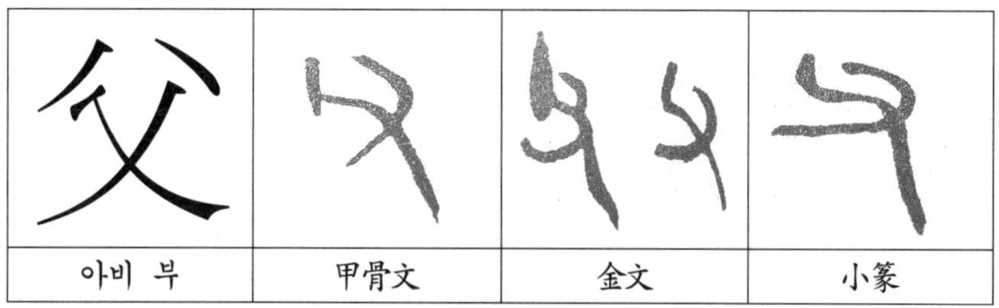

| 아비 부 | 甲骨文 | 金文 | 小篆 |

손에 돌도끼를 잡고 있는 모양의 글자이다. 첫 획은 돌도끼, 나머지 세 획은 손의 모양이 변한 것이다. 돌도끼로 전쟁도 하고 농사도 짓는 사람은 바로 사나이 또는 아버지. '아버지'라는 뜻으로 쓰인다.

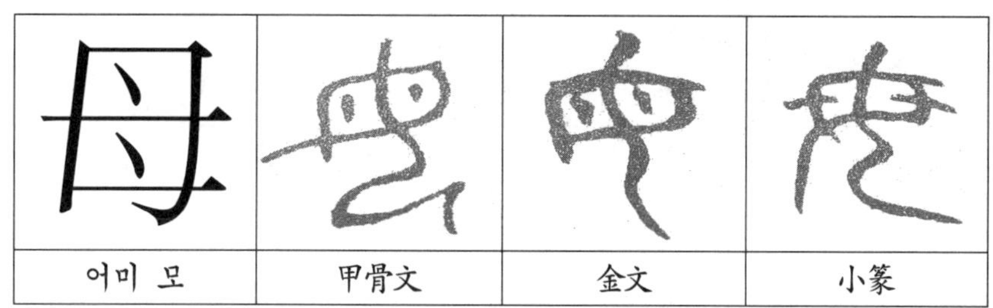

| 어미 모 | 甲骨文 | 金文 | 小篆 |

여인을 뜻하는 '女(녀)'와 아이를 낳은 어머니의 젖가슴을 뜻하는 두 점으로 이루어진 글자이다. '어머니'의 뜻으로 쓰인다.

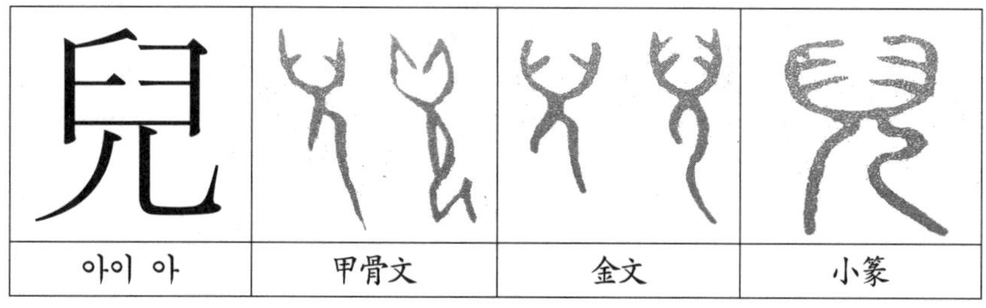

| 아이 아 | 甲骨文 | 金文 | 小篆 |

고대 중국의 어린이들이 머리카락을 두 뿔처럼 묶었던 모습을 본뜬 글자이다.

177

제 4 장 _ 초등 한자의 교수 · 학습 방법

'아이'라는 뜻으로 쓰인다.

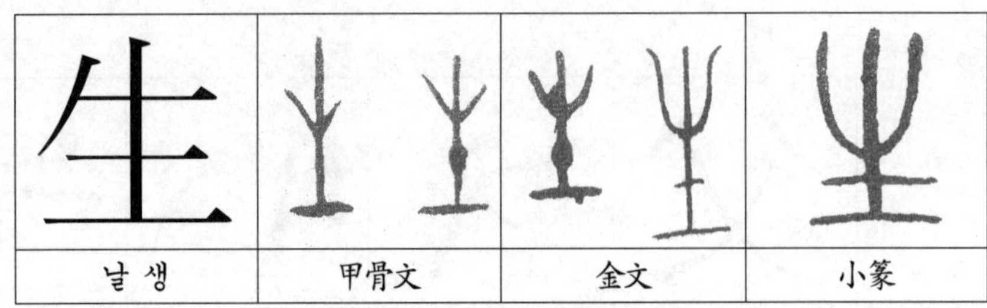

| 날 생 | 甲骨文 | 金文 | 小篆 |

아랫부분(一)은 흙덩이를 상형한 '土'(토). 윗부분은 땅 표면을 뚫고 나온 새싹
의 모양이다. '나다', '태어나다'는 뜻으로 쓰인다.

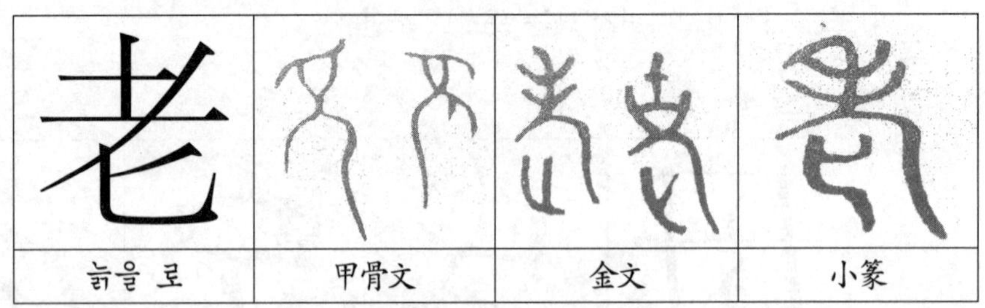

| 늙을 로 | 甲骨文 | 金文 | 小篆 |

허리 굽은 노인이 지팡이를 짚고 서있는 모습이다. '노인'이라는 뜻으로 쓰인
다.

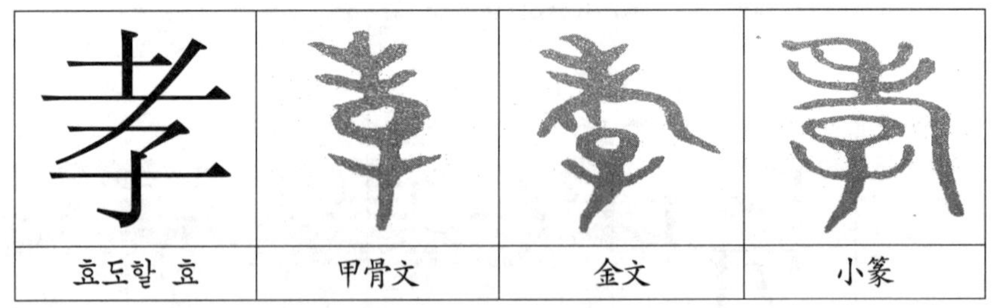

| 효도할 효 | 甲骨文 | 金文 | 小篆 |

자식(子)이 지팡이(匕)를 대신하여 부모님을 업고 있는 모습이다. '효도'라는
뜻으로 쓰인다.

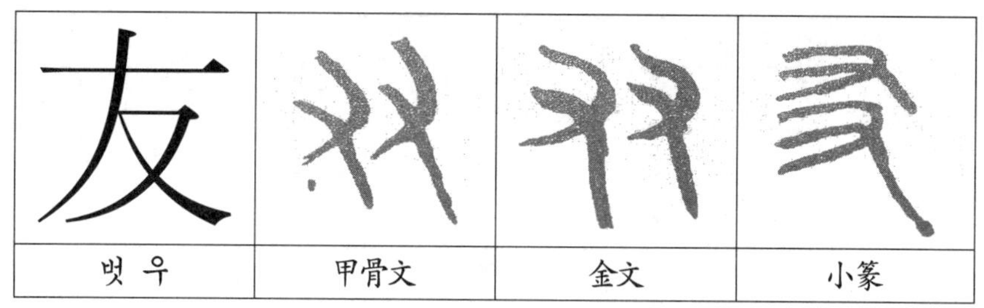

| 벗 우 | 甲骨文 | 金文 | 小篆 |
| --- | --- | --- | --- |

두 개의 왼 손, 또는 두 개의 오른손 모양이다. '우호', '사이좋은'을 본뜻으로 한다. '벗'이라는 뜻으로 쓰인다.

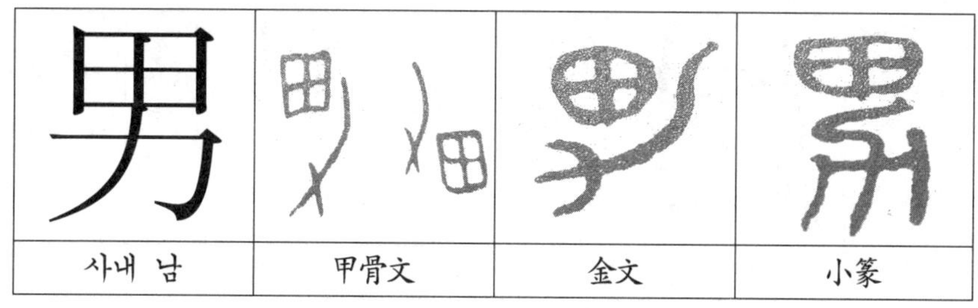

| 사내 남 | 甲骨文 | 金文 | 小篆 |
| --- | --- | --- | --- |

윗부분은 '밭', 아랫부분은 '가래' 모양이다. 가래로 밭을 가는 사람인 '남자'를 뜻하는 글자이다.

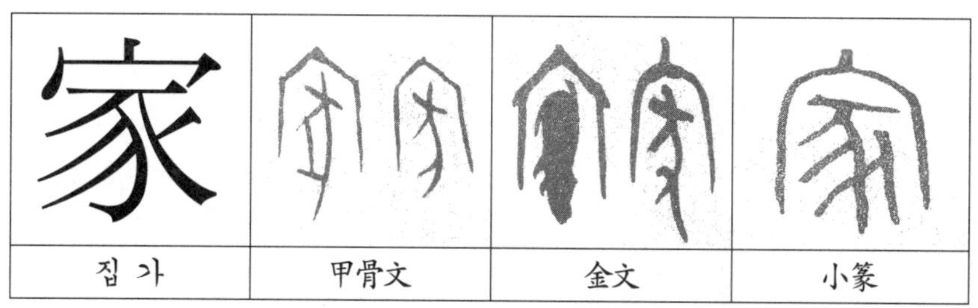

| 집 가 | 甲骨文 | 金文 | 小篆 |
| --- | --- | --- | --- |

윗부분 '宀'은 지붕, 아래의 '豕'는 돼지로 집안에 돼지가 있는 모습이다. 여러 가지 설명이 있다. 옛날에 사람들이 집 안에 돼지를 키우던 모습, 또는 많은 피해를 주었던 뱀을 막을 돼지를 집 안에 키우던 모습으로 보기도 한다.

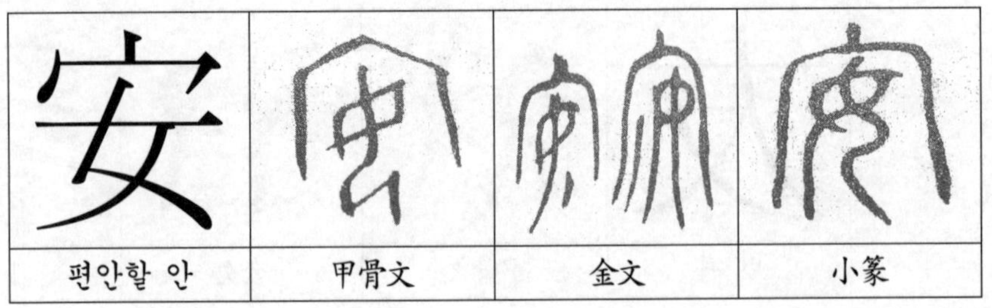

| 安 | | | |
|---|---|---|---|
| 편안할 안 | 甲骨文 | 金文 | 小篆 |

윗부분 '宀'은 지붕, 아래의 '女'는 여자이다. 여자는 집 안에 있어야 안전하다는 뜻이다. 뒤에 '편안하다'는 뜻으로 널리 쓰이게 되었다.

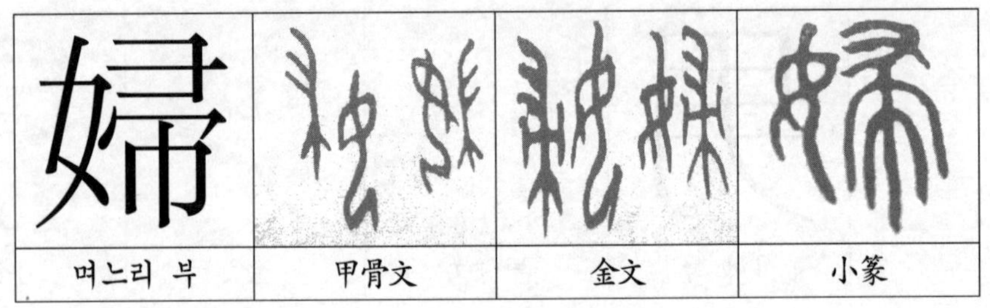

| 婦 | | | |
|---|---|---|---|
| 며느리 부 | 甲骨文 | 金文 | 小篆 |

왼편의 '女'는 여자, 오른편의 '帚'(추)는 빗자루를 거꾸로 놓은 모습이다. 여자가 더러운 것을 청소하는 모습을 나타낸 글자이다. 뒤에 '며느리', '아내', '여자' 등의 뜻으로 널리 쓰이게 되었다.

나) 신체와 건강

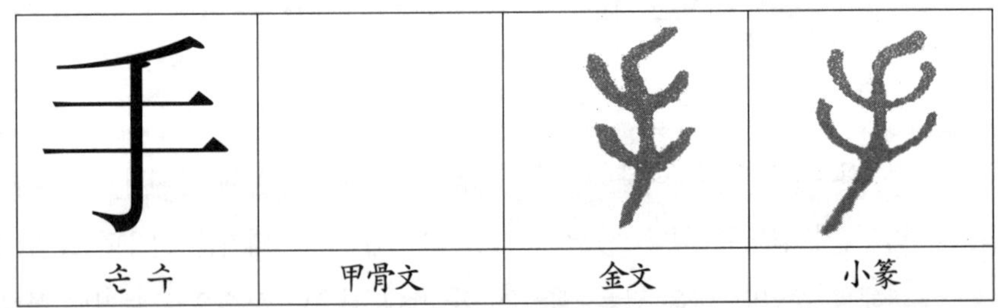

| 手 | | | |
|---|---|---|---|
| 손 수 | 甲骨文 | 金文 | 小篆 |

사람의 손가락을 벌린 모습을 본뜬 글자이다. 거기에서 '손'이란 뜻이 생겼다.

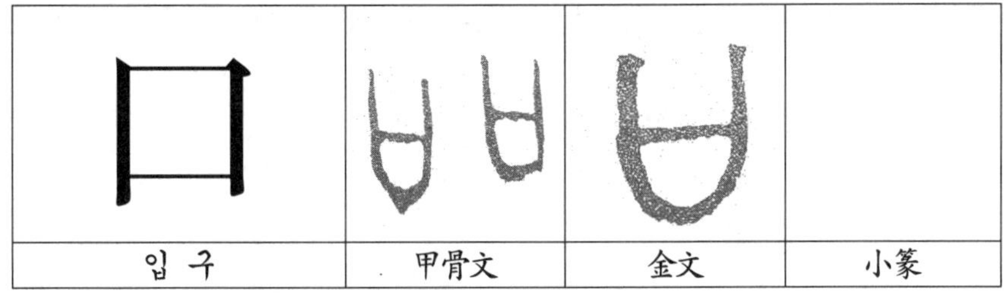

입의 모양을 본뜬 글자이다. '입'이라는 뜻이다.

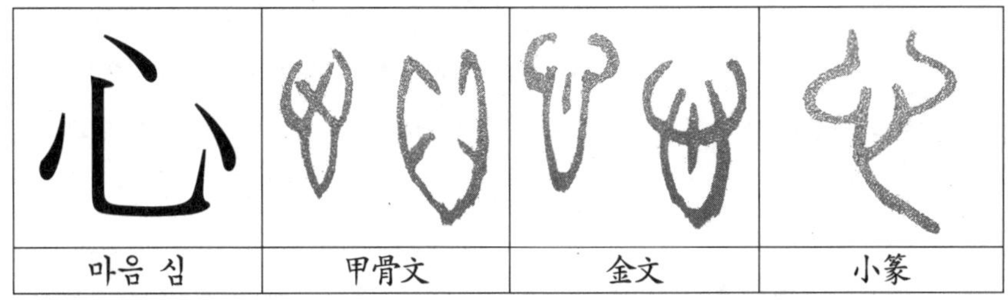

심장의 모습을 본뜬 것이다. 심장이 인체의 중앙에 위치하여 '중앙', '중심'의
뜻으로 쓰인다.

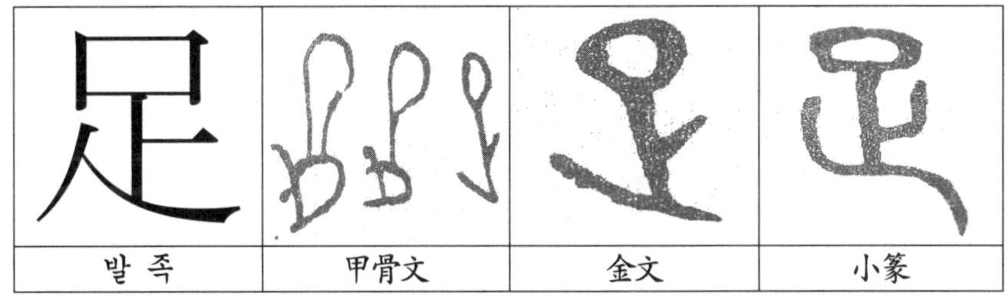

갑골문의 모양은 발꿈치, 발바닥, 장딴지를 완전히 갖춘 사람의 다리 모양이
다. 본뜻은 '다리', '充實'(충실), '滿足'(만족)의 뜻으로도 쓰인다.

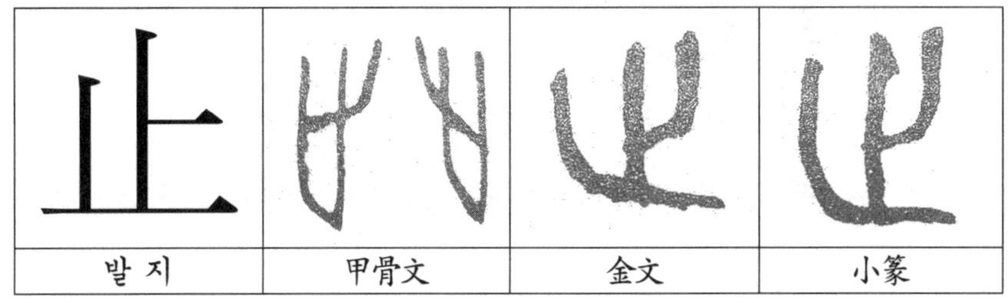

'발바닥'의 모습으로 '발'을 뜻한다. 지금은 '그치다'라는 뜻으로 쓰인다.

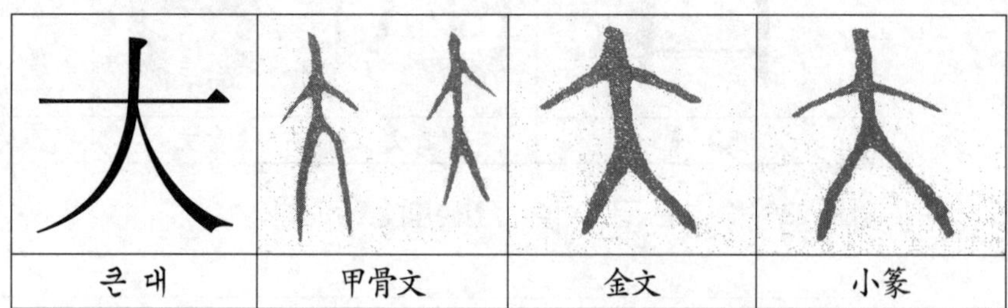

| 큰 대 | 甲骨文 | 金文 | 小篆 |

두 다리와 두 팔을 벌린 사람의 모습을 앞에서 본 뜬 모양이다. '크다'라는 뜻
으로 쓰인다.

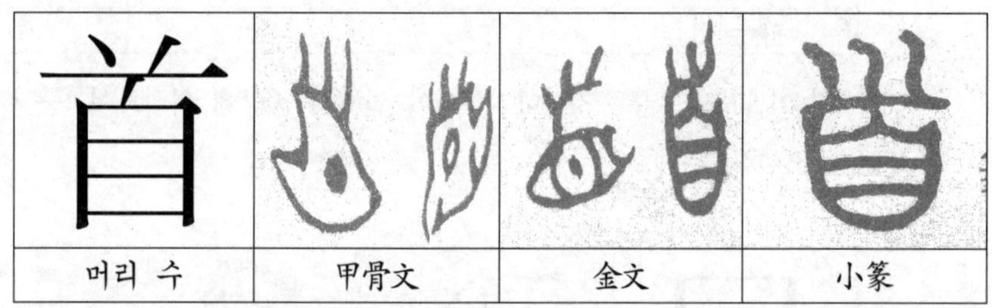

| 머리 수 | 甲骨文 | 金文 | 小篆 |

갑골문을 보면 사람의 머리털이 있고 눈이 돌출되어 있다. 금문에서는 두 부
분이 가지런히 나누어져 있다. '머리'라는 뜻으로 쓰인다.

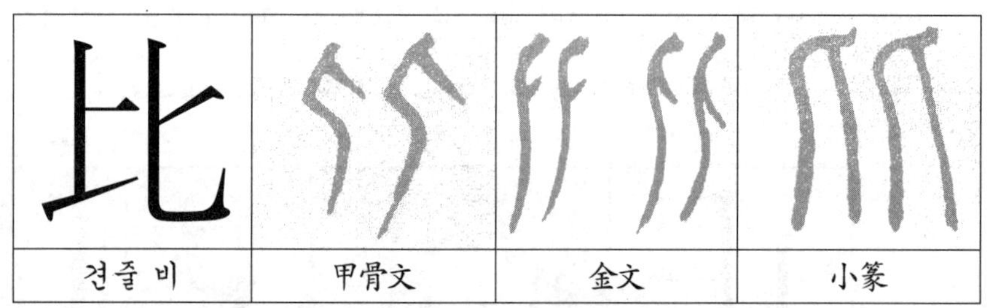

| 견줄 비 | 甲骨文 | 金文 | 小篆 |

두 사람이 나란히 선 모양이다. '견주다', '따르다'의 뜻으로 쓰인다.

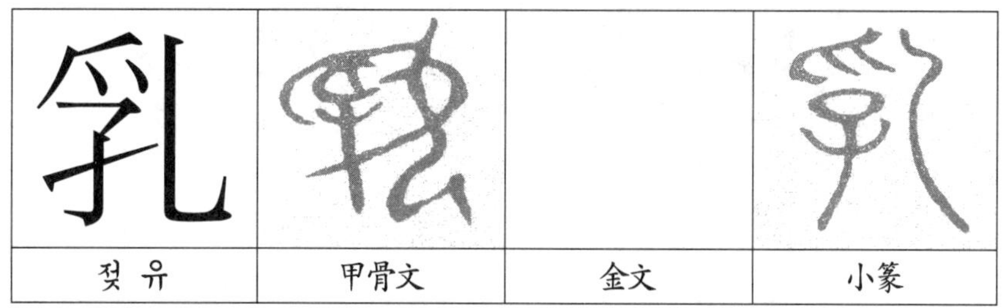

| 젖 유 | 甲骨文 | 金文 | 小篆 |

왼편의 윗부분은 '손', 왼편의 아랫부분은 '아이', 오른편은 '어머니의 유방'을 나타낸다. 어머니가 아이에게 젖을 먹이는 모양을 나타낸 글자로, '젖'이라는 뜻으로 쓰인다.

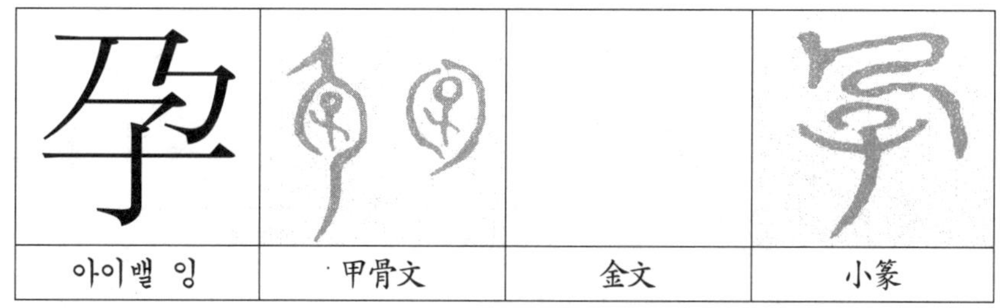

| 아이밸 잉 | 甲骨文 | 金文 | 小篆 |

아래의 '子'는 아이, 위의 '乃'는 아이를 밴 몸의 배가 강조된 모양이다. '아이를 배다'라는 뜻으로 쓰인다.

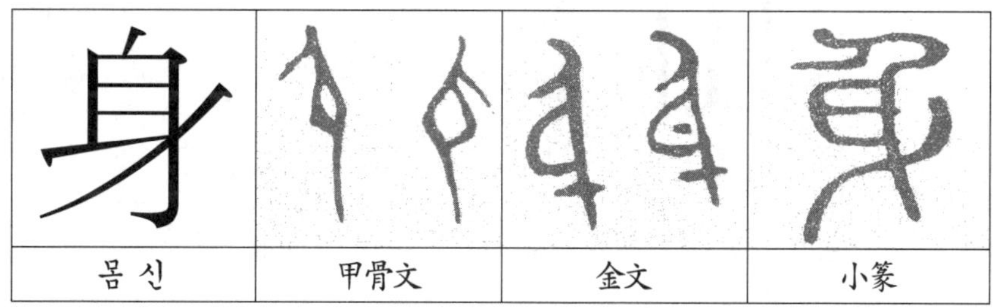

| 몸 신 | 甲骨文 | 金文 | 小篆 |

배 나온 사람의 모습이다. '배'라는 뜻에서 점차 '몸'이라는 뜻으로 쓰이게 되었다.

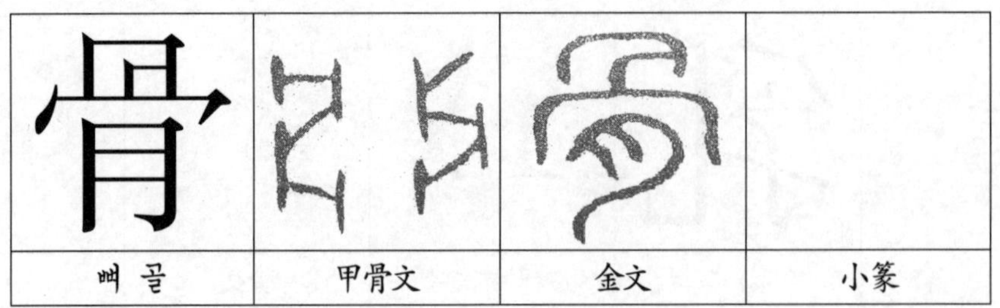

| 뼈 골 | 甲骨文 | 金文 | 小篆 |

본래 '살'의 상형인 아랫부분 '月'이 없이 쓰이던 글자로, 殷(은)나라에서 점칠 때 쓰이던 '소 어깨뼈'를 본뜬 글자이다. 윗부분 가운데의 두 획이 점칠 때의 갈라진 모양이다. '쇠뼈'라는 뜻에서 차츰 사람과 동물의 '뼈'를 뜻하게 되었다.

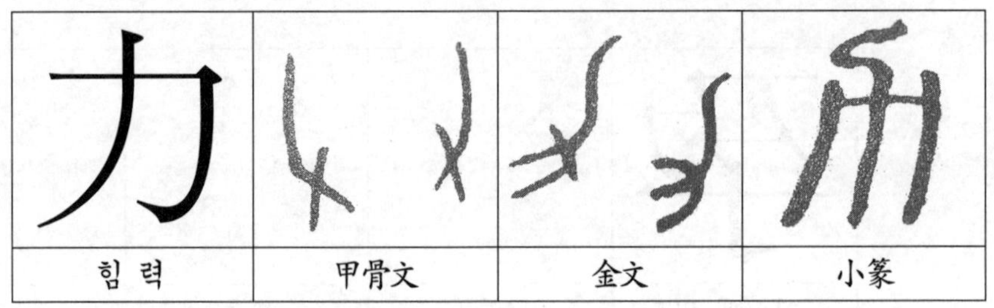

| 힘 력 | 甲骨文 | 金文 | 小篆 |

땅을 파는 농기구 '가래'의 모양이다. 지금은 '힘'이라는 뜻으로 쓰인다.

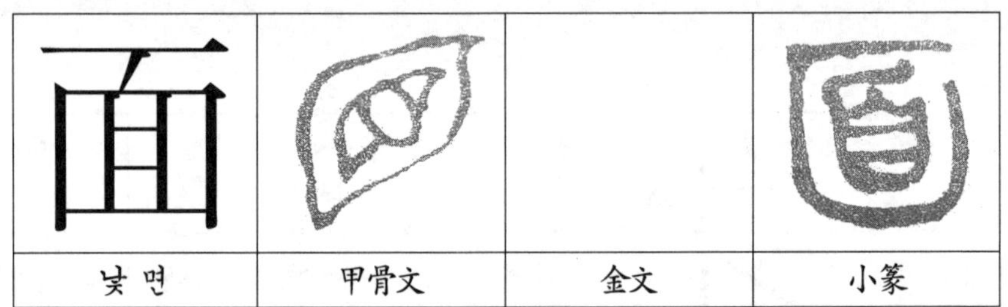

| 낯 면 | 甲骨文 | 金文 | 小篆 |

갑골문을 보면 사람의 얼굴 모습을 본뜬 것이다. 밖은 얼굴의 윤곽, 안에 있는 것은 눈으로 '얼굴'이라는 뜻이다.


초등학교 한자교육

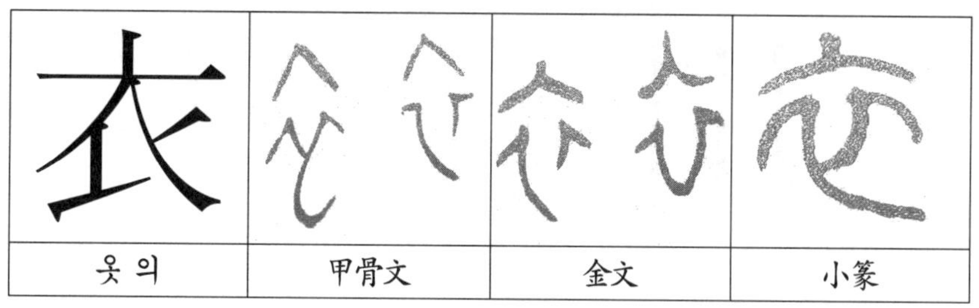

| 옷 의 | 甲骨文 | 金文 | 小篆 |

옷깃을 세운 웃옷을 본뜬 글자이다. 첫 획 점(丶)은 빳빳이 세운 옷깃의 모양이다.


다) 자연과 환경

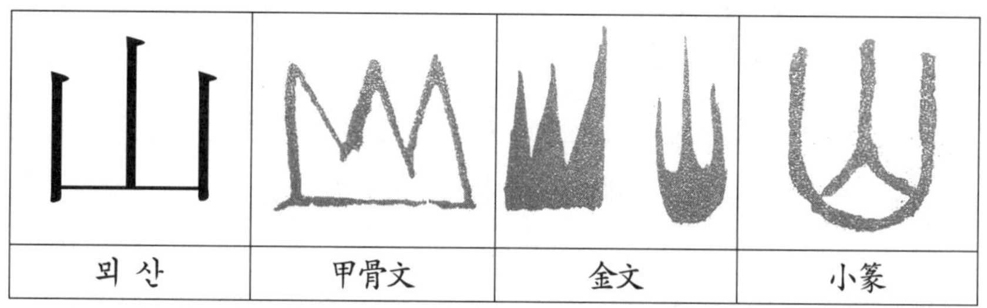

| 뫼 산 | 甲骨文 | 金文 | 小篆 |

산의 모양을 본 뜬 글자이다. '산'이라는 뜻을 가진다.


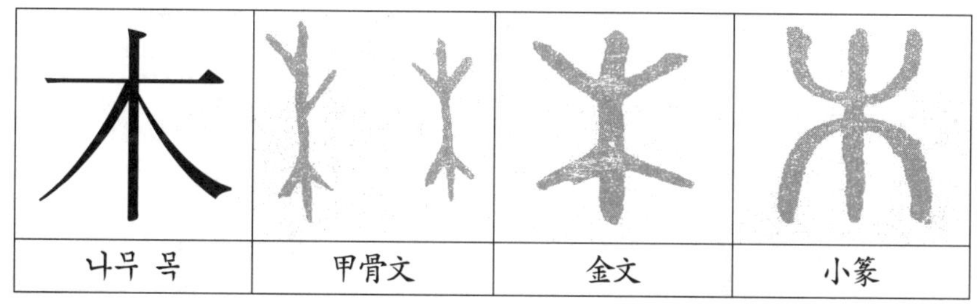

| 나무 목 | 甲骨文 | 金文 | 小篆 |

한 그루 나무의 모습이다. '나무'의 뜻으로 쓰인다.

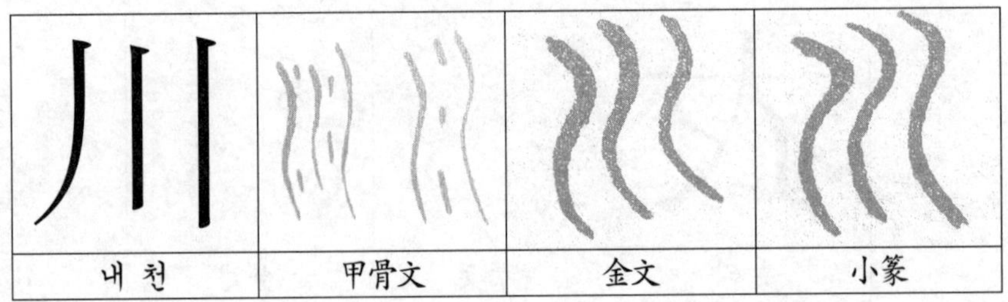

| 내 천 | 甲骨文 | 金文 | 小篆 |
|---|---|---|---|

갑골문의 모양은 굽이 흐르는 강물의 모습이다. 양쪽의 곡선은 강의 언덕, 가운데는 흐르는 물이다. 본뜻은 '강물의 흐름'인데 '내'라는 뜻으로 쓰인다.

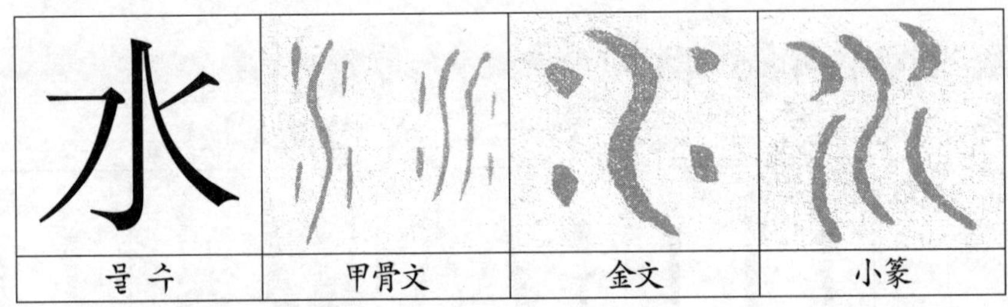

| 물 수 | 甲骨文 | 金文 | 小篆 |
|---|---|---|---|

흐르는 물의 모습이다. '물'이라는 뜻으로 쓰인다.

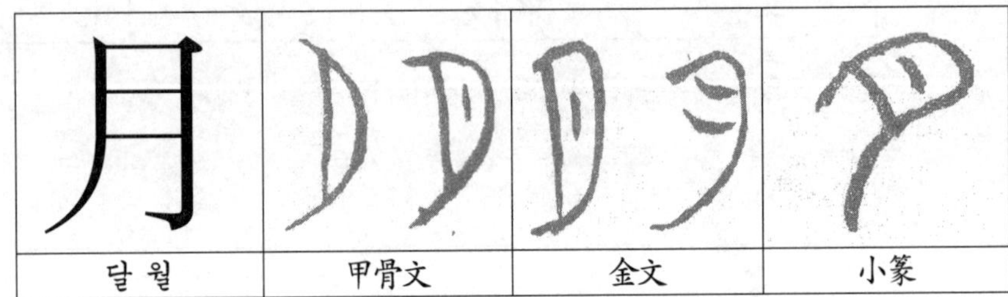

| 달 월 | 甲骨文 | 金文 | 小篆 |
|---|---|---|---|

달의 모양을 본뜬 것이다. '달'이라는 뜻으로 쓰인다.

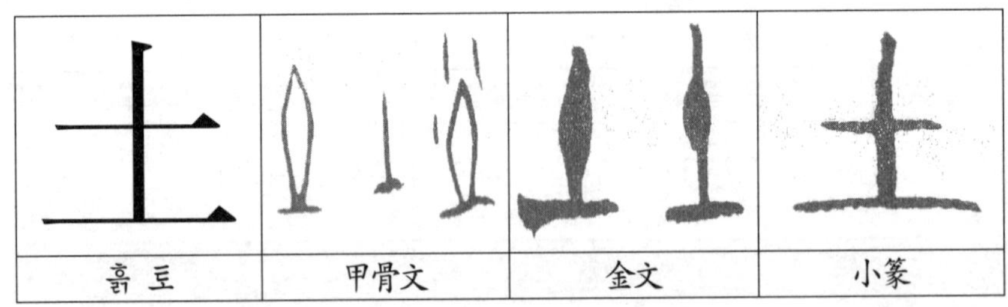

| 흙 토 | 甲骨文 | 金文 | 小篆 |
|---|---|---|---|

갑골문을 보면 봉긋한 흙무더기의 모습으로 나와 있다. 본래 '흙무더기'의 뜻


초등학교 한자교육

으로 사용되었는데, 지금은 '흙'이라는 뜻으로 쓰인다.

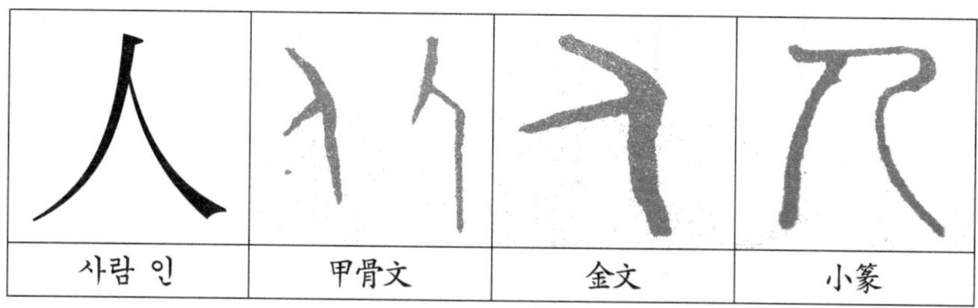

| 사람 인 | 甲骨文 | 金文 | 小篆 |

한 사람이 서 있는 모양이다. '사람'이라는 뜻으로 쓰인다.

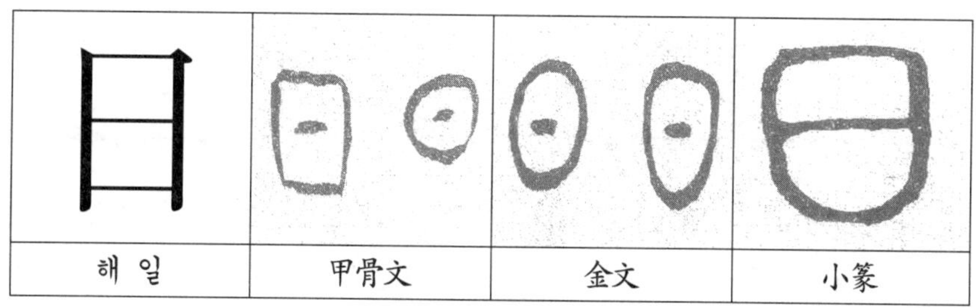

| 해 일 | 甲骨文 | 金文 | 小篆 |

'해'의 모양을 본뜬 것이다. '해', 또는 '해'가 떴다가 지는 기간인 '날(하루)'이라는 뜻을 가진다.

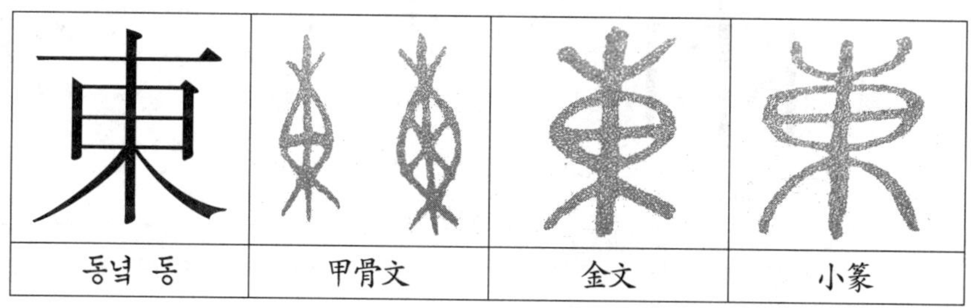

| 동녘 동 | 甲骨文 | 金文 | 小篆 |

본래는 알곡이나 과일을 가득 담아 양 끝을 묶어놓은 자루의 모양이다. 해 뜨는 동쪽을 의미하는 글자와 이 글자의 발음이 같아서 빌려 쓰게 되었다. '동쪽'이라는 뜻으로 쓰인다.

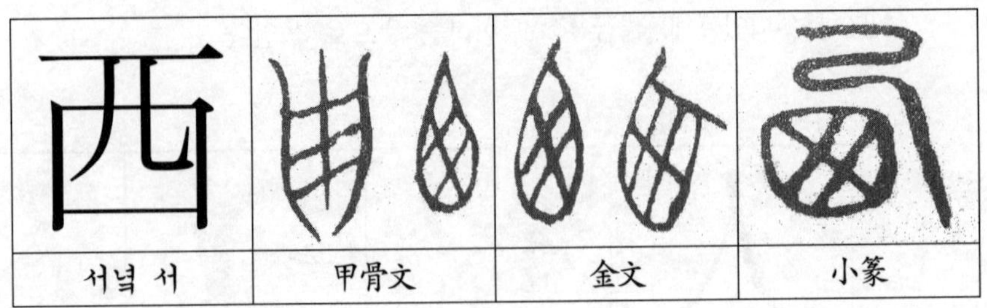



대나무로 엮은 바구니의 모양을 본 뜬 것이다. 이 글자의 발음이 해지는 서쪽을 뜻하는 발음과 비슷했으므로 서쪽의 뜻으로 사용하였다.

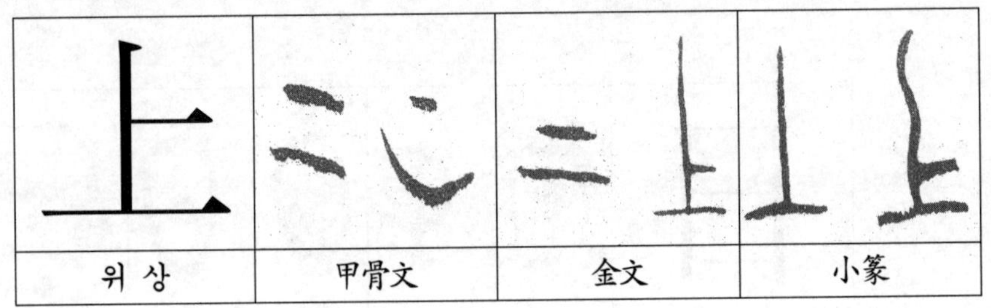



갑골문은 긴 세로선 위에 짧은 세로선을 그은 것이다. '위', '올라가다'라는 뜻으로 쓰인다.

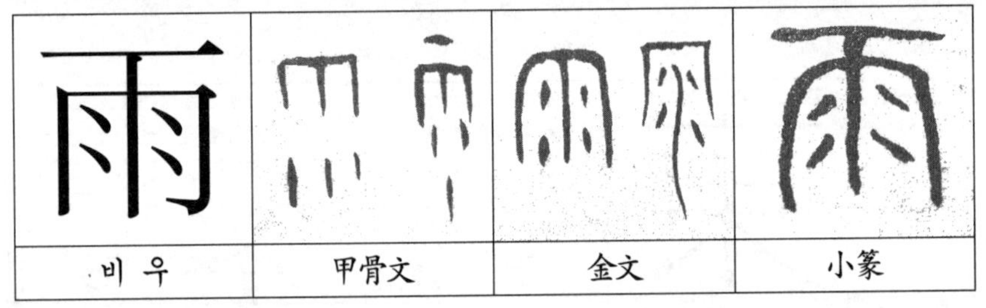



윗부분 '一'은 하늘을 뜻하고, 그 아랫부분은 '빗방울'의 모습이다. '비'의 뜻으로 쓰인다.

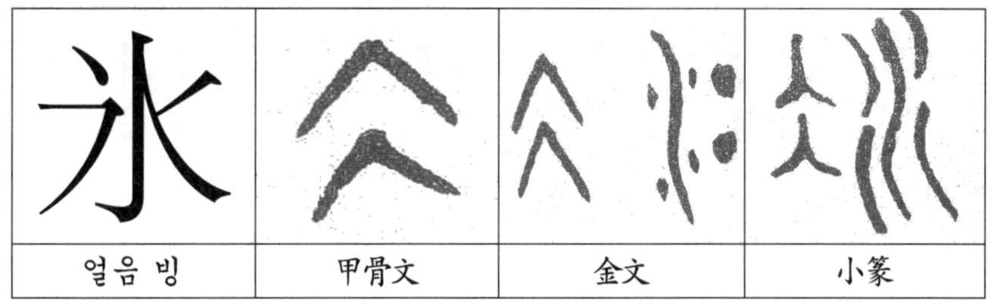

| 얼음 빙 | 甲骨文 | 金文 | 小篆 |
|---|---|---|---|

금문을 보면 물 '水'(수) 옆에 두 점이 있는데, 이것이 물 위에 뜬 두 덩어리 얼음이다. 이것을 줄인 것이 '氷'(빙)자이다. '얼음'이라는 뜻으로 쓰인다.

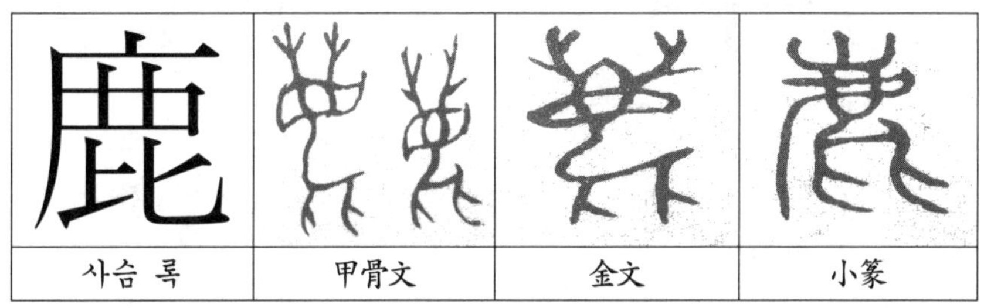

| 사슴 록 | 甲骨文 | 金文 | 小篆 |
|---|---|---|---|

멋진 뿔이 있는 한 마리 사슴의 모습이다. '사슴'을 뜻한다.

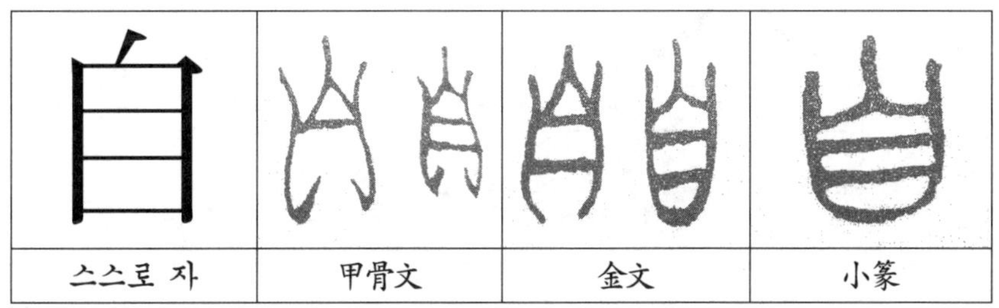

| 스스로 자 | 甲骨文 | 金文 | 小篆 |
|---|---|---|---|

사람의 코 모양을 나타낸 것으로 본뜻은 '코'이다. 뒤에 '저절로', '~로 부터'라는 뜻으로 쓰이게 되자, 鼻(비)를 만들어 '코'라는 뜻으로 사용하였다. 鼻(비)의 '畀'(비)는 본래 '주다'라는 뜻을 가지나 여기에서는 발음부호 역할을 한다.

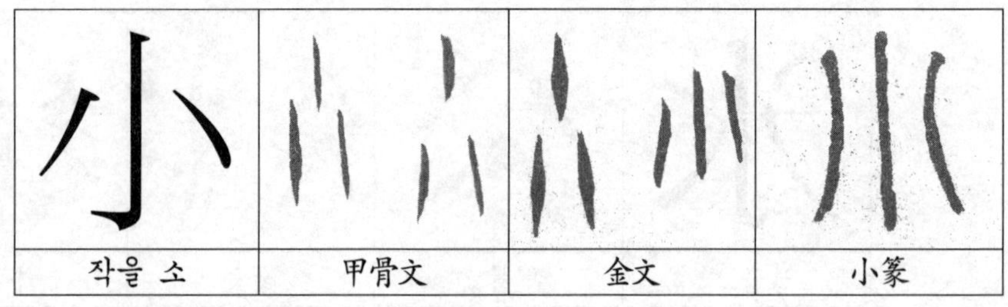

| 작을 소 | 甲骨文 | 金文 | 小篆 |

작은 물건 세 개가 모여 있는 모습이다. '작다'는 뜻이다.

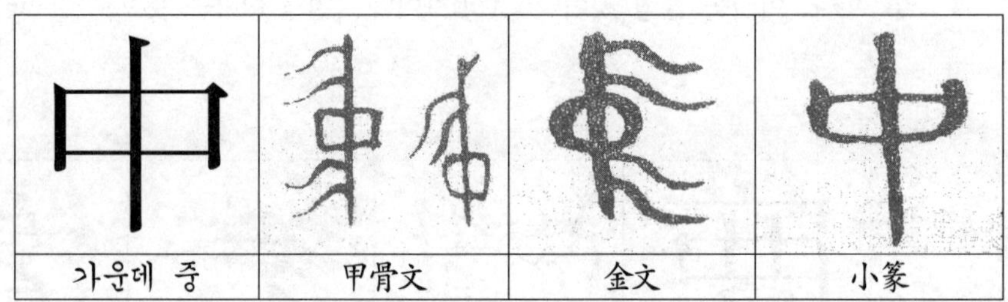

| 가운데 중 | 甲骨文 | 金文 | 小篆 |

세로획은 '긴 장대', 'ロ(구)'는 사람들이 사는 범위를 뜻한다. '가운데', '중앙' 이라는 뜻이다.

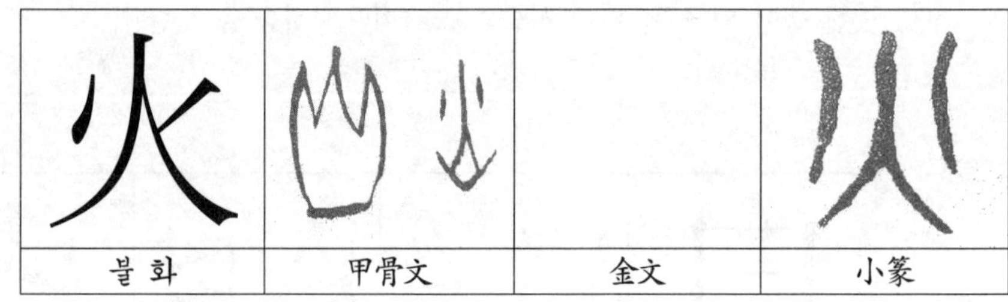

| 불 화 | 甲骨文 | 金文 | 小篆 |

타오르는 불꽃의 모양으로 '불'이라는 뜻이다.

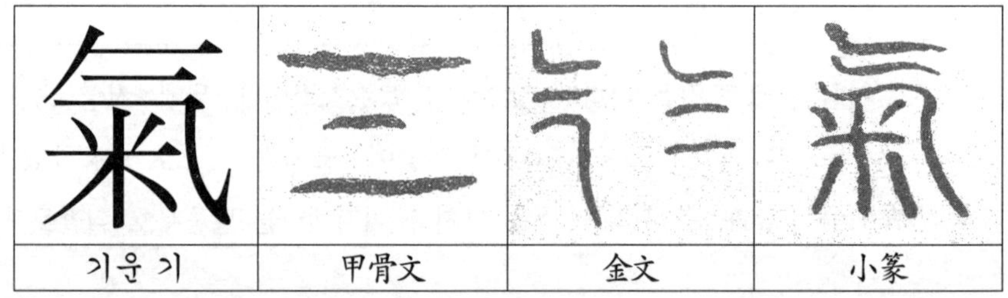

| 기운 기 | 甲骨文 | 金文 | 小篆 |

본래의 글자는 '气'(기)로 창공에 길게 펼쳐진 새털구름을 뜻했는데, 나중에는

모든 '김'과 '기운'까지 뜻하게 되었다. 글자 모양도 원래의 글자에 '米'(미)가 더해져, 지금의 글자가 되었다. '기운'이라는 뜻으로 쓰인다.

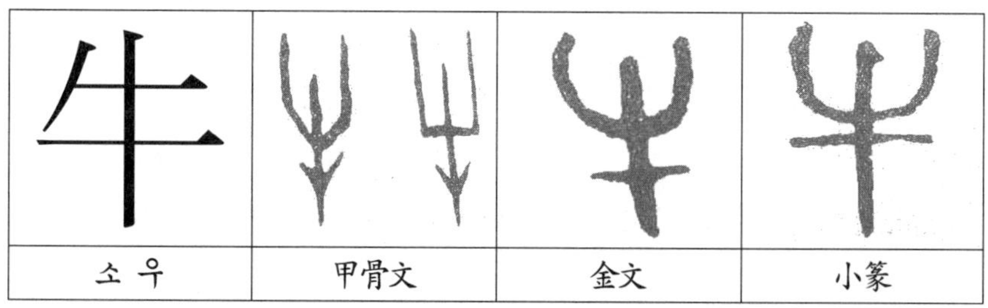

소를 정면에서 바라본 모양이다. '소'라는 뜻이다.

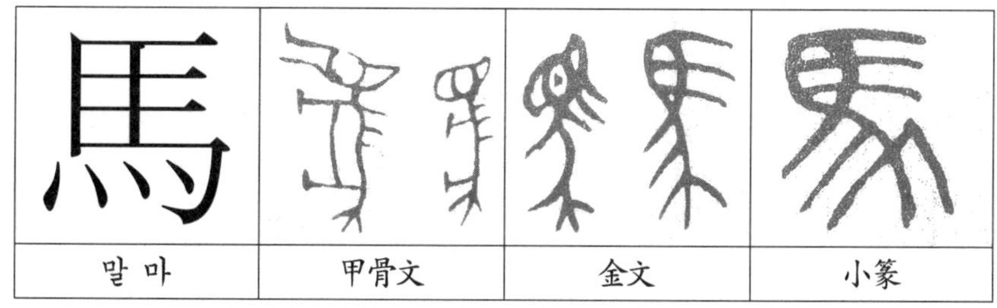

말의 모습을 본뜬 글자이다. '말'이라는 뜻이다.

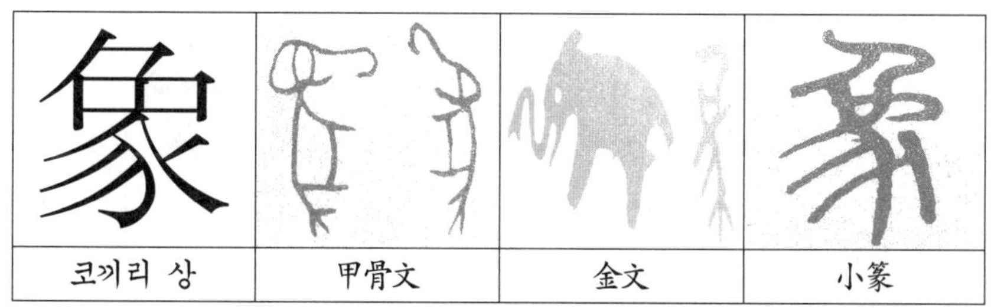

코끼리의 모습을 본뜬 글자이다. '코끼리'라는 뜻이다.

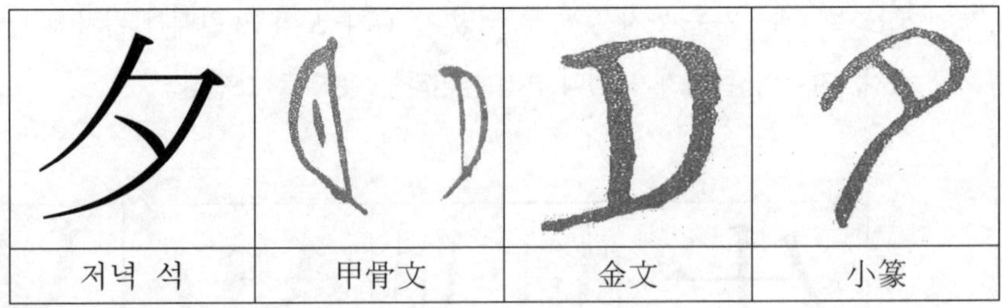

| 저녁 석 | 甲骨文 | 金文 | 小篆 |
|---|---|---|---|

달을 나타내는 '月'(월)에서 가운데 한 획이 빠진 글자로 '희미한 달'이 본뜻이다. 달이 희미하게 보이는 '저녁'이라는 뜻을 가지게 되었다.

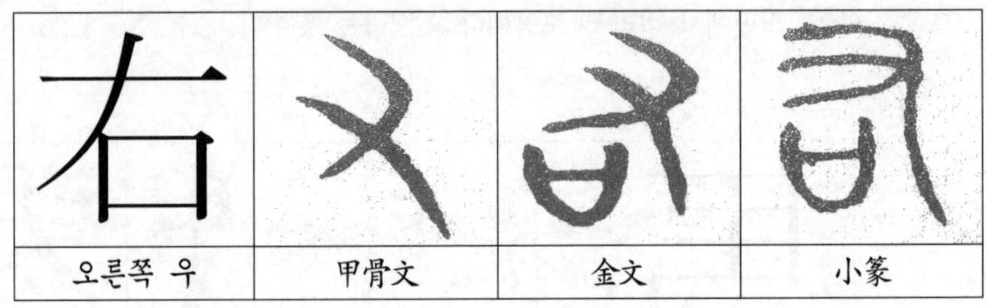

| 오른쪽 우 | 甲骨文 | 金文 | 小篆 |
|---|---|---|---|

'又'(우)와 '口'(구)로 이루어진 글자로 '又'(우)는 오른손, '口'(구)는 입을 뜻한다. 손과 입으로 남의 일을 돕는다는 뜻에서 '돕다'의 뜻을 가지게 되었으나 '오른쪽'의 뜻으로 널리 쓰이자, '돕다'는 본뜻을 '佑'(우)로 대신하게 되었다.

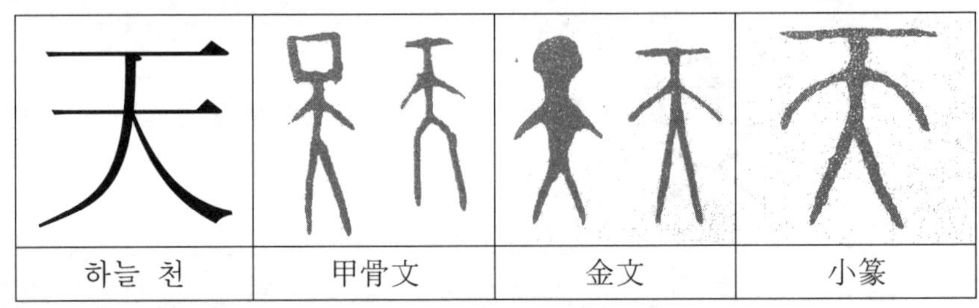

| 하늘 천 | 甲骨文 | 金文 | 小篆 |
|---|---|---|---|

갑골문의 모양은 정면을 향해 서 있는 사람의 모양이다. 본뜻은 '사람의 머리'였는데 '정수리 위의 하늘', '자연계'의 뜻으로 쓰인다.

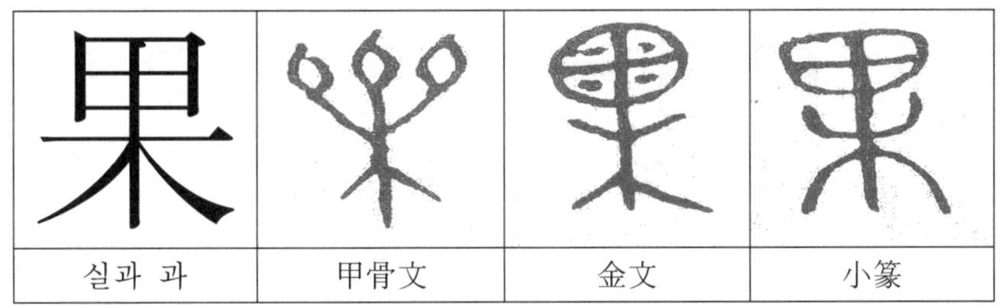

| 실과 과 | 甲骨文 | 金文 | 小篆 |
| --- | --- | --- | --- |

갑골문에는 한 그루의 나무에 열매가 가득 달려 있는 모양이다. 본뜻은 '나무에 열린 열매'인데 '結果'(결과), '決斷'(결단)의 뜻으로도 쓰인다.

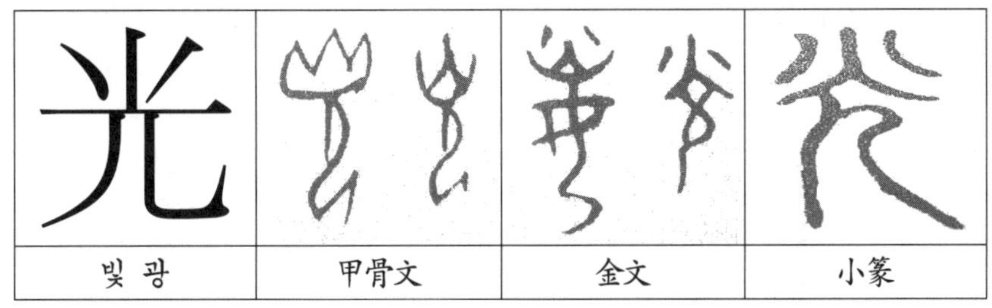

| 빛 광 | 甲骨文 | 金文 | 小篆 |
| --- | --- | --- | --- |

사람의 머리 위에 한 덩어리의 불이 있는 모양이다. '빛'이라는 뜻에서 '밝다', '빛나다'의 뜻으로도 쓰인다.

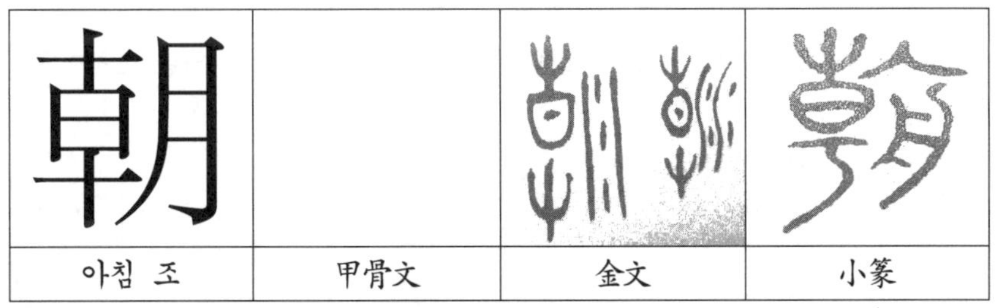

| 아침 조 | 甲骨文 | 金文 | 小篆 |
| --- | --- | --- | --- |

왼편의 아래 위에 풀을 나타내는 艸(초), 가운데에 해의 모양인 日(일)이 있으며, 오른편에는 달의 모양인 '月'(월)이 있다. 풀숲이 펼쳐져 있는 곳에 한쪽에서는 아침 해가 떠오르고 한쪽에서는 아직 서녘 하늘가에 달리 걸려있음을 볼 수 있다. 이른 새벽의 모습이다. 지금은 '아침'이라는 뜻으로 쓰인다.

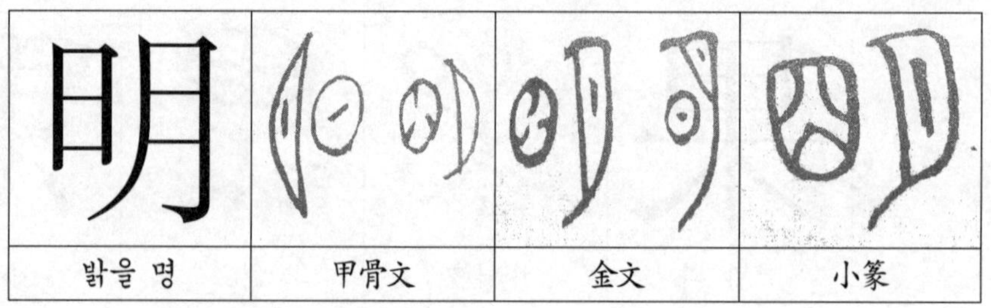

| 밝을 명 | 甲骨文 | 金文 | 小篆 |
| --- | --- | --- | --- |

　왼편은 해의 모양인 '日'(일)이 아니라 '창문'의 상형인 '囧'(경), 오른편은 달의 모양이다. '밝다'의 뜻으로 쓰인다.


라) 정치와 역사

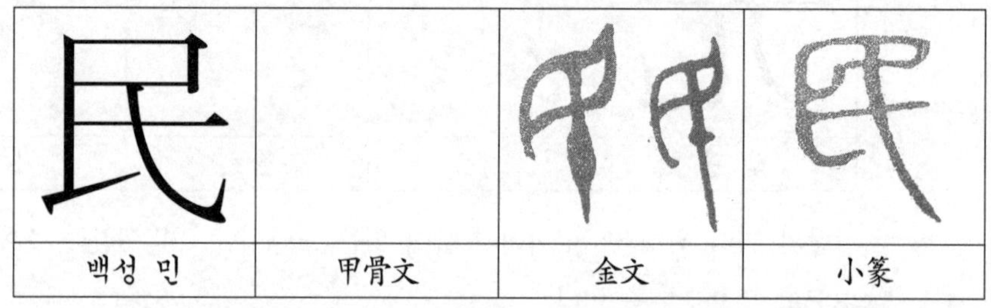

| 백성 민 | 甲骨文 | 金文 | 小篆 |
| --- | --- | --- | --- |

　윗부분은 '눈', 아랫부분은 끝이 뾰족한 '무기'를 나타낸다. 뾰족한 무기로 포로의 한 쪽 눈에 상처를 입히는 모습이다. 전쟁에서 사로잡은 포로가 저항을 못하도록 만든 다음 노동에 쓰던 고대 사회의 모습을 반영한 글자이다.

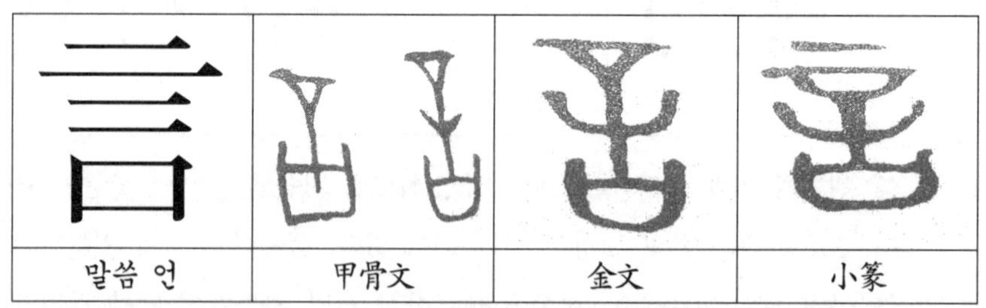

| 말씀 언 | 甲骨文 | 金文 | 小篆 |
| --- | --- | --- | --- |

　아랫부분은 입, 윗부분은 관악기를 부는 입으로 본뜻은 '말'이다.



초등학교 한자교육

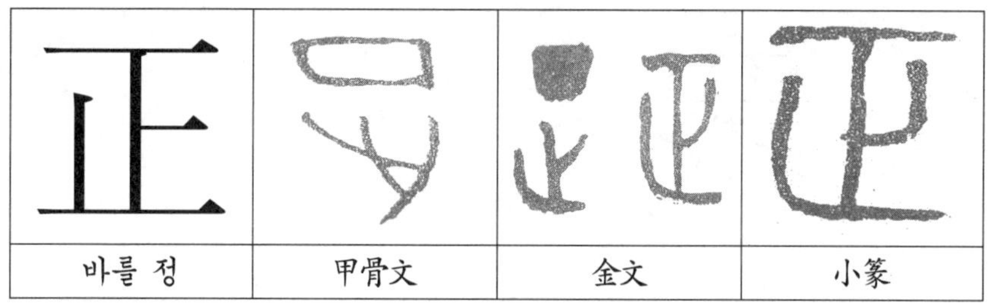

| | | | |
|---|---|---|---|
| 바를 정 | 甲骨文 | 金文 | 小篆 |

  갑골문을 보면 윗부분 '一'은 '口'로 되어있는데, 걸어가는 목표 또는 공격의 대상인 '성'(城)을 뜻한다. 아랫부분은 '발'(止)의 상형이다. 이 글자는 처음에는 가서 잘못된 것을 바로잡아준다는 '정벌'(征伐)의 뜻으로 쓰였으나 뒤에 '바로잡다', '바르다' 등의 뜻으로 널리 쓰이게 되었다.

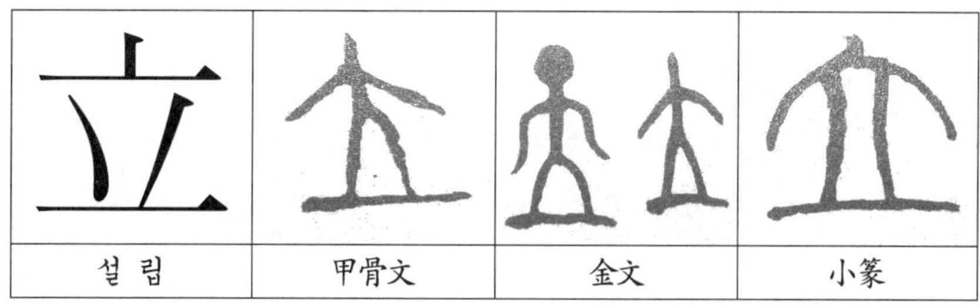

| | | | |
|---|---|---|---|
| 설 립 | 甲骨文 | 金文 | 小篆 |

  한 사람이 땅을 디디고 서 있는 모양이다. '서다'라는 뜻으로 쓰인다.

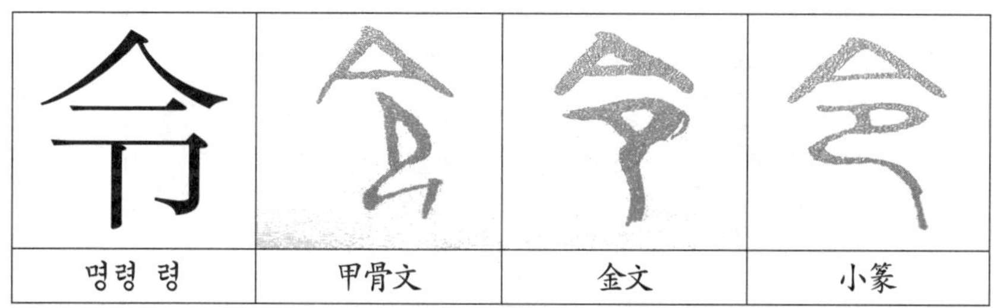

| | | | |
|---|---|---|---|
| 명령 령 | 甲骨文 | 金文 | 小篆 |

  윗부분 '亼'은 궁전이다. 아랫부분 '卩'은 꿇어앉은 사람의 모습이다. 옛날 궁전에서 꿇어앉은 신하가 임금의 '명령'을 듣고 있는 모습을 나타낸 글자로 '명령'이라는 뜻을 가진다.

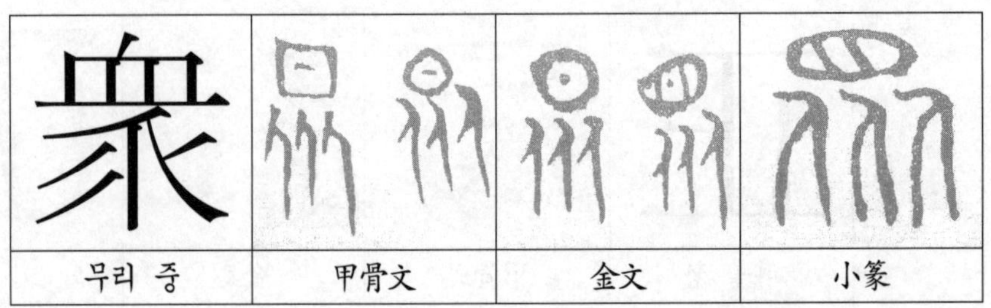

| 무리 중 | 甲骨文 | 金文 | 小篆 |

윗부분은 '태양', 아랫부분은 태양 아래서 일을 하는 '노예들'를 나타낸다. 갑골문에는 노예가 세 사람 나와 있는데 많다는 뜻을 담고 있다. 본뜻은 '많다', 나중에 '사람의 무리'라는 뜻으로도 쓰이게 되었다.

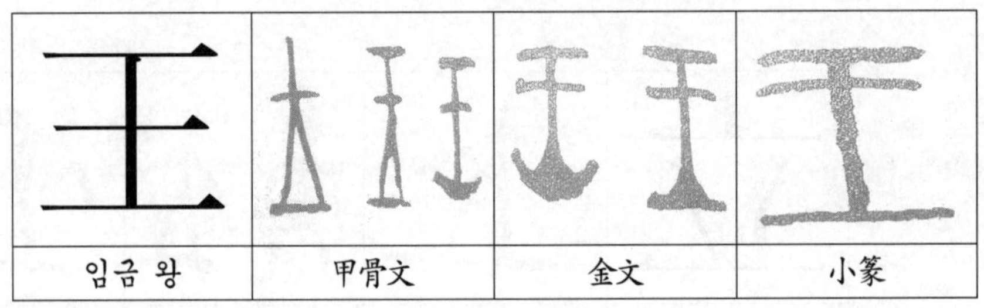

| 임금 왕 | 甲骨文 | 金文 | 小篆 |

도끼머리의 모습이다. 옛날 왕이나 최고 지도자의 권력을 상징하던 도끼의 모양을 본뜬 글자이다.

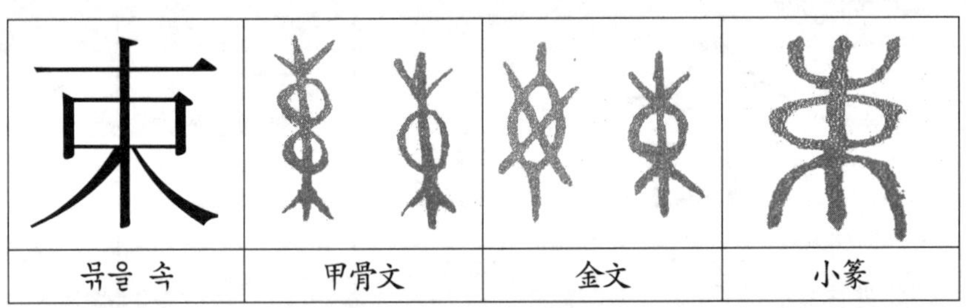

| 묶을 속 | 甲骨文 | 金文 | 小篆 |

보자기의 양 끝을 묶어 자루를 만든 모양이다. '묶다'라는 뜻으로 쓰인다.

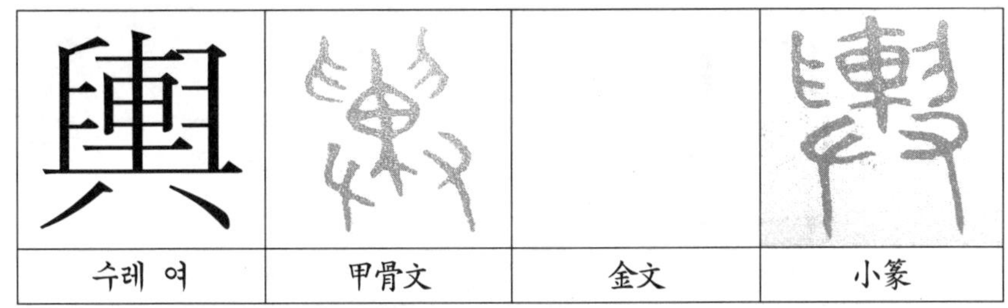

| | | | |
|---|---|---|---|
| 수레 여 | 甲骨文 | 金文 | 小篆 |

갑골문의 좌우상하는 (두 사람의) 네 손의 모습이고, 가운데는 가마 형태의 탈 것이다. 두 사람이 들고 있는 가마를 본뜻으로 한다. 가마를 든 사람은 가마 크기에 따라 두 사람 또는 그 이상이 되는데, 여기에서 '여럿'이라는 뜻이 생겨났다.

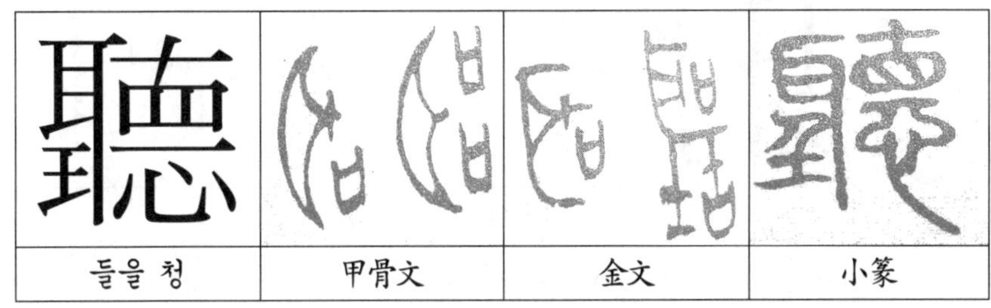

| | | | |
|---|---|---|---|
| 들을 청 | 甲骨文 | 金文 | 小篆 |

갑골문을 보면 귀 한 개에 입 하나, 또는 귀 한 개에 입 둘로 이루어져 있다. '귀기울여 여러 사람의 말을 듣다'라는 뜻을 가진다. '듣다'라는 뜻으로 널리 쓰인다.

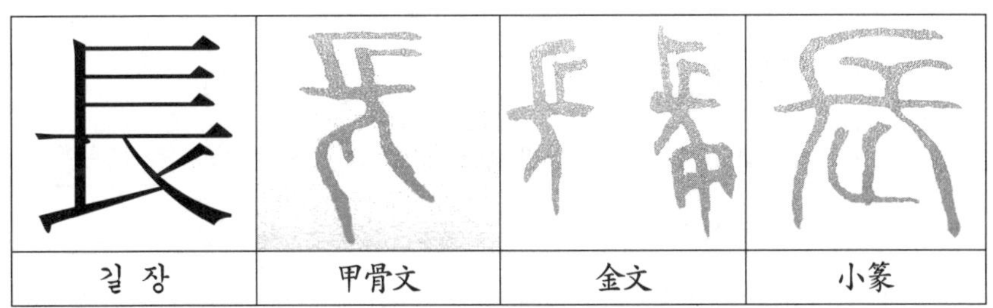

| | | | |
|---|---|---|---|
| 길 장 | 甲骨文 | 金文 | 小篆 |

갑골문의 윗부분은 풀어헤친 머리칼, 아랫부분은 '人'(사람 인)의 변형이다. 옛날 은나라 때 머리숱이 성근 노인들은 산발한 채 지냈는데, 이 모습을 그린 것이다. '산발한 노인'이라는 뜻이었는데 나중에 '어른', '우두머리', '길다'의 뜻으로 널리 쓰이게 되었다.

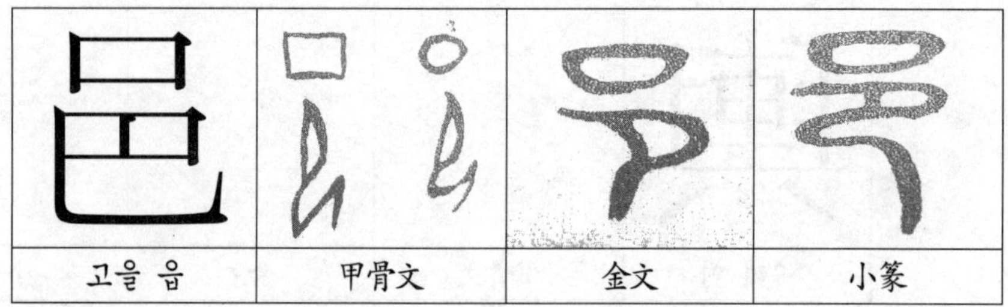

| 고을 읍 | 甲骨文 | 金文 | 小篆 |
| --- | --- | --- | --- |

윗부분 '口'는 사면이 담으로 둘러싸인 성, 아랫부분 '巴'는 한 자리에 앉아있는 사람의 모습이다. 사람들이 모여 사는 장소로 '城市'(성시)를 뜻한다.

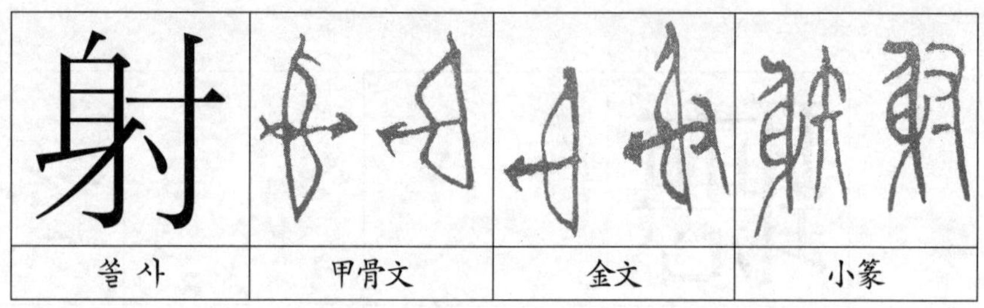

| 쏠 사 | 甲骨文 | 金文 | 小篆 |
| --- | --- | --- | --- |

화살이 팽팽하게 매겨진 '활'의 모습이다. 본뜻은 '쏘다'이다.

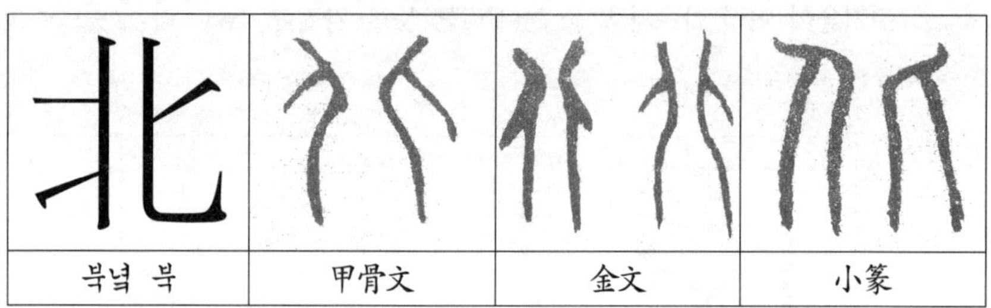

| 북녘 북 | 甲骨文 | 金文 | 小篆 |
| --- | --- | --- | --- |

두 사람이 등지고 서있는 모양이다. '등지다'(이 때는 '배'라고 읽음)가 본뜻이며, '등'이라는 뜻으로도 사용되었다. 그런데 뒤에 방위의 하나인 '북쪽'(이 때는 '북'이라고 읽음)으로 더 널리 쓰이자 '등지다'라는 본뜻을 보존하기 위해 '살'의 상형인 '月'을 넣어 '背'를 만들었다.

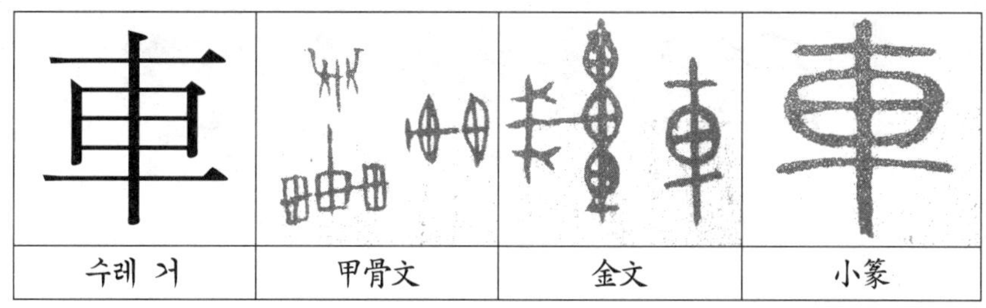

| 수레 거 | 甲骨文 | 金文 | 小篆 |
| --- | --- | --- | --- |

수레 한 대를 위에서 내려다 본 모습이다. '수레'라는 뜻을 가진다.

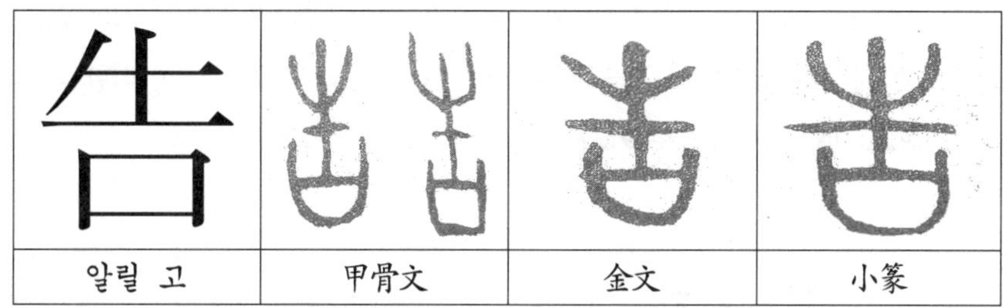

| 알릴 고 | 甲骨文 | 金文 | 小篆 |
| --- | --- | --- | --- |

함정 위에 푯말을 세워놓은 모양이다. '알리다'라는 뜻을 가진다.

마) 교육과 학문

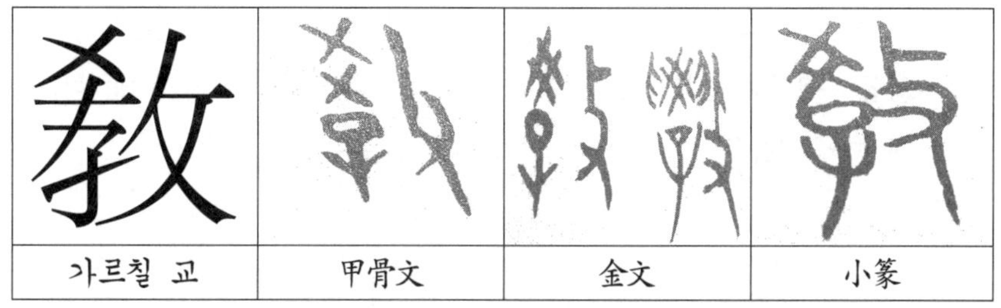

| 가르칠 교 | 甲骨文 | 金文 | 小篆 |
| --- | --- | --- | --- |

왼편의 윗부분은 셈이나 계산에 쓰이는 나뭇가지, 왼편의 아랫부분은 어린아이의 뜻인 '子'(자)이며 오른편은 막대기(매)를 손에 든 모습이다. 셈을 공부하는 아이에게 매를 들어 가르치는 모습을 나타낸 글자로 '가르치다'라는 뜻이다.

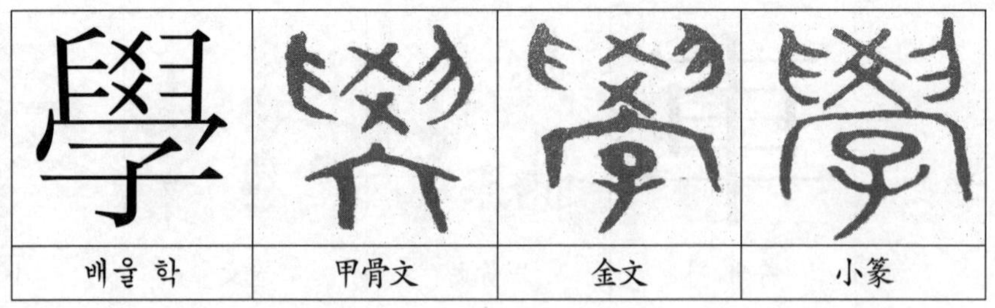

| 배울 학 | 甲骨文 | 金文 | 小篆 |

　　갑골문의 윗부분은 새끼줄과 그것을 묶는 두 손이고 아랫부분은 지붕의 모습
이다. 금문에 이르면 아랫부분에 아이(子)가 첨가된다. 옛날에는 억새 등으로 지붕
을 덮고 바람에 날아가지 않도록 묶는 것이 집안의 중요한 일이었는데, 이런 일
은 자식의 입장에서는 꼭 배워야할 일이었다. 이 글자는 이러한 의미를 담은 것
으로 '배우다'라는 뜻을 가진다.

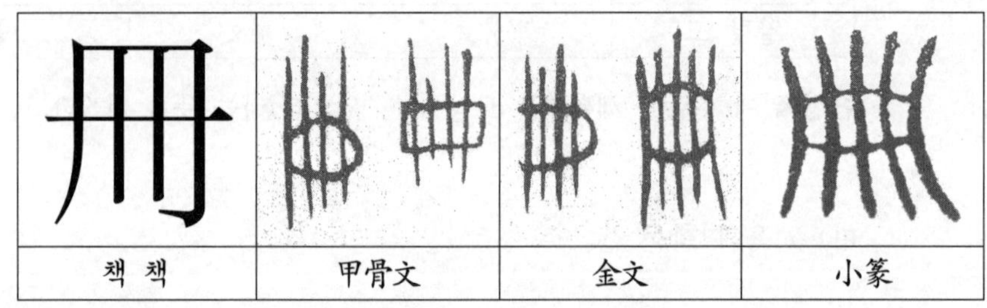

| 책 책 | 甲骨文 | 金文 | 小篆 |

　　종이가 발명되기 전 중국에서는 대나무를 쪼갠 조각(竹簡:죽간)의 표면을 종이
처럼 사용했다. 이러한 죽간들을 끈으로 엮어 책을 만들었는데, 이 글자는 만들어
진 책의 모습을 본뜬 것이다. '책'이라는 뜻으로 쓰인다.

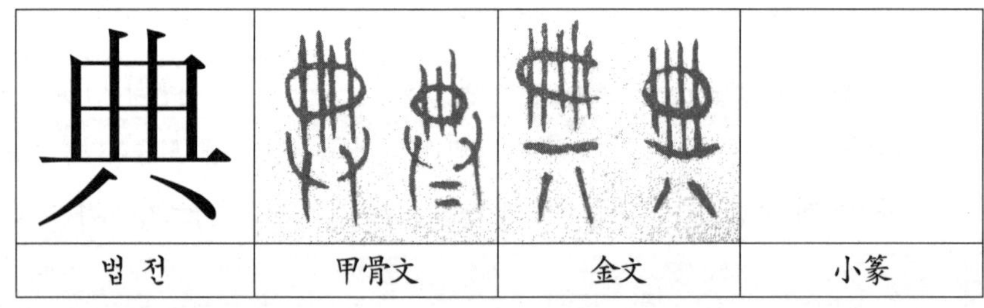

| 법 전 | 甲骨文 | 金文 | 小篆 |

윗부분은 대나무를 쪼갠 조각(竹簡:죽간)을 끈으로 엮은 册(책)의 모양, 아랫부

분은 왼손과 오른손 두 손으로 두 손으로 책을 들고 있는 모습이다. 이처럼 공손
히 들고 있는 책은 귀한 책이라는 의미에서, '귀한 책'을 본뜻으로 한다.

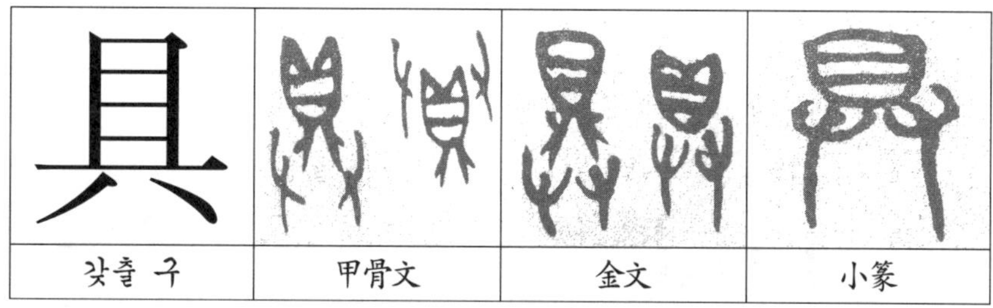

| 具 | 甲骨文 | 金文 | 小篆 |
|---|---|---|---|
| 갖출 구 | | | |

갑골문을 보면 윗부분은 '조개'(貝)가 아니라 '솥'임을 알 수 있다. 아랫부분은
두 손의 모습이다. 즉 이 글자는 손으로 솥을 들고 있는 모양으로, 본뜻은 '솥을
들어서 제사상에 올리다'에서 나온 '설치하다'이다. 이후 어느 집이나 솥 하나씩
은 없을 수 없다는 점에서 '갖추다'라는 뜻으로 사용되었다.

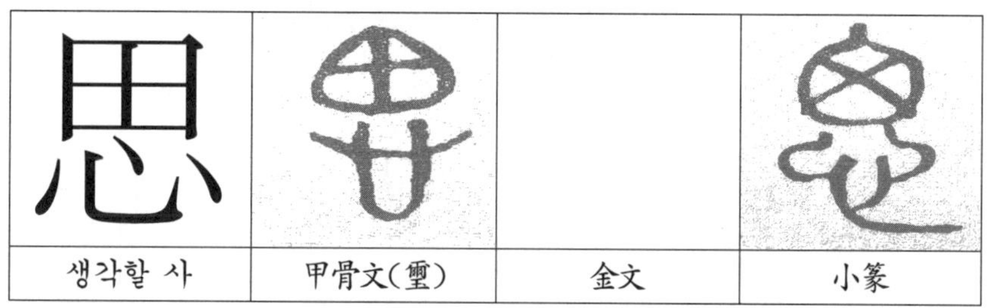

| 思 | 甲骨文(囟) | 金文 | 小篆 |
|---|---|---|---|
| 생각할 사 | | | |

윗부분은 두개골, 아랫부분은 심장의 모양으로 아직 숨골이 단단히 굳지 않은
'어린아이 머리'의 상형이다. '생각'이라는 뜻으로 쓰인다.

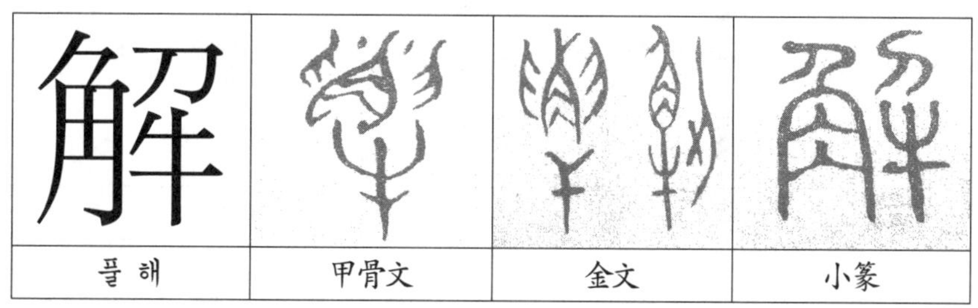

| 解 | 甲骨文 | 金文 | 小篆 |
|---|---|---|---|
| 풀 해 | | | |

갑골문의 윗부분은 뿔과 그것을 움켜진 두 손, 아랫부분은 소의 머리 모양이다. 나중에 뿔을 뽑던 왼손은 생략되고 오른손 대신 칼(刀)이 들어갔다. '뽑다'가 본뜻이며 나중에 '풀다' '해결하다' 등의 뜻으로 사용되었다.

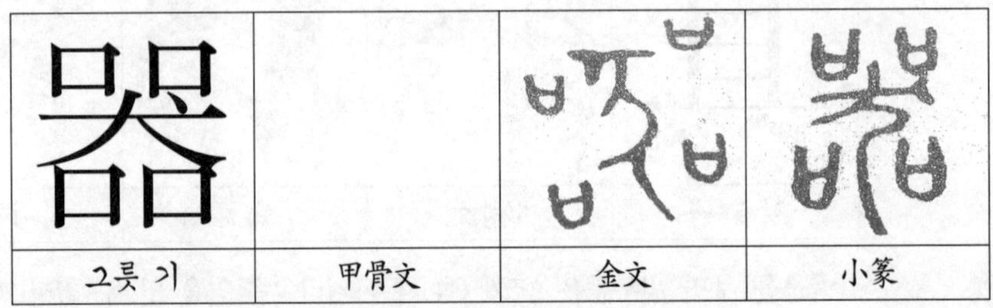

| 그릇 기 | 甲骨文 | 金文 | 小篆 |
|---|---|---|---|

개(犬)와 네 개의 'ㅁ'로 'ㅁ'는 제사에 쓰이던 귀한 그릇, 또는 진귀한 보물을 담아둔 '상자'를 뜻한다. 이 글자는 '사나운 개'와 '보물'의 모습을 나타낸 것으로 본뜻은 '그릇'인데, 차츰 '도구', '인재' 등으로 뜻으로 쓰이게 되었다.

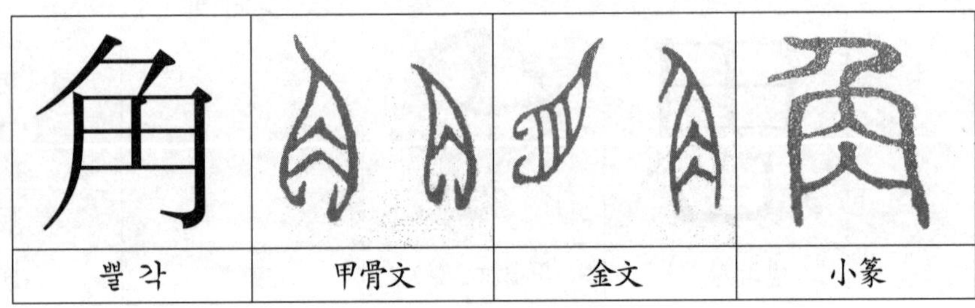

| 뿔 각 | 甲骨文 | 金文 | 小篆 |
|---|---|---|---|

짐승 뿔의 모양을 본뜬 글자이다.

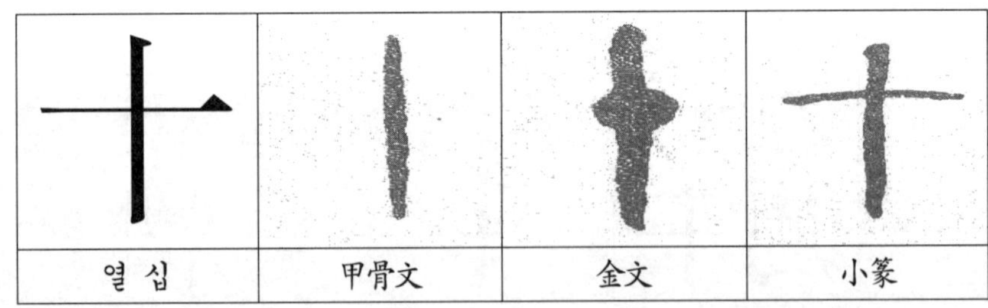

| 열 십 | 甲骨文 | 金文 | 小篆 |
|---|---|---|---|

갑골문을 보면 한 줄의 세로선이었는데, 금문에서는 가운데에 점을 찍은 모습


초등학교 한자교육

으로 나타난다. 이 가운데의 점이 점점 길어져 지금의 글자가 되었다. 숫자 '10'
을 뜻한다.

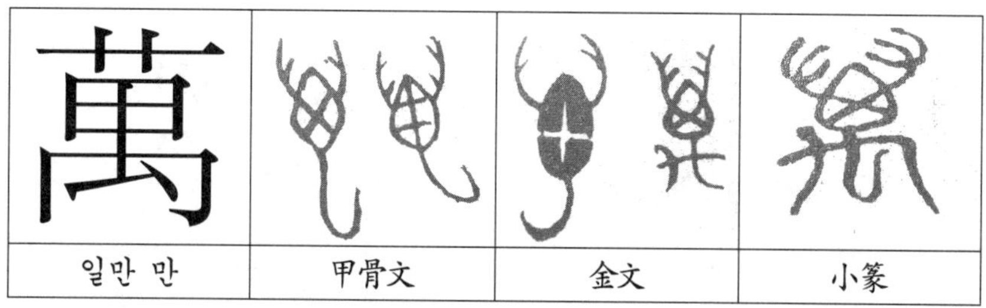

전갈을 본뜬 글자의 모양이 변한 것이다. 윗부분의 '艹'(초) 부분은 먹이를 집
을 때 사용하는 집게, '田'(전) 부분은 몸체, 나머지는 꼬리부분이다. 마지막 한
획은 꼬리 끝의 독침이다. 숫자 '만'을 나타내던 소리와 발음이 같아 숫자를 표시
하는 글자로 널리 쓰이게 되었다. 10000의 의미로 쓰인다.

윗부분 '雨'(우)는 비, 아랫부분 '申'(신)은 번쩍이는 모습이다. 비가 내리는 가
운데 번개가 번쩍인다는 뜻이다. 본뜻은 '번개'였다가 '빠르다'는 뜻으로 쓰인다.

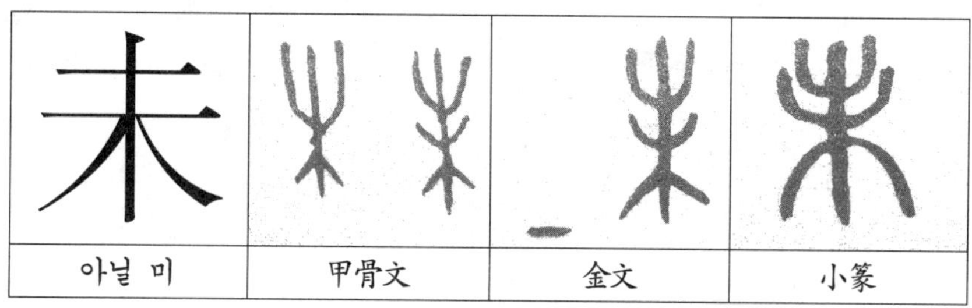

**203**

나무의 가지와 잎이 겹쳐져 있는 모양으로 가지와 잎이 무성하다는 뜻이다. 지금은 '아직 ~하지 않다'의 뜻으로 쓰인다.

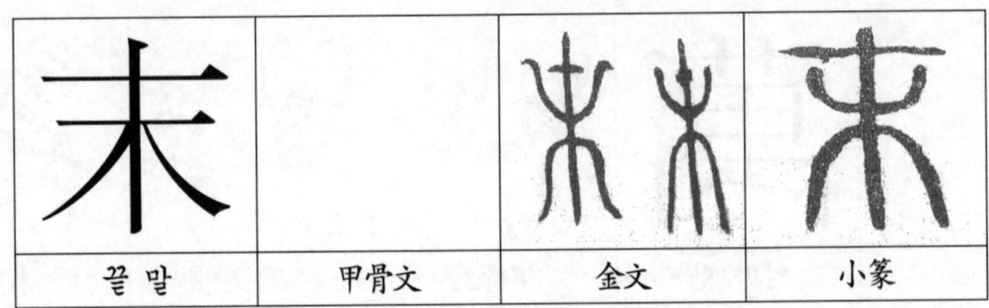

| 끝 말 | 甲骨文 | 金文 | 小篆 |
|---|---|---|---|

'木'(목) 위에 짧은 획이 그어져 있어 나뭇가지가 있는 위치를 가리킨다. 나뭇가지라는 뜻에서 '사물의 끝', '마지막', '중요하지 않은 것'의 뜻으로 쓰이게 되었다.

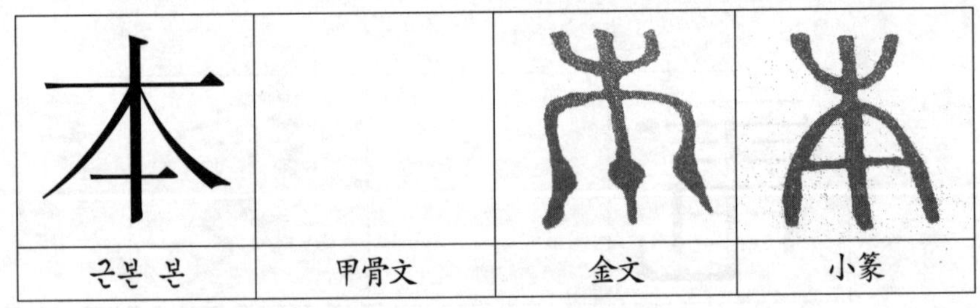

| 근본 본 | 甲骨文 | 金文 | 小篆 |
|---|---|---|---|

'木'(목)의 뿌리 부분에 둥근 점이나 짧은 가로 획이 그어져 있어 나무뿌리가 있는 곳을 가리킨다. 나무뿌리에서 '根本'(근본), '基礎'(기초)의 뜻을 가진다.

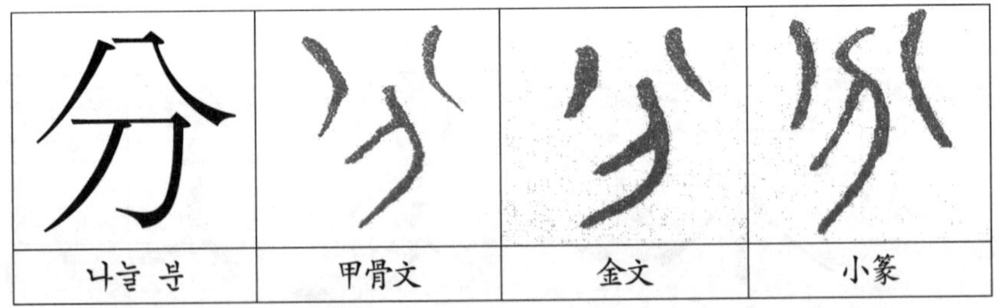

| 나눌 분 | 甲骨文 | 金文 | 小篆 |
|---|---|---|---|

원래 윗부분의 '팔'(八)은 어떤 물건이 반으로 나누어진 상태를 뜻하던 글자였


초등학교 한자교육

는데, 여덟을 뜻하는 글자와 발음이 같다는 이유로 숫자 '8'의 뜻으로 널리 쓰이
게 되었다. 이에 본뜻을 살리기 위해 나누는 도구 '도'(刀)를 더하여 이 글자를 만
들게 되었다.


바) 문화와 전통

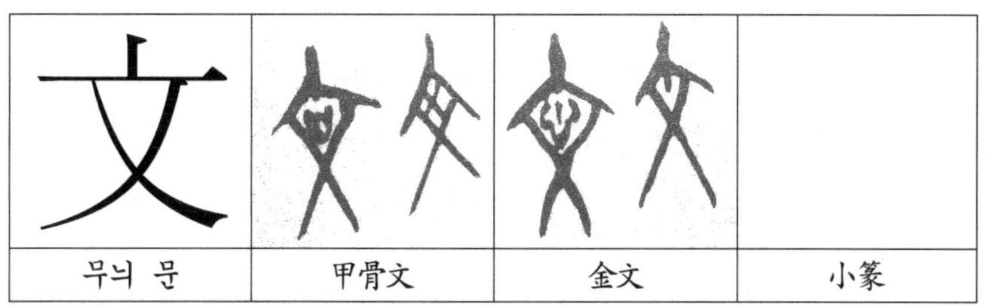

| 무늬 문 | 甲骨文 | 金文 | 小篆 |
|---|---|---|---|

가슴에 문신을 새겨 넣은 사나이가 버티고 선 모양을 본뜬 글자이다. 갑골문
을 보면, 이 글자의 가운데 부분에 다양한 형태의 문신이 있다. '무늬'라는 뜻이
었는데, 지금은 '글월', '글' 등의 의미로 널리 쓰이고 있다.


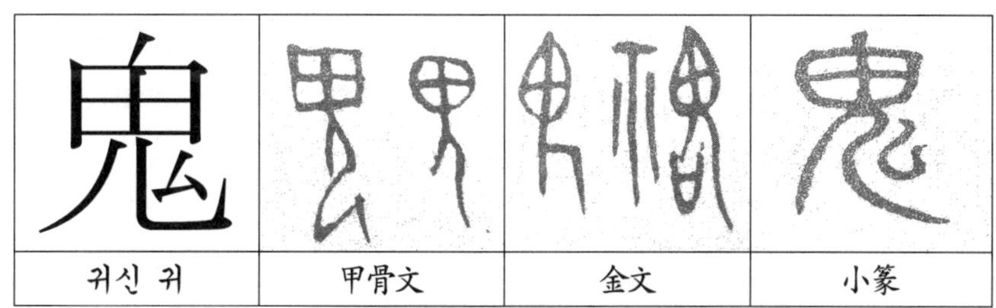

| 귀신 귀 | 甲骨文 | 金文 | 小篆 |
|---|---|---|---|

윗부분은 '탈' 즉 귀신 가면, 아랫부분은 '사람', 'ㅿ'은 사람이 꿇어앉아 있을
때의 '발부분'이 변한 것이다. 이 글자는 귀신 가면을 쓴 무당이 서거나 쭈그리고
앉아있는 모양을 본뜬 것이다. 본뜻은 '귀신'이다.

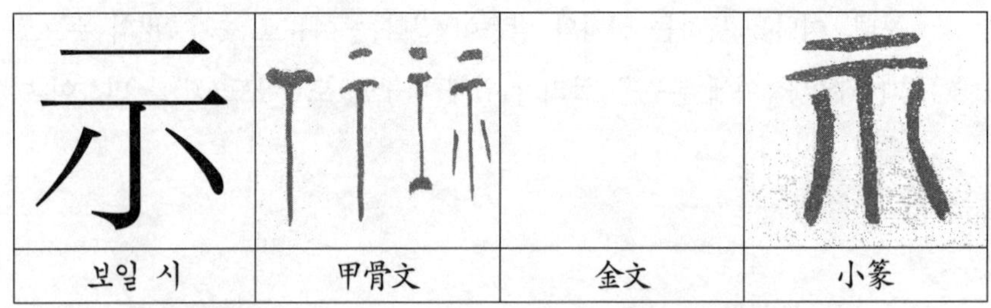

| 보일 시 | 甲骨文 | 金文 | 小篆 |
| --- | --- | --- | --- |

　　여러 가지 설이 있으나 신에게 제물을 바치는 장면을 본뜬 것으로 보는 설이 널리 알려져 있다. 이 때 가운데의 'T'는 신에게 제물을 바치기 위한 돌 제탁, 윗부분 '一'은 위에 얹은 희생, 아랫부분 좌우의 'I'은 희생에서 떨어지는 핏방울이다. '귀신'을 뜻하는 글자다.

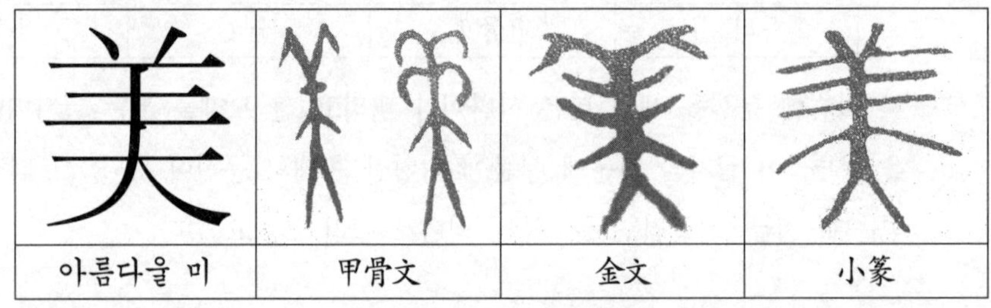

| 아름다울 미 | 甲骨文 | 金文 | 小篆 |
| --- | --- | --- | --- |

　　윗부분은 새의 깃털 장식, 아랫부분은 사람을 정면에서 본뜬 '大'이다. 이 글자는 아름답게 보이기 위해 새의 길다란 깃털을 머리에 꽂아 장식한 사람의 모습이다. 본뜻은 '아름답다'이다. 윗부분의 장식을 새의 깃털이 아니라 양의 뿔로 만든 것이라고 보기도 한다.

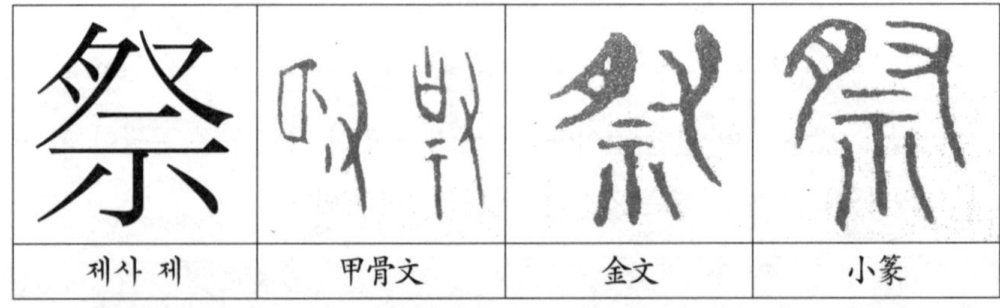

| 제사 제 | 甲骨文 | 金文 | 小篆 |
| --- | --- | --- | --- |

　　갑골문을 보면 왼편은 고깃덩어리, 오른편은 고깃덩어리를 잡고 있는 손, 고깃

덩어리의 옆에 있는 점은 뚝뚝 떨어지는 핏방울이다. 따라서 잡은지 얼마 안되는 희생의 고기임을 알 수 있다. 귀신을 뜻하는 '示'(시)는 금문에서 처음 나타난다. 이 글자는 손으로 고기를 들어 바치는 모양으로 '제사'라는 의미로 널리 쓰인다.

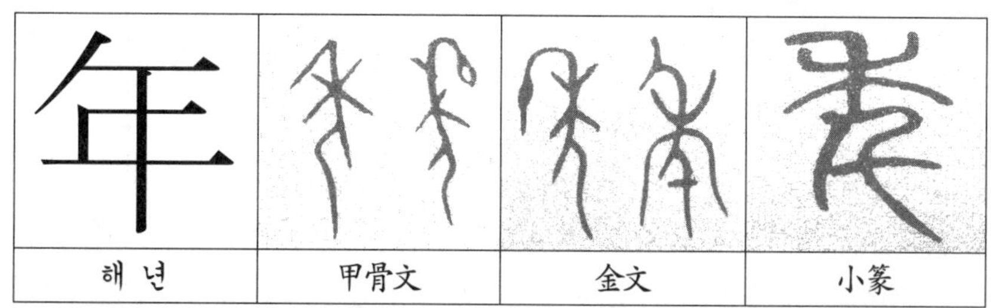

| 해 년 | 甲骨文 | 金文 | 小篆 |

윗부분은 익어 고개숙인 곡식, 아랫부분은 곡식을 등에 진 사람을 뜻한다. 본래 '곡식이 여물었다'는 뜻이었는데 나중에 '한 해'의 의미로 널리 쓰이게 되었다.

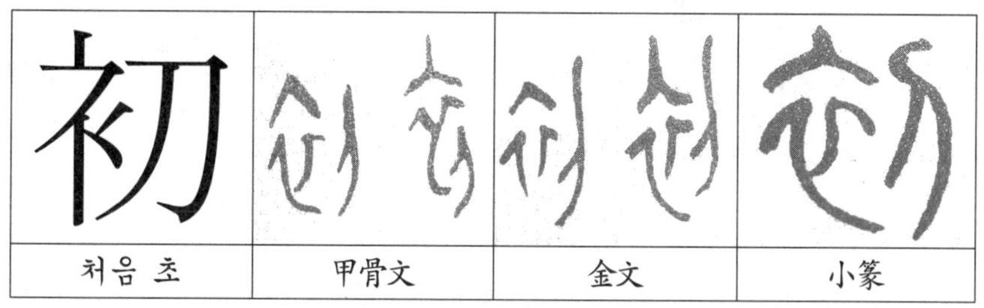

| 처음 초 | 甲骨文 | 金文 | 小篆 |

왼편의 '衤'(의)는 '저고리'의 모양, 오른편은 '칼'을 나타낸다. 옷감에 칼을 대는 것이 마름질의 출발이다. 따라서 '시작', '처음'이라는 뜻으로 널리 쓰이게 되었다.

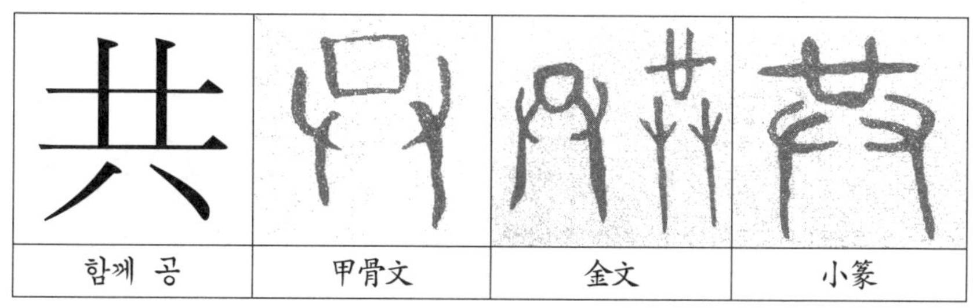

| 함께 공 | 甲骨文 | 金文 | 小篆 |

두 손으로 물건을 들고 있는 모양으로 '함께'라는 뜻을 가진다.

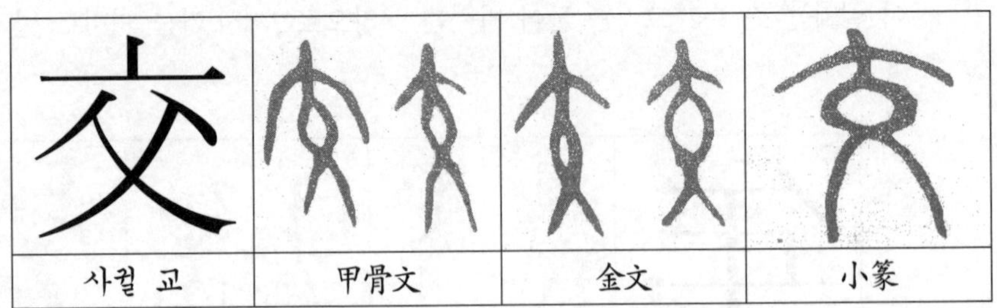

| 사귈 교 | 甲骨文 | 金文 | 小篆 |

다리를 엇갈리게 하고 서있는 사람의 모습이다. 가뭄이 들었을 때 기우제(祈雨祭)를 맡은 여자 무당이 춤을 출 때의 동작으로 보기도 한다. '엇갈리다'가 본 뜻이며 '서로', '사귀다' 등의 뜻으로 널리 쓰인다.

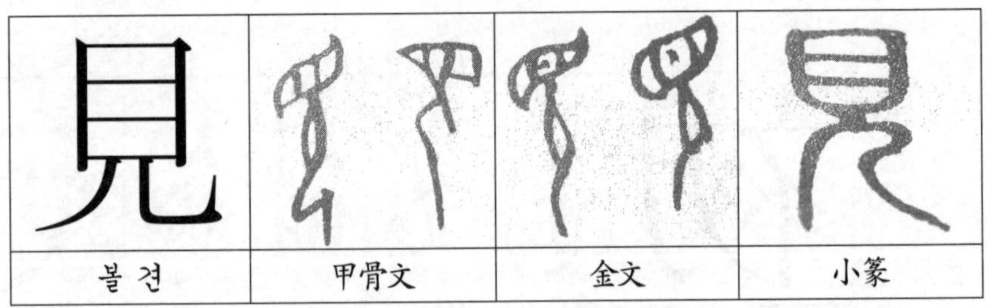

| 볼 견 | 甲骨文 | 金文 | 小篆 |

윗부분은 눈, 아랫부분은 사람(人)을 나타낸다. 눈을 강조하여 그린 사람의 모습이다. '보다'라는 뜻으로 사용된다.

사) 경제와 생활

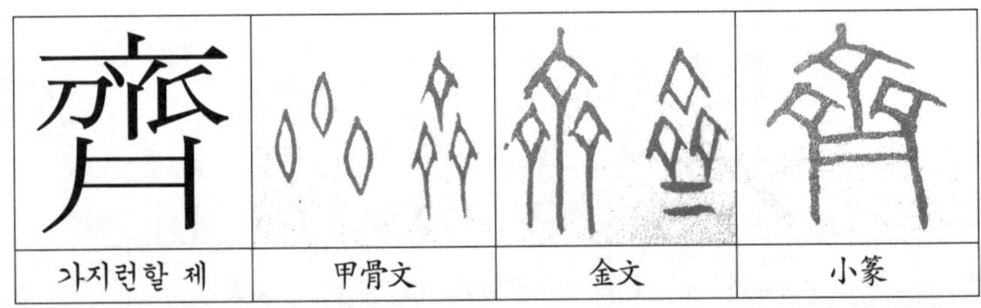

| 가지런할 제 | 甲骨文 | 金文 | 小篆 |

갑골문에 보이는 것은 농작물의 이삭, 또는 이삭이 달린 줄기로 잘 자란 농작물이 키를 가지런히 하고 있는 모습이다. '가지런하다'라는 뜻으로 쓰인다.

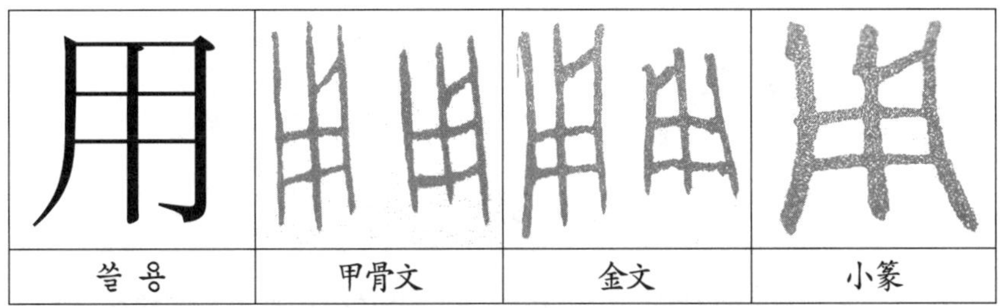

| 쓸 용 | 甲骨文 | 金文 | 小篆 |
| --- | --- | --- | --- |

본래 '나무통'의 모습을 본뜬 글자이다. 통이 이러 저러한 다양한 쓰임을 가지는 도구이므로, 여기에서 '쓰다', '쓰이다'라는 뜻이 생겨났다. '쓰다', '쓰이다'라는 뜻을 가진다.

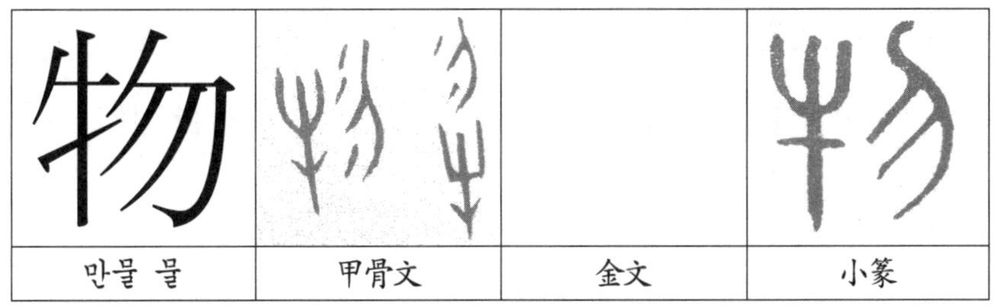

| 만물 물 | 甲骨文 | 金文 | 小篆 |
| --- | --- | --- | --- |

왼편은 '소'의 정면 모습이고 오른편은 '칼과 핏방울'을 나타낸다. '칼로 소를 잡다'가 본뜻이다. '잡색의 소'라는 뜻으로 쓰이다가 나중에 '만물'도 뜻하게 되었다.

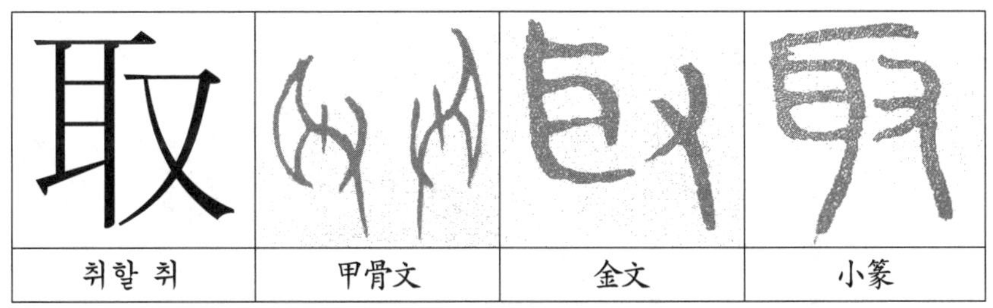

| 취할 취 | 甲骨文 | 金文 | 小篆 |
| --- | --- | --- | --- |

왼편은 '귀'의 모양, 오른편은 귀를 잡아당기는 손의 모습이다. 전쟁터에서 전공(戰功)을 증명하기 위해 죽인 시체의 귀를 자르는 모습으로, 지금은 '취하다'라

는 뜻으로 쓰인다.

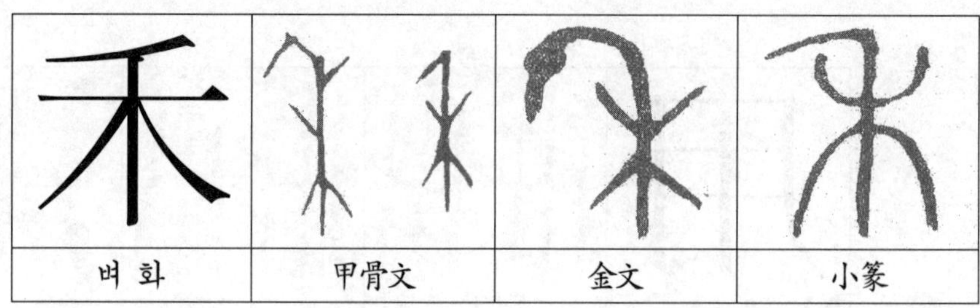

| 벼 화 | 甲骨文 | 金文 | 小篆 |

맨 위의 왼쪽으로 기울어진 획은 익어서 고개 숙인 이삭, 가운데의 세로획은
줄기, 가운데의 가로획은 좌우로 뻗은 잎, 가운데에서 좌우로 기울어진 획은 뿌리
를 나타낸다.

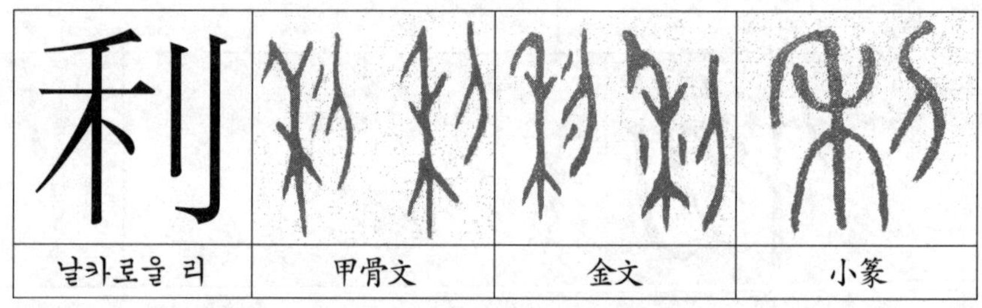

| 날카로을 리 | 甲骨文 | 金文 | 小篆 |

禾(벼 화)와 刀(칼 도)로 이루어진 글자이다. 오른편의 刀(칼 도)는 칼, 또는
밭갈이에 쓰는 가래로 본다. 벼농사를 짓는 것은 이롭다라는 데에서 '이롭다'라는
뜻을 가진다. '날카롭다'는 뜻으로도 쓰이는데, 이것은 칼 또는 가래 끝의 날카로
움에서 나온 것이다.

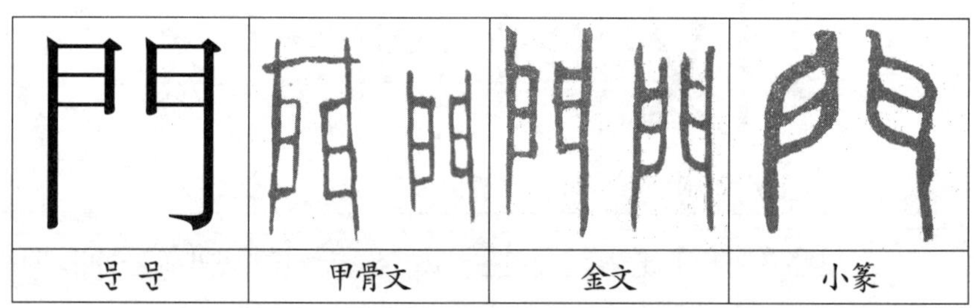

| 문 문 | 甲骨文 | 金文 | 小篆 |

두 짝 문의 모습으로 '문'의 뜻으로 쓰인다.

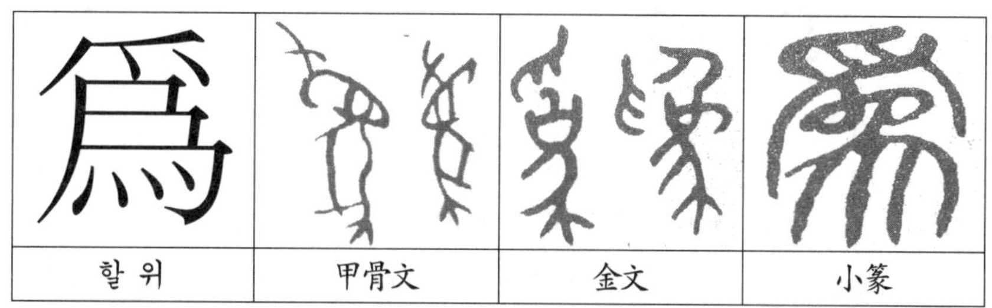

| 할 위 | 甲骨文 | 金文 | 小篆 |

아랫부분은 코끼리의 모습, 윗부분은 코끼리의 긴 코를 잡고 있는 '손'(又)의 모습이다. '코끼리를 부리다', '코끼리를 부려 일하다'라는 뜻이었는데, 지금은 '하다'라는 의미로 널리 쓰이고 있다.

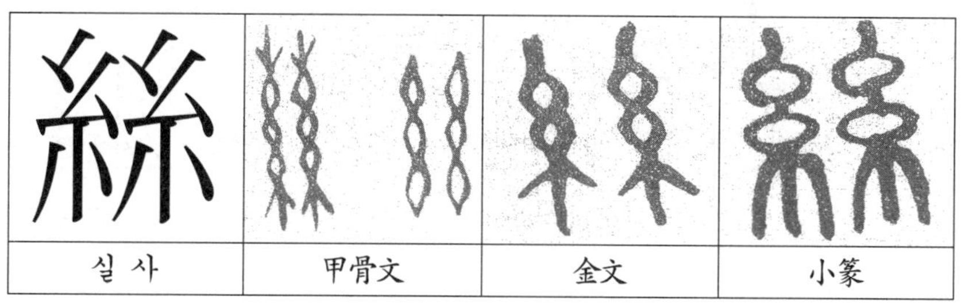

| 실 사 | 甲骨文 | 金文 | 小篆 |

한 타래 실의 모습으로 '실'이라는 뜻으로 쓰인다.

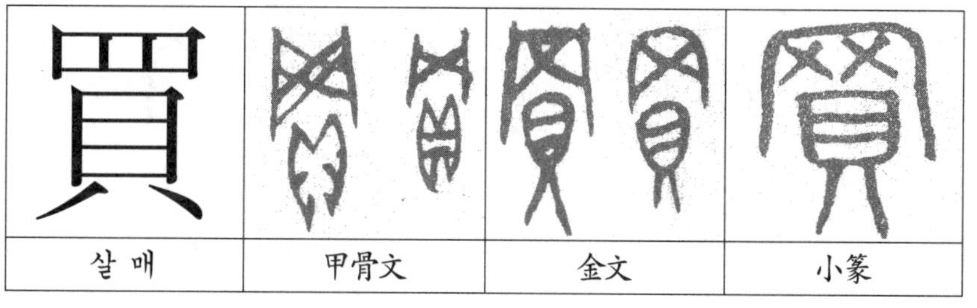

| 살 매 | 甲骨文 | 金文 | 小篆 |

윗부분은 '그물', 아랫부분은 '조개'이다. 이익을 거두어 들인다는 의미로 '사다'라는 뜻이다.

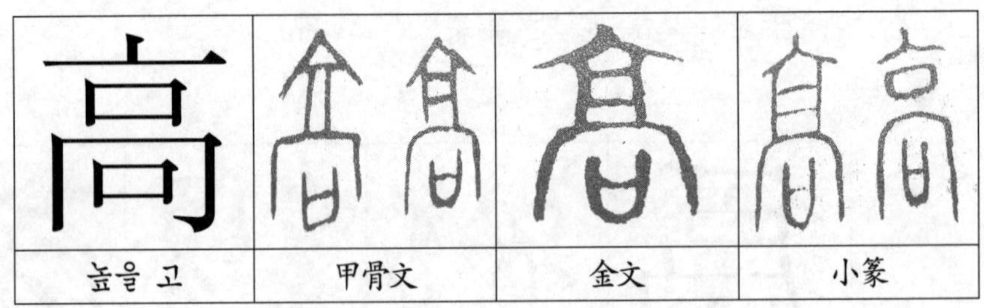

| 높을 고 | 甲骨文 | 金文 | 小篆 |

갑골문을 보면 누각이 층층이 겹쳐 있는 모습이다. 윗부분은 비스듬한 지붕, 아랫부분은 누대, 가운데 '口'(구)는 누대로 들어가는 문을 나타낸다. 누각이 높이 솟았다는 데서 '높음'을 뜻한다.

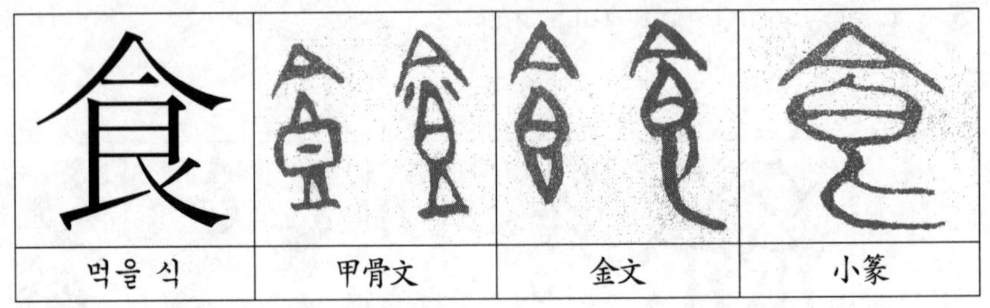

| 먹을 식 | 甲骨文 | 金文 | 小篆 |

윗부분 '亼'은 그릇의 뚜껑, 아랫부분 '皀'은 제기 모양의 그릇에 담긴 음식을 나타낸다. 먹을 수 있는 음식의 뜻에서 '먹다'의 뜻이 생겨났다.

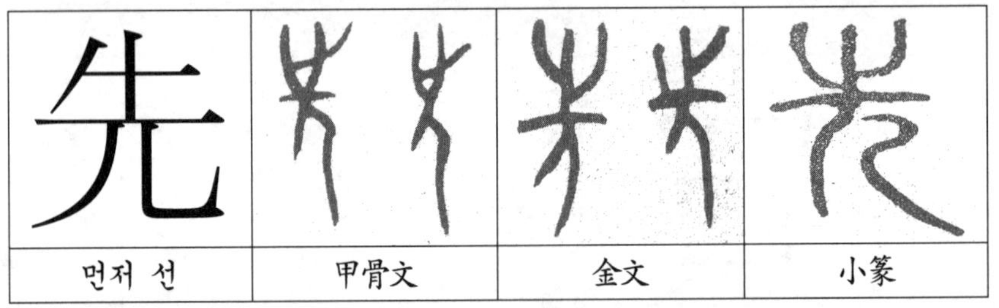

| 먼저 선 | 甲骨文 | 金文 | 小篆 |

윗부분은 발바닥의 모양인 '止'(지), 아랫부분은 사람을 본뜬 '人'(인)이다. 발걸음이 남보다 앞서 있다는 뜻으로 '먼저', '나아가다'의 뜻을 가진다.

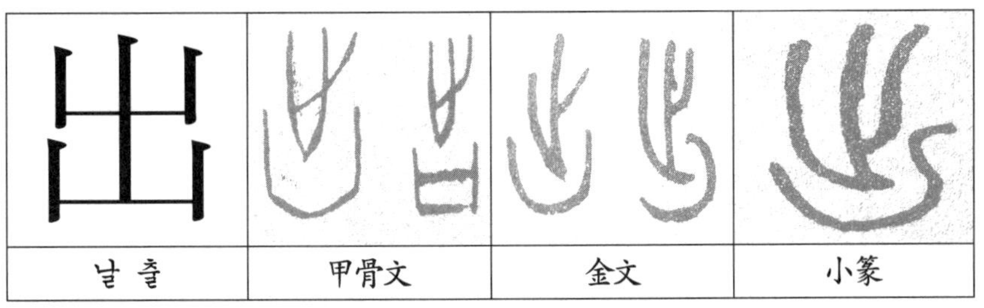

| 날 출 | 甲骨文 | 金文 | 小篆 |
|---|---|---|---|

갑골문을 보면 다리가 구덩이에서 밖으로 나오는 모습이다. 사람이 집에서 밖으로 달려 나오는 뜻으로 본뜻은 '밖으로 나오다'인데 '出發'(출발), '生産'(생산)의 뜻으로 쓰인다.

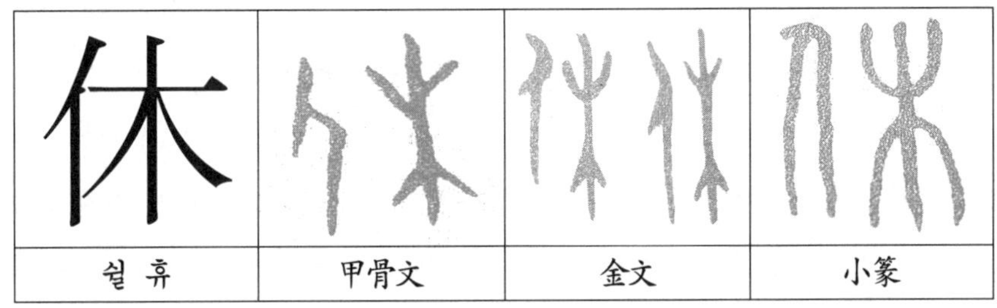

| 쉴 휴 | 甲骨文 | 金文 | 小篆 |
|---|---|---|---|

'人'(인)과 '木'(목)으로 이루어졌다. 한 사람이 큰 나무에 기대어 쉰다는 뜻이다. 본뜻은 '쉬다'인데 '아름답다'는 뜻으로도 쓰인다.

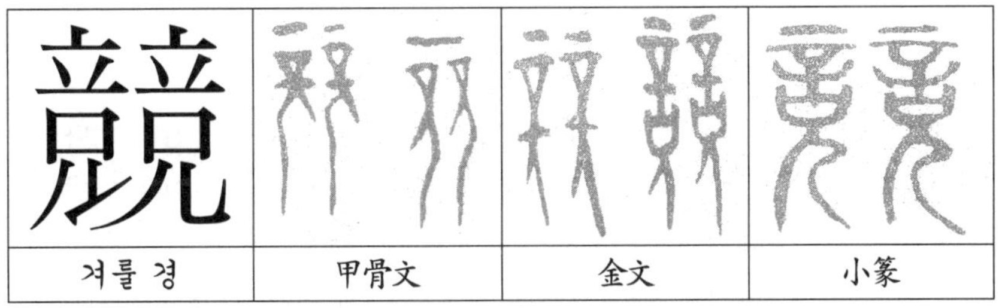

| 겨룰 경 | 甲骨文 | 金文 | 小篆 |
|---|---|---|---|

두 사람이 달리기 시합을 하는 모양, 또는 이마에 黥(경 : 옛날 얼굴에 죄명을 새기던 옛 형벌)을 친 두 죄수가 목숨 걸고 싸우는 모습을 나타낸 글자이다. '다투다'라는 뜻으로 쓰인다.

## 2) 협동 학습

### (1) 협동 학습의 개념

협동이란 공유된 목표에 대한 개인간의 관계에서 생기는 행동이다. 협동학습은 전통적인 소집단 학습과는 구별되며, 협동학습의 기본 요소에 따라 다양하다. Slavin에 의하면 협동 학습이란 학습 능력이 각기 다른 학생들이 동일한 학습 목표를 향하여 소집단 내에서 함께 활동하는 수업 방법이다. 여기에서 전체는 개인을 위하여(all-for-one), 개인은 전체를 위하여(one-for-all)라는 태도를 갖게 되고 집단 구성원의 성공적인 학습을 위하여 서로 격려하고 도움으로써 학습 부진을 개선할 수 있다.

그리고 Cohen은 모든 학습자가 명확하게 할당된 공동과제(collective task)에 참여할 수 있는 소집단에서 함께 학습하는 것으로 정의하고 교사의 지시적이고 즉각적인 관여가 있을 경우는 협동 학습이 아니라고 하였다. 따라서 협동 학습은 주어진 학습 과제나 학습 목표를 소집단으로 구성된 구성원이 공동으로 노력하여 그 목표에 도달하는 수업 방법이라고 할 수 있다.

협동 학습은 다음과 같은 교육적 효과가 있다.

> 첫째, 수업을 활동적으로 이끌어 학습 동기를 높여 준다.
> 둘째, 학생들에게 타인을 배려하는 태도를 길러 준다.
> 셋째, 문제를 해결하거나 의사 결정하는 능력을 길러 준다.
> 넷째, 많은 사회적 상호작용을 경험하게 한다.
> 다섯째, 긍정적 자아개념을 갖게 한다.
> 여섯째, 아동에게 소속감을 심어 준다.
> 일곱째, 동료들의 숨은 재능을 밝혀낸다.
> 여덟째, 교사에게 다양한 수업 전략을 제공해 준다.


초등학교 한자교육

## (2) 협동 학습의 방법

협동 학습에 관한 연구와 모형의 개발이 이루어지면서 다양한 협동 학습 전략
이 개발되었다. 개발된 협동 학습 모형들은 집단간 협동을 택하는가 아니면 집단
간 경쟁을 택하는가에 따라 학생 팀 학습(Student Team Learning)유형과 협동적
프로젝트(Cooperative Projective)유형으로 나눌 수 있다. 학생 팀 학습 유형은 능력
별 팀 학습(Student Teams-Achievement Divisions ;STAD)과 토너먼트식 학습(Teams-
Games-Tournament; TGT), 팀보조 개별학습(Team Assisted Individualization ;TAI),
과제분담학습 Ⅱ(Jigsaw Ⅱ), 초등학교 상급 학년의 읽기와 짓기 학습 통합모형
(Cooperative Integrated Reading and Composition ;CIRC) 등이 있다.

협동적 프로젝트 유형에는 과제분담학습 Ⅰ(Jigsaw Ⅰ), 자율적 협동 학습(Co-
op Co-op), 집단 조사(Group Investigation ;GI), 함께 하는 학습(Learning Together
;LT) 등이 있다.

이 중 과제분담학습 Ⅰ(Jigsaw Ⅰ)모형의 절차를 살펴보면 다음과 같다. 이 모
형은 팀의 학생들이 교재를 분할하여 한 부분씩 깊이 있게 공부하여 가르치고 배
우는 과정으로 이루어진다.

우선 팀 구성을 위하여 보통 4~6명 정도로 성별, 성격, 성적들이 다른 학습
자들로 구성한다. 이때 학습 자료는 팀 구성원 수와 같게 사전에 나누어야 한다.
분절된 교재를 각 팀에게 주며 학생들은 자신 있는 주제를 하나씩 맡는다. 그래
서 각 구성원은 독립적으로 이해되도록 구성된 교재 중 자신이 담당한 부분만을
제공받아 다른 구성원들로부터 배우는 것 외에는 다른 교재를 접할 수 없다. 따
라서 과제 상호의존성이 매우 높다. 그러나 특별히 훈련받은 리더가 집단을 이끌
며 집단 점수는 계산되지 않고 개인 점수만이 계산되므로 보상의 상호의존성은
낮다. 집단으로서 보상을 받지 못하기 때문에 형식적인 집단 목표는 없다. 그러나
각 집단 구성원의 적극적인 행동이 다른 집단 구성원들에게 보상받도록 도와주기
때문에 협동적 보상구조의 본질적 역동성은 존재한다. 그 구체적인 절차는 다음과
같다.

> ① 집단 구성
> ② 개인별 전문 과제 부과
> ③ 과제별 모임(전문가 집단)
> ④ 전문가 집단 협력 학습
> ⑤ 원 집단 협력 학습
> ⑥ 개별 평가
> ⑦ 개별 점수 산출

### (3) 협동 학습의 실제

여러 형태의 협동 학습 수업 모형 중에서 초등학교 교실에서 쉽게 활용할 수 있는 방법이 직소 모형이다. 직소 모형은 한 전문가(교사)와 다수의 청강자(학습자)로 되어있는 전통적인 경쟁학습 구조를 5~6명 정도로 구성된 협동학습 구조로 바꾼다. 여기서 교사는 더 이상 학습의 주된 자료원이 아니며 오히려 집단 구성원이 자료원이 되게 해야 한다. 그러므로 학습자는 교사의 시선을 끌기 보다는 동료들에게 관심을 가지게 된다.

또 학생들이 동료들과 협동 학습을 할 때, 어느 누구도 집단 내 다른 동료의 도움이 없이는 학습이 불가능하게 되어야 성공적인 협동 학습을 이룰 수 있다. 즉 소집단 내 각 개인은 전체 학습의 일부분을 담당하고 있기 때문에 그 집단의 모든 학습자는 주어진 학습 목표를 달성하기 위해 협동하지 않을 수 없으며, 각 개인은 집단 구성원의 성공에 결정적인 기여를 할 수 있다.

초등학교 한자 학습에서 전형적인 직소 모형의 학습을 이끌기는 다소 무리가 있으나 한자학습의 다양성을 시도해 본다는 측면에서 흥미로운 학습이 될 수 있을 것이다.

| 단원명 | 18. 역사를 찾아서<br>(『어린이한자』 3단계) | 지도 한자어 | 歷史 平和 朝鮮 使臣 西洋 | 차시 | 1/2 |
|---|---|---|---|---|---|
| 학습목표 | · 한자어의 뜻과 음을 알 수 있다.<br>· 협동학습을 통해 한자어 학습을 할 수 있다. | | | | |

| 단계 | 학습 과정 | 교수 - 학습 활동 | 시간 | 자료 및 유의점 |
|---|---|---|---|---|
| 도입 | 기습한자익히기<br><br><br><br><br>본시 목표 확인 | ○교사가 기습 한자 카드를 넘겨가며 아동들이 훈과 음을 말하도록 한다.<br>○교사가 칠판에 이미 배운 한자 중에서 하나를 골라, 일부분을 써가며 아동들이 어떤 한자인지 맞히도록 한다.<br>○오늘 배울 한자어를 소개한다.<br>　(歷史 平和 朝鮮 使臣 西洋) | 5' | 전체학습<br><br>한자카드 |
| 탐구 과정 | 모집단 활동 | ○한자, 한자어의 음과 뜻을 익힌 후 소집단을 구성하여 협동학습을 할 준비를 한다.<br>－교사는 수업의 절차와 학생의 역할에 대해 안내를 하고 주의를 준다.<br>○모집단 역할의 부여<br>－학생들에게 역할을 부여하고 각 역할에 대해 설명해준다.<br>○학습 과제와 역할의 점검<br>－교사는 학생들에게 이번 수업에서 완수해야 할 학습과제와 역할들을 개관해 보게 한다. | 10' | 조별학습 |
| 탐구 활동 | 전문가 활동 | ○전문가 집단을 조직하고 전문가들이 해야 할 학습과제를 설명하고 학습지를 나누어 준다.<br>－한자의 자원을 알아보는 전문가<br>－한자어의 활용을 알아보는 전문가<br>－한자어의 짜임을 알아보는 전문가<br>－한자와 관련한 고사성어를 알아보는 전문가<br>○전문가들은 주어진 과제를 수행하기 위해 각 항목 전문가들의 토론을 통해서 얻어진 정답을 적어 나간다.<br>○교사는 전문가 집단을 순회하며 활동을 관찰하되 자신들이 문제를 해결하게 하며 오직 집단 지도자와만 의사소통을 한다. | 10' | 조별학습<br><br><br><br>전문가<br>학습지 |
| 적용 | 모집단의 재소집 | ○전문가 활동이 끝난 후 모집단으로 돌아와 자기의 전문 지식을 소집단 내의 다른 동료들에게 전한다.<br>○다른 동료들은 전문가의 전수 내용을 잘 이해하고 적는다. | 10' | 조별활동<br><br><br>개별<br>학습지 |
| 정리 | 평　　　가<br><br>정　　　리<br>차시 예고 | ○수업한 내용을 전체학급에서 정답을 확인하고 평가한다.<br>○한자어를 제시하고 그 뜻을 말하게 한다.<br>○차시 예고 | 5' | |

### 3) NIE 학습

#### (1) NIE 학습의 개념

NIE(Newspaper in Education ;신문활용교육)란 용어를 한마디로 정의하기에는 많은 어려움이 있지만 초기 미국의 NIE 운동을 보면 학교만이 학생들의 교육을 담당하는 것으로 이해하던 시절에 신문사를 포함한 지역 사회의 교육 참여에 새로운 관심을 유도하였다. 그러나 오랜 세월 시행을 거치면서 NIE는 체계화·조직화 되었다. NIE를 정의한 것들을 종합하면, '신문을 학습에 활용하여 신문과 친숙하게 하고 학생의 사고력 및 창의력 향상을 도모하여 교육적 효과를 높이는 프로그램'으로 정의할 수 있다. 즉, 신문활용교육이란 신문을 활용하여 학습함으로써 개개인의 삶에 필요한 기초지식과 능력을 습득하게 하여 미래 정보화 시대가 요구하는 창의적이고 우수한 사고력을 지닌 인간을 기르기 위한 하나의 교수·학습 접근법 또는 프로그램이다.

NIE의 중요한 교육적 효과를 살펴보면 다음과 같다.

첫째, 청소년과 어린이들에게 사회성을 길러줄 수 있다.

둘째, 세상에는 다양한 의견과 가치가 존재한다는 사실을 깨달음으로써 보다 폭넓은 인간성을 지니게 한다.

셋째, 많은 사실과 의견 가운데 자신의 입장을 분명히 하고, 자기의 주장을 당당하게 펼칠 수 있는 판단 능력을 훈련하게 된다.

넷째, 정보의 홍수 속에서 필요한 것을 취사선택하고 진실을 가려낼 수 있는 정보 선별 능력을 높이게 된다.

#### (2) NIE 학습의 방법

첫째, 수업을 하고자 하는 분야의 교육과정을 명확하게 이해하고 학습 목표를 정확하게 파악한다.

둘째, 수업 목표를 잘 달성할 수 있는 교수·학습 방법이 NIE 접근법인가를 심사숙고하여 결정한다.

셋째, 신문과 기타 자료들을 효과적인 교육 자료로 활용할 계획을 세운다.

넷째, NIE 수업은 가능한 한 학생 중심으로 진행한다.

다섯째, 수업의 전개 과정에서 개별 학습과 소집단 학습, 그리고 전체 학습을 적절히 활용한다.

여섯째, 학생들의 능력 수준을 고려한 여러 가지 학습지를 준비하여 신문과 더불어 적절히 활용한다.

### (3) NIE 학습의 실제

NIE 학습을 교과 교육에 적용할 경우, 이를 적절하게 활용하면 교육적 효과를 높일 수 있으나 그렇지 못할 경우 불필요한 자료의 남용으로 학습의 본 목표를 이루지 못할 수 있다. 교사가 신문 자료를 한자 교육에 활용할 때에는 신문 자체가 안고 있는 문제점을 고려하여 수업에 사용하여야 한다.

NIE 학습은 통합 교육 형태로 진행하는 것이 바람직하며 NIE 한자 교육의 활성화를 위하여 준비 단계, 한자 학습 단계, 통합 교육 단계로 나누어 볼 수 있다.

#### ① NIE 한자 학습 준비 단계

NIE 한자 학습을 위한 준비 단계에서는 학습자가 신문을 통해 학습에 흥미와 관심을 갖도록 한다. 한자를 처음 접하는 학생들이 교과서의 학습과 관련한 기사나 사진, 만화, 그림 등을 다양하게 수집하여 주제 중심으로 분류한다.

#### ② NIE 한자 학습 단계

신문 기사의 내용 중 주요 한자어를 읽고 뜻을 알아보거나 주요 내용을 한자로 쓰고 음훈 달기, 기사의 주제를 한자로 쓰고 관련 고사성어 찾기 등 다양한 형태의 한자 학습이 이루어질 수 있다.

· 미담 기사 읽고 한자 쓰기
· 선행, 효행 기사 읽고 한자 쓰기

・문화 관련 기사 읽고 한자의 음훈 알아보기

・역사 유적 관련 기사 읽고 한자어의 뜻 알아보기

・과학 관련 기사 읽고 한자어의 음과 뜻 알아보기 등

③ NIE 한자 학습 중심의 통합 교육 단계

기사 내용을 한자 중심으로 통합 교육을 실시하는 단계이다. 여기에서는 지적
인 영역은 물론 정의적 영역까지도 한자 학습의 범주에 포함시킬 수 있다.

・친구나 주변 사람의 미담을 한자를 병기하여 쓰기

・신문의 유적지에 대한 내용을 중심으로 국한 혼용으로 쓰기

・전통 문화와 관련한 기사의 내용을 중심으로 국한 혼용으로 쓰기

・과학 관련 기사의 과학 용어를 알아보고, 교과서의 과학 용어를 한자로 쓰기

・신문 자료의 공통점을 찾고 제목을 한자로 쓰기 등

**NIE 활동 및 학습지**

**지금 죽더라도 난 배울게다 ( 학년 반 이름 : )**

1. 위 기사를 읽고 느낀 점을 솔직히 적어봅시다.

2. 위 글을 읽으면서 가장 어려운 단어나 한자, 한자어를 찾아서 적어봅시다.(국어사전이나 옥편을 준비하여 찾아 기록)

3. 살면서 느끼는 진정한 기쁨을 우리는 어떤 상황 일 때 느끼는가?

4. 위 사진의 주인공이 우리 할아버지라면?

〈출처 : 이은희(관동중학교), 「중학교 교과서 밖의 인성교육 관련 자료를 수업에 어떻게 적용시키는가?」, 임영한문교육연구회, 2001〉

〈NIE 교수·학습 지도안 예〉

| 단원명 | 15. 여행을 떠나요<br>(『어린이한자』 3단계) | 지도 한자어 | 交通 到着 道路 停止 過速 | 차시 | 2/2 |
|---|---|---|---|---|---|
| 학습목표 | | ·한자의 뜻과 음을 알 수 있다.<br>·신문에 실린 한자어의 뜻을 알고 일상생활에서 올바르게 쓸 수 있다. | | | |

| 단계 | 학습 과정 | 교수 - 학습 활동 | 시간 | 자료 및 유의점 |
|---|---|---|---|---|
| 도입 | 학습 준비<br><br>학습 동기 유발<br><br>본시 목표 확인 | ○준비물(신문, 가위, 풀, 국어사전 등)을 확인하고 각조의 기사 내용을 점검한다.<br>○학생들이 여행을 떠나고 싶은 곳과 그 이유, 관련된 신문 기사를 소개하도록 한다.<br>○신문 기사에 실린 한자어의 뜻을 알고, 올바르게 사용하는 용례를 찾아본다. | 5' | 전체학습<br><br>신문 |
| 탐구<br>과정 | 탐구 계획 수립 | ○조별 활동을 통해 신문 기사에 실린 글 가운데 한자어를 구별하고 뜻을 생각해보도록 한다.<br>－교사는 조별로 순회하면서 잘못 찾은 부분을 지적해 주고 다시 생각해보도록 한다.<br>○조별로 찾은 기사 중에서 한자 및 한자어가 차지하는 비율을 알아보도록 한다.<br>○조별로 '여행을 떠나고 싶은 곳'과 관련된 기사를 오려서 붙인다.<br>○다양한 형식의 기사를 찾아서 붙이도록 하고 기사 속에 실린 한자 및 한자어를 표시하도록 한다. | 10' | 조별학습<br><br><br><br><br>가위, 풀 |

**221**

제 4 장 _ 초등 한자의 교수·학습 방법

| 탐구<br>과정 | 탐구 활동 | ○신문 기사에 실린 한자어의 뜻을 유추하여 학습지<br>에 써 보도록 한다.<br>－交通 到着 道路 停止 過速 등<br>○자신이 생각한 한자어의 뜻과 사전에 실린 한자어<br>의 뜻을 비교하여 본다.<br>－자신이 한자어의 뜻을 잘못 생각하였다면 어떤 한<br>자를 몰라서 잘못 생각하게 되었는지 표시하도록<br>한다.<br>○국어사전을 보고 한자어의 뜻을 공책에 적게 한다.<br>○자신이 찾은 한자어와 다른 학생들이 찾은 한자어<br>를 비교하여 보도록 한다. | 10' | 개별학습<br><br>학습지<br><br><br><br><br><br>국어사전<br><br>조별학습 |
| 적용 | 탐구결과<br>적용 및<br>발　　표 | ○자신이 찾은 한자어의 뜻을 바르게 알고 짧은 글<br>을 지어 본다.<br>○짧은 글을 지은 것을 발표하고 서로 비교하도록<br>한다. | 10' | 개별학습 |
| 정리 | 평　　　가<br><br>정　　　리<br>차시 예고 | ○한자어를 활용하여 짧은 글을 지은 것이 바르게<br>되었는지 평가한다.<br>○발표한 내용 중 주요 내용을 요약 정리한다.<br>○차시 예고 | 5' | |

## 4) 마인드 맵 학습

### (1) 마인드 맵(mind map) 학습의 개념

마인드 맵은 우리 두뇌의 활동 방식과 일치하는 방법이다. 그것은 좌뇌의 어휘, 숫자, 분석 등의 기능과 우뇌의 색상, 부호, 이미지, 창의력 등의 기능을 유기적으로 연결시켜 두뇌의 기능을 최대화하는 방법으로 학습에 적용하여 마음속에 지도를 그리듯이 자신의 생각이나 학습내용을 글자, 그림, 기호 등으로 표현하거나 정리하는 학습 방법이다. 즉 머리 속의 생각을 마치 거미줄처럼 지도를 그리듯이 핵심어를 이미지화 하면서 확대시켜 나가는 기법으로서 자신의 머리 속에 있는 사고를 보다 체계적으로 정리하기 위한 기법이다. 마인드 맵을 통하여 학습자는 마음속에 넘쳐흐르는 사고력과 상상력, 그리고 생각하고, 분석하고 기억하는 모든 정보를 자기 자신만의 독특한 이미지와 핵심 단어, 색상 및 상징적 부호 등으로 자유롭게 펼쳐 보고, 독창적이고 종합적인 구조로 조직화해서 다양한 방식으로 표현할 수 있다.

마인드 맵 학습의 교육적 효과를 살펴보면 다음과 같다.

첫째, 방사사고(radiant thinking)의 효과가 있다.

둘째, 정보 관리의 효과가 있다.

셋째, 기억 증진의 효과가 있다.

넷째, 자기주도적 학습력을 기르게 한다.

## (2) 마인드 맵 학습의 방법

뇌의 대뇌 부분은 양쪽으로 분리되어 있고 왼쪽은 단어, 숫자 등의 논리적 기능들이, 오른쪽은 리듬, 색상 등의 예술적 기능을 담당하고 있는데 이들이 어떤 중심 주제에 집중할 때에는 서로 교류함으로써 그 효율성을 높인다. 즉 두뇌의 이런 기능을 그대로 학습에 적용하여 학습의 효율성을 높이도록 한 것이 마인드 맵이다. 따라서 마인드 맵은 두뇌의 양쪽을 조화롭게 활성화시킴으로써 인간의 기억과 회상을 촉진시킬 수 있다. 이를 위해 마인드 맵의 과정에는 몇 가지 중요한 요소들이 통합되어야 하며, 이러한 요소들을 최대한 적절하게 통합하여 활용할 때만이 마인드 맵의 효과는 극대화 될 수 있다. 마인드 맵과 관련된 중요한 요소는 다음과 같다.

### ① 조직화

인간의 두뇌는 환경과 상호작용하는 과정에서 받아들인 정보나 자료를 주관적으로 조직하게 되는데, 이러한 조직화는 기억과 회상에 도움이 된다. 마인드 맵을 할 때에는 주가지와 부가지를 찾아 연결해 감으로써 정보를 조직화하기 때문에 정보의 기억과 이해 정도를 증진시킬 것으로 기대할 수 있다.

### ② 핵심어

두뇌는 중요하지 않은 것은 자동적으로 잊어버리기 때문에 주요 아이디어만을 입력해야 기억과 이해에 효과적이다. 이러한 의미에서 핵심어를 사용하면 몇 가지

**223**

이점이 있다. 첫째, 기억해야 할 양이 줄어든다. 둘째, 기록된 단어들에 대한 심상이 풍부해진다. 셋째, 핵심어를 추출할 때 자료를 이해하는 일에 더 관여하므로 자료를 깊이있게 처리한다.

③ 연합

학습자는 추상적인 정보가 새롭게 제시되면 정보 자체를 기억하기 보다는 이미 경험한 자신의 이전 정보와 관련지음으로써 보다 생동적인 의미를 구성하게 된다. 따라서 마인드 맵을 사용할 때에는 페이지 중앙에 전반적인 주제에 해당하는 핵심어를 쓰고 그것을 중심으로 해서 관련된 아이디어를 방사형으로 정리해 가야 한다.

④ 묶기(chunking)

인간의 단기 기억 용량의 범위는 7~8개의 단위를 넘지 못한다. 마인드 맵을 작성하는 경우, 한 부분에서 갈라지는 가지가 7~8개 이상이 되는 일은 거의 없지만, 그 이상이 될 경우에는 자료를 묶어주어야 한다.

⑤ 시각적 이미지

시각적 이미지는 낱말이나 구보다 훨씬 회상이 잘 된다. 따라서 마인드 맵은 시각적일수록 좋다.

⑥ 특이성

정보는 어떠한 방식으로든 특이한 경우에 기억이 잘 된다. 그러므로 마인드 맵 작성시에도 모든 중심 이미지가 독특하고 다양한 핵심어, 다양한 색깔 및 모양을 사용할수록 기억과 회상에 도움이 될 수 있다.

⑦ 의식적인 몰두

인지심리학자들은 인간을 능동적인 존재로 규정하면서, 그들이 환경과 상호작용하는 과정에서 적극적으로 참여할 때 의미있는 학습이 이루어지는 것으로 주장하였다. 따라서 마인드 맵의 과정에 학습자가 적극적으로, 의식적으로 학습에 몰두하면서, 새로운 자료를 받아들여 조직화하고 정교화한다면 학습의 효과는 극대화될 수 있다.

## (3) 마인드 맵 학습의 실제

마인드 맵 학습을 한자 교육에 적용할 경우, 단순한 지식 전달보다는 학습자의 호기심과 흥미를 유발하게 하여 학습 방법의 학습을 알게 할 수 있을 것이다. 또한 확산적·생산적 사고 과정을 통해 문제 해결력과 창의력 등 고등정신 능력을 배양할 수 있을 것이다.

마인드 맵 한자 학습의 적용 절차를 정리하면 다음과 같다. 초등학교 수준의 한자 교육에서는 이와 같은 것을 모두 적용하기 어려우며 단순한 형태로 활용할 수 있다.


① 1단계 : 한자 중심 이미지(핵심어)

한자 주제 선택 → 용지의 중앙에 생각하고 있는 문제와 상황의 본질을 대변하는 중심 한자 쓰기 → 영상 이미지를 다양한 방법으로 나타내기

② 2단계 : 한자 주가지

핵심어에 가까운 선 모양 그리기 → 색상 표기하기 → 주제별로 가지 위에 핵심 한자 쓰기 또는 그림으로 나타내기

③ 3단계 : 한자 부가지

주제로부터 부 주제와 관련된 한자 가지치기(부 주제는 앞의 가지를 명확하게 하거나 상세하게 하는 역할을 함.)

④ 4단계 : 한자 세부가지

부 주제를 더욱 상세하게 한자 가지치기(세부 주제는 앞의 부 주제 가지에 대한 더 많은 정보를 제공함) → 그림, 글자, 그림과 글자 혼합 기록

위의 여러 단계 중 초등학교 수준에서는 1단계~3단계 정도의 내용으로 학습을 할 수 있을 것이다. 이것은 초등학교 학생들이 확산적 사고를 하지 못해서가 아니라 초등학생들이 사용할 수 있는 한자 지식이 제한적이기 때문이다.

| 단원명 | 12. 자랑스런 우리 나라<br>(『어린이한자』 4단계) | 지도 한자어 | 歷史政治文化過去現在未來 | 차시 | 2/2 |
|---|---|---|---|---|---|
| 학습목표 | ·한자어의 뜻과 음을 알 수 있다.<br>·우리나라의 자랑 거리를 한자 마인드맵으로 나타낼 수 있다. | | | | |

| 단계 | 학습 과정 | 교수 - 학습 활동 | 시간 | 자료 및 유의점 |
|---|---|---|---|---|
| 문제<br>파악 | 학습 동기 유발<br><br><br><br><br>본시 목표 확인 | ○우리나라의 역사, 정치, 문화와 관련하여 익힌 한자를 떠올려 본다.<br>○우리나라를 자랑할 수 있는 여러 가지 사진 자료와 익힌 한자를 연결지어 소개해 본다.<br>○익힌 한자를 이용하여 한자 마인드맵을 완성하여 본다. | 5' | 전체학습 |
| 문제<br>추구<br>및<br>문제<br>해결 | 우리나라의 자랑거리 알아보기 | ○조별 활동을 통해 우리나라의 자랑거리가 무엇인지 토의해보도록 한다.<br>-교사는 조별로 순회하면서 자랑거리 가운데 한자, 한자어로 표기할 수 있는 내용들을 안내해 준다.<br>○우리나라의 자랑거리 가운데 한자 및 한자어로 표기할 수 있는 것을 알아본다.<br>○조별로 어떤 모양의 한자 마인드맵을 만들 것인지 탐색한다. | 5' | 조별학습 |
| 문제<br>추구<br>및<br>문제<br>해결 | 마인드맵 만드는 방법 알아보기<br><br><br><br><br><br><br><br><br><br><br><br>한자 마인드맵 만들기 | ○학습주제와 연관된 한자 마인드맵을 만드는 방법을 알아본다.<br>-한자 중심 이미지 생각하기<br>-한자 주가지 생각하기(주가지의 선 모양, 주가지의 색상, 주가지의 핵심 한자 등)<br>-한자 부가지 생각하기(주가지보다 자세한 내용, 주가지 끝에서 연결하기, 다양한 이미지 사용하기 등)<br>-한자 세부가지 생각하기(부가지보다 자세한 내용으로 그림과 글자 등을 다양하게 이용하며, 한자로 표기하기 어려운 것은 한글로 표기함)<br>○마인드맵 만드는 방법에 따라 한자 마인드맵을 만들어 본다. | 20' | 조별학습<br>(4인1조)<br>사진자료<br>국어사전<br>싸인펜/색연필<br>가위, 풀<br>국어사전 |
| 적용 | 한자 마인드맵의 좋은 점 찾기 | ○조별로 완성한 한자 마인드맵을 발표한다.<br>○한자 마인드맵으로 한자 공부를 할 때의 좋은 점을 찾아보도록 한다. | 5' | 전체학습 |
| 정리 | 평    가<br><br>정    리<br>차시 예고 | ○한자 마인드맵을 만들면서 어려운 점이 무엇인지 발표한다.<br>○한자 마인드맵의 좋은 점을 정리한다.<br>○차시 예고 | 5' | |

**226**

초등학교 한자교육

# 漢字 생각 그물 1

◉ 보기처럼 ◯ 안에 있는 漢字가 들어가 있는 낱말을 써 봅시다.

〈 보기 〉

| 새로 익힐 漢字 | 雨(비 우) 日(날 일) 木(나무 목) 山(산 산)<br>電(전기 전) 火(불 화) |
| --- | --- |

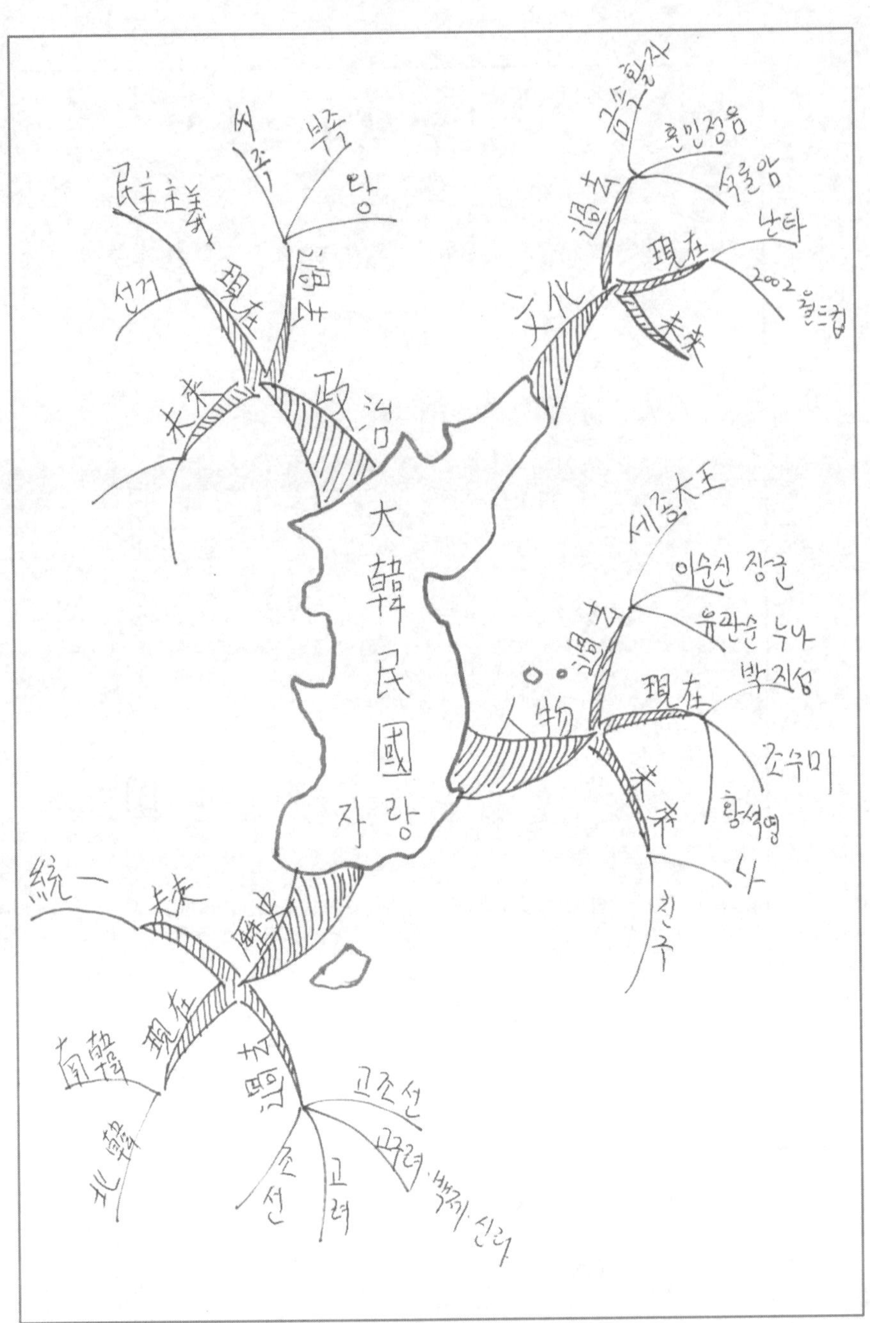



〈漢字 mind-map의 실례〉



초등학교 한자교육

# 3

## 활동 중심의 한자 교수·학습 기법

### 1) 게임과 함께 한자 익히기

#### (1) 기법 소개

이 기법은 한자 학습을 여러 가지 게임과 접목시켜 학습의 흥미를 높이고, 학생들의 수업 참여도를 고양하기 위한 것이다. 학생들은 여러 가지 게임을 통해서 한자나 한자어를 효율적으로 암기할 수 있다. 또한 게임에 따라서 학생들은 개인별, 모둠별로 참여하므로 협동심을 유발하여 수업에 적극적으로 참여할 수 있다.

#### (2) 기법의 활용

가) 그림 한자 알아맞히기
① 비교적 간단한 모양의 한자(상형문자)를 선정한다.
② 선정한 한자의 변화 모양을 그림 카드로 만든다.(3단계 또는 4단계)
③ 짝끼리 그림 카드를 제시하여 한자 알아맞히기 게임을 한다.
④ 한자의 변화 과정을 알아 맞추는 게임을 하거나 그림 카드의 중간 단계를 보여주고 한자를 맞추도록 한다.
⑤ 3글자 이상의 그림 카드를 섞어놓고 한자 알아맞히기 게임을 할 수 있다.

나) 한자 빙고 놀이

① 학생들은 연습장이나 한문 공책을 이용하여 빙고판을 준비한다.

  ㅡ학습 단계에 따라 3칸짜리, 4칸짜리, 5칸짜리 빙고판을 준비한다.

② 수업 시간에 학습한 한자를 교사가 칠판에 써 놓는다.

③ 칠판을 보고 자기가 넣고 싶은 칸에 무작위로 한자를 쓰게 한다.

④ 빙고가 되더라도 한자를 틀리게 쓰거나 성의 없이 쓰면 빙고를 취소한다고 말한다.

⑤ 빙고게임을 할 준비가 되면 교사는 칠판에 나와 있는 한자를 하나씩 부른다.

⑥ 정해진 빙고 모양이 완성된 사람은 '빙고'라고 외친다.

⑦ 학습 단계에 따라 2빙고, 3빙고, ㄱ빙고,  ㄷ빙고,  ㅁ빙고,  X빙고 등을 한다.

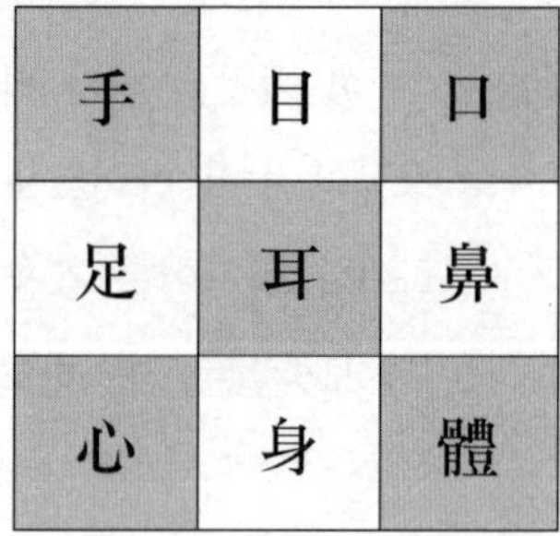

| 日 | 木 | 土 |
|---|---|---|
| 月 | 水 | 金 |
| 山 | 川 | 火 |

〈 ㄱ 빙고의 예 〉

| 手 | 目 | 口 |
|---|---|---|
| 足 | 耳 | 鼻 |
| 心 | 身 | 體 |

〈 X 빙고의 예〉

다) 한자 주사위 말판 놀이

① 우유팩이나 상자를 이용하여 커다란 주사위를 만든다.

② 한자 주사위 놀이판을 궤도로 만든다.

③ 모둠별로 선발하여 한 명씩 교탁에서 주사위를 던지게 하여 말을 움직인다.

④ 주사위를 던져서 나온 수만큼 전진하여, 그 곳의 한자를 읽는다.

⑤ 읽으면 계속 주사위를 던지고 읽지 못하면 다시 뒤로 돌아간다.



초등학교 한자교육

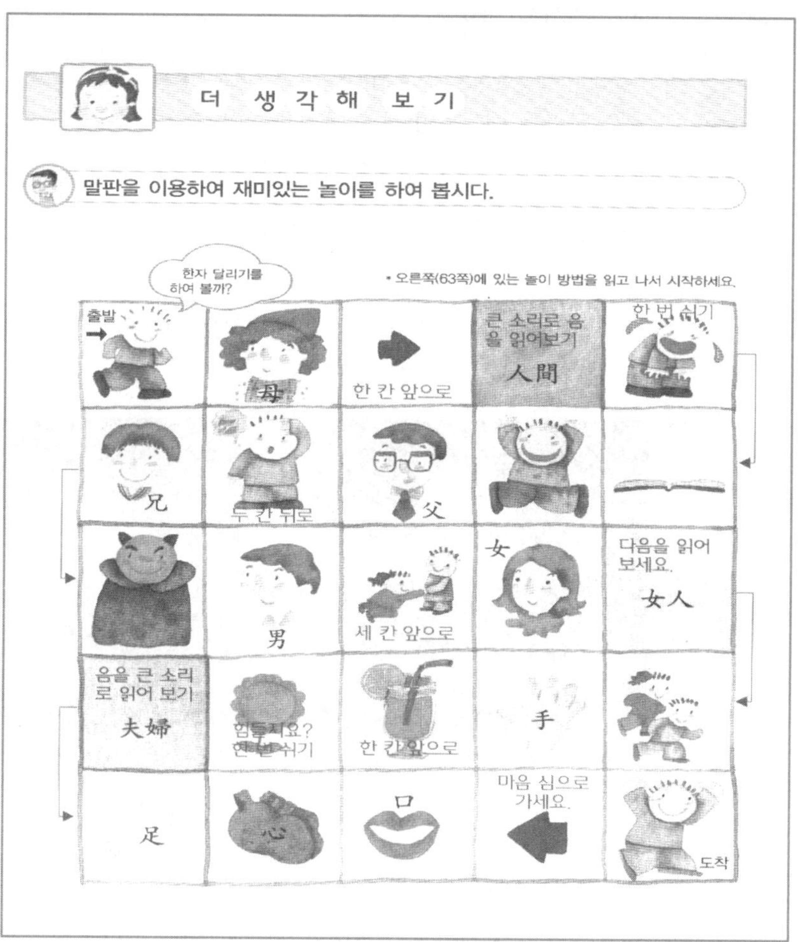


〈 한자 주사위 놀이판의 예 〉

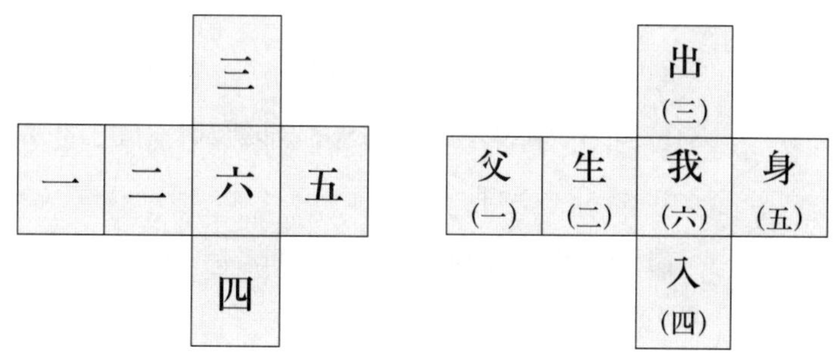


제1장 _ 초등 한자의 교수·학습 방법

라) 한자 주사위 놀이

① 우유팩이나 상자를 이용하여 커다란 주사위를 만든다.

② 배운 한자를 이용하여 한자 주사위 옆면에 붙일 한자를 쓴다.

　(컴퓨터를 이용하여 출력한 후 코팅하면 효과적이다.)

③ 접착테이프를 이용하여 주사위 옆면에 한자를 붙인다.

④ 주사위를 던져서 나온 한자를 읽는다.

⑤ 6자의 한자를 다 읽으면 한자를 떼어내고 새로운 한자를 붙여 사용한다.

〈 한자 주사위 놀이 자료 〉

마) 한자 먼저 읽기

① 교사가 학습한 한자를 칠판에 12~15자 정도 쓴다.

② 남녀별이나 모둠별 대항으로 대표 2명을 뽑는다.

③ 가위바위보를 하여 이긴 사람은 앞쪽에서 뒤쪽으로, 진 사람은 반대로 한
　자의 뜻과 음을 읽는다.

④ 서로 만나는 부분에서 가위바위보를 한다.

⑤ 이긴 사람은 그 지점에서 계속하여 읽고, 진 사람은 처음으로 돌아가서
　다시 읽는다.

⑥ 상대방의 출발점에 먼저 도착하는 사람이 이긴다.


초등학교 한자교육

예)

**A 모둠** →                                               ← **B 모둠**

父 生 我 身 恩 高 如 天 以 衣 溫 食

바) 한자 카드 먼저 집기

① 개인별로 한자 카드를 만든다.

  (가로, 세로5Cm 정도 되는 정사각형 모양의 카드 10장 이상)

② 한자 카드의 앞면에는 한자를 쓴다.

③ 한자 카드의 뒷면에는 한자의 뜻과 음을 쓴다.

④ 교사가 배운 한자를 부르면 한자 카드를 빨리 든다.

⑤ 짝끼리 경쟁을 하여 먼저 한자 카드를 드는 사람이 이긴다.

⑥ 처음에는 1개 다음에는 2개, 3개, 4개를 불러 난이도를 높인다.

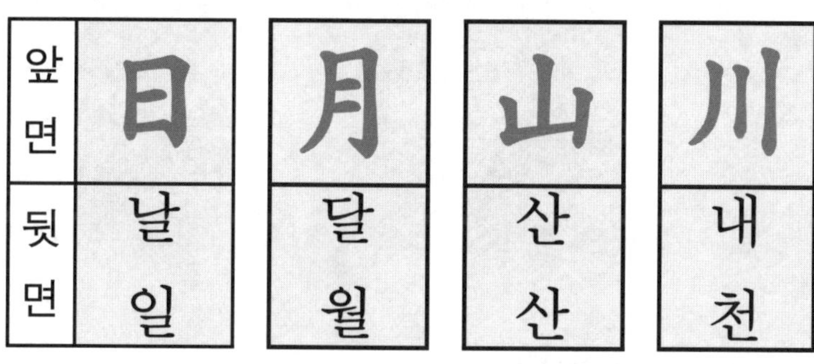

〈한자 카드의 예〉

사) 뒤죽박죽 낱말 맞추기(Unscramble the words)

① 색도화지를 8등분한다.(모둠의 수대로 준비한다.)

② 8등분된 도화지에 한자가 섞인 한 문장의 글을 따로따로 쓴다.

③ 한자가 섞인 낱개의 낱말카드를 모둠별로 맞춰본다.

④ 빠른 시간 안에 완성된 문장을 찾는 모둠이 이긴다.

**233**

제 4 장_초등 한자이 교수 · 학습 방법

예) 父母님 은혜에 감사하는 마음을 갖자. ☞

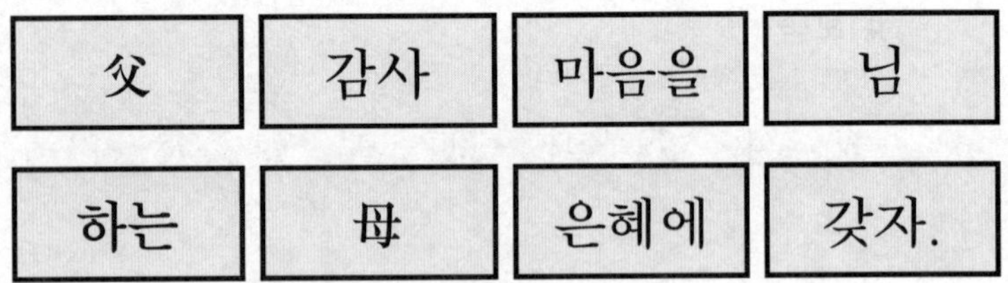



아) 빙글빙글 한자 돌림판

① CD판을 이용하여 한자 돌림판을 만든다.

② 짝끼리 한자 돌림판을 돌린다.

③ 돌림판이 멈춘 후 바늘이 가리키는 한자를 읽는다.

④ 같은 한자가 나오면 쉰다.

⑤ 같은 방법을 여러 번 하여 많이 읽은 사람이 이긴다.

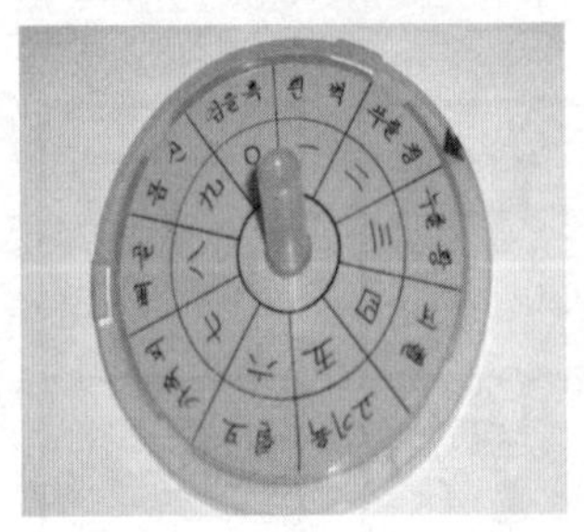 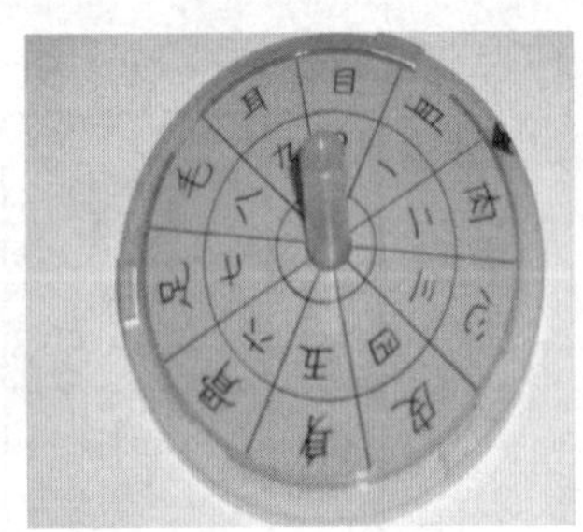

자) 몸으로 한자 말하기

① 학생들을 6개의 모둠으로 나눈 후 모두 한 줄로 서게 한다.

② 모두 한 쪽을 바라보게 하고 제일 끝의 학생만 교사와 마주 본다.

③ 교사는 학생에게 한자나 한자어, 고사성어를 보여준다.

④ 한자를 본 학생은 뒤로 돌아서서 앞사람과 마주보고 행동으로 한자를 설명한다.

⑤ 설명을 이해한 학생은 다시 앞사람에게 본 내용을 전달한다.

⑥ 이렇게 전달한 후 마지막 학생은 이해한 내용을 칠판에 쓴다.

## 차) 간지러움 참고 한자 맞추기

① 학생들을 모둠으로 나눈 후 한 줄로 서게 한다.

② 제일 뒤에 있는 학생을 불러서 배운 한자를 필순에 맞게 써 준다.

③ 제일 뒤의 학생은 앞 사람의 등에 필순대로 한자를 쓴다.

④ 등에 쓴 한자를 이해한 학생은 다시 자신의 앞 사람의 등에 한자를 써 준다.

⑤ 무슨 한자인지 이해할 수 없으면 손을 들어 다시 써달라고 표시한다.

⑥ 맨 앞사람은 등에 씌어진 한자를 칠판에 필순에 맞게 쓴다.

⑦ 한자가 어려울수록 높은 점수를 책정하여 흥미를 높인다.


## 카) 한자 슛 게임하기

① 한 학기 동안 배운 한자를 쓴 카드를 준비한다(30자 정도).

② 종이로 된 계란 판에 준비한 카드를 풀로 붙인다.

③ 짝끼리 번갈아가며 계란 판을 향해 탁구공으로 슛을 쏘아 넣는다.

④ 탁구공이 들어간 곳의 한자를 읽는다.

⑤ 많은 수의 한자를 읽은 사람이 이긴다.

⑥ 한자의 뜻과 음을 한글로 써 넣은 후 같은 방법으로 한자 쓰기 게임을 할 수 있다.

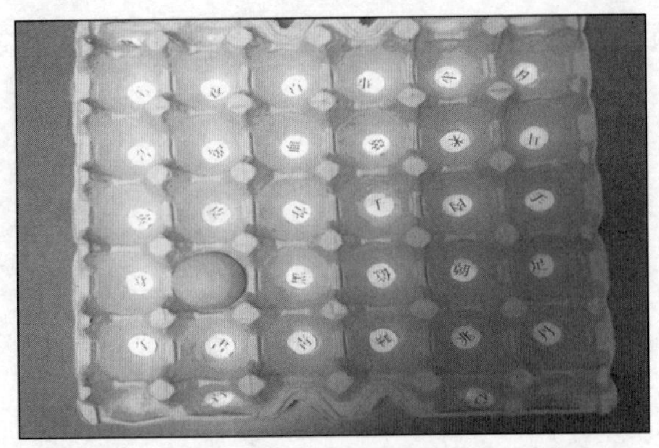

〈 한자 숫 게임 자료 〉

## 타) 한자 깃발 들기

① 깃발을 다섯 개씩 2묶음 준비한다.

② 준비된 깃발에 그 시간에 배운 한자를 써 붙인다.

③ 2명의 학생이 나와 깃발 앞에 선다.

④ 깃발 2개는 손에 들고 3개는 발가락으로 들 수 있도록 발판 위에 올려
   놓는다.

⑤ 교사의 말에 맞춰 깃발을 올리거나 내리거나 가만히 있으면 된다.

⑥ 예를 들어 山, 水, 江, 日, 月을 붙인 깃발을 준비하면 교사는 "산기 올
   려", "수기 올리지 말고", "강기 올려", "월기 올리지 말고"등과 같이
   말하면서 진행한다.

⑦ 처음에는 속도를 천천히 하다가 점점 빠른 속도로 진행하면 따라오지
   못하는 학생이 나오게 된다.


## 파) 고사성어 이구동성

① 모둠에서 5명씩 나오게 한다.

② 여러 가지의 고사성어 중 異口同聲으로 외칠 것을 선택한다.

③ 다섯 명 중 네 명은 고사성어의 한 글자를 외치게 하고, 나머지 한 명은
   고사성어와 관련이 없는 한 글자를 외치도록 한다.

④ 대표가 "하나 둘 셋"을 센 후 동시에 이구동성으로 자기가 맡은 글자를 외친다.

⑤ 다른 모둠에서는 목소리나 입 모양을 보고 고사성어를 알아맞힌다.

⑥ 맞힌 모둠은 고사성어의 뜻을 설명해야 점수를 얻는다.

⑦ 예를 들어 용두사미(龍頭蛇尾)라는 고사성어로 이구동성 게임을 한다면, 네 명은 각각 '용', '두', '사', '미'를 외치고 나머지 한 명은 용두사미와 전혀 관계없는 '가'를 외쳐서 혼란스럽게 한다.

## 2) 사전지식 브레인스토밍

### (1) 기법 소개

이 기법은 학생들이 사전 지식을 활성화하여 학습할 내용과 관련짓도록 하는 것이다. 이 기법은 새로운 자료에 대해 이미 알고 있는 것을 바탕으로 내용을 예측하게 하고 학습 동기를 유발시킨다. 배경지식이 없는 학생들에게는 학습의 기초가 되는 정보를 얻게 한다. 이 기법은 '목록 작성하기－질문하기－노트하기－알기(List Inquire Note Know)', '목록작성－분류－명명(List Group Label)', '알파벳표 채우기(Sequential Roundtable Alphabet)' 등의 방법이 있다.

### (2) 기법의 활용―List Group Label 기법

① 4인 1조로 조직하여 모둠을 구성한다.

② 모둠별로 적절한 주제를 결정하도록 한다.

③ 그 주제와 연상되는 단어들을 가능한 많이 포스트잎에 적어 스케치북에 붙인다.

④ 충분하게 목록을 만들었을 때, 모둠에서 공통점을 갖는 항목끼리 묶도록 한다.

⑤ 각 모둠에 작은 종이를 주어 항목을 기록하고 그것을 돌려보도록 한다.

⑥ 학생들은 최소한 세 가지 항목 이상으로 분류하여 묶도록 한다.

⑦ 학생들은 자기가 분류한 것을 검토하고 다른 색의 포스트잎 위에 분류한 항목의 이름을 적어 붙이도록 한다.

예) 신체에 관한 브레인스토밍

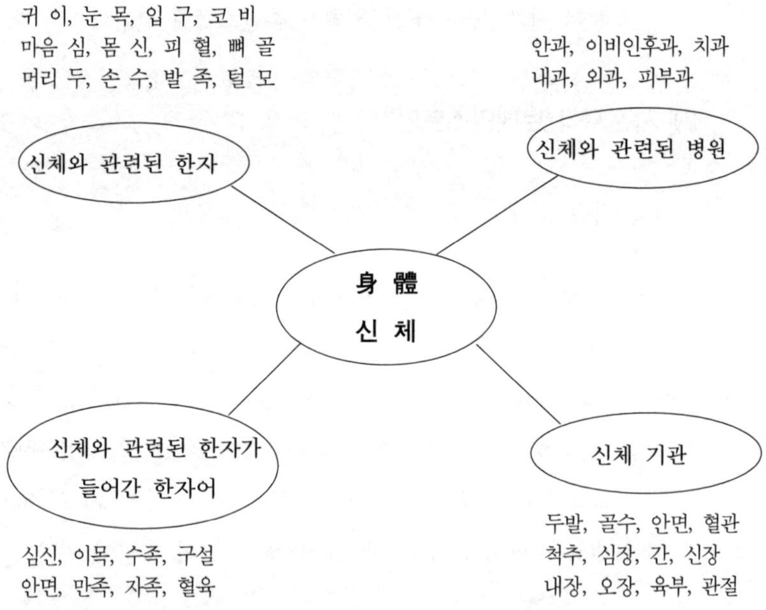

## 3) 소리 내어 읽기

### (1) 기법 소개

이 기법은 어려운 글을 소리 내어 읽음으로써 학습자의 이해를 돕는 기법이다. 한자를 읽고 듣는 기능을 동시에 수행하여 다양한 언어 영역과 통합한 한자 학습을 할 수 있고, 역할을 바꾸어 읽고 듣는 과정 속에서 자연스럽고 유창하게 한자를 읽으며 암기할 수 있게 된다. 또한 읽는 과정 중 학생들의 상호작용을 통해 협동성과 참여도를 높이며 오독에 대한 피드백을 줄 수 있어 한자 학습에 도움을 줄 수 있다.

### (2) 기법의 활용—짝과 함께 소리 내어 읽기

① 교사가 먼저 단원에 나온 한자를 유창하게 소리 내어 읽어 시범을 보여 준다. 교사가 성독을 하거나 멜로디를 넣어서 읽으면 더욱 효과적이다 (하늘 천 天 따 지 地, 검을 현 玄, 누를 황 黃  ~~).

② 학생들은 교사의 시범에 따라 칠판을 보고 한 글자씩 따라 읽는다.

③ 짝끼리 먼저 시간에 배운 한자를 소리 내어 읽는다.

④ 한 학생이 먼저 시간에 배운 한자를 칠판을 보고 암송하면 나머지 학생은 짝이 읽은 것에 대해 무엇이든 말한다(잘 읽었다든지, 뜻이 잘못되었다든지, 속도가 빠르다든지 등등).

⑤ 역할을 바꾸어 읽고 나머지 학생은 친구가 읽은 것에 대해 말한다.

⑥ 이렇게 하면 반 학생의 절반은 읽게 되고, 나머지 학생은 다른 학생의 읽기를 관찰한 후 읽기에 어려움을 가지는 학생들에게 도움을 줄 수 있다.

# 한자 교수·학습 자료의 제작과 활용

## 1) 한자 카드 자료

### (1) 한자 카드의 종류

한자 카드는 사용하는 대상과 장소에 따라 다양하게 만들 수 있다.

가) 기본형 – 형(形), 음(音), 의(義) 제시

　　－한자의 모양은 앞면에 제시하고, 뜻과 음은 뒷면에 제시함.

나) 필순 제시형

다) 이미지 컷(image cut) 제시형

**(2) 한자 카드의 활용**(조현숙;2006)

가) 알맞은 한자 찾기

한자 카드를 활용한 가장 기본적인 방법이다. 한자 카드를 책상 위에 놓고 교사가 뜻과 음을 말하면, 알맞은 한자 카드를 찾아 들어 올리는 놀이이다. 반대로 교사가 한자 카드를 보여 주시면, 뜻과 음을 말한다.

▶ 활동—선생님과 함께, 모둠별 활동, 짝 활동

## 나) 빙 고

한자 카드 9장을 섞어 3장씩 3줄로 책상 위에 놓는다(16장일 경우, 4장씩 4
줄). 교사가 불러 주는 한자 카드를 뒤집어 놓는다. 뒤집힌 카드가 한 줄이 되면
'빙고'가 되는 놀이이다. 빙고의 방법은 '가로, 세로, 대각선, 두 줄, 세 줄, ㄴ,
ㄷ, ㅁ, ㅏ, ㅓ, ㅗ, ㅜ, ㅛ' 빙고 등 여러 가지가 있다.

▶ 활동－선생님과 함께, 모둠별 활동

## 다) 늘어난 한자 카드 찾기

한자 카드를 책상 위에 놓고 가위바위보를 하여 진 학생은 눈을 가리고 이긴
학생은 한자카드 한 장을 더 꺼내어 섞어 놓는다. 진 학생이 눈을 뜨고, 늘어난
한자카드의 뜻과 음을 알아맞히는 놀이이다.

▶ 활동－선생님과 함께, 모둠별 활동, 짝 활동

## 라) 먼저 집기

한자 카드를 책상 위에 놓고 교사가 불러 주는 한자 카드를 먼저 집는 놀이이
다. 한자카드를 많이 가져 간 학생이 이긴다. 이 게임은 특히, 중학년 이상의 아
동들이 규칙을 잘 지켜 재미있게 할 수 있다. 서로 동시에 잡았을 경우 가위바위
보를 하여 승자를 결정한다.

▶ 활동－선생님과 함께

## 마) 빨리 읽기

한자 카드를 책상 위에 한 줄로 늘어놓고 교사의 '시작' 신호와 함께 끝에 놓
인 한자 카드부터 차례로 뜻과 음을 읽어 나가는 놀이이다. 이때, 손가락으로 짚
어 가면서 읽으며, 짝과 중간에 만나면 가위바위보를 하여 이긴 학생은 계속 읽
어 나가고, 진 학생은 처음부터 다시 읽어 나간다. 끝까지 읽어 간 학생이 이긴
다. A4 종이에 한자 카드를 하나씩 쓴 후, 칠판에 걸어놓고 조별게임으로도 활용
할 수 있다.

▶ 활동－선생님과 함께, 짝 활동

## 바) 없어진 카드 찾기

한자 카드를 책상 위에 놓고 가위바위보를 하여 진 학생이 눈을 가리고 이긴 학생은 한자카드 하나를 감춘 후 없어진 카드의 뜻 음을 알아맞히는 놀이이다.

▶ 활동-선생님과 함께, 짝 활동

## 사) 어울림 한자 찾기

교사가 보여 주는 한자와 어울리는 한자 카드를 찾는 놀이이다. 어울리는 한자 카드를 많이 찾은 학생이 이긴다. 카드를 빨리 찾는 사람이 진행자가 되어 활동할 수도 있다.

▶ 활동-선생님과 함께, 모둠별 활동

## 아) 내가 한자왕

교사가 칠판에 쓰는 한자를 보고, 알맞은 한자 카드를 찾는 놀이이다. 가장 많이 맞힌 학생이 '한자왕'이 된다.

▶ 활동-선생님과 함께

## 자) 한자 빨리 읽기

한자 카드를 책상 위에 늘어놓고 가위 바위 보로 순서를 정한 후 누가 빨리 정확하게 읽는지 초시계로 재는 놀이이다. 한자 카드를 섞은 후, 그 다음 사람이 읽는다.

▶ 활동-모둠별 활동

## 차) 어떤 카드일까요?

새로 배운 한자 카드를 늘어놓는다. 가위바위보를 하여 진 사람은 눈을 가린 후, 이긴 사람이 "어떤 카드일까?" 라고 말하면 진 사람이 카드의 음을 알아맞히는 놀이이다.

▶ 활동-모둠별 활동, 짝 활동

카) 모둠 대항 게임

모둠별로 대표 한 명씩 앞에 나와 신호에 따라 제시된 한자어를 많이 맞히는 놀이이다. 모든 조원들이 나와서 순서를 정한 후 한자의 뜻과 음을 읽어나가 초시계로 시간을 재서 승자를 가릴 수도 있다.

▶ 활동−선생님과 함께, 모둠별 활동

타) 판토마임

몸과 표정으로 카드 내용을 나타내어 알아맞히는 놀이이다.

▶ 활동−선생님과 함께, 모둠별 활동

파) 낱말 만들기

새로 배운 한자 카드를 뒤집어서 섞어 놓은 후, 순서대로 두 장씩 가져간다. 두 장의 카드가 낱말을 이루면 가져가는 놀이이다. 낱말을 이룬 경우, 카드를 계속 뒤집을 기회를 가지며 그렇지 않으면 제자리에 둔다.

▶ 활동−모둠별 활동, 짝 활동

하) 낱말 만들고 짧은 글짓기

배운 한자 카드를 섞어 놓은 후 교사의 신호에 따라 두 글자 낱말을 만들고, 만든 낱말이 들어가는 짧은 글을 짓는 놀이이다. 짧은 글을 친구들 앞에서 발표해 본다.

▶ 활동−선생님과 함께

거) 그림에 맞는 카드 찾기

제시된 그림에 맞는 한자 카드를 찾아보는 놀이이다. 알아맞힌 사람이 칠판에 나와 그림을 그린 후 다시 놀이를 진행한다. 같은 방법으로 짝과 함께 할 수도 있다.

▶ 활동−선생님과 함께, 짝 활동

너) 표정에 맞는 카드 찾기

감정에 관한 한자를 배울 때 사용하면 좋다. 한자카드(예 : 喜, 怒, 哀, 樂) 중 교사가 만드는 얼굴 표정에 알맞은 한자 카드를 찾는 놀이이다.

▶ 활동–선생님과 함께, 모둠별 활동


## 2) 시청각 자료

### (1) 슬라이드

① 자료의 준비
　·카메라, 슬라이드 필름, 환등기
② 제작 및 활용 방법
　·슬라이드 원고 작성
　·사진 촬영–현상–슬라이드 제작
　·환등기를 이용하여 자료 활용
③ 유의점
　·슬라이드 화면은 가능한 크고 선명해야 한다.
　·슬라이드의 효과적인 제시를 위해서는 조명을 낮추어야 한다.(암막시설 이용)
　·각 장면은 충분한 시간 동안 제시하여 학습자들이 내용을 충분히 파악할 수 있게 한다.
　·해설이나 설명을 할 때에는 지시봉으로 화면을 지적하면서 자연스럽게 한다.

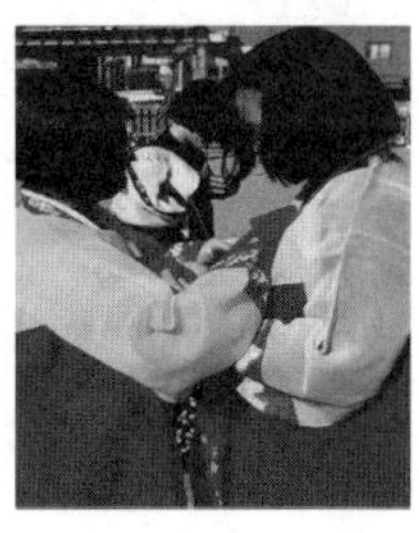

〈슬라이드 필름 자료〉

**245**

### (2) T.P. 자료

① 자료의 준비
  · OHP용 필름, OHP용 유성펜, O.H.P
② 제작 및 활용 방법
  · T.P. 자료 원고 작성
  · 복사 및 OHP용 유성펜으로 직접 자료 제작
  · O.H.P.로 자료 활용
③ 유의점
  · 불필요한 부분이 투영되지 않도록 한다.
  · 글자 크기는 14포인트 이상으로 한다.
  · 수직보다는 수평으로 사용한다
  · 전원을 끈 상태에서 TP를 제시하거나 내린다.
  · TP 자료대의 높이는 교사가 앉아서 글씨를 쓰기에 적당하여야 하며, 학습자를 마주보고 앉아서 사용하는 것이 좋다.
  · 설명을 할 때는 되도록 뒤를 돌아보지 않도록 하며 지시봉을 이용하여 설명하는 것이 좋다.

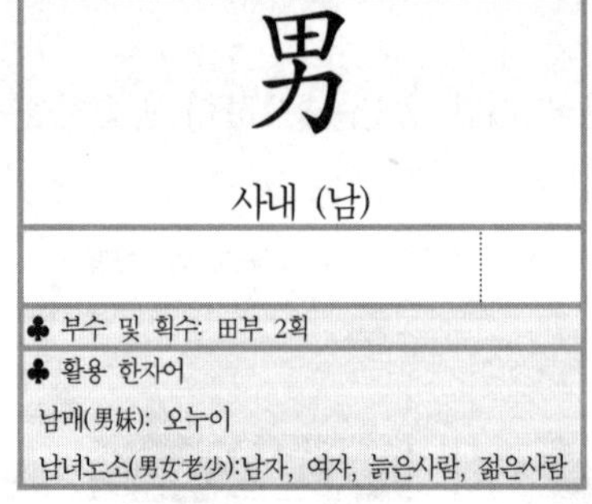


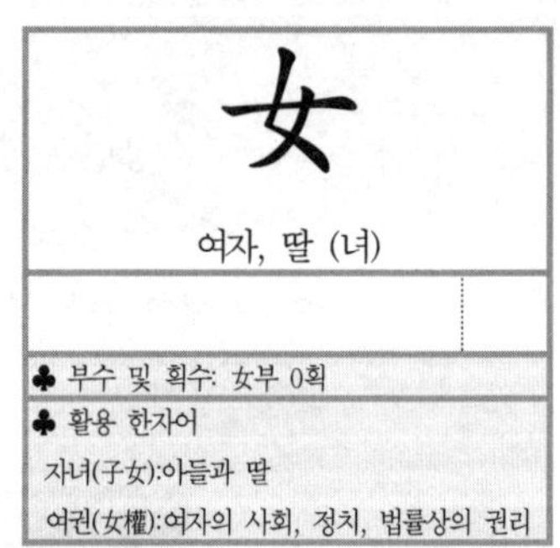


〈TP자료〉

### (3) 실물화상기

① 자료의 준비
  · 그림 자료 또는 실물, 실물화상기, TV수상기 또는 스크린


초등학교 한자교육

② 제작 및 활용 방법

　　·그림 또는 사진 자료, 실물 준비

　　·그림, 사진 자료, 실물 등을 화상 판에 올려서 활용

③ 유의점

　　·스크린의 크기와 위치는 모든 학습자가 자료를 쉽게 볼 수 있어야 한다.

　　·스크린은 직사광선을 피하는 것이 좋다

　　·한꺼번에 많은 자료를 제시하는 것은 바람직하지 않으며 제시는 시간적 여유를 두고 이루어져야 한다.

　　·설명할 때 학생들에게 등을 돌리지 않도록 방향을 미리 조절한다.

〈프로젝터〉　　　　〈실물화상기〉　　　　〈스크린〉

## (4) VTR 자료

① 자료의 준비

　　·비디오 촬영용 원고, 비디오테이프, 비디오카메라, TV, VTR

② 제작 및 활용 방법

　　·비디오 원고 작성

　　·비디오 원고 촬영－편집

　　·비디오를 이용하여 자료 활용

③ 유의점

　　·수업전 화질·음향을 조절하여 양호한 상태에서 활용한다.

　　·장시간 비디오를 상영하는 것은 학습효과가 없으므로 10분 이내의 자료를 활용하는 것이 좋다.

・비디오 시청 전 자료에 대한 안내를 하며 상영 중에도 적절한 설명을
하여야 한다.

### (5) 인터넷(Internet) 자료

① 자료의 준비
　・computer, internet, 스크린
② 제작 및 활용 방법
　・웹서핑(web surfing)을 통한 자료 탐색
　・인터넷 이용 자료 복사
　・인터넷을 이용하여 자료 활용
③ 효과적인 한자 교육을 위한 인터넷 자료 주소
　・전국한문교사모임(http://hanmun.njoyschool.net)
　・한자정보데이타베이스(http://ikc.korea.ac.kr/~cnsc/hidb/)
　・국가전자도서관(http://www.dlibrary.go.kr/)
　・생동컴피아(http://www.class4joy.com)
　・일일한자학습(http://www.ililhanja.co.kr)
　・장원한자(http://www.jangonehanja.co.kr)
　・공자왈맹자왈(http://www.e-hanja.co.kr)
　・김선진의 한자퍼즐((http://www.chosun.com/hanja)
　・에니메이션한문학습(http://www.hanmoon.co.kr)
　・한자와닷컴(http://www.hanjawa.com)
　・愛語한자(http://www.hunjang.co.kr)
　・멜로디천자문(http://www.mainpower.co.kr)
　・엄마랑 함께하는 한자공부(http://my.netian.com/~goldcs)
　・퍼즐로 배우는 한자(http://www.my.netiancom/~jongno)
　・어린이 한자공부(www.primary75.pe.kr)
　・한자야놀자(http://home.cein.or.kr)
　・사이버서당(www.cybersodang.co.kr)
　・전국한자교육추진총연합회(www.hanja-edu.com)

· 한국한자교육평가원(www.aihc.or.kr)

· 에듀넷 한자학습(cyber.edunet4u.net/hanja/)

· 한국한자한문교육학회(www.studyhanja.net)

· 존 한자사전(hanja_dic.zonmal.com/)

· 한국어문교육연구회(www.hanja.re.kr/)

· 옥편 이야기(www.chang-jo.net)

· 전자한자자전(211.46.71.249)

· 파란한자사전(handic.paran.com)

· 이야기 한자여행(www.hanja.pe.kr)

· 아이한자(www.ihanja.com)

· 한자박사(www.hanjadoc.com)

· 모로미 한자교실(www.moromi.co.kr)

· 한자통닷컴(www.hanjatong.com)

· 맛있는 한자(yamhanja.com)

· 한자 및 한자성어교실(my.netian.com)

· 즐거운 한자(www.class4joy.com)

· 한자나라(home.cein.or.kr)

· 박병구의 열린한문교실(www.openhanmun.com)

· 사이버 한문교육원(www.cyberhanmun.com)

· 사이버 한문나라(user.chollian.net)

· 네이버 한자사전(hanja.naver.com)

· 엠파스 한자사전(handic.empas.com)

· 한문 홈페이지(my.dreamwiz.com/hanjalove/)

· 한국사 사료 연구소(www.clepsi.co.kr/eduline/hsv/login.asp)

· 한자 학습(cyber.kmec.net/hanja/)

· 대만 중앙연구원(www.sinica.edu.tw)

· 차이나페이지의 홈페이지(www.chinapage.com/classic1.html)

· 차이나페이지의 한시자료실(www.chinapage.com/poetry1.html)

· 맥한도(www.mchando.com)

- 한자365(hanja365.com.ne.kr)
- 365한자(www.365hanja.com)
- 김광수의 漢文을 생각하는 공간(www.cyberhanja.com)
- 진갑곤의 한국한문학(my.dreamwiz.com)
- 뿌리 漢字(주 : 언어과학)—한국사사료연구소(www.clepsi.co.kr)
- 漢文사랑(cafe.daum.net/1118)
- 한자는 내친구—한자교육(진인섭)(my.netian.com/~jin0456/)
- 사임당 한문서당(user.chollian.net/~k71421/)
- 한민족 참역사(cafe.daum.net/khankorea)
- 윤선생한문교실(http://e-jajun.njoyschool.net)
- 한자사랑방(http://home.hanmir.com/~ksj1208)

## 3) 멀티미디어 자료5)

### (1) 플래쉬 자료

**– 고사성어 플래쉬 자료 다운 받기**

플래쉬(Flash)는 요즘 들어 각광받고 있는 프로그램이다. 적은 용량에 실제 TV 영상으로 표현될 수 있는 것을 그래픽형식으로 움직임마저 재연하고 있기에 수업용으로도 많이 활용된다. 이러한 플래쉬를 다운로드하기란 여간 어려운 것이 아니다. 보통의 오른쪽 마우스 키로 저장하기가 안되기 때문에 몇 가지 작업이나 유틸리티 프로그램이 필요하다.

한문시간에 고사성어를 지도한다고 하자. 이 경우 여러 가지 교수학습방법이 있겠지만, 고사성어의 어원을 설명하고자 할 때는 말로 설명하는 것도 좋지만, 나름대로 영상을 통해 보여주는 식의 설명도 상당한 도움이 된다. 이러한 고사성어를 플래쉬로 제작한 사이트는 여러 곳이 있는데, 소개하면 다음과 같다.

---

5) 이 부분은 「한문교육」에 실린 내용을 전재하였습니다. 자료를 제공하고 수록할 수 있도록 허락한 전국한문교사모임 멀티미디어 팀장 울산학성고 김경익 선생님과 광주문화중 윤세훈 선생님께 사의를 표합니다.

㉠ 즐거운학교 고사성어 되살리기
(http://www.njoyschool.net/lesson/newbbs/bbs_list.asp?bbs_code=105010) : 교육
포탈사이트 '즐거운학교'에서 자체 제작한 고사성어 플래쉬 시리즈이다.
총 30여 개의 고사성어를 플래쉬로 작업하였다(전국한문교사모임에서 주
최가 되었음).

㉡ 성어동물원(http://resources.ed.gov.hk/idiom2/) : 동물과 관련한 고사성어를 플
래쉬로 홈페이지 제작하였다. 중국 사이트이다.

㉢ 신가초등학교 3학년 4반 홈페이지(http://www.k-singa.es.kr/34) : 학급홈페이
지 속에 '한자'코너에 고사성어 플래쉬를 제공하고 있다.

이러한 고사성어 플래쉬가 있으면 수업활용 시 교실 인터넷으로 해서 학습자
에게 소개해줄 수는 있겠지만, 영원히 그 자료가 존재할 수는 없다는 생각을 가
지고 있을 때(인터넷의 특징이란 '지속적인 업데이트'라는 점에서) 그 플래쉬를
다운로드 받아두는 것이 좋다.6)

그럼 어떻게 플래쉬 프로그램을 다운로드 할 수 있는가? 이를 위해선 약간의
노력이 필요하다.



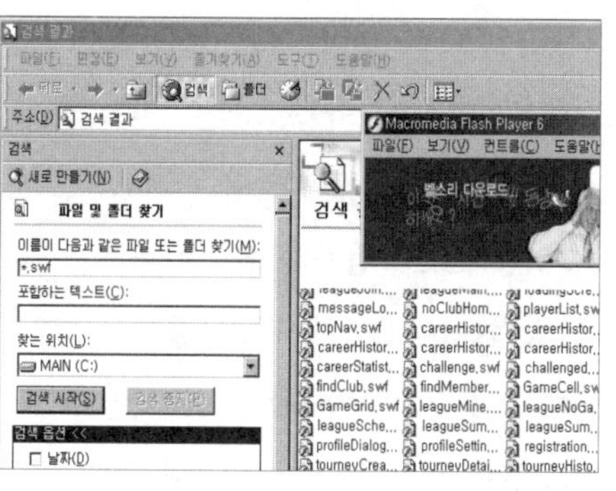

플래쉬를 한 번 보고 나면, windows폴더의 temp
폴더(또는 Temporary internet Files 폴더)에 임시파
일이 생긴다. (이유는 인터넷을 항해하다보면 한번
봤던 사이트를 딴 곳에 갔다가 다시 돌아오면 의외
로 빨리 뜨는 경우가 되는데, 그것은 다녀왔던 사이
트의 그림이나 웹파일이 컴퓨터 하드디스크 상에 남
아있기 때문이다. 그래야 다시 그 사이트를 찾아왔

---

6) 저작권법에 의하면, 저작권이 있는 자료의 경우 학교교육으로 활용하게 된다면 그 소유권을 임시로 사용
해도 좋다는 기록이 명시되어 있다. 그외 이것을 상업용으로 활용하거나, 교육용이 아닌 본인의 명의로
기록하게 될 때 저작권법에 위배된다.

을 때 좀더 빨리 쉽게 들어갈 수 있기에, 컴퓨터 상에서 이미 설정된 것이다.)

‘파일 찾기’에서 *.swf 해서 엔터! 하면… 몇 개의 플래쉬 파일들이 뜬다. 그 플래쉬 파일 중에 최신 것을 찾아보면 다운로드 하고자 하는 플래쉬 파일을 확인할 수 있다. 그걸 다른 이름으로 적당한 폴더에 저장하면 된다.

그런데 문제는 그 파일들을 보고자 하는 컴퓨터에 플래쉬 프로그램(Flash MX 같은 프로그램)가 깔려 있어야 한다. 인터넷이 된다면, 자신의 적당한 계정에 그 파일들을 올리고 링크해주는 방법도 생각해 볼 수 있다. 인터넷에서는 플래쉬 파일을 볼 수 있는 ShockWave 프로그램이 Explorer 속에 포함되어있기 때문이다(단, 반드시 출처는 밝혀주어야 한다).

### (2) 동영상 자료

동영상은 살아있는 수업교재이다. TV에서 방영된 것은 방송사 홈페이지의 VOD(Video On Demand ; 영상서비스)로 나오기 때문에 인터넷 속의 영상은 수업교재로나 소장가치로 크다. 이러한 영상은 어떻게 확보할 수 있는지 알아보자.

좋은 영상이 있는 곳은 양질의 VOD를 제공하는 방송사 사이트이다. 특히 EBS나 KBS는 수업교재의 寶庫라 할 정도로 자료가 무궁무진하다. 한문과 관련 있는 프로그램으로, EBS의 ‘교양한문’, ‘진리의 오딧세이-한국사이야기’, ‘학습자료-한국사박물관’ 등이며, KBS의 ‘역사스페셜’, ‘애니멘터리 한국설화’, ‘시간여행 역사속으로’ 등이다. 이 들 중 몇 개의 프로그램은 시청 시 유료로 되어있다. 유료로 되어있기는 해도 한문수업에 필요한 수많은 자료들이 포함되어 유용하다.

물론 이러한 영상들을 다운로드 하여 편하게 수업용으로도 활용하려는 마음은 누구에게나 있다. 이것 역시 다운로드 할 수 있는 방법이 있기는 하지만, 방송사 동영상 파일의 경우 저작권을 생각하여 각 방송사에서 철저한 보안프로그램을 설치해놓았기 때문에 여간한 전문가가 아니면 이 보안프로그램을 뚫기가 힘들다. 그래서 녹화자체가 안 되는 편이다. 정작으로 구하고 싶은 동영상이 있다면 EBS나 KBS영상사업부에 연락하여 비용을 들여 VHS(비디오)로 구입할 수는 있다. 보통학교에 교육용 소프트웨어 구입에 대한 요청이 들어올 때 구입해놓는 것이 좋다.

### (3) 한자 카드 만들기

'한자카드'는 한자가 적혀있는 카드를 말한다. 수업 도구로서 새로 배울 한자를 익힐 때나 복습의 차원에서 활용된다. 앞면에는 큰 한자를 적어놓고 뒷면에는 한자의 음과 뜻을 적어놓은 뒤, 학습자에게 한자만을 보여주면서 "이 한자는 무엇일까요?" 하며 한자를 익힐 때 쓴다.

옛날에는 교사가 한자를 일일이 손으로 직접 작성하여 썼지만, 워드프로세서가 나타나면서 큰 글자로 만든 뒤 인쇄해서 쓰는 현실이다. 다만 보통 쓰는 워드프로그램인 흔글97에서는 글자크기가 127정도 밖에 지원이 되지 않기 때문에 만들기가 어려웠다.(현재 나와있는 흔글2002에서는 글자크기를 500까지 지원한다) 하지만 이러한 어려움은 흔글97에서 지원하는 '글맵시' 기능을 활용하면 되고, 부수를 표현하기 위해서는 포토샵 등의 그래픽편집프로그램을 이용하면 된다. 그러면 이러한 한자카드는 만드는 방법을 살펴본다.

**- 글맵시를 이용하기**

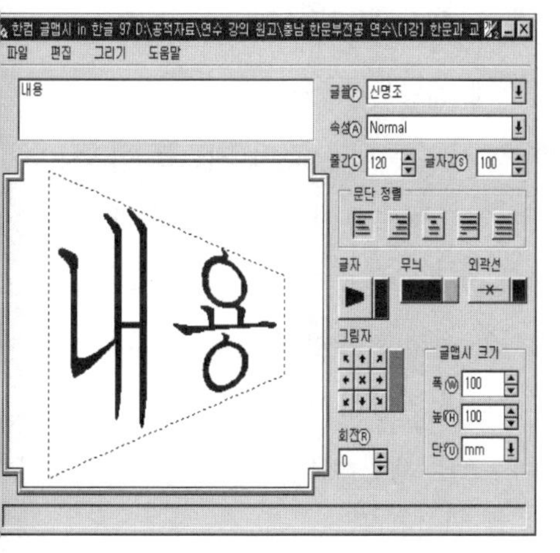

'글맵시' 기능은 글자를 맵시 있게 편집하기 위해 흔글97에서 제공하는 서비스이다. 흔글 97의 메뉴아이콘 중에서 ' '을 누르면 왼쪽 그림과 같이 글맵시가 실행된다.

이때 활용하고자 하는 한자를 입력한다. (한자를 입력하기 위해선 한자의 '음'을 먼저 작성하고 F9를 누른 뒤 변환하고자 하는 한자를 찾으면 된다.)

예를 들어 '世'를 활용한다고 치자. 그러면 한글을 한자로 변환하면서 글맵시에서 주고자 하는 효과를 주고 파일메뉴의 '반영'을 누른다.

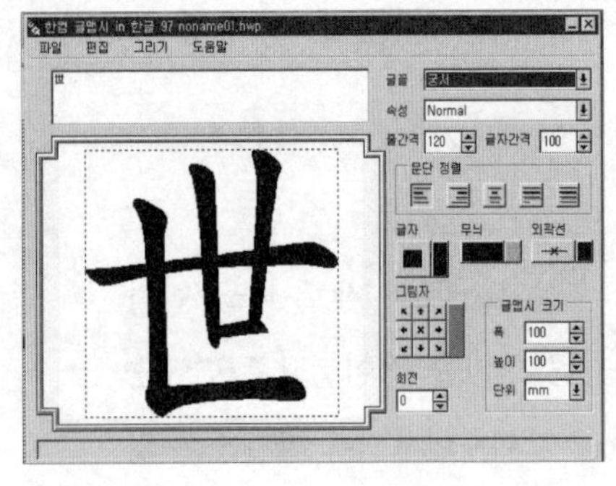

(왼쪽의 그림에서 보듯이 글꼴은 '궁서'로 주었고, 글자모양은 ■, 글자색은 검정으로 하였으며 외곽선을 두지 않았다. 그림자 역시 설정하지 않았는데, 그림자를 설정하면 좀 지저분하게 나타나기 때문이다)

글맵시의 글자는 크기를 마우스를 마음대로 조절할 수 있기에 한자카드를 만들 때 적절하게 활용할 수 있다.

그러면 한자카드는 완성된다. 하나의 한자카드를 만들 때, 앞면은 한자, 뒷면은 그 한자의 음과 뜻을 적어두게 한다.(뒷면에 대한 것은 펜으로 작성해두어도 될 것이다)

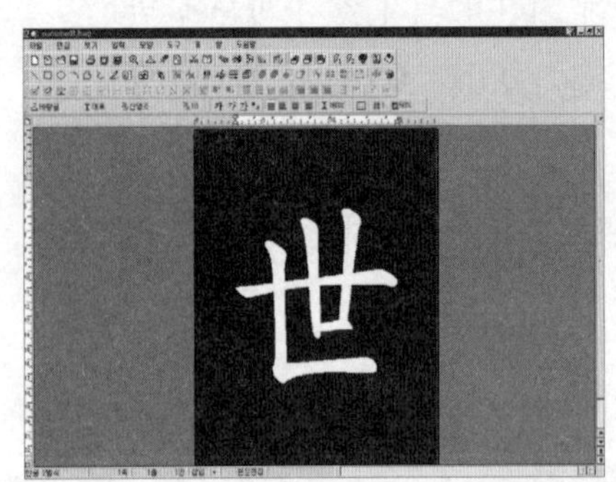

글자를 더욱 돋보이게 하기 위해선 글자를 검정색으로 하여 인쇄를 하기보다는, 배경색을 파란색 등으로 한 뒤, 글자색을 흰색으로 하여 인쇄를 하면 훨씬 보기가 좋을 것이다. 흔글97에서 배경색을 조절할 수 있는 것은 [모양]−[테두리/배경]−[전체 쪽]으로 들어가 문서배경 탭에서 '배경색'을 지정해주면 된다.



部首는 한자의 뜻을 가늠할 수 있는 기본 요소에 해당된다. 역시 학습요소로 가르쳐야 할 것이기 때문에 새로 배울 한자를 학습 시 나름대로 같이 지도할 필요가 있다. 글맵시에서는 부수만 따로 다른 색으로 지정하기가 어렵다. 그러기 때문에 이때는 그래픽편집프로그램인 '포토샵(Photoshop)'을 이용한다.

방법은 간단하다. 한자카드로 적당할 만한 크기의 문서를 열어 작업하고 그대로 인쇄를 하면 된다. 기초적인 포토샵의 기능만 안다면 간단히 만들 수 있다. 예를 들어보겠다(필자는 포토샵 v7.0.1 한글판이기에 조금 생소해보일 수 있다. 하지만 영문판과 메뉴구성이 똑같기 때문에 이해가 될 것이다).

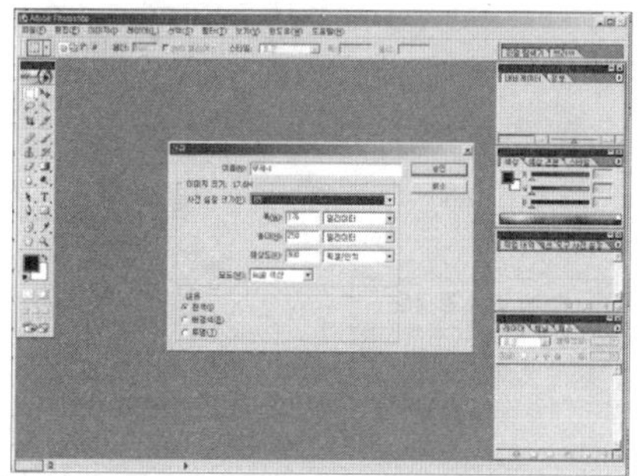

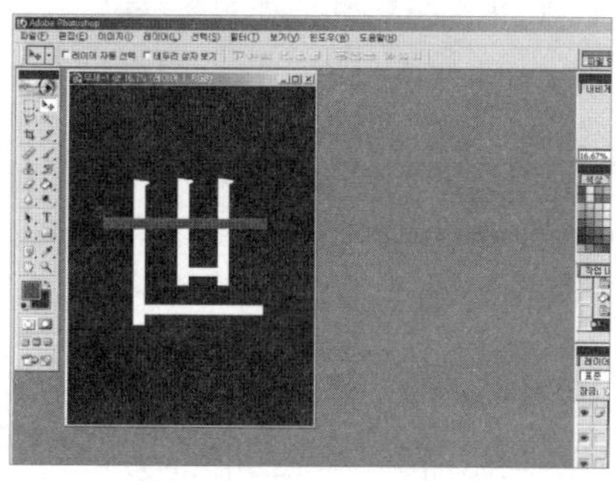

① 우선 문서를 여는데, '사전설정크기'를 정하는 곳이 있다. 'B5'로 맞춰보자.

② 그 다음에 문서가 뜨면 배경색을 파란색으로 정해보자('페인트툴'을 통해 파란색으로 한다).

③ 한자를 적어 넣는 것이 중요한데, 'T(문자툴)'모양의 아이콘을 누르면 글자를 넣을 수 있는 상태로 된다. 포토샵은 한자키를 누르는 것을 지원하지 않기 때문에(지원하지 않는다기보다 조금 번거로운 작업을 거친다) 손쉽게 워드프로세서에서 한자를 작성한 후 한자를 복사해서 갖다 붙이는 방법을 활용한다.(글자체는 굴림체, 글자크기는 400pt이다. 크기는 Ctrl+T 단축키를 통해 조절할 수 있다)

④ 포토샵 왼쪽에는 메뉴툴바가 있는데, 거기에 보면 '올가미도구'라고 있다. 글자부분

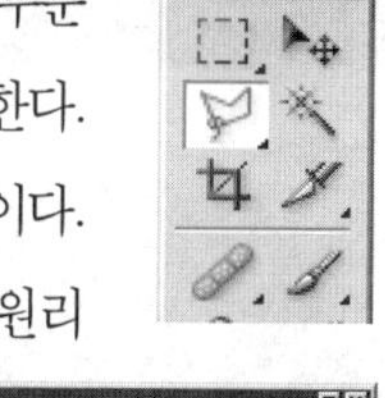

의 레이어를 선택하고 올가미도구로 부수에 해당되는 부분을 선택한다. 그러나 부수 부분을 선택하고 색칠을 하려고 하면 잘 되지 않을 것이다. 그 이유는 글자레이어 부분에 직접 편집을 할 수는 없다. 포토샵의 원리는 여러 장의 셀로판종이를 합쳐놓은 형태라고 표현할 수 있는데, 새로운 레이어를 만들어 그 레이어에 해당되었을 때 색칠하면 될 것이다. (참고로 世의 부수는 '一'이다)

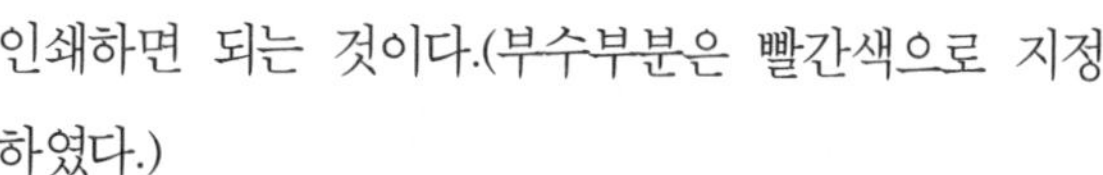

⑤ 그럼 다음 장면과 같이 했을 때, 부수가 섞인 한자카드가 만들어 진다. 이것을 바로 인쇄하면 되는 것이다.(부수부분은 빨간색으로 지정하였다.)

참고로, 이것은 폰트의 모양이 굴림체에 해당하는 한자이기에 따로 다른 폰트체를 활용하여 넣을

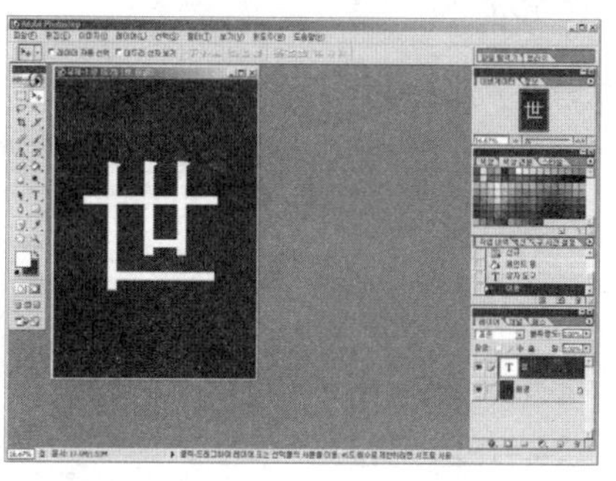


제4장 _ 초등 한자의 교수·학습 방법

경우가 있다. 쉽게 보통은 궁서체를 활용하는데,
궁서체의 경우엔 직선형으로 구성된 것이 아니라
서 위와 같은 올가미도구를 활용하였을 때 조금
세밀한 작업이 필요하므로 번거로울 수 있다. 이
때 쉽게 할 수 있는 방법으로 '빠른 마스크모드'
를 이용한다.

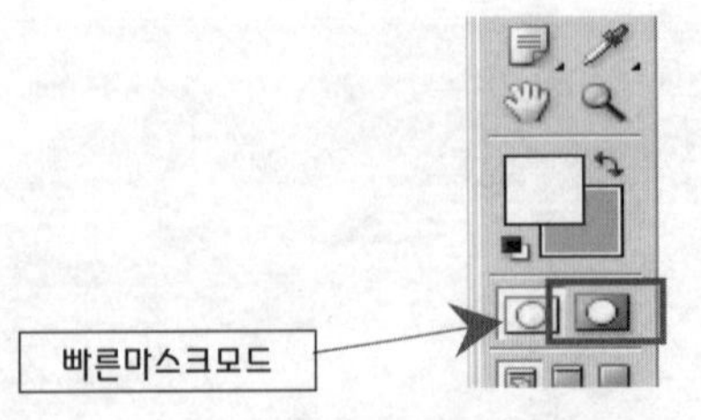


　이러한 포토샵의 기능을 활용해서, 이전에 실습한 한자카드를 부수 부분을 첨
가한 한자카드로 하여 만들어보는 것도 좋은 방법이다.

　　부수가 무엇인지 잘 생각이 나지 않는다면, 字典을 보든가, 아니면
자전사이트(예〕존한자사전 http://hanja_dic.zonmal.com)에 가서 한자의
부수를 찾아보면 된다.

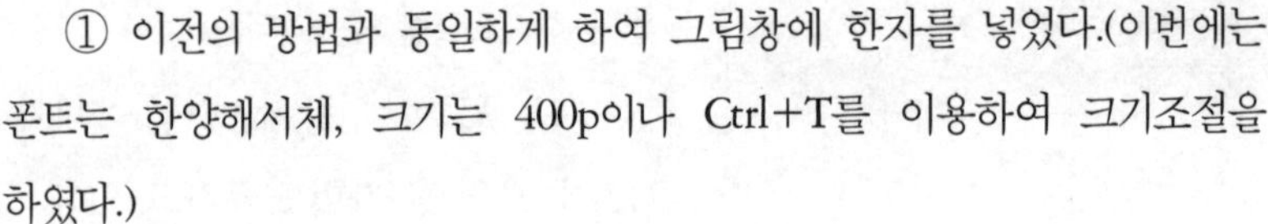

　① 이전의 방법과 동일하게 하여 그림창에 한자를 넣었다.(이번에는
폰트는 한양해서체, 크기는 400p이나 Ctrl+T를 이용하여 크기조절을
하였다.)

　② 빠른 마스크모드를 이용하기 위해선 툴바의 맨 아래부분을 보면
두 가지 카메라모양의 아이콘이 있다. 왼쪽이 표준모드(현재 보이는 상
태)이고, 오른쪽이 빠른 마스크모드이다. 오른쪽의 빠른
마스크 모드를 클릭해보자.

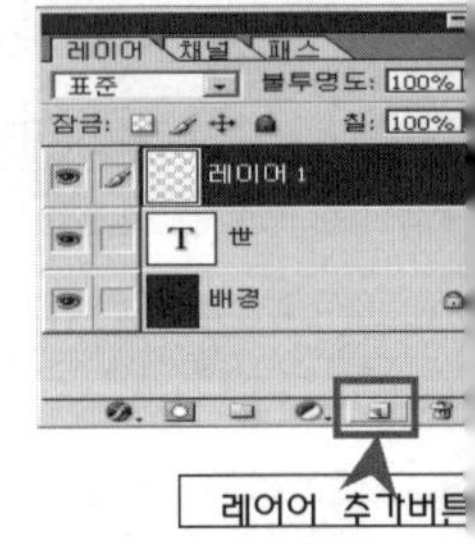

　③ 빠른 마스크 모드를 클릭하면 화면 자체에는 별
다른 변화가 없다. 이때 툴바에서 브러쉬 도구를 클릭하
고 브러쉬 크기를 조정한 뒤, '世'의 부수가 되는 'ㅡ'
부분을 마우스를 누르면서 브러쉬 도구를 사용하게 되면 그 흔적이
분홍색으로 변하게 된다.

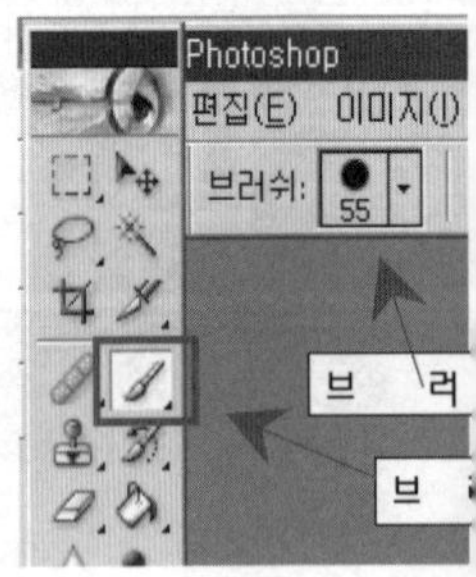

　④ 부수 부분을 분홍색으로 채운 뒤, 다시 표준모드로 들어
가면 분홍색의 범위가 선택된 점선으로 표시되게 된다. 이때, 문
자 위에 레이어를 하나 추가하여 선택된 부분에 색칠이 들어가도
록 하고, 페인트를 이용해 다른 색을 채워 넣으면 껄끄러운 부수

부분이 잘 채워진다.

즉, 빠른 마스크모드는 선택하고자 하는 범위가 굴곡이 많거나, 다른 부류와 섞여 있을 경우 이것을 따로 쉽게 선택할 수 있도록 하는 기능이 있다.

아래는 이를 응용하여 부수부분만 좀 튀게 하여 쉽게 설명하고자 하는 편집 상태이다.

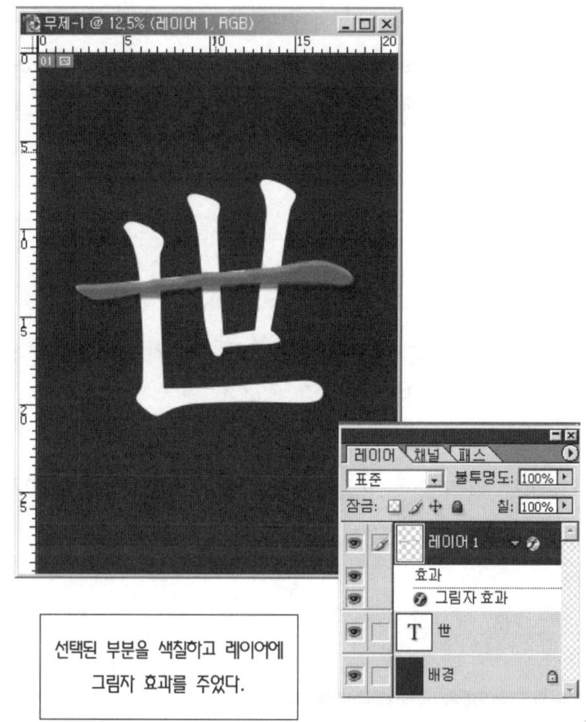

선택된 부분을 색칠하고 레이어에 그림자 효과를 주었다.

## (4) 필순 자료 만들기

### 가) 텍스트방식의 필순지도

예전부터 사용한 방식인데, 한 획, 한 획을 하나하나 써주면서 텍스트상에서 애니메이션 효과를 준 필순지도 방식이 있다. 예를 들면 다음과 같은 것이다.

컴퓨터가 별로 보급되지 않은 시절엔 교사가 일일이 학습지에 직접 손으로 썼지만, 이러한 것을 필요시 다시 써야할 때는 상당히 귀찮은 방법이다.(손으로 썼다가 혹시 틀릴 경우도 있으니) 이 경우 그래픽프로그램으로 위의 텍스트 필순을 수정하여 그림으로서 따로 저장해놓는다면 나름대로 활용측면에서 큰 도움이 될 것이다.

### [방법예시]

① '是'를 텍스트애니메이션 효과로 주고자 한다면, 흔글97 프로그램에서 '是'를 획수대로 나열한다. (9획이 되겠죠?)

是 是 是 是 是 是 是 是 是

나름대로 간격을 주고싶으면 Space bar(한 칸 띄우기)를 누르거나 Alt+Space bar(반 칸 띄우기)를 누르면 된다.

② 나열한 한자를 갈무리 처리하여 그림파일로 만든다.

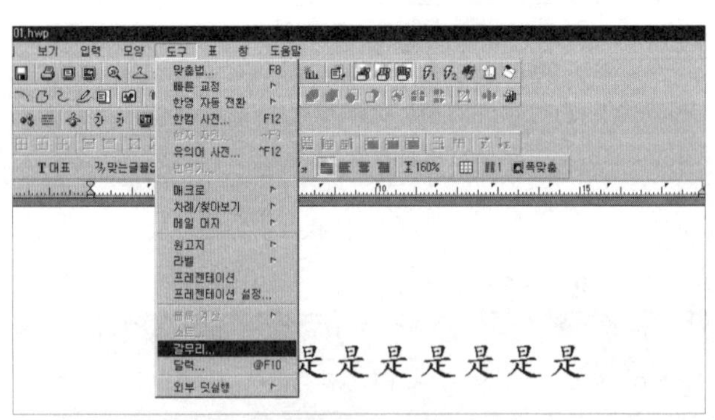

흔글97에서는 '갈무리'라고 해서 한글문서를 그림파일로 만드는 방법이 있다. (참고로 흔글워디안이나 흔글2002에는 갈무리가 없음을 유의하시길) 갈무리는 흔글 메뉴에서 [도구]-[갈무리]로 들어가면 된다.

[갈무리]를 하면 '사진기 모양의 커서'가 나온다. 범위를 정하여 캡처


초등학교 한자교육

하면 그림파일로 저장이 된다.

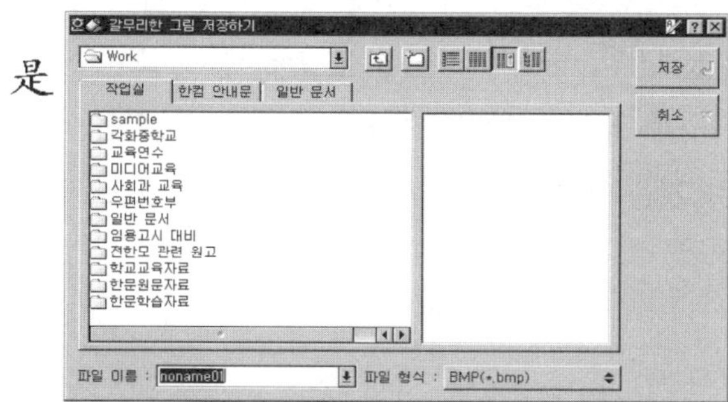

③ 그림파일로 저장된 한자를 Window에서 제공하는 '그림판([시작]-[보조프로그램]-[그림판])'이나 포토샵 등의 그래픽프로그램에서 한 획, 한 획을 지우개로 지워가며 수정한 후 다시 저장하면 텍스트방식의 필순애니메이션을 줄 수 있다. (필자는 쉽게 그림판을 선택하였다)

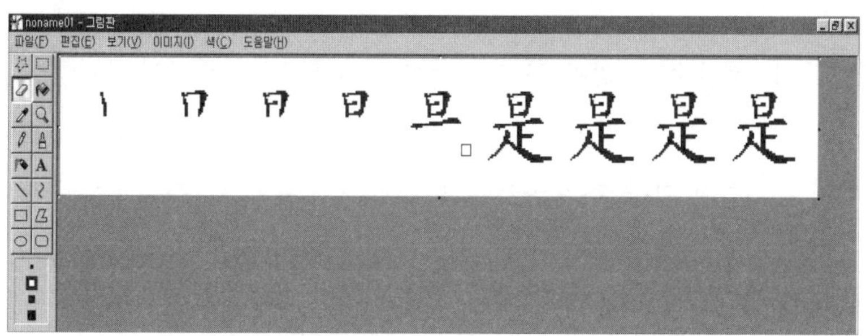

④ 그리고 흔글에서 그림을 불러오면 다음과 같은 필순애니메이션을 찾을 수 있다.

이러한 텍스트 필순은 학생들에게 참고할만한 학습지에 실어 빈칸과 더불어 쓰기 연습을 시킬 때 유용하게 쓰일 거라 생각된다.

나) 그림파일을 이용한 필순 에니메이션 만들기

텍스트 필순 지도는 유인물을 통해 직접 써보게 하는 연습을 통해 효과를 볼 수는 있겠지만, 눈으로 보면서 연습하기에는 조금 시각적으로 혼란한 감이 없지 않다. 쉽게 필순이 써지는 형태를 보면서 연습하는 것도 효과가 클 수가 있는데, 이러한 것을 그림파일을 통해 에니메이션 형식으로 필순을 구현하는 방식에 대해 살펴본다.

### ❖ 파워포인트 '에니메이션 효과' 활용

파워포인트에는 에니메이션 효과라고 해서 움직이는 텍스트의 형태를 구현하는 기능이 있는데, 이것이 그림파일에도 똑같이 적용된다. 아까 텍스트 애니메이션 방법을 이용하여 획이 하나하나 나타나게 각각의 그림파일을 만들어 동일지점에서 그림을 삽입해 애니메이션 효과를 주는 것이다.

① 우선 한자 하나 하나의 획이 나타나도록 그림파일을 만들어 낸다.

아까 갈무리 기능을 이용해 한자를 그림파일로 만들고, 그림판이나 포토샵에서 편집하여 획에 따른 9장의 그림파일을 만들어 낸다.(공백을 위해 1장의 그림파일을 더 만들어도 된다. 아무것도 그려져 있지 않은 파일을.)

② 파워포인트를 띄워 메뉴에 [삽입]-[그림]-[그림파일]로 그림을 삽입한다. 동일지점에 10장의 그림을 위의 순서로 삽입한다.

삽입 후 그림을 클릭하여 마우스포인트가 나온 상태에 오른쪽 마우스 키를 눌러 [애니메이션 사용자정의]를 본다.

[사진 틀 x]는 그림을 나타낸다. 필순에 맞춰 순서를 정렬한 후, 애니메이션 효과는 모두 '나타내기'로 한다.

이러한 애니메이션을 키를 일일이 클릭하며 보여줄 것 없이 위 그림의 [순서와 시간]에서 [자동전환]를 설정하면 알아서 애니메이션을 실행한다.

'미리보기'(단축키 F5)를 통해 애니메이션을 확인해보고, 슬라이드 쇼를 감상하면 된다.

### ❖ 이미지뷰어 프로그램 활용

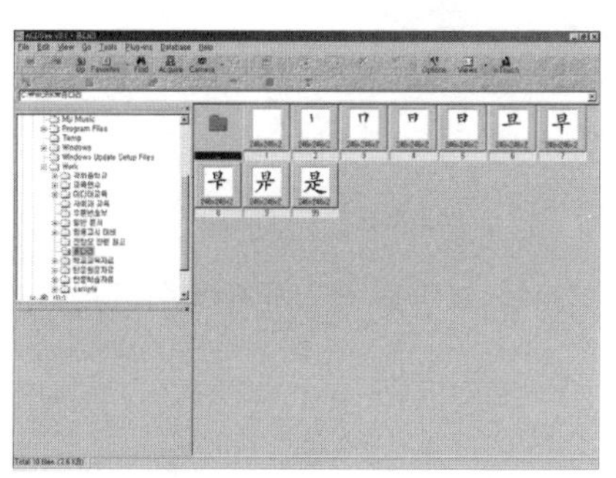

이미지뷰터프로그램을 통해서도 필순의 모습을 보여줄 수 있다. 유명한 이스트소프트사의 '알씨(Alsee)'나 ACD사의 'ACDsee' 등이 그것이다. 여러 장의 필순형태의 파일을 연속으로 보여주어 애니메이션 효과를 노리는 것이다.

① 그래픽 뷰어 프로그램의 대명사인 ACDsee을 띄운다.(버전 3.1)

아까 만들어낸 필순에 맞춘 그림파일이 정렬된 폴더에 위치로 이동한다. (필자는 종다리라는 폴더에 아까 그림들을 이동시켜놓았다. 순서가 차례대로 정렬되게 나열한다.)

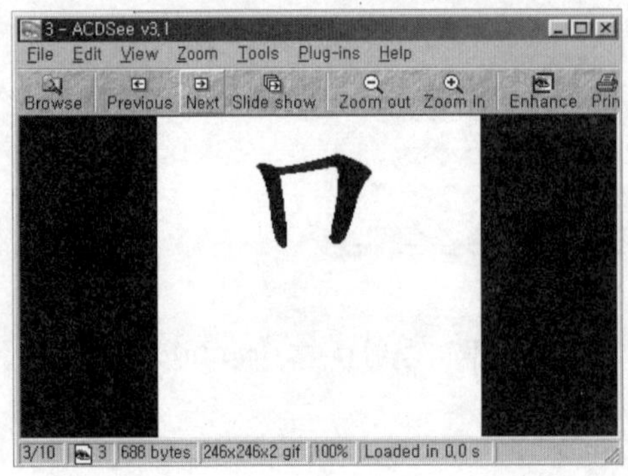


② 이 중에 첫 번째 그림을 클릭하면 그 그림을 크게 확대한 화면이 나온다.

메뉴 중에 마우스로 'Next' 버튼을 누르면서 필순의 변화를 지도할 수 있다. (키보드로 누르려면 키보드 오른쪽에 있는 'Page Down' 키를 누르면 된다.)

③ 아니면, 그 옆에 'Slide Show'를 누르면 일일이 버튼을 누르지 않아도 아까의 파워포인트의 자동전환과 비슷하게 필순에 맞게 그림이 바뀐다. 대신의 슬라이드 쇼의 속도가 중요한데, 그것은 [Tools]-[Options]에서 슬라이드 쇼의 속도를 지정할 수가 있다. ([Options]-[Slide Show]에서 지정 → 네모칸 부분)

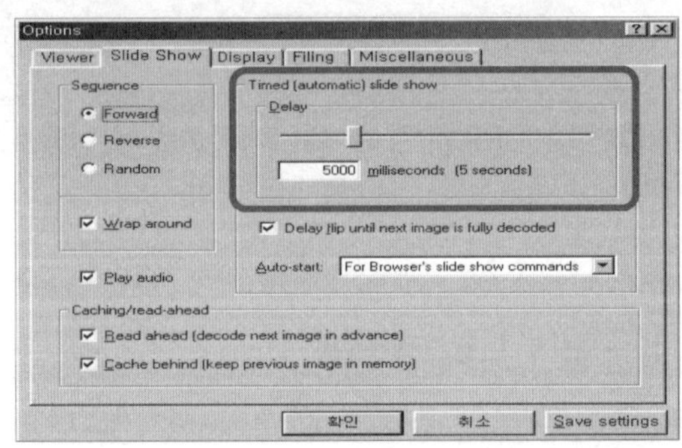


ACDsee의 예를 들었지만, 국산프로그램 알씨(Alsee)의 경우도 비슷하다. '환경설정'이라는 곳에서 연속보기 부분의 설정을 어떻게 하느냐에 따라 다르다.

이러한 그래픽 뷰어 프로그램으로 굳이 파워포인트에 그림을 삽입하지 않아도 보다 간편하게 필순을 보여주며 지도할 수가 있다.


초등학교 한자교육

## 다) 플래쉬로 제작한 필순 에니메이션

플래쉬 프로그램은 애니메이션 툴의 대명사이다. 제작이 어렵지 않고, 깔끔한 이미지와 다양한 애니메이션 효과를 제공하기에 요즘 많이들 선호하고 있는 편이다. 하지만 쉽게 접하는 프로그램과의 용어관계로 그렇고 나름대로 제작내용이 생소한 면이 있어 쉽게 배우기엔 처음엔 까다로운 편이지만 개념정리만 잘 된다면 어렵지 않게 애니메이션을 제작할 수가 있다. (물론 이곳에서 그 많은 플래쉬에 대한 설명을 다 해줄 수는 없지만, 우선적으로 무작정 따라해보시길… 사용하는 프로그램은 Flash MX이다)

[방법예시] '한 획 한 획 써지는 느낌의 플래쉬 필순 제작'

① 먼저 흔글97을 실행시킨 후 글맵시에서 한자를 한글 문서에 추가시키고, 오른쪽 마우스를 클릭한 후 '복사'해서 플래쉬 편집화면으로 이동한 후 '붙여넣기(Paste)'를 한다. (한자 소스를 만들어야하는데 플래쉬에서는 한자를 입력할 수도 있지만, 글꼴을 선택할 수가 없기 때문이다. 그러면 한글 문서에 개체로 입력이 되는데 이때 만들어진 글맵시는 그림 파일로서의 정보를 가지고 있다.)

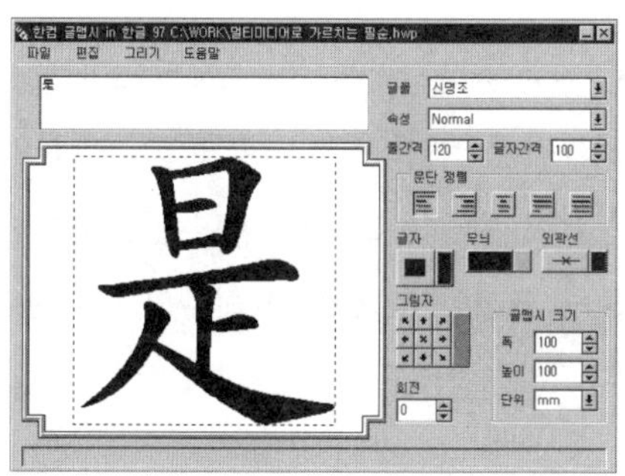

② 그 다음 타임라인창에 '레이어'를 3개 만든다. 1개는 한자의 필순이 써지는 과정을 나타낸 레이어이고, 하나는 필순이 써지고 멈춰지는 버튼 레이어, 그리고 마지막 1개는 계속해서 진행되는 움직임을 우선 멈춤상태로 만드는 정지 액션레이어이다.(차례로 따라해보고, 각 레이어에 이름을 붙인다. [필순], [버튼], [정지액션])

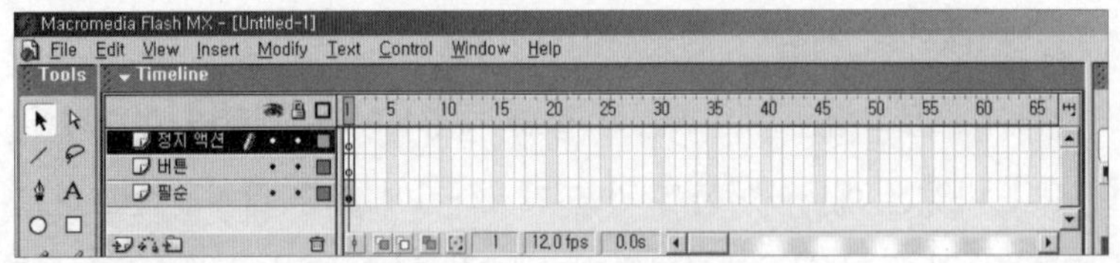

③ [필순] 레이어에서, 복사된 한자를 선택하고 [Modify]메뉴에서 [Break apart] (Ctrl+B key)[7]를 한다.

〈한자소스가 Break apart된 상태〉

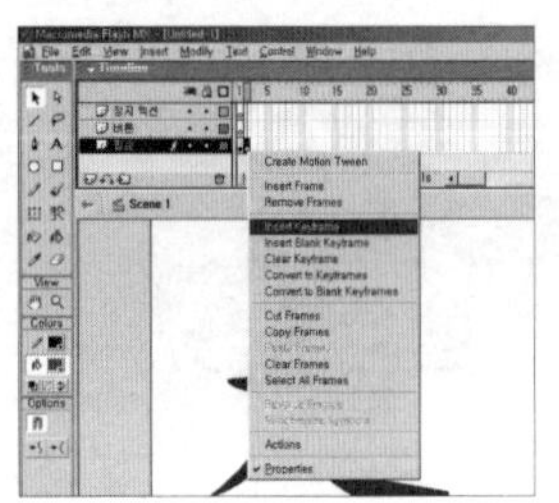

④ [필순]레이어에서, 2프레임 쯤에 마우스 포인트를 놓고 마우스 오른쪽 버튼을 클릭한 후, [Insert keyframe](F6 key)를 한다.

2프레임에 Insert keyframe(Keyframe 삽입)를 하는 이유는 필순이 시작될 때 조그마한 공백기간이 필요하기 때문이다. 마치 흰종이에 글씨를 천천히 써가는 모습을 재현하는 것처럼 하기 위해서이다. Keyframe이란 '변화가 있는 프레임'을 뜻하며 하나의 애니메이션은 키 프레임의 연속이라고 보면 된다.

---

7) **Break apart** : '쪼개짐'을 뜻한다. 복사해온 한자소스는 그림파일로서의 역할을 하기 때문에 하나의 개체 (OLE개체)로서 존재한다. 따라서 하나하나 써지는 느낌의 플래쉬를 만들려면 한 획 한 획을 분할, 쪼개놔야 한다. Break apart상태에서는 개체를 쪼개서 수정할 수 있는 기능을 가진다. 적용시키면 개체는 흐릿한 상태로 나타난다.


초등학교 한자교육

⑤ [필순]레이어에서, 4프레임에 한자소스가 Breack Apart된 상태에서 도구메뉴의 지우개를 선택하여 필순의 반대가 되는 순서로 일부를 지워나간 후, Insert keyframe을 한다.

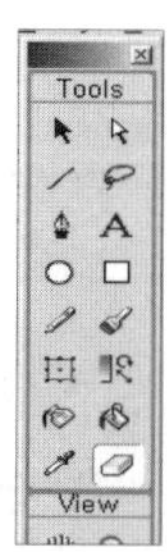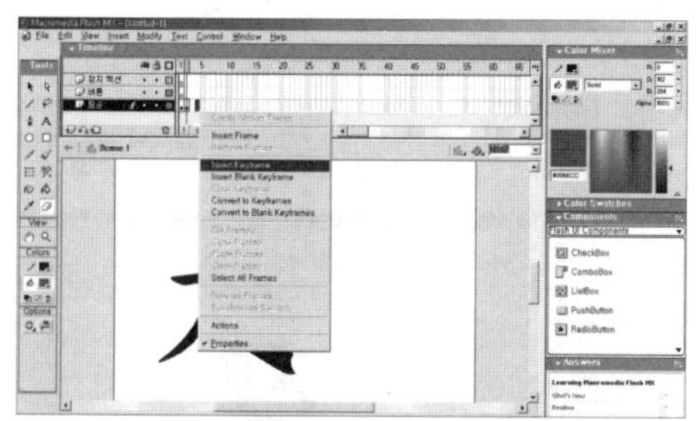

(한자가 써내려져가는 자연스러움을 나타내기 위해서 일부러 설정한 것이다. 한번 지우개로 일부분 일부분을 지울 때 2프레임씩 Insert Keyframe을 하고, 획이 달라질 때는 4프레임씩 Insert Keyframe을 한다. 자주 연습을 하다보면 어느 정도의 획순이 자연스럽게 되는지 알게 된다. 지워가면서 유의할 점은 필순의 역순으로 지워나가야 한다는 것이다. 나중에 프레임의 순서를 reverse 하기 위해서이다.)

⑥ 이러한 방법으로 키프래임을 추가하면서 지우개로 획을 조금씩 지워나가면서 글씨가 모두 없어질 때까지 계속 진행한다.

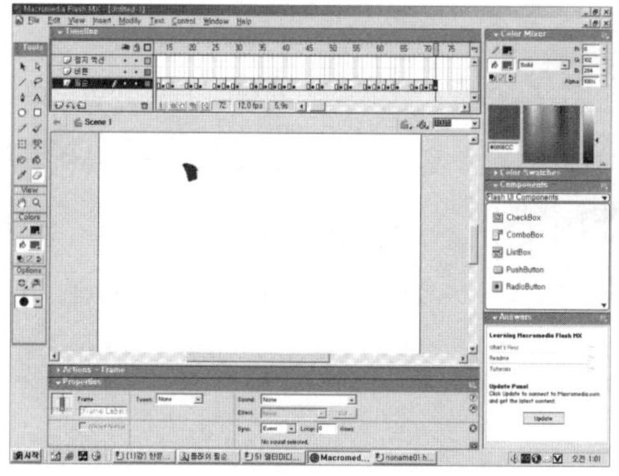

(마지막까지 해서 지운 후에는 맨 첫 번째 프레임을 복사하여 맨 마지막에 붙여둔다. 그 이유는 필순이 처음 소개된 뒤 마지막까지 필순의 진행이 만들어 지는데, 역순으로 되어있기 때문에 '처음 소개하는 부분'을 나타내기 위해서이다.)

⑦ [필순]레이어에서, 마지막 프레임에서 처음 프레임까지 모든 프레임을 마우스로 드래그하여 선택하고, 마우스 오른쪽 버튼을 눌러 [Revers frames]를 하면 프레임의 순서가 역순으로 바뀐다.(모든 프레임 선택은 처음프레임에 마우스를 클릭한 상태에서 끝까지 드래그하면 된다.)

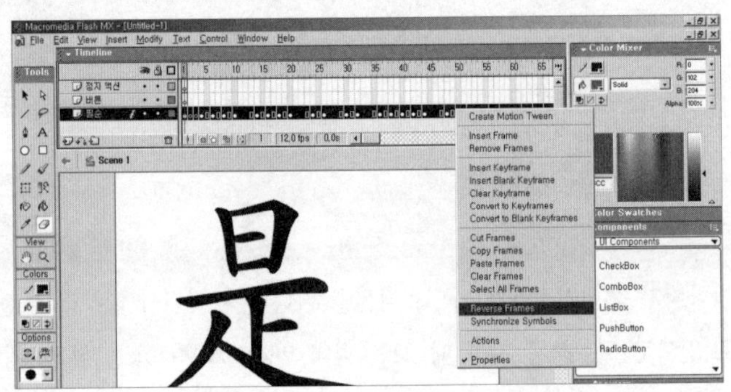

이렇게 하면 필순부분의 에니메이션은 끝난 셈이다(Ctrl+Enter를 눌러 진행상황을 살펴보자.)

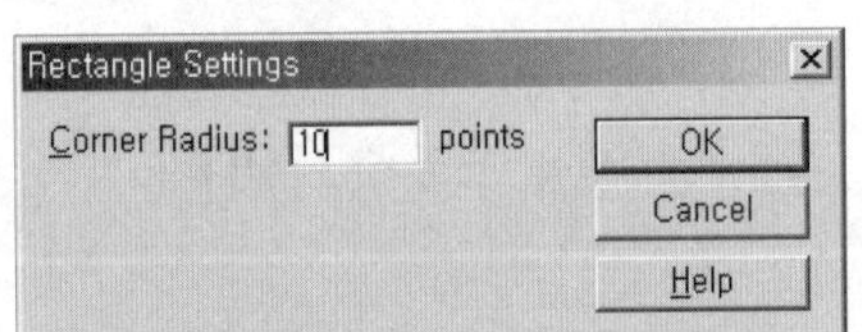

⑧ 이번엔 [버튼]을 만들 차례이다. [버튼]레이어를 마우스로 선택하고, 메뉴툴바에 있는 □ 부분을 두 번 연속 클릭하면, □가 둥근 모서리로 변환할 수 있는 창이 뜬다. 대략 '10'으로 정한다.

⑨ 두 개의 버튼을 만든다. 하나는 필순이 진행하도록 돕는 'Play'버튼, 하나는 멈추게 하는 'Stop'버튼이다. 아랫부분에 있는 편집기를 통해 버튼 두 개를 만들어보자.(자세한 것은 강의시간에. 마지막에 버튼을 만들고 하나의 그룹으로 지정해야 한다.)

⑩ 이번엔 [버튼]에 기능을 부여할 차례이다. 버튼의 역할을 하게 만들기 위해선 버튼상태로 변환해야 하는데, 버튼 하나를 선택하고, 상단메뉴의 [Insert]-[Convert to Symbol..](F8키)를 누르면, 그러면 '심볼 설정'에 대한 메뉴가 나오는



초등학교 한자교육

데 이름은 그냥 '버튼1'로 하고 Behavior는 'Button'으로 한다.(다른 버튼은 '버튼
2'로 지정)

⑪ 이번엔 버튼의 습성을 지정해야 한다. 버튼1에 해당하
는 것을 선택하고 오른쪽 마우스 키를 누르면 작은메뉴가 뜨는
데, 이때 'Action'을 선택한다.

그러면 'Action'창이 활성화 된다. 이후에 왼쪽 카테고리에
있는 [Action]-[Movie Control]-[play]를 누른 뒤, Html 태그처럼
나타나는 부분에 'on(...)' 부분을 'on(press)'로 하도록 Event 부
분에 체크한다.

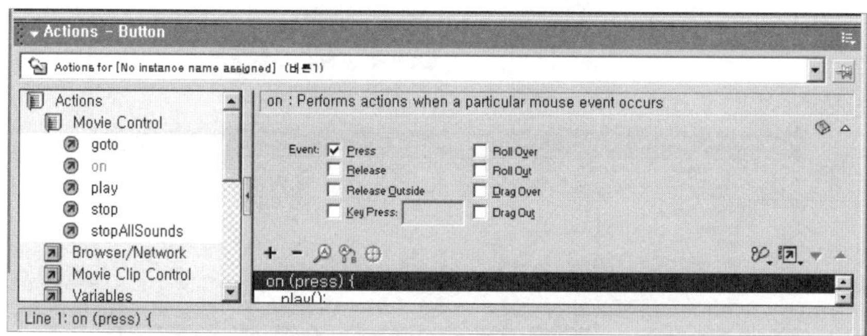

'on(press)'란 마우스를 '눌러(press)'야 기능을 활성화한다는 의미이다. 나머지
[Stop] 버튼도 비슷한 과정을 거치되, [Action]-[Movie Control]-[stop]으로 가서
Event에 'on(press)'가 되도록 한다.

⑫ [버튼] 레이어에서, 그리고 버튼은 필순이 진행되는 동안 옆에서 계속 존재

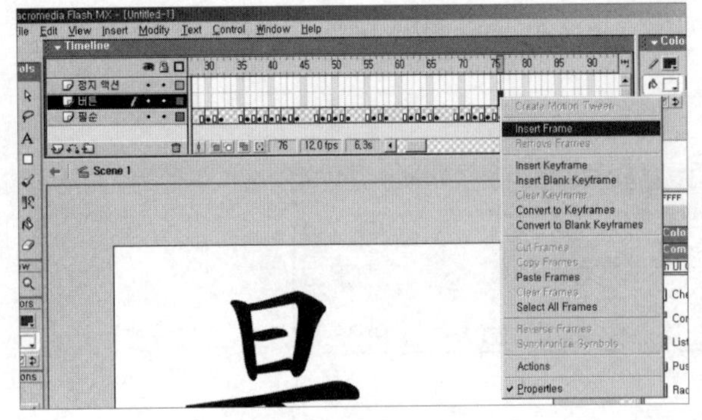

해야 하기 때문에 필순이 끝나는 부분에 'Insert frame'을 한다.(Insert frame을 하는 이유는 버튼은 필순과 같이 움직임을 표현하지는 않는다. 그래서 존재를 위해 Insert frame를 한다)

⑬ 이제 [정지 액션] 레이어 처리만 남았다. 필순과 버튼을 만들기는 했지만, 플래쉬는 계속에서 돌아가는 사이클을 가진다. 그래서 버튼에 의해 필순이 진행되도록 하기 위해서는 우선 정지된 화상에서 버튼에 의해 움직이는 것처럼 조정을 해야하므로, 전체적으로 'stop' Action을 주어야 한다.

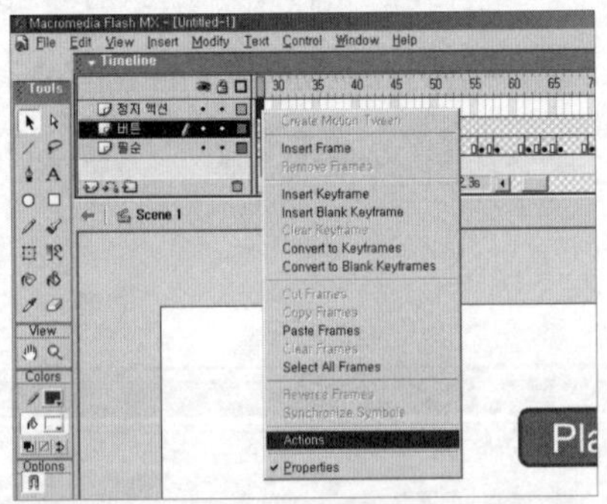

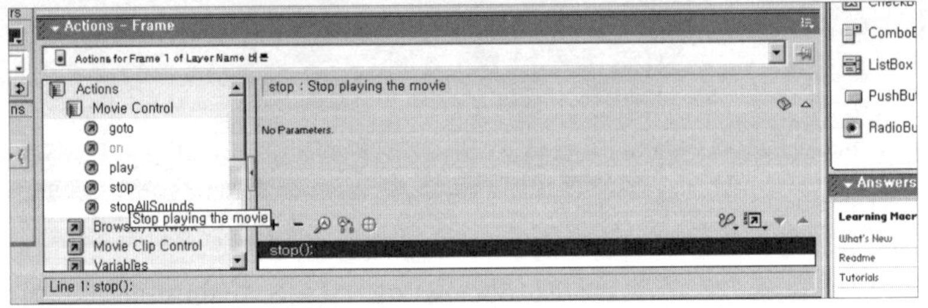

[정지액션] 레이어에서, 첫 프레임에 마우스 오른쪽 키를 누르면 Action 창이 뜨는데, [Action]-[Movie Control]-[stop]으로 가서 [Stop]을 클릭만 해주면 된다.

⑭ 이제 모든 작업이 끝났다. 장면 확인(Ctrl+Enter)을 통해 만든 필순 플래쉬 애니메이션을 확인토록 하자.


초등학교 한자교육

　이러한 플래시 파일을 저장할 때 그냥 [Save]를 누르면 플래시 편집파일(*.fla)로 저장되어 나중에 수정이 가능하지만, [File]-[Export Movie]를 선택하여 저장하면 Shockwave 파일(*.swf)로 저장되어 수정은 불가능하나 웹에디터 프로그램이나 파워포인트에 삽입하여 활용할 수 있다.

　또한 위의 모습에 버튼을 아래에 두고 한자의 어원이나 음/뜻 등을 첨가하고 싶다면, 레이어를 하나 더 생성하고, 생성한 레이어에 적고자 하는 내용을 적은 뒤, 필순부분이 끝나는 위치에 [Insert Frame]을 실행한다. 그러면 필순이 진행되는 동안에 적은 내용이 같이 나타나게 된다.

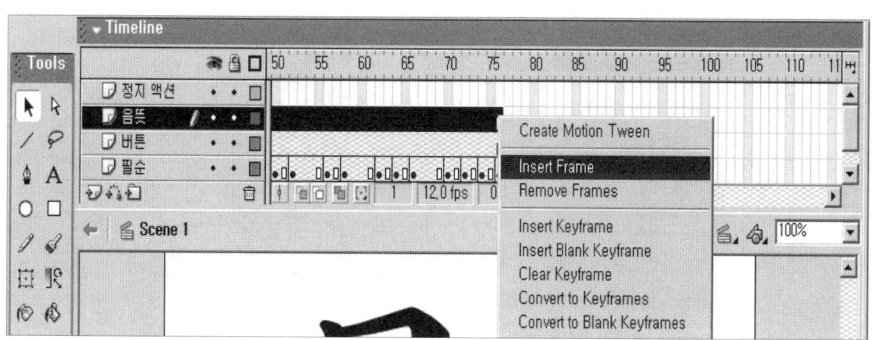



　※ Frame과 Keyframe의 차이 : Frame은 타임라인에 나타나는 공간이란 것이고, Keyframe은 변화가 있는 프레임이란 뜻으로, Frame에 부분 부분 변화가 나타날 때마다 적용시키는 것이다.

## 라) 멀티미디어 활용 필순 지도

판서에 일일이 손을 써가던가 허공에 손짓해가며 동작을 이용한 필순지도도 갈수록 옛 것처럼 평가받고 있지만 아직도 현장 선생님들에게 요긴하게 쓰인다. 하지만 교실 공간 속에 40인치 프로젝트 TV나 한 대씩 제공받은 컴퓨터를 그냥 방치해 둘 수도 없는 일. 위에 제시한 필순 애니메이션을 직접 제작·이용하여 자료로서 활용해도 되지만, 여건이 힘들 경우 이미 만들어진 멀티미디어 프로그램을 통해 필순 지도로도 가능하다.

요즘 시중에 나와 있는 한자·한문관련 소프트웨어에는 꼭 한자 지도 시 필순에 대한 애니메이션을 선보이고 있다. 현장 선생님도 익히 들어 알만한 유명한 소프트웨어들은 필순을 애니메이션 형식으로 구성하고 있다. 그리고 인터넷 공간 안에서도 필순애니메이션을 소개하는 사이트도 많이 있다.

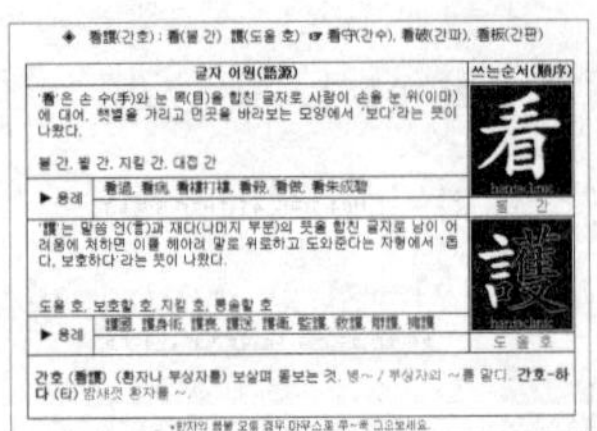

**한자박사(http://www.hanjadoc.com/)**

한국한문학 사이트로 유명하신 진갑곤교수의 홈페이지. 업데이트로 많은 컨텐츠를 가지고 새로 탄생했는데, '초급자를 위한 일일한자방'에 한자어의 어원과 더불어 움직이는 gif파일 방식의 필순애니메이션도 제공한다

**공자왈맹자왈(http://e-hanja.co.kr/)**

대표적으로 아주 많은 양의 필순애니메이션을 제공하는 곳이다. 움직이는 gif파일로서 상용한자 4,888자의 필순애니메이션을 제공한다. 수업시간에 곧바로 활용하기 좋다. 그러나 유료사이트라 무료로 제공하는 필순한자는 교육용 한자 900자 정도이다.

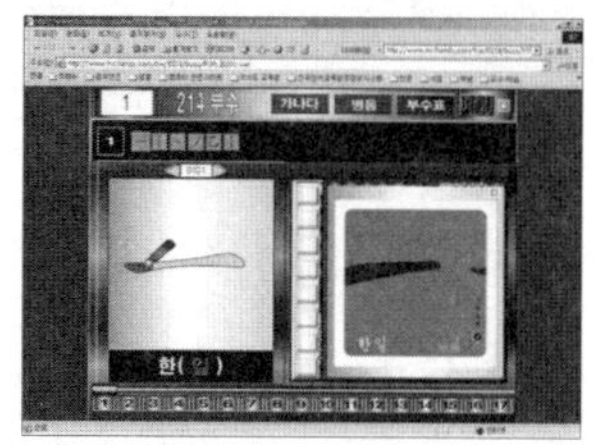

214 부수자
(http://www.mchando.com/hw/B214/busu/FOR_BU
SU.swf)
한국한자교육평가원에서 제공하는 교육자료이
다. 메뉴구성을 플래쉬로 제작하여 부수의 어
원, 필순 형태 등 다양한 자료를 보여준다.

컴퓨터 활용시대에 맞는 필순 지도 자료제작과 그 요소에 대해 소개하였다. 이러한 것이 반드시 요긴하게 쓰일 수 있다는 것은 아니지만 좀 더 현장감 있고, 효과적인 필순 지도에 대해 생각해보니 이와 같은 여러 가지 방법이 나왔다. 하지만 중요한 것은 현장 교사가 어떻게 활용하느냐에 달려있는 듯 싶다. 필순지도는 한문의 기초를 다지는 중요한 교육인 만큼, 위에 제시한 방법을 토대로 현장의 선생님들은 나름대로 연구해보고 적절히 수업에 활용할 수 있었으면 좋겠다.

　－ <광주한문교사모임, 「ICT를 활용한 한문과 학습 자료 개발 및 교수학습 방법 개선」,
광주광역시교육청지정 ICT활용 연구회 CD자료>

Doug Buehl 저, 노명완·정혜승 역(2002), 『협동적 학습을 위한 45가지 교실 수업 전략』, 박이정.

강병륜·송영일·허왕욱(2002), 「초등학교 한자 교육과정 개발 연구(1)」, 『어문연구』 30권 2호, 한국어문교육연구회, 281~300쪽.

金彦鍾(2001), 『한자의 뿌리』 1·2, 문학동네.

김경익(2001), 「만화를 이용한 성어 수업」, 『漢文敎育』 50, 전국한문교사모임, 38~47쪽.

김정숙(2003), 「초등학교 한자의 교육과정 모형 제시」, 『한자한문교육』 11집, 한자한문교육학회, 138~157쪽.

김종운(2005), 「창의적 프로그램을 활용한 한자 지도 방안 연구」, 『한자한문교육』 14집, 한국한자한문교육학회, 77~93쪽.

金昌祜(2005), 「한자교육에 있어서의 자원의 문제」, 『한자한문교육』 15집, 한국한자한문교육학회, 375~384쪽.

김희정(2006), 「한자야 놀자—수업에 응용할 수 있는 자료 제작과 놀이 방법」, 『초등 한자한문 교원 직무연수 교재』, 서울초등한자한문교육연구회, 64~72쪽.

남수극(2005), 「활동중심 초등학교 한자 지도방안」, 『한자한문교육』 14집, 한국한자한문교육학회, 111~125쪽.

무등한문교사모임(2005), 「ICT를 활용한 한문과 학습자료 제작의 제언」, 『漢文敎育』 64호, 전국한문교사모임, 95~100쪽.

박성익·권락원 편역(1994), 『授業模型의 適用技術』, 도서출판 성원사, 218~235쪽.

박성익(2002), 「교수·학습 방법 탐색의 방향과 과제」, 『초등학교 10개 교과의 교수·학습 방법과 적용 방안 탐색을 위한 세미나 자료집』, 한국교육과정평가원, 1~3쪽.

박정도·문지성·송영일(1999), 「NIE를 활용한 한문 교과의 한자 및 한자어 교육 연구」, 한국교원대학교 부설 교과교육공동연구소.

박정도·안재철·문지성(1997), 「한문과 산문교육의 교수·학습 모형 연구」, 한국교원대학교 부설 교과교육공동연구소.

方仁泰(1997), 「초등 한자 교육론」, 『한국초등교육』 제9권 제1호, 89~107쪽.

方仁泰(2000), 「한자지도와 교육과정」, 『한자교육신강』, 전통문화연구회, 94~102쪽.

方仁泰(2004), 「초등학교 한자교육의 문제 및 해결 방안」, 『漢字漢文敎育』 제12집, 한국한자한문교육학회, 42~53쪽.

배원룡(1998), 「자료 활용을 통한 한자 지도」, 『한자교육신강』, 전통문화연구회, 56~82쪽.

변영계(2005), 『개정판 교수·학습 이론의 이해』, 학지사, 44~68쪽.

송영일(2001), 『한자 교수 학습 방법과 평가론』, 장서원.

오예승(2005), 「한자어 개념 지도 수업」, 『漢文敎育』 65호, 전국한문교사모임.

유영희(2004), 「국어과 교수·학습 방법과 한문과 교육」, 한국한문교육학회 2004년도 제3회 심포지엄자료지, 2쪽.

이병주(2001), 「한자놀이학습」, 『漢文敎育』49, 전국한문교사모임, 117~120쪽.

이병주(2002), 『2001 한문교육의 실제-수업사례 및 지도안모음집』, 전국한문교사모임 당산동연구모임, 50~57, 267~295쪽.

이성은·오은순·성기옥(2002), 『초·중등 교실을 위한 새 교수법』, 교육과학사, 229~258쪽.

이은희(2001), 「중학교 교과서 밖의 인성교육 관련 자료를 수업에 어떻게 적용시키는가?」, 임영한문교육연구회CD자료.

전국한문교사모임(2000), 『게임과 함께하는 즐거운 고사성어』, 한문교육, 31~56쪽.

정구향·유영희·김미혜, 연구보고 RRC 2002-15(2002), 『초등학교 국어과 교수·학습 방법과 자료 개발 연구』, 한국교육과정평가원, 60쪽.

정구향(2002), 「초등학교 10개 교과의 교수·학습 방법과 적용 방안 탐색」, 『교육광장』 제5권 제4호, 한국교육과정평가원, 76쪽.

鄭愚相(1999), 「漢字의 敎授·學習 方法」, 『新漢文科敎育論』, 전통문화연구회, 400~412쪽.

조현숙(2006), 「한자카드를 중심으로 한 지도 방법」, 『초등 한자한문 교원 직무연수 교재』, 서울초등한자한문교육연구회, 64~72쪽.

진철용(2006), 「초등학교 한자 지도」, 『초등 한자한문 교원 직무연수 교재』, 서울초등한자한문교육연구회, 26~47쪽.

최현선(2004), 「역사 스페셜을 이용한 한문수업」, 『漢文敎育』 60, 전국한문교사모임, 39~48쪽.

韓殷洙(2002), 「초등학교 한자교육 평가방법의 모색」, 『한자한문교육』 9집, 한국한자한문교육학회, 83~95쪽.

韓殷洙(2005), 「初等學校 漢字 敎材의 분석과 敎授·學習 方法 고찰」, 『어문연구』 33권 3호, 한국어문교육연구회, 483~508쪽.

韓殷洙(2006), 「자원을 활용한 한자 교수 학습 방법 연구」, 『한국한자한문교육학회 18회 학술대회발표자료집』, 한국한자한문교육학회, 95~107쪽.

허시봉(2003), 「대중가요를 이용한 한시 수업」, 『漢文敎育』 57, 전국한문교사모임, 71~77쪽.

홍성욱(2003), 「인터넷을 활용한 한문과 교수·학습 방안 연구」, 『한문교육연구』 21호, 한국한문교육학회, 375~407쪽.

谷衍奎 編(2003), 『漢字源流字典』, 北京 華夏出版社.

謝光輝 編(1997), 『常用漢字圖解』, 北京大學出版社.

# 제5장

## 초등 학교 한자 교재

# 한자 교재 구성의 방향

## 1) 교육과정의 구현

의도적으로 이루어지는 학교 교육에서 교육 내용은 학교 교육의 질을 좌우하는 주요한 요소가 된다. 우리나라에서 학교 교육의 교육 내용은 두 가지 형태로 규정되어 있다. 첫째는 초·중등교육법 제23조에 의거하여 고시한 국가 수준의 교육과정이다. 이는 전국의 모든 학교에서 편성, 운영하여야 할 학교 교육과정의 공통적, 일반적 기준을 제시한 것으로 매우 추상적이고, 거시적 수준의 교육 내용이다. 둘째는 국가 수준의 교육과정에 근거하여 편찬된 교과서의 내용이다. 교과서에는 학교 현장에서 바로 사용할 수 있는 구체적이고 상세한 교육 내용이 수록되어 있다. 각 교과의 지식과 기능뿐만 아니라 교육 일반으로 강조하는 민주 시민 의식과 가치관, 창의성이나 비판 능력과 같은 고등 수준의 사고력 교육이 모두 교과서를 통해 지도하고 학습한다.

교과서는 학교 교수·학습에서 가장 중심이 되는 자료이다. 당위론적으로 볼 때, 교과서에는 교육 이념과 교육 목적이 들어 있고, 교육과정에 진술되어 있는 각 교과의 교육 목표가 들어 있다. 그리고 더 실질적으로, 교과서에는 각 학년의 영역별 지도 목표가 들어 있고, 이 목표들을 구현하기 위한 교육 내용과 방법이 매우 구체적으로 자료화되어 있다.

교육과정의 구현 자료가 교과서이기에 모든 각급 학교의 교사들은 교과서를 주된 교수 자료로 삼아 가르친다. 교사뿐만 아니라 학생도 또한 교과서를 주된 학습 자료로 삼아 배운다. 과학 문명의 발달로 음향이나 영상을 활용하는 현대 교육 매체들이 급격하게 등장하고 있기는 하나, 아직까지 학교 교육 현장에서 활용되는 자료로서 인쇄 자료인 교과서를 능가하는 교수·학습 자료는 없다. 그래서 교과서는 중요하다.

1992년에 개정되어 1995년 적용된 제6차 교육과정은 '교과', '특별활동', '학교재량시간'으로 편제되어 있다. 이 중 '학교재량시간'은 그 이전의 교육과정에서는 없던 것으로 3학년 이상 연간 최소 34시간 이상으로 설정하여 학부모·교사·학생의 요구에 알맞게 교육활동을 보충·운영하도록 하였다. 이와 같은 교육과정 편제는 2000년 시행된 제7차 교육과정에도 그 정신이 반영되었다. 다만 '학교재량시간'은 '재량활동'으로 그 명칭을 변경하였다.

초등학교에서 한자교육을 실시할 수 있게 된 것은 이와 같은 교육과정의 편제에 기인한다. 곧 정규 교과로서는 '한자' 교과를 가르칠 수 없지만, '재량활동'의 일환으로 한자 교과를 설정하여 한자 교육을 실시하게 된 것이다. 그런데 타 교과와 달리 한자 교과는 국정교과서를 마련하지 못하여 인정 도서 체제를 통하여 교재를 마련하여야만 하였다. 인정 도서는 현행 법규(교과용 도서에 관한 규정, 2002. 6. 25)상 국·검정 교과서가 없는 경우 또는 이를 사용하기 곤란하거나 보충할 필요가 있을 때만 사용하도록 한정하였다. 따라서 초등학교 한자 교육을 위한 교수·학습 자료로서 한자 교과서가 나오게 된 것이다.

서울특별시교육청의 경우 제6차 교육과정이 고시된 지 3년 뒤인 1995년에 '초등학교 학교재량시간 및 중학교 선택과목 교육과정'을 제정하였다. 여기에 초등학교 한자 교육과정도 마련되어 있다. 초등학교 한자 교육과정은 초등학교 한자 교육에서 이루어져야 할 성격·목표·내용·방법·평가 등의 항목으로 구성되어 있다. 이 중 성격과 목표의 내용을 기술하면 다음과 같다.

**1. 성격**

초등학교 교육용 기초 한자 600자를 바탕으로 한자·한자어·한자어구를 익혀 언어생활에 활용하게 하여, 한자어로 이루어진 국어의 기본 어휘의 이해력을 높여서 바람직한 국어 생활을 하는데 도움을 준다.

**2. 목표**

초등학교 교육용 기초한자를 바탕으로 한자·한자어·한자어구를 익혀, 언어생활에서 바르게 읽고 쓰며, 한자어로 된 생활 한자어의 개념을 분명하게 파악할 수 있는 초보적인 능력을 기르게 한다.

이를 토대로 초등학교 한자 교육을 위한 교과서가 여러 집필자에 의해 개발되었다. 각 교과서는 위에서 밝힌 초등학교 한자 교육의 성격과 목표를 실현할 수 있도록 제작되어야 하며, 그에 따른 내용·방법·평가가 이루어지도록 구성하여야 한다. 또한 교육과정 구성 방침에 제시된 바람직한 인간상과 교육과정 편성·운영의 기본 지침에 제시된 민주 시민 교육·인성 교육·환경 교육·경제 교육·에너지 교육·보건 교육·안전 교육·소비자 교육·진로 교육·근로정신 함양 교육·통일교육·한국 문화 정체성 교육·국제 이해 교육·해양 교육 등(서울특별시 초등학교 교육과정 편성·운영 지침, 2001. 3. 31)의 사항을 반영하여야 한다. 그런데 실제 사용하고 있는 초등학교 한자 교과서를 검토해보면 교육과정에서 요구하는 정신과 내용을 구현하였는지 의구심이 든다. 그것은 일차적으로 각 교과서 집필자의 책임이겠지만 짧은 기간에 이루어지는 인정 교과서 심의 과정에 원인이 있다. 이후로는 형식적 요건만을 갖춘 교과서 인정 심의가 아니라 내용적 충실함을 확보하는 인정 심의가 이루어져야 한다. 그리고 무엇보다 먼저 집필자 스스로가 교육과정의 기본 정신을 충분히 이해하고 교과서에 교육과정의 정신이 충실하게 드러나도록 교재를 구성하여야 한다.

## 2) 외형적인 체제

좋은 교과서는 교육과정에 명시된 교육 목표를 충실히 달성하기 위하여 필요한 교수·학습 활동을 구체적으로 나타내는 자료이어야 한다. 교육과정의 목표를 나타내기 위한 자료는 교과서를 비롯하여 보조 교과서, 멀티미디어 자료, 시청각 자료 등이 있다. 비록, 교과서는 이들 자료 중의 하나이지만 학교 현장에서 가장 중요하게 활용되고 있다. 그렇기 때문에 좋은 교과서에 대한 국민의 기대는 매우 크며, 좋은 교과서 편찬은 국민에 대한 의무이다.

좋은 교과서의 논의는 외형적인 체제와 내용의 선정과 조직으로 나누어 생각할 수 있다. 먼저 외형적인 체제를 살펴보자. 외형적인 체제는 교과서의 가로와 세로의 크기, 전체 쪽수, 보조 자료의 종류와 형태, 종이의 질, 활자의 크기, 색도의 종류 등을 생각할 수 있다.

교과서의 외형은 단순한 물리적인 특성 외에 심미적, 심리적, 사회적 관점에 따라 비교할 수도 있다. 교과서의 글씨의 크기와 모양도 학생들의 연령과 발달 정도에 따라 달라져야 하며, 삽화의 제작과 편집도 학생들의 학습 효율성과 관련 지어야 한다. 교과서의 외형은 학습의 효율성과 관련된 요소들을 가장 심도 있게 고려하여야 한다.

### (1) 교과용 도서의 종류

학교에서는 교육과정에 명시된 교육 목표를 달성하기 위하여 교수·학습 방법에 따라 내용이 선정되어 조직되고 평가가 제시되고 있는 교과서가 있어야 한다. 교과서로 학습한 내용을 연습하고 익히거나 보충·심화하기 위한 자료로서 보조 교과서가 있어야 한다. 교과서와 보조 교과서로 학습하는데 부족하다고 판단될 경우에는 CD를 비롯하여 멀티미디어 자료, 시청각 자료, 구체적인 조작 활동 등을 할 수 있는 학습 자료가 있어야 한다. 교사들이 교과서와 보조 교과서, 학습 활동 자료들을 자세히 이해하고 활용할 수 있도록 도움을 받을 수 있는 교사용 지도서가 있어야 한다.

## (2) 판형의 크기

판형은 교과서의 가로와 세로의 크기를 말한다. 판형은 교과서의 외형적인 체제를 결정하는 주요 요인이다. 판형은 학생들이 책을 읽을 수 있는 可讀性과 밀접한 관계를 가지고 있다. 판형은 학생의 신체적이고 정서적인 측면과 활용이라는 측면을 고려하여 활자의 크기와 사진·삽화의 규격, 교과서 제작의 경제성 등과 조화를 이루도록 선택되어야 한다.

## (3) 종이의 질

종이의 질은 각 교과마다 다를 수 있다. 미술이나 음악, 사회과 부도와 같은 특수한 교과에서는 특수한 종이를 사용하여야 한다. 종이의 질은 글자와 색도의 인쇄, 가독성, 제본, 교과서의 무게 등에 영향을 미친다. 그러므로 종이의 질은 무게, 학생들의 편리 등에 유의하여 선정하여야 한다.

## (4) 글자의 크기

글자의 크기는 글자들을 식별할 수 있는 글자의 변별성과 글을 읽기 쉽도록 하는 가독성에 의하여 결정되어야 한다.

## (5) 화보의 활용

사진이나 삽화, 표와 같은 화보는 언어로 표현하기 어려운 내용을 나타내거나 보충하는 보조 역할을 하기도 하고, 학습자의 지루함을 덜어주기 위하여 활용된다. 그러므로 화보는 화보의 활용과 관련하여 선정되어야 한다.

## (6) 색도의 다양화

색의 사용은 학생들이 책에 쉽게 접근하기 위하여, 많은 내용의 양을 짧은 시간 안에 읽게 하기 위하여, 지루함을 덜어 주어 오랜 시간 동안 책을 읽게 하기 위하여 고려된다. 그러므로 색도는 단색에서 벗어나 다색 또는 원색으로 되어야 한다.

### 3) 내용 선정과 조직

좋은 교과서가 되려면 외형적 체제와 더불어 내용 선정과 조직이 중요하다. 교과서는 교육과정의 정신을 반영하고, 각 교과의 교육 목표를 달성할 수 있는 내용을 선정하며, 평가의 여러 가지를 제시하여야 한다. 교과서는 교수·학습 방법이 개선될 수 있도록 내용을 조직하여야 한다. 특별히 교육 수요자 중심의 교수·학습이 이루어지도록 반영하여야 한다.

교과서는 학교 교육을 정상화하는 기능을 가지고 있으며 각 교과의 교수·학습 과정이 개선되도록 선도하는 역할을 가지고 있다.

#### (1) 교육과정의 정신을 반영하는 교과서

모든 교과서는 각 교육과정에서 추구하는 인간상을 반영하여야 한다. 예를 들어, 제7차 교육과정에서 추구하는 인간상은 전인적인 성장의 기반 위에 개성을 추구하고, 기초 능력을 토대로 창의적인 능력을 발휘하고, 폭넓은 교양을 바탕으로 진로를 개척하고, 민주 시민 의식을 기초로 공동체의 발전에 공헌하는 사람이다. 그러므로 교과서에서는 이와 같은 인간이 배출되도록 교과서에 반영하여야 한다.

#### (2) 교육과정에 제시된 목표, 성격, 내용, 교수학습 방법, 평가를 반영하는 교과서

교과서는 각 교과의 성격과 목표에 충실한 내용을 선정하여야 한다. 내용은 교육과정에서 제시한 시간과 학생들의 발달 정도를 고려하여 양과 수준을 고려하여 선정되어야 한다. 선정된 내용은 각 교과의 교수·학습 방법과 학습자의 학습 능력, 학습 심리를 최대한 고려하여 실제 수업 현장에서 실천할 수 있도록 조직하여야 한다.

평가는 학습 활동의 결과와 함께 과정을 평가할 수 있도록 반영하여야 하고, 다양한 평가 기법과 평가 도구를 교과서에 구체적이고 종합적으로 제시하여야 한다. 평가는 교육과정에 제시된 교육 목표와 교육 내용 내에서 평가되어야 한다.

### (3) 교육 수요자 중심의 교과서

교과서는 학생들의 개인차를 고려하여 학생들의 창의력과 사고력, 탐구력을 기를 수 있도록 학생 중심의 교과서가 되도록 내용을 구성하여야 한다. 교과서는 학생들이 학습 과정의 단계들을 충분히 이해할 수 있도록 학습 과정 중심으로 구성이 되어야 한다. 교과서는 학생들이 학습 과정을 충분히 이해하기 위하여 학생들의 실생활 중심의 사례와 경험을 제공함으로써 학습의 효과를 올릴 수 있도록 내용이 선정되어 구성되어야 한다. 학생들의 자율 학습과 자기 주도적 학습이 가능하도록 내용이 학생 중심으로 구성되어야 한다.

### (4) 교수 · 학습 과정의 개선에 공헌할 수 있는 교과서

전통적인 교과서 중심의 교육에서 벗어나 학습 과정을 중시하고 탐구 과정을 중시하는 교수 · 학습이 되도록 내용이 구성되어야 한다. 지식을 요약하거나 개념을 압축함에서 벗어나 다양한 사실과 많은 사례를 제시하고 절차와 방법을 중시하는 학습 과정을 전개함으로써 각 교과의 교수 · 학습 방법의 개선에 공헌할 수 있어야 한다.

### (5) 쉽고 재미있고 활동하기에 편리한 교과서

학생들의 발달 단계를 고려한 흥미와 동기 유발이 가능하도록 하여야 한다. 다양한 편집과 디자인 기법을 도입하여 가독성을 높이도록 하여야 한다. 멀티미디어를 비롯하여 다양한 교수 · 학습 자료들이 제공되어야 한다. 개별 학습과 소집단 학습이 가능하고 직접 경험을 중시함으로써 학생들에게 의미 있게 접근할 수 있도록 하여야 한다.

### (6) 미래 사회의 삶을 준비하는 교과서

지금 학교에 다니는 학생들이 살아 갈 미래 사회는 지금과 전혀 다른 사회가
될 것이다. 미래 사회는 이에 대응하는데 필요한 정보를 수집하고 처리하는 능력,
문제를 해결하는 능력, 창조적인 아이디어를 생성하는 능력, 새로운 상황에 대처
하는 능력, 타인과 상호 작용하는 과정에서 유연하게 적응하는 능력 등을 요구하
고 있다. 이와 같은 상황의 변화에 교과서도 변해야 하며, 교사가 현실의 자료를
가지고 미래를 대응하는 방법을 교육할 수 있는 미래를 준비하는 교과서를 편찬
해야 한다.

# 2

초등 한자 교재의 실태

## 1) 초등 한자 교재의 현황

초등학교 교육 현장에서 漢字・漢文 敎育에 대한 必要性이 끊임없이 제기되
고, 이에 따른 敎科書의 開發이 지속적으로 진행되어 2006년 현재까지 36종의
認定 敎科書를 개발하여 사용하고 있다.[8] 초등학교에서 한자 교육을 효율적으로

---

8) 光州廣域市敎育廳은 他 市道 교육청에 비해 漢字・漢文 敎育에 대한 熱意를 갖고 지원하고 있으
며, 1995년 학교 재량 시간 운영 교재인 '재미있는 漢字 공부'를 認定하여 발행한 바 있으나, 현재는 승

수행하기 위해서는 外的으로 여러 가지 法的·制度的 支援이 뒷받침되어야 하지만, 그보다 우선하여 內的으로 학교 현장에서 교사들이 한자 교육을 용이하게 수행할 수 있도록 교과서의 개발과 보급이 필요하다. 비록 國家 水準의 敎育課程이 制定되고 이에 따른 교과서를 개발하여 보급한 것은 아니지만 地域 敎育廳 水準에서의 敎科書 開發이나 認定 사업은 지속적으로 이루어지고 있어서 한자 교육을 위해서는 고무적인 일이라 할 수 있다. 그러나 아무리 좋은 교과서를 개발하더라도 학교 현장에서 이를 사용하지 않으면 無用之物이 될 수밖에 없으며, 교과서 개발에 따른 노력과 경제적 손실은 이루다 말할 수 없다. 한문교육학계의 보고에 의하면 초등학교 현장에서 교육청의 정식 인정을 받은 교과서를 사용하는 학교는 겨우 10.47%에 불과하다고 한다.

또한 기존의 교과서 개발 현황을 점검해보면 지나치게 대도시 중심으로 편재되어 있다.(京畿道 1종, 慶尙南道 3종, 慶尙北道 2종, 釜山廣域市 4종, 서울特別市 20종, 全羅南道 2종－서울 56.0%) 물론 光州廣域市를 비롯한 다른 市道 敎育廳에서도 인정 교과서가 아닌 한자 교재를 개발하여 학교 현장에 보급하고 있다고 볼 수 있으나, 인정 교과서가 없는 타 시도에서의 한자 교육은 어떻게 이루어지고 있는지 客觀的으로 입증할 자료를 찾아보기 어려운 실정이다.

현재까지 개발하여 사용하고 있는 初等學校 漢字 認定 敎科書를 소개하면 다음의 표와 같다. 다소 많은 지면을 차지하지만, '初等學校 漢字 敎材의 實態'를 객관적으로 입증할 수 있는 자료이기에 모두 밝힌다.

---

인 당시 유효기간 설정으로 그 인정이 취소(2001. 2. 28)되어 있다. 그러나 2003년도에 초등학교 4·5·6학년을 대상으로 한 한자 학습 자료인 '재미있는 漢字공부'를 개발하여 보급하고, 이에 따른 지원 사업으로 '초등학교 한자공부 web자료'와 '한자 쓰기 자료'를 개발하여 초등학생들의 한자 교육을 지원하고 있다.

또한 慶尙北道敎育廳에서도 학교 재량 시간 및 특별활동 시간 운영을 위하여 '재미있는 한자 공부'(1수준 220자, 2수준 301자) 2권과 교사용 지도 자료를 개발(1995. 3. 1.)하여 보급하고 있으나 본고에서는 그 연구 대상을 認定圖書로 한정하였기 때문에 교과서 통계에서 제외하였다.

〈표 5-1〉 2006년도 현재 초등학교 한자 인정도서 현황[9]

| 순서 | 인정시도 | 교과서 명 | 사용학년 | 인정년월 | 쪽수 | 저작권자 |
|---|---|---|---|---|---|---|
| 1 | 경기도 A | 초등학교 한자 기초 1·2, 1단계~4단계 | 1~6학년 | 2002. 11. | 95~143 | 한세용 |
| 2 | 경상남도 B | 초등한자 1단계~5단계 | 2~6학년 | 1999. 09. | 50~150 | 거창교육청 |
| 3 | 경상남도 | 한자쑥쑥 지능쑥쑥1~6단계 | 전학년 | 2004. 07. | 136~180 | 봉림초 |
| 4 | 경상남도 | 한자 1학년~한자 6학년 | 1~6학년 | 2004. 08. | 116~148 | 김해교육청 |
| 5 | 경상북도 C | 어린이 한자 | 3~6학년 | 1995. 04. | 63~159 | 포철교육재단 |
| 6 | 경상북도 D | 재량한자 | 3~6학년 | 2003. 12. | 168 | 박정규 |
| 7 | 대구광역시 | 재미天地초등漢字 1단계~6단계 | 1~6학년 | 2004. 12. | 148 | 대구광역시 교육청 |
| 8 | 대구광역시 | 창의력 한자 1단계~6단계 | 1~6학년 | 2006. 01. | 148~164 | 김성문 외5인 |
| 9 | 부산광역시 | 단계별 한자 교재 | 3~6학년 | 2002. 07. | 130 | 강종출 |
| | | 한자 쓰기 노트 | 3~6학년 | 2002. 07. | 103 | 강종출 |
| 10 | 부산광역시 E | 재미있는 한자마당 1~6 | 1~6학년 | 2003. 01. | 136 | 조갑래 외5명 |
| 11 | 부산광역시 F | 신나는 한자 1~5 | 2~6학년 | 2003. 01. | 116~148 | 이병혁 외5명 |
| 12 | 부산광역시 G | 한자공부 1~4 | 3~6학년 | 2003. 06. | 140 | 강종출 |
| | | 한자쓰기 1, 2, 3, 4 | 3~6 | 2003. 06. | 75 | 강종출 |
| 13 | 서울특별시 H | 초등학교 한자 1~4 | 3~6학년 | 1996. 07. | 104~110 | 전한준 외2명 |
| 14 | 서울특별시 I | 초등학교 한자 1단계~4단계 | 3~6학년 | 1996. 12. | 160~166 | 정우상 외3명 |
| 15 | 서울특별시 J | 초등학교 한자 1단계~4단계 | 전학년 | 1998. 12. | 158~166 | 홍광식 외1명 |
| 16 | 서울특별시 K | 초등한자 1·2~6 | 1·2~ 6학년 | 2002. 08. | 120~131 | 홍진복 외4명 |
| 17 | 서울특별시 L | 한자와 생활 1~5 | 1~5학년 | 2003. 02. | 108~114 | 홍성식 외3명 |
| 18 | 서울특별시M | 어린이한자 기초편 | 1~2학년 | 2004. 01. | 130 | 방인태 외4명 |
| | | 어린이한자 1단계~4단계 | 3~6학년 | 2003. 02. | 144~216 | 방인태 외4명 |
| 19 | 서울특별시 | 아하! 漢字 1단계~4단계 | 3~6학년 | 2003. 07. | 156~228 | 오덕진 |

---

9) 본 자료는 敎育人的資源部의 홈페이지에 링크되어 있는 교육과정·교과서 정보 서비스(http://
cutis.moe.go.kr/의 교과서 소식 창－시도교육청별 인정도서 현황(2006. 2. 28 현재)을 근거로 저자가
정리한 것이다.

| 순서 | 인정시도 | 교과서 명 | 사용학년 | 인정년월 | 쪽수 | 저작권자 |
|---|---|---|---|---|---|---|
| 20 | 서울특별시 N | 술술풀리는 한자 1단계 ~4단계 | 3~6학년 | 2004. 01. | 172 | 김철수 |
| 21 | 서울특별시 O | 재미솔솔 한자 기초단계 ~배움4단계 | 2~6학년 | 2004. 01. | 174~210 | 이상진 외2명 |
| 22 | 서울특별시 | 초등한자(과정 1~4) | 3~6학년 | 2004. 01. | 110~120 | 차광성 |
| | | 초등학교 한자 5 | 전학년 | 2005. 01. | 132 | 차광성 |
| 23 | 서울특별시 | 초등학교 한자 1~6 | 1~6학년 | 2005. 01. | 116~148 | 백형윤 |
| 24 | 서울특별시 | 한자야 이야기랑 놀자 1·2~6 | 1·2~6학년 | 2005. 01. | 124~140 | 양혜순 |
| 25 | 서울특별시 | 한자 통통 1~4 | 전학년 | 2005. 01. | 196 | 추성범 |
| 26 | 서울특별시 | 초등학교 한자 1~4 | 전학년 | 2005. 01. | 116 | 조래채 |
| 27 | 서울특별시 | 즐거운 한자 1~6 | 1~6학년 | 2005. 01. | 140~188 | 장재영 |
| 28 | 서울특별시 | 매직파워 한자교실1단계 ~6단계 | 전학년 | 2005. 08. | 132~164 | 유원일 |
| 29 | 서울특별시 | 생각이 열리는 한자 기초 단계~4단계 | 전학년 | 2006. 02. | 144~256 | 이명학 |
| 30 | 서울특별시 | 놀이로 배우는 쑥쑥 한자 1단계~6단계 | 1학년 | 2006. 02. 02. | 132~162 | 임명자 |
| 31 | 서울특별시 | 생각의 나이테 초등한자 1단계~6단계 | 1~6학년 | 2006. 02. | 140~164 | 양혜순 |
| 32 | 서울특별시 | 초등학교 漢字 1단계,2단계 | 전학년 | 2006. 02. | 106 | 윤석홍 |
| 33 | 인천광역시 | 초등학교 한자 1학년~6학년 | 1~6학년 | 2004. 12. | 104~121 | 이금량 |
| 34 | 인천광역시 | 술술 이야기 한자1~6 | 1~6학년 | 2005. 12. | 136~156 | 최태경 |
| 35 | 전라남도 | 한자공부 ①~⑥ | 3~6학년 | 1994. 10. | 34~112 | 전라남도교육감 |
| 36 | 전라남도 | 재미있는 한자학습 1단계 ~6단계 | 1~6학년 | 2005. 01. | 86~127 | 장희구 |

## 2) 초등 한자 교재의 내용

初等學校 漢字 敎育 및 漢字 敎科書를 대상으로 한 논의는 부분적인 측면에
서 줄기차게 진행되었다.10) 초기의 연구보고서는 초등학교 한자·한문 교육의 당

---

10) · 교육과정 측면

위성에 대하여 주로 논의하였으나, 연구 성과가 집적되면서 구체적인 교육 방법에

安載澈, 「초등 한문 교육과정과 교과서 분석」, 『漢字漢文敎育』 제3집, 韓國漢字漢文敎育學會, 1996.

宋永日, 「초등학교 한자 교육과정 개발 연구」, 『漢字 敎授 學習 方法과 評價論』, 장서원, 2001, 232~238쪽.

金貞淑, 「초등학교 한자의 교육과정 모형 제시」, 『漢字漢文敎育』 제11집, 한국한자한문교육학회, 2003.

• 기초 한자 선정 측면

김종운, 「국민학교 교육용 한자의 선정과 학년별 적용에 관한 연구」, 한국교원대학교 석사학위 논문, 1993.

鄭愚相, 「초등학교 교육용 기초 한자의 선정과 표준 훈음의 설정시안」, 『漢字漢文敎育』 제2집, 한국한자한문교육학회, 1995.

박기룡, 「초등학교 저학년 한자지도 연구」, 『漢字漢文敎育』 제2집, 한국한자한문교육학회, 1995.

• 초등 한자 교육 방향 측면

金允淑, 「초등 한자교육의 문제점」, 『漢字漢文敎育』 제2집, 한국한자한문교육학회, 1995.

方仁泰, 「한자 교육에 대한 초등교사의 의식조사」, 『漢字漢文敎育』 제4집, 한국한자한문교육학회, 1998.

方仁泰, 「남북한의 초등 한자교육 비교」, 『漢字漢文敎育』 제5집, 한국한자한문교육학회, 1999.

金王奎, 「한국의 초등학교 한자교육의 현황과 과제」, 『漢文敎育硏究』 제21호, 韓國漢文敎育學會, 2003.

• 교과서 개발 측면

韓殷洙, 「국민학교 한자교재 구성 시론」, 『漢字漢文敎育』 창간호, 한국한자한문교육학회, 1994.

韓殷洙·鄭寓仁, 「초등학교 한자 교재 편찬고」, 『漢字漢文敎育』 제3집, 한국한자한문교육학회, 1996.

• 교과서 내용 분석 측면

金王奎, 「초등학교 한문 교육의 현황과 실제」, 『漢字漢文敎育』 제6집, 한국한자한문교육학회, 2000.

池載歡, 「초등학교 한자 교재의 내용 비교 검토」, 『漢字漢文敎育』 제13집, 한국한자한문교육학회, 2004.

• 평가 측면

陳哲鏞, 「초등 한자 교육 평가」, 『漢字漢文敎育』 제4집, 한국한자한문교육학회, 1998.

韓殷洙, 「초등학교 한문교육 평가방법의 모색」, 『漢字漢文敎育』 제9집, 한국한자한문교육학회, 2002.

대한 논의로 방향이 전환되었다. 이것은 그동안 초등학교 한자·한문 교육에 애착을 갖고 매진한 한국한자한문교육학회와 일선 현장에서 초등 한자 교육을 위해 각고의 노력을 기울인 현장 교사들의 수고의 결과이다.

여기에서는 초등학교 한자 교재의 내용을 검토하기 위하여 앞에서 소개한 초등학교 인정 교과서 중 15종을 선정하여 각 교과서의 구성 체제와 구성 요소, 특징 등을 살펴보고자 한다.[11]

### (1) 초등학교 漢字 A

<김봉영 외 11명 편저, 한국생활한자교육연구회, 20002·11·19 경기도교육청 인정>

가) 구성 체제
  ① 기초 1·기초 2—16개 소단원 구성
  ② 1·2단계—24개 소단원 구성
  ③ 3·4단계—30개 소단원 구성
나) 구성 요소
  바탕 글—한자의 뜻과 음 알기—한자어의 뜻 알기—한자의 쓰임 알기—한자어의 쓰임 알기—더 알아보기—잘 공부했는지 알아보기—쓰기
다) 특징[12]
  ① 단원마다 새로 배울 한자를 그림과 함께 제시하여 쉽고 재미있게 학습하도록 하였으며, '바탕글'은 새로 배울 한자를 활용하여 國漢 混用으로 제시하였다.
  ② '한자의 뜻과 음 알아보기'에서는 새로 배울 한자의 뜻과 음을 밝혔다. 한자의 뜻이 여러 가지인 경우에는 대표적인 뜻을 밝혔고, 음이 여러 가

---

11) 중등학교 한문 교과의 경우 이미 교육과정에 제시된 내용 체계상의 문제점을 지적한 연구가 많이 진척되어 있으나, 초등학교의 경우에는 국가 수준의 교육과정이 제시되지 않았기 때문에 중등학교 교육과정의 내용체계 영역 중 한자, 한자어 영역을 중점으로 하여 살펴보고자 한다.
12) 각각의 초등학교 한문 교과서에 나타난 內容上의 特徵은 교과서의 앞부분에 일러두기, 학습의 길잡이 등이 제시되어 있는 경우 이를 토대로 하여 밝혔으며, 교과서에 제시되어 있지 않은 경우는 필자가 교과서의 내용을 분석하여 간명하게 밝히고자 하였다.

지인 경우에는 두 가지 음을 모두 밝혔다.

③ '한자어 뜻 알아보기'에서는 한자어의 뜻을 자세하게 풀이하였다.

④ '한자의 쓰임 알아보기'에서는 한자의 쓰임을 보여, 한자어가 이루어짐을 학습하도록 하였다.

⑤ '한자어 쓰임 알아보기'에서는 한자어를 넣은 짧은 예문을 제시하여 실생활에 활용하게 하였다.

⑥ '더 알아보기'에서는 한자 읽기, 뜻이 반대되는 한자, 모양이 비슷한 한자, 뜻이 비슷한 한자, 음이 여러 가지인 한자 등을 실어서 학습에 도움이 되도록 하였다.

⑦ '쓰기'에서는 새로 배울 한자를 쓰는 순서에 맞게 쓸 수 있도록 꾸몄다.

⑧ '잘 공부했는지 알아봅시다'에서는 복잡한 평가 문제를 피하고, 쉽게 읽을 수 있고, 뜻을 알 수 있는 정도의 문제를 제시하였다.

## (2) 재량활동 인정도서 한자교육 漢字 B

<박기용 · 박명의 · 신원범 · 최지영 · 김석순 · 권영운 · 전영태 편저, 거창교육청, 1999 · 9 · 1 경상남도교육감 인정>

가) 구성 체제

① 1단계−4개 대단원(각 2소단원), 8개 소단원 구성

② 2 · 4 · 5단계−8개 대단원(각 2~3소단원), 17개 소단원 구성

③ 3단계−8개 대단원(각 2~3소단원), 18개 소단원 구성

나) 구성 요소

본문−한자의 뜻과 음 읽기−한자 형성과정 알아보기−필순대로 쓰기−한자가 사용되는 낱말 알기−반복 학습−단원 평가

다) 特徵

① 단원의 지도 분량은 한 학기 17주를 기준으로, 1학기에는 1주일에 2자씩 익히고, 2학기에는 1주일에 3자씩 익히도록 하였다.

② 각 소단원의 첫 부분은 도입 과정인데 본문과 공부할 한자가 삽화와 함께 소개되었다. 여기서는 본문을 읽어보고, 공부할 내용을 확인하며, 삽화와 관련된 이야기를 나눈다. 그리고 작은 그림을 보며 소개된 한자의

뜻과 음을 관련지어 이해를 넓히도록 한다.

③ 둘째 부분에서는 삽화를 보고 한자의 뜻과 음을 관련지어 다시 한번 반복 학습을 하고, 한자의 생성과정을 보면서 그림 모양의 연상을 통하여 한자를 익힌다.

④ 셋째 부분에서는 한자를 쓰는 순서와 그 한자가 국어에 사용되는 예를 익힌다.

⑤ 넷째 부분에서는 삽화, 문장 완성시키기, 같은 한자 찾기, 바른 한자음 찾기, 관련 있는 것끼리 줄로 잇기 등의 활용을 통하여 앞에서 공부한 내용을 거듭 확인하여 학습한다.

⑥ 다섯째 부분에서는 두 개의 소단원 학습이 끝난 후 전체 대단원 학습 내용을 평가한다.

## (3) 어린이 漢字 C

<학교법인 제철학원 편저, 대한교과서(주), 1995·4·30 경상북도교육감 인정>

가) 구성 체제

전과정−16개 소단원 구성

나) 구성 요소

주제문−배울 한자 제시−기본 낱말 알기−활용 낱말 알기−활용 문장 익히기−필순대로 쓰기−연습 문제−쉬어 가기

다) 특징

① '배울 한자'는 각 단원의 주제문, 활용 낱말, 활용 문장, 글씨 쓰기 등을 공부하면서 한 낱말씩 익히도록 구성하였다.

② '알아두기' 난을 잘 살펴서 그 한자와 관련되는 여러 가지(상대어, 모양이 비슷한 글자, 부수, 약자, 글자의 활용 등) 내용을 더 깊이 있게 공부한다.

③ '연습문제'는 배운 내용을 되새기며 풀어보고, '쉬어가기'는 편안한 마음으로 재미있게 공부함으로써 한자어에 대한 지식을 넓히도록 한다.

### (4) 재량 漢字 D

<김명동·김영숙·김정란·김종득·박순연·이지연 편저, (주)티나라, 2003·1
2·15 경상북도교육감 인정>

가) 구성 체제

1, 2학기  8단계 8권 구성, 전과정－8개 소단원 구성

나) 구성 요소

단원 안내－집중 탐구(생성원리 이해, 음과 훈 익히기, 응용된 한자어 알
기),－활용하기－따라쓰기－단원평가－고사성어로 배우는 슬기

다) 특징

① 교과서를 WEB-SITE '티나라 아이'(http://www.tnarai.net)와 함께 활용하
도록 구성하여 쉽고 흥미있게 공부할 수 있도록 하였다.

② '단원 안내'는 학습할 한자어들을 이해하기 쉬운 그림과 함께 제시하고,
실제 쓰이는 예를 쉬운 문장으로 연결하여 나타내었다.

③ '집중탐구'에서는 학습할 한자의 생성원리를 그림이나 풀이로 쉽게 이해
하고, 음과 훈을 익히며 응용된 한자어를 통해 그 활용을 자연스럽게 알
게 하였다.

④ '활용하기'에서는 익힌 한자어가 생활 속에서 어떻게 활용되고 있는지
보여주며, 음과 훈의 반복 학습과 문제 해결을 통해 학습내용을 심화하
도록 하였다.

⑤ '따라쓰기'에서는 익힌 한자와 한자어를 쓰기를 통해 심화시키고, 자신
감있게 사용할 수 있도록 하였다.

⑥ '단원평가'에서는 다양한 형태의 평가 문항을 제시하여 자연스럽게 익힌
한자를 복습할 수 있도록 하였다.

⑦ '고사성어로 배우는 슬기'에서는 흔히 사용하는 고사성어가 생긴 유래와
교훈을 재미있게 그림과 함께 나타내어 고사성어의 뜻과 그 속에 담긴
슬기를 깨닫게 하였다.


### (5) 재미있는 漢字마당 E

<조갑래·강재인·배성달·김규성·최용진·이재돈 편저, 창의마당연구소,

2003 · 1 · 6 부산광역시교육감 인정>

가) 구성 체제

1단계―9개 소단원, 2 · 3 · 4 · 5 · 6단계―10개 소단원 구성

나) 구성 요소

본문―한자 알아보기―획순에 따라 쓰기―연습문제

다) 특징

① 아침 자습 시간이나 재량 활동 시간을 이용하여 1, 2단계는 주 1개씩의 낱말, 3단계 이상은 주 2개씩의 낱말을 한 학년 동안 학습할 수 있도록 계획하였다.

② 가능한 교과서나 생활에 많이 사용하는 낱말들을 골랐으며, 그 글자의 이해를 돕기 위해 글자의 발달 과정을 자세히 설명하였다.

③ 글자마다 필순과 쓰는 법을 자세히 안내하여 어린이들이 쉽게 학습할 수 있도록 하였다.

④ 우리 생활에 자주 접하는 짧은 문장에 자기가 익힌 한자를 직접 써보도록 하였다.

⑤ 학습한 내용을 스스로 평가할 수 있는 연습 문제와 상상력을 기를 수 있는 수수께끼문제를 구성하였다.

⑥ 각 쪽마다 우리 겨레말의 꽃이며 보배인 속담을 실어 그 속에 전해오는 조상의 숨결과 교훈을 우리 것으로 만들고, 구수한 인간미가 넘치는 언어생활을 도우려고 노력하였다.

## (6) 초등학교 신나는 漢字 F

<李炳赫 · 이향우 · 문태식 편저, (주)천재교육, 2003 · 1 · 6 부산광역시교육감 인정>

가) 구성 체제

① 1단계―2개의 대단원(대단원명―예 : 첫째 마루, 각 4소단원), 8개의 소단원 구성

② 2 · 3 · 4 · 5단계―4개의 대단원(각 3소단원), 12개의 소단원 구성

나) 구성 요소

바탕글-새로 배울 한자-기본 한자와 그림-한자어의 활용-한자의 활용
-한자 쓰기-풀면서 익히기-쉼터-읽고 생각하기-단원 마무리
다) 특징
① 32주에 걸쳐 수업할 수 있도록 구성하였다.
② '바탕글'에서는 각 소단원에서 배워야 할 한자를 이용하여 만든 문장 부
  분으로, 생활 주변의 글로 꾸몄다.
③ '새로 배울 한자'는 소단원에서 새로 배울 한자를 소개한 부분으로 한자
  의 뜻이 여러 가지인 경우는 대표적인 뜻 하나만을 밝혔다. 단, 바탕글
  에 대표적인 뜻으로 쓰이지 않았을 경우에는 두 가지의 뜻을 함께 수록
  하고, 바탕글에 쓰인 뜻에 밑줄을 그었다.
④ '기본 한자와 그림'에서는 바탕글에 제시된 한자어의 뜻과 음을 자세하
  게 풀이하고, 아울러 한자어의 이해를 돕기 위해 그림을 덧붙였다.
⑤ '한자어의 활용'에서는 실제 언어생활에서 자주 쓰는 문장의 활용을 통
  해 한자어를 익히도록 하였다.
⑥ '한자의 활용'에서는 한자의 활용을 통해 한자의 다양한 쓰임과 한자어
  의 뜻을 익히도록 하였다.
⑦ '한자 쓰기'에서는 제시된 필순의 순서에 따라 한자를 바르게 쓸 수 있
  도록 하였다.
⑧ '풀면서 익히기'에서는 앞에서 배운 한자의 뜻과 음, 한자어 풀이 등을
  얼마나 익혔는지 확인할 수 있도록 구성하여 문제를 풀면서 자신의 부
  족한 점을 살피며 익히도록 하였다.
⑨ '쉼터'에서는 이제까지 배운 내용을 토대로 재미있고 유익하며 학생들의
  창의적, 자기주도적 학습이 가능하도록 구성하였다.
⑩ '읽고 생각하기'는 본문 내용과 관련지어 위인들의 삶이나 전통 풍습 등
  을 재구성하여 본문을 보충하여 이해하도록 하였다.
⑪ '단원 마무리'는 각 단원 내용을 마무리하는 부분으로, 배운 내용을 상
  기하며 최종 점검하도록 하였다.

### (7) 국어과 한자어를 활용한 漢字공부 G

<姜宗出 편저, 근아출판사, 2003·6·30 부산광역시교육감 인정>
가) 구성 체제
　　① 한자공부 1-7개 대단원(각 4소단원), 28개 소단원 구성
　　② 한자공부 2-27개 소단원 구성
　　③ 한자공부 3-28개 소단원 구성
　　④ 한자공부 4-32개 소단원 구성
나) 구성 요소
　　본문 - 배울 한자 - 한자의 뜻과 음 알아보기-필순 - 한자어 - 활용 - 확
　　인학습
다) 특징
　　① '본문'은 각 단원에서 배워야 할 한자를 이용하여 만든 문장이다.
　　② '배울 한자'는 소단원에서 새로 배울 한자의 뜻과 음을 제시하였다.
　　③ '한자의 뜻과 음 알아보기'는 새로 배울 한자의 대표적인 뜻과 음을 제
　　　　시하였으며, 한자가 쓰이는 국어 낱말의 용례를 다양하게 제시하였다.
　　④ '필순'은 쓰기 순서에 맞게 순서대로 제시하였으며, 학습의 효과를 위하
　　　　여 쓰기 교과서를 별도로 구성하였다.
　　⑤ '한자어'에서는 새로 배운 한자를 활용한 국어 낱말과 한자어를 제시하
　　　　고 그 뜻을 설명하였다.
　　⑥ '활용'에서는 실제로 언어생활에서 활용되는 예를 제시하였다.
　　⑦ '확인학습'에서는 한자의 형, 음, 의 및 한자어 활용의 용례를 점검하여
　　　　보충하도록 하였다.


### (8) 초등학교 漢字 H

<全漢俊·金允淑·陳哲鏞 편저, 재능교육(주), 1996·7·23 서울특별시교육
　감 인정>
가) 구성 체제
　　① 1·2·3단계-16개의 소단원
　　② 4단계-15개의 소단원으로 구성

**295**

나) 구성 요소

한자 교실-한자활용교실-한자탐구교실(언어생활, 한자의 짜임, 한자어 풀이)-평가-쓰기-재미있는 한자

다) 특징

① '한자교실'은 한자와 그림을 제시하여 한자를 쉽게 익히고 오래 기억되도록 하였다.

② '한자활용교실'에서는 한자를 익힌 후에, 배운 한자가 들어간 낱말을 익히도록 한자어를 제시하였다.

③ '한자탐구교실'에서는 본문에 제시된 한자와 한자어에 대한 자세한 설명을 하여 학습자 스스로 한자를 익힐 수 있도록 하였다. '언어생활'에서는 한자와 한자어가 일상생활에서 사용되는 예를 들어 문장 속에서 한자를 익히게 하였다. '한자의 짜임'에서는 자원에 바탕을 두고 한자를 풀이하여 보다 더 쉽게 한자를 익히도록 하였다. '한자어 풀이'에서는 본문에서 다룬 한자어를 쉽게 풀이하였다.

④ '평가'는 학습한 한자를 스스로 평가해보도록 하였다. 한자 쓰기는 제외하였고, 뜻과 음만을 적는 평가로 제한하였다.

⑤ '쓰기'에서는 학습한 신습 한자를 필순에 따라 쓰면서 익히도록 하였다.

⑥ '재미있는 한자'에서는 다양하고 흥미있게 한자를 익히고, 문제를 해결해 나가는 가운데 창의력이 길러지도록 하였다.

### (9) 초등학교 漢字 I

<鄭愚相·安載澈·鄭寓仁·韓殷洙 편저, 傳統文化硏究會, 1996·12·19 서울특별시교육감 인정>

가) 구성 체제

1·2·3·4단계-8개의 대단원(각 4~5개 소단원), 32개의 소단원으로 구성

나) 구성 요소

도입 과정-본문 이해 과정(한자의 음과 뜻 알아보기, 한자어의 음과 뜻 알아보기, 생각해보기, 한자어의 쓰임 알아보기)-응용 과정-단원 평가

다) 특징

① 전체 소단원을 32주로 설정하여 1년간 한 주에 한 단원씩 배울 수 있도록 하였으며, 1학기에는 17단원, 2학기에는 15단원으로 구성하여 학기 구분을 하였다.

② 각 단계별 해당 학년의 타 교과 교육과정과 관련하여 통합교과적으로 구성하여 학습의 전이효과를 꾀하였다.

③ '도입과정'은 학습 목표와 새로 배울 한자를 제시하고, 학습 동기를 유발하는 삽화를 제공하였다.

④ '본문 이해 과정' 중 '한자의 음과 뜻 알아보기'는 한자의 음과 뜻을 배우고 생성과정을 살펴보도록 하였으며, '한자어의 음과 뜻 알아보기'에서는 한자어의 뜻을 제시하고 학습자 스스로 한자어의 음을 적어보도록 하였다. '생각해보기'에서는 한자의 자원을 밝히거나 한자가 다른 글자와 어울려 한자어가 되는 경우를 제시하였다. '한자어의 쓰임 알아보기'에서는 배운 한자어를 실제 언어생활에서 활용할 수 있도록 하였다.

⑤ '응용 과정'에서는 본문에서 배운 한자를 활용할 수 있는 읽을거리·만화·퍼즐·암호풀이·전래동화·철학동화·고사성어 등을 제시하여 아동 스스로 사고력을 키우도록 하였으며, 이미 배운 한자를 응용하고 반복학습 할 수 있도록 하였다. 또한 '한자쓰기'난을 두어 그 시간에 배운 한자를 필순에 맞게 쓰면서 익히도록 하였다.

⑥ '단원 평가'에서는 대단원에서 배운 내용을 종합적으로 점검하고 익힐 수 있도록 평가 문항을 제시하였다.

⑦ 교과서를 web 사이트 (http://www.cybersodang.co.kr)에 올려놓아 학생들이 自學自習할 수 있도록 하였다.

## (10) 초등학교 漢字 J

<洪光植·金一煥 편저, (주)교학사, 1998 · 12 · 28 서울특별시교육감 인정>

가) 구성 체제

① 1 · 2 · 3단계—32개의 소단원

② 4단계—31개의 소단원으로 구성

나) 구성 요소

바탕글-한자의 뜻과 음 알아보기-한자어의 뜻 알아보기-한자의 쓰임 알아보기-한자어의 쓰임 알아보기-익히기-쓰기-연습-읽을거리

다) 특징

① 1단계 17단원까지는 삽화와 새로 배울 한자를 제시하였으나, 18단원 이후부터는 바탕글을 사용하여 새로 배울 한자를 제시하였다.

② '바탕글'에는 새로 배울 한자를 사용하여 글을 구성하여 제시하였다.

③ '한자의 뜻과 음 알아보기'에서는 새로 배울 한자가 들어있는 한자어를 제시하여, 그 한자의 뜻과 음을 밝혔다. 한자의 뜻이 여러 가지인 경우에는 대표적인 뜻 하나만을 밝혔다.

④ '한자어의 뜻 알아보기'에서는 바탕글에 제시된 한자어의 뜻을 자세히 풀이하였다.

⑤ '한자의 쓰임 알아보기'에서는 한자의 쓰임을 보여, 새로 배운 한자가 들어간 낱말을 익히도록 하였다.

⑥ '한자어의 쓰임 알아보기'에서는 새로 배운 한자어를 사용한 예문을 제시하여 언어생활에 응용하게 하였다.

⑦ '익히기'에서는 한자의 짜임, 한자 읽기, 뜻이 상대되는 한자, 모양이 비슷한 한자, 뜻이 비슷한 한자, 음이 여러 가지인 한자 등을 실어서 학습에 도움이 되게 하였다.

⑧ '쓰기'에서는 새로 배울 한자를 필순에 맞게 쓸 수 있도록 하였다.

⑨ '연습'에서는 여러 가지 형태의 문제를 제시하여 스스로 풀어보게 하였다.

⑩ 새로 배운 한자를 활용한 '읽을거리'를 실어서 한자를 복습할 수 있도록 하였다

## (11) 초등학교 漢字 K

<홍진복·이동태·홍경희·양복실·이영희 편저, 상서각, 2002·8·19 서울특별시교육감 인정>

가) 구성 체제

① 1·2·3·4단계-9개 소단원으로 구성

② 5·6단계-12개 소단원으로 구성

나) 구성 요소

기본 학습-탐구 학습-읽기·쓰기 학습-활용 학습-연습 문제-놀이 학습

다) 특징

① '기본 학습'은 학습 목표를 제시하고, 학습 상황을 설정하여 새로 배워야 할 한자를 개념적으로 익히도록 하였다.

② '탐구 학습'은 한자의 자원이나 짜임을 그림으로 제시하여 한자를 쉽게 이해하도록 하고 뜻과 음을 학습자 스스로 깨닫도록 하였다.

③ '읽기·쓰기 학습'은 새로 배우는 한자의 뜻과 음을 소리 내며 한글로 쓰는 과정을 두었으며, 필순에 따라 쓰는 과정을 익히도록 하였다.

④ '활용학습'은 한자를 익힌 후에 배운 한자가 들어간 한자어를 제시하여 일상생활에서 사용되는 예를 들어 문장 속에서 한자를 익히도록 하였으며, 한자어를 쉽게 풀이하였고, 한자 생각 늘리기를 통해 한자에 대한 이해를 넓히도록 하였다.

⑤ '연습문제'는 한 단원을 마치고 학습한 한자를 연습 문제를 통해 익히고 어느 정도 알고 있는지 스스로 확인해 보도록 하였다.

⑥ '놀이학습'은 한자 공부에 대한 친근감과 이해를 높이기 위해 놀이, 게임, 이야기 자료 등을 도입하여 구성하였다.


## (12) 초등 漢字와 生活 L

<홍성식·장희구·임금래·김종욱 편저, 학문사, 2003·2·10 서울특별시교육감 인정 >

가) 구성 체제

① 1·2·5단계-4개의 대단원(각 3~4소단원), 15개 소단원으로 구성

② 3·4단계-4개의 대단원(각 4소단원), 16개 소단원으로 구성

나) 구성 요소

새로 배울 단어-글자 원리 알아보기-글자 쓰임 알아보기-배운 글자 익히기-필순에 따라 쓰기-이야기 고사성어

다) 특징

① '새로 배울 단어'는 각 단원마다 한 가지의 주제를 가지고 그에 해당하는 낱말을 제시하였다.
② '글자 원리 알아보기'에서는 한자의 생성 원리와 그 뜻을 제시하였으며, 부수와 총획수도 밝혔다.
③ '글자 쓰임 알아보기'는 國漢 混用文을 그림과 함께 읽어볼 수 있게 하였으며, 각각의 낱말을 한 자씩 삽화와 함께 뜻을 풀이하였다.
④ '배운 글자 익히기'는 낱말에 대한 학습이 끝난 뒤에 스스로 평가할 수 있도록 여러 가지 형태의 문제를 구성하였다.
⑤ '필순에 따라 쓰기'는 새로 배운 한자를 올바른 필순에 따라 한자 쓰기를 할 수 있도록 하였다.
⑥ '이야기 고사성어'를 통해 어린이들이 이해하기 어려운 故事成語를 옛날 이야기 식으로 풀어 그 유래와 뜻을 알기 쉽도록 하였다.

### (13) 제7차 교육과정에 맞춘 어린이 漢字 M

<方仁泰・韓殷洙・金昌祜・金鳳燮・南秀極・元孝宰・林東和 편저, (주)두산, 2003・2・10 서울특별시교육감 인정>

가) 구성 체제
 1・2・3・4단계―5개의 대단원(각 4소단원), 20개 소단원으로 구성
나) 구성 요소
 활동 제시―새로 배우는 한자―한자 마당―한자 익히기―쓰기 익힘책―한자어 익히기―활동마당―쉬어가기―확인하기
다) 특징
① 7차 교육과정의 흐름에 맞추어 '활동 중심'으로 교과서를 구성하였다.
② 교재 구성의 실제에 맞는 교사용 지도서를 함께 구성하였다.
③ '활동 제시'는 공부할 한자를 대화나 만화, 노래 등의 실제 사용 장면을 통해 나타냈다.
④ '새로 배우는 한자'는 새로 공부할 한자의 뜻과 음을 밝히었다.
⑤ '한자 마당'은 한자의 음과 뜻을 익히고 활용하도록 하였다.
⑥ '한자 익히기'는 한자가 이루어지는 과정을 살펴보고 한자의 음과 뜻을

⑦ '쓰기 익힘책'을 별도로 구성하여, 공부한 한자 또는 한자어를 필순에
 따라 쓸 수 있도록 하였다

⑧ '한자어 익히기'는 공부한 한자로 이루어진 한자어를 익히고 활용하도록
 하였다.

⑨ '쉬어가기'는 공부한 한자어가 들어간 이야기를 읽으며 마무리할 수 있
 도록 하였다.

⑩ '활동마당'은 자료 읽기나 활동을 통해 공부한 한자·한자어를 익힐 수
 있도록 하였다.

⑪ '확인하기'는 공부한 한자·한자어를 스스로 평가해보는 부분으로 대단원
 이 끝날 때마다 배운 한자를 이용한 활동이나 이야기, 고사성어 등으로
 구성하였다.


## (14) 초등학교 술술 풀리는 漢字 N

<김철수 편저, (주)교학사, 2004 · 1 · 15 서울특별시교육감인정>
가) 구성 체제
 1 · 2 · 3 · 4단계―5개의 대단원(각 2~5소단원), 21개 소단원으로 구성
나) 구성 요소
 준비학습―본문―알아봅시다―한자를 찾아서―한 걸음 더―한자 익히기―
 다지기―단원의 마무리―사고력기르기
다) 특징

① '준비학습'은 그 단원의 학습에 호기심을 부여하고, 필요한 배경지식을
 점검하는 부분으로 활동 중심으로 구성하였다.

② '본문'은 그 과에서 배울 한자를 활용하여 문장을 구성하되, 국문으로
 표기하였다.

③ '알아봅시다'에서는 그 과에서 집중적으로 다룬 중심 내용을 체계적으로
 보여주었다.

④ '한자를 찾아서'는 그 과에서 다룬 한자를 중심으로 짜임과 쓰임 등 여
 러 관점에서 살펴보되, 특히 현실 속에서 쓰이고 있는 예를 활용하였다.

⑤ '한 걸음 더'에서는 수준별 학습을 위해 다소 어려워 보이는 내용을 집
  중탐구 방식으로 다루었다.

⑥ '한자 익히기'는 글자마다 길잡이를 두어 쓰기의 요령을 일러주었다.

⑦ '다지기'는 그 과에서 다룬 내용을 압축하여 정리하였고, 다양한 유형을
  통해 배운 내용을 확인하는 문제를 제시하였다.

⑧ '단원의 마무리'는 그 단원에서 배운 내용을 문제 형식으로 마무리하도
  록 하였다.

⑨ '사고력 기르기'는 한자로 생각하고 한자처럼 생각하면서 구체적인 활동
  을 할 수 있도록 하였다.


## (15) 초등학교 재미솔솔 漢字 O

<李相鎭·崔相根·張允赫 편저, 대교, 2004·1·15 서울특별시교육감 인
  정>

가) 구성 체제

① 기초 단계−7개의 대단원(각 3소단원), 21개 소단원으로 구성

② 1·2·3·4단계−8개의 대단원(각 3소단원), 24개 소단원으로 구성

나) 구성 요소

바탕글−한자의 뜻과 음 알아보기−한자어 풀이−한자어 엮어 가기−단원
활동−단원평가

다) 특징

① '바탕글'은 새로 배우는 한자어를 그림과 글을 통해 소개하여 흥미를 유
  발하였다.

② '한자의 뜻과 음 알아보기'는 그림을 통해 새로 배우는 한자의 의미를
  이해하고, 한자의 뜻, 음을 익히도록 하였다.

③ '한자어 풀이'에서는 한자어의 풀이를 확인하고 재미있는 활동을 통해
  한자어를 익힌다.

④ '한자어 엮어가기'에서는 간단한 문장을 통해 한자어를 익히고 한자어
  엮어가기를 통해 확장된 한자어를 익힌다.

⑤ '단원 활동'에서는 대단원에서 익힌 한자를 모둠 활동을 통해 다시 익히

도록 하였다.

⑥ '단원 평가'에서는 문제를 풀이하면서 배운 한자를 알고 있는지 점검하
도록 하였다.

# 3

초등 한자 교재의 분석

## 1) 한자와 한자어의 학습량

현재 초등학교 학생을 대상으로 한 認定 敎科書는 지역적 편중성을 논외로
한다면 많은 양을 개발하여 사용하고 있다. 초등학교 학생의 漢字 敎育을 활성화
한다는 측면에서는 고무적인 일이다. 그러나 교과서의 量的 開發이 곧 한자 교육
의 質的 擴散을 담보하지는 못한다. 곧 아무리 많은 양의 교과서가 개발되었다고
하더라도 각 교과서에 수록된 漢字・漢字語・漢字成語의 學習量은 일정치 못하
며, 이와 같이 편차가 있는 여러 종류의 교과서를 가지고 학습하는 것이 초등 한
자 교육의 질적 상향 동질화를 도모하는 것은 아니다. 교과서 개발의 노력이 헛
되지 않고, 교과서를 본질에 맞게 이용하려면 무엇보다 교과서의 質的 內容이 確
保되어야 한다.

여기에서는 <표 5-1>의 교과서 중 15종을 대상으로 하여 교과서에 수록된
한자・한자어・한자성어를 조사하여 그 내용을 논의하고자 한다.

<표 5-2> 인정 교과서별 한자·한자어·한자성어 현황[13]

| 순서 | 인정 교과서 | 한자 수 | 한자어 수 | 한자성어 수 |
|---|---|---|---|---|
| 1 | 초등학교 漢字 A | 627 | 381 | 7 |
| 2 | 재량활동 인정도서 한자교육 漢字 B | 561 | 101 | · |
| 3 | 어린이 漢字 C | 528 | 288 | · |
| 4 | 재량 漢字 D | 252 | 126 | 32 |
| 5 | 재미있는 漢字마당 E | 587 | 284 | 19 |
| 6 | 초등학교 신나는 漢字 F | 565 | 240 | 12 |
| 7 | 국어과 한자어를 활용한 漢字공부 G | 468 | 219 | · |
| 8 | 초등학교 漢字 H | 589 | 346 | 12 |
| 9 | 초등학교 漢字 I | 608 | 315 | 24 |
| 10 | 초등학교 漢字 J | 600 | 404 | 13 |
| 11 | 초등학교 漢字 K | 581 | 367 | 7 |
| 12 | 초등 漢字와 生活 L | 338 | 147 | 19 |
| 13 | 제7차 교육과정에 맞춘 어린이 漢字 M | 584 | 333 | 5 |
| 14 | 초등학교 술술 풀리는 漢字 N | 600 | 227 | 4 |
| 15 | 초등학교 재미솔솔 漢字 O | 520 | 308 | 2 |

<표 5-1>, <표 5-2>에 나타난 결과를 토대로 다음과 같은 사실을 알 수 있다. 우선 한자 교육 學習 對象의 문제이다. <표 5-1>을 보면 초등학교 전 학년을 대상으로 엮은 교과서가 총 36종 중 23종(64%), 2학년~6학년을 대상으로 삼은 교과서가 3종(8%), 3학년~6학년을 대상으로 삼은 교과서가 10종(28%)이다. 이것을 보면 교과서 집필자들은 초등학교 저학년(1·2학년)부터 학생들에게 한자 교육을 시키는 것이 효과적일 것이라는 의견이다. 敎育人的資源部의 초등학교 교육과정 편제상 한자교육은 교과 시간이 아닌 재량활동이나 특별활동 시간에 할 수밖에 없으나 실제적인 한자 교육은 오히려 아침자습시간처럼 과외 활동시간에

---

13) 본고에서 漢字·漢字語·漢字成語는 新習漢字 또는 標題字로 명확히 나타난 경우에 제한하였다. 漢字의 數는 각 敎科書의 附錄에 신습한자를 제시한 경우에는 그대로 적용하였으며, 그렇지 못한 경우에는 교과서 본문의 신습한자를 조사하여 수록하였다. 漢字語·漢字成語의 경우에도 교과서의 본문을 조사하여 수록하였는데 국어교육학계에서 일컫는 一音節 한자어는 본고의 한자어 범주에서 제외하였다. D종 교과서는 모두 8권이 제작되었으나 출판사에 의뢰한 결과 2학기 4권은 在庫量이 없다고 하여 부득이 1학기 4권으로 한정하였다.

더 많이 운영된다는 사실에서 기인하기도 한다.

또한 재량활동을 통한 한자 한문 교육은 교과 형태로 운영되었던 제6차 교육과정기보다 제7차 교육과정에서 더 약화되었다고 할 수 있다. 이는 초등학교의 경우 재량활동 교육과정 편성·운영의 기본 방향을 교과 재량활동보다는 창의적 재량활동에 중점을 두고 운영하기 때문이다.[14]  이와 같은 교육 여건으로 말미암아 초등학교에서의 한자·한문 교육은 매우 부적절한 환경 속에서 이루어지고 있는 실정이다.

다음으로 漢字 學習量의 문제이다. 현재까지 초등학교 학생이 익혀야 할 한자의 학습량에 대하여 명확하게 규명하여 놓은 자료는 없다. 다만 개인 연구자들에 의한 시안과 제6차 교육과정기 서울특별시교육청에서 마련한 초등학교 한문교육과정에 '초등학교 한문교육용 기초한자 600자'가 예시되어 있다. 이것은 중학교 한문 교육용 기초한자 900자 중에서 600자를 임의로 선정한 것으로 중등학교의 경우처럼 교과서 구성에 있어서 구속력을 지니지는 않는다. 또한 한국한문교육학회에서 중등학교 교육용 한자 1800자의 수정 작업을 하면서 초등학교 한문 교육용 한자 500자 안과 600자 안을 제시한 자료가 있어서 초등학교 학생의 한자 학습량에 대한 한문교육학계의 잠정적인 기준을 마련하였다고 볼 수 있다.[15]

---

14) 국가수준의 재량활동 교육과정 기준에는 초등학교 한자 교육에 대한 명문화된 조항이 없었다. 재량활동에 관한 시·도 교육청의 편성·운영 지침 분석 결과, 대부분의 시·도 교육청은 창의적 재량활동에 중점을 두고, 창의적 재량 활동의 교육 내용으론 국가 교육과정의 기준을 답습하였다. (중략) 광주교육청은 교육과정에 대한 요구분석을 통하여 재량활동의 지도내용으로 한자를 선정하였으며, 충북교육청은 학교전통재량활동의 하나로 한자를 예시하였고, 전남교육청은 지역 특성화를 살리는 한편 한자 교육 프로그램을 자율적 교육활동 속에 포함시켰다. 광주·충북·전남 교육청의 재량활동 영역 지침은 국가 수준의 교육과정 기준에서 제시되지 않았던 '한자' 영역이 시도교육청 수준에서 처음으로 명문화되었다는 점에서 매우 큰 의미가 있다(金王奎, 「한국의 초등학교 한자교육의 현황과 과제」, 『한문교육연구』 21, 2003, 252~253쪽).

15) 한국한문교육학회에서 조정한 한문교육용 기초한자 수는 아래의 표와 같다.

| 구 분 | 초등학교 | 중학교 | 고등학교 | 계 |
|---|---|---|---|---|
| 제1안(2000자) | 600자 | 800자 | 600자 | 2000자 |
| 제2안(1800자) | 500자 | 700자 | 600자 | 1800자 |

이 중 제1안은 초등학교 3학년부터 1시간에 5자씩 한 학년 150자를 가르칠 수 있도록 계획하였으며,

<표 5-2>에 따르면 총 15종의 교과서중 600자 이상의 한자를 실은 교과서가 4종(26.7%), 500자 이상 600자 미만의 한자를 실은 교과서가 8종(53.3%), 500자 미만의 한자를 실은 교과서가 3종(20.0%)이다. 이것은 서울특별시교육청의 초등학교 한문 교육과정에서 예시한 '초등학교 한문교육용 기초한자 600자'안과 韓國漢文教育學會에서 제시한 '초등학교 한문 교육용 한자 600자'안(제1안)을 부분적으로 수용한 것이라고 볼 수 있다.

漢字語[16) 學習量의 경우 100개 이상~200개 미만 어휘를 실은 교과서가 3종(20.0%), 200개 이상~300개 미만 어휘를 실은 교과서가 5종(33.3%), 300개 이상~400개 미만 어휘를 실은 교과서가 6종(40.0%), 400개 이상의 어휘를 실은 교과서가 1종(6.7%)으로 나타났다. 이것은 교과서에 실린 한자의 양과 관련이 있다. 한자의 수가 많을수록 한자어의 수도 많이 실리는 경향이지만 그것이 상호간 必要充分條件을 갖추는 것은 아니다. B・C・E・F・N종의 교과서는 한자 수는 많은데 비하여 수록된 한자어는 그렇지 못하다. 그러므로 교과서를 개발할 때에 집필자는 의도적으로 학생들이 한자어를 많이 학습할 수 있도록 교재를 구성하여야 할 것이다. 왜냐하면 초등학교 학생들에게 한자 교육을 할 경우 한자 낱자의 교육보다는 한자어로 가르치는 것이 學習의 轉移效果를 더 가져오기 때문이다.

漢字成語[17)의 경우는 조사 대상 15종 중 12종이 싣고 있는데 D・E・I・L종의 교과서와 같이 많은 내용을 담은 교과서가 있는가 하면, K・M・N・O종의 교과서처럼 미미하게 다루고 있는 경우도 있어서 그 편차가 크다고 할 수 있다. 또한 A종의 교과서는 農者天下之大本, 百聞不如一見 등과 같은 簡易한 文章(漢文)을 싣고 있는바 초등학교 한자 교육에서 漢文 文章 교육의 측면에 시사점을

---

제2안은 4학년부터 교육하여 4・5학년 각 160자 6학년 180자를 가르칠 수 있도록 계획하였다(金相洪 외, 『한문교육용 1800자 조정에 관한 연구 보고서』, 韓國漢文教育學會, 44~88쪽).

16) '漢字語'는 '한자로 적을 수 있는 단어'(국립국어연구원, 『표준국어대사전』)라고 하여 '時, 點, 冊, 答, 年, 山, 兄' 등과 같이 一音節 한자어를 포함하고 있으나, 본고에서는 국가 수준 교육과정의 해설에 따라 '하나 또는 둘 이상의 한자가 결합하여, 한국어로서 사용되는 한국식 발음의 단어'(교육부 2001, 『고등학교 교육과정 해설 ⑬한문, p25)로 정의한다.

17) '漢字成語'는 '옛 사람들이 만든 숙어로 오늘날에도 일상의 언어생활에서 많이 사용되고 있는 한자어'로 흔히 일컫는 '故事成語'의 범주로 제한하였다.

준다.

## 2) 초등 한자 교재의 분석

각 시도 교육청에서 승인한 初等學校 漢字 認定 教科書는 대부분 초등학교 전학년 학생을 교육 대상으로 하여 교재가 편찬되었고, 각 교과서에는 500자~600자 정도의 한자가 실려 있으며, 대략 300개~400개 정도의 한자어를 싣고 있다.

이와 같은 공통적인 내용을 제외하면 각 교과서에 따라 구성체제와 그에 따른 내용 요소가 相異하게 나타나고 있다. 교과서의 構成 體制는 교과서의 內容 展開와 관련이 깊으며 이는 곧 교수·학습 방법과 직접적으로 연관된다.

서울특별시교육청에서 認定한 초등학교 한자 교과서는 다음과 같다(2005. 2. 28 기준).

〈표 5-3〉 서울특별시교육청 인정 초등학교 한자 교과서 목록

| 순서 | 교과서명 | 사용 학년 | 인정년월일 | 저작권자 | 발행인 |
|---|---|---|---|---|---|
| 1 | 초등학교 한자 | 3~6학년 | 1996. 7.23. | 전한준 외2 | (주) 재능교육 |
| 2 | 초등학교 한자 | 3~6학년 | 1996.12.19. | 정우상 외4 | 전통문화연구회 |
| 3 | 초등학교 한자 | 전학년 | 1998.12.28. | 홍광식 외1 | 교학사 |
| 4 | 초등한자 | 1~6학년 | 2002. 8.19. | 홍진복 외4 | 도서출판 상서각 |
| 5 | 한자와 생활 | 1~5학년 | 2003. 2.10. | 홍성식 외3 | 학문사 |
| 6 | 어린이 한자 | 3~6학년 | 2003. 2.10. | 방인태 외5 | (주) 두산 |
| 7 | 아하! 한자 | 3~6학년 | 2003. 7.16. | 오덕진 | 한자자격시험도서 |
| 8 | 초등학교 한문 | 3~6학년 | 2004. 1.15. | 김철수 | 교학사 |
| 9 | 재미솔솔 한자 | 2~6학년 | 2004. 1.15. | 이상진 외2 | (주) 대교 |
| 10 | 초등한자 | 3~6학년 | 2004. 1.15. | 차광성 | 백풍 |
| 11 | 초등학교 한자 | 1~6학년 | 2005. 1.29. | 백형윤 | (주)대한교과서 |
| 12 | 한자야 이야기랑 놀자 | 1~6학년 | 2005. 1.29. | 양혜순 | 한자교육평가원 |
| 13 | 한자 통통 | 전학년 | 2005. 1.29. | 추성범 | 장원교육문화 |
| 14 | 초등학교 한자 | 전학년 | 2005. 1.29. | 조래채 | 중앙교육진흥연구소 |
| 15 | 즐거운 한자 | 1~6학년 | 2005. 1.29. | 장재영 | (주) 천재교육 |

<표 5-3>의 서울特別市敎育廳 認定 초등학교 漢字 교과서 중 필자가 조사
한 11종(A~K) 교과서의 내용을 개관하면 다음과 같다.


〈표 5-4〉 초등학교 한자 교과서의 내용 개관

| 순서 | 교과서명 | 구성 체제 |
|---|---|---|
| 1 | 초등학교 한자 A | 한자교실―한자활용교실―한자탐구교실―평가―쓰기 |
| 2 | 초등학교 한자 B | 도입과정―본문이해과정(한자의 음과 뜻, 한자어의 뜻, 한자어의 쓰임)― 응용과정(이야기, 그림, 퍼즐, 쓰기) |
| 3 | 초등학교 한자 C | 바탕글―한자의 뜻과 음 알아보기―한자어의 뜻 알아보기―한자의 쓰임 ―한자어의 쓰임―익히기―쓰기―연습 |
| 4 | 초등한자 D | 기본학습―탐구학습―읽기·쓰기 학습―활용학습―연습문제―놀이학습 |
| 5 | 한자와 생활 E | 새로 배울 단어―글자원리 알아보기―글자쓰임 알아보기―연습문제― 쓰기 |
| 6 | 어린이 한자 F | 활동제시―한자마당―한자 익히기―한자어 익히기―활동마당―쉬어가 기―확인하기 |
| 7 | 아하! 한자 G | 공부할 한자―관련한자 읽고 음 쓰기―이미 배운 한자 읽고 쓰기―평가 |
| 8 | 초등학교 한문 H | 본문―알아봅시다―한자를 찾아서―한걸음 더―이렇게 써요―다지기 |
| 9 | 재미솔솔 한자 I | 그림 속 한자에 ○표하기―한자의 뜻과 음 읽기―한자의 뜻, 음에 ○표 하기―한자어풀이 알아보기―한자어의 음 쓰기―한자어 엮어가기 |
| 10 | 한자야 이야기랑 놀자 J | 이야기로 배우는 한자―새로 배울 한자―한자 어원―한자 용례―한자 쓰기―활용학습(연습문제) |
| 11 | 즐거운 한자 K | 바탕글―새로 배울 한자―기본 한자와 그림―실생활에서의 활용―한자 의 활용―한자 쓰기―놀며 익히기―실력다지기―재미있는 한자성어― 신나는 활동 |


<표 5-4>에서 제시한 교과서의 내용을 몇몇 교과서를 실례로 확인해 보자.


## (1) 초등학교 한자 A

이 교과서는 한자교실, 한자활용 교실, 한자탐구 교실, 평가, 쓰기 등으로 단
원이 구성되어 있다. 그 특징을 살펴보면 다음과 같다.

① '한자교실'은 한자와 그림을 제시하여 한자를 쉽게 익히고 오래 기억되도

록 하였다.

② '한자활용교실'에서는 한자를 익힌 후에, 배운 한자가 들어간 낱말을 익히
도록 한자어를 제시하였다.

③ '한자탐구교실'에서는 본문에 제시된 한자와 한자어에 대한 자세한 설명을
하여 학습자 스스로 한자를 익힐 수 있도록 하였다. '언어생활'에서는 한
자와 한자어가 일상생활에서 사용되는 예를 들어 문장 속에서 한자를 익
히게 하였다. '한자의 짜임'에서는 자원에 바탕을 두고 한자를 풀이하여
보다 더 쉽게 한자를 익히도록 하였다. '한자어 풀이'에서는 본문에서 다
룬 한자어를 쉽게 풀이하였다.

④ '평가'는 학습한 한자를 스스로 평가해보도록 하였다. 한자 쓰기는 제외하
였고, 뜻과 음만을 적는 평가로 제한하였다.

⑤ '쓰기'에서는 학습한 신습한자를 필순에 따라 쓰면서 익히도록 하였다.

이상의 내용을 실제로 적용한 교과서의 한 단원을 실례로 살펴보자.

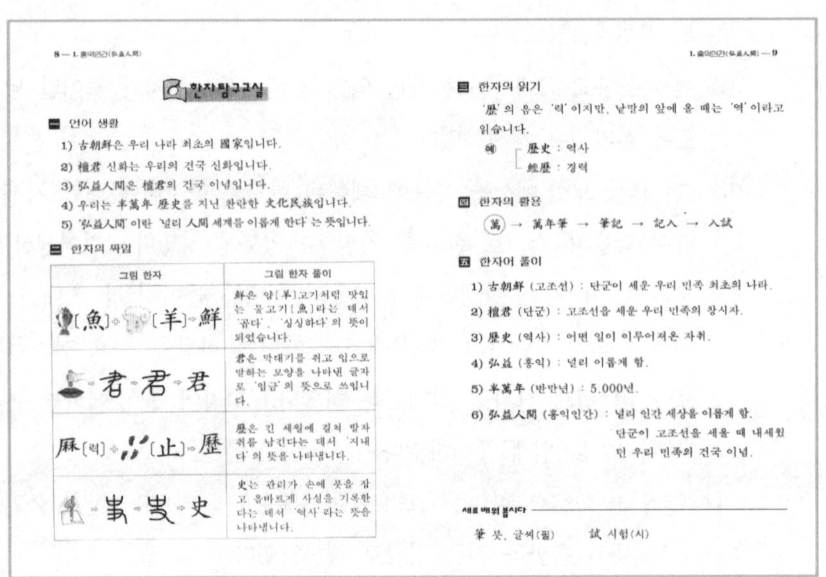



**한자탐구교실**

■ 언어 생활

1) 古朝鮮은 우리 나라 최초의 國家입니다.
2) 檀君 신화는 우리의 건국 신화입니다.
3) 弘益人間은 檀君의 건국 이념입니다.
4) 우리는 半萬年 歷史를 지닌 찬란한 文化民族입니다.
5) '弘益人間'이란 '널리 人間 세계를 이롭게 한다'는 뜻입니다.

■ 한자의 짜임

| 그림 한자 | 그림 한자 풀이 |
| --- | --- |
| [魚]+[羊]=鮮 | 鮮은 양[羊]고기처럼 맛있는 물고기[魚]라는 데서 '곱다', '싱싱하다'의 뜻이 되었습니다. |
| 君 君 君 | 君은 막대기를 쥐고 입으로 말하는 모양을 나타낸 글자로 '임금'의 뜻으로 쓰입니다. |
| 麻[력]+止=歷 | 歷은 긴 세월에 걸쳐 발자취를 남긴다는 데서 '지내다'의 뜻을 나타냅니다. |
| 史 史 史 | 史는 관리가 손에 붓을 잡고 올바르게 사실을 기록한다는 데서 '역사'라는 뜻을 나타냅니다. |



■ 한자의 읽기

'歷'의 음은 '력'이지만, 낱말의 앞에 올 때는 '역'이라고 읽습니다.
예   歷史 : 역사
　　 經歷 : 경력

■ 한자의 활용

萬 → 萬年筆 → 筆記 → 記入 → 入試

■ 한자어 풀이

1) 古朝鮮 (고조선) : 단군이 세운 우리 민족 최초의 나라.
2) 檀君 (단군) : 고조선을 세운 우리 민족의 창시자.
3) 歷史 (역사) : 어떤 일이 이루어져온 자취.
4) 弘益 (홍익) : 널리 이롭게 함.
5) 半萬年 (반만년) : 5,000년.
6) 弘益人間 (홍익인간) : 널리 인간 세상을 이롭게 함. 단군이 고조선을 세울 때 내세웠던 우리 민족의 건국 이념.

새로 배워 봅시다
筆 붓, 글씨(필)　　 試 시험(시)

---

㉠ '한자교실'을 살펴보면 君, 歷, 史의 신습 한자가 제시되고 이것과 연관된 그림이 나온다. 그리고 하단에 '새로 배워 봅시다'란에 '君 임금(군), 歷 지낼(력), 史 역사(사)'라고 제시되어 있을 뿐 그 밖에 학습에 필요한 정보는 제공하지 않고 있다. 또한 상단에 '한자의 음과 뜻, 건국이념에 관한 한자어'라고 표기되어 있을 뿐, 이것이 學習 目標인지 또는 學習 目標를 달성하기 위한 中心 活動인지에 대한 정보가 없다. 교과서를 처음 접하는 학습자에게는 매우 불친절한 표현 방법이라고 할 수 있다.

㉡ '한자활용교실'에는 '古朝鮮, 檀君, 半萬年, 歷史, 弘益人間' 등의 한자어가 제시되고, 단군의 삽화가 나타나 있으며, 하단에 새로 배우는 한자가 나타난다. 이 곳 또한 한자 활용에 대한 정보를 안내나 설명은 없다. 또 일러두기에서는 '배운 한자가 들어간 낱말을 익히도록 한자어를 제시한다.'라고 하면서 새롭게 배워야 할 한자 네 자(鮮, 檀, 半, 弘)의 한자를 제시하고 있다. 이것은 앞에서 배운 한자를 한자어 속에서 익혀야 하는 본래의 취지와는 다른데, 새로 배워야 할 한자를 함께 제시함으로써 학습의 부담을 가중시키고 있다.

㉢ '한자탐구교실'은 다섯 부분으로 나뉜다. ⓐ '언어생활'에서는 한자활용교실에

## 310

초등학교 한자교육

서 예시한 한자어를 이용하여 국어 문장을 활용한 예시문을 제시하였다. ⓑ
'한자의 짜임'에서는 신습한자 가운데 대표적인 한자(鮮, 君, 歷, 史)의 그림
한자와 그 풀이를 제시하였다. ⓒ '한자읽기'에서는 '歷'자가 낱말의 앞부분
과 끝부분에 위치할 때 '역'과 '력'으로 다르게 소리나는 것을 예시하였다.
ⓓ '한자의 활용'에서는 '萬'자를 활용하여 확산시킬 수 있는 한자어를 예시
하였다.(萬→萬年筆→筆記→記入→入試) ⓔ '한자어풀이'에서는 언어생활의
예문에 쓰인 낱말의 뜻을 실었다.
㉣ '평가'는 한자의 뜻과 음 쓰기, 한자어의 음을 선으로 잇기, 한자의 뜻과 음을
  제시하고 해당 한자 고르기 등으로 엮어져 있다.
㉤ '쓰기'는 한자의 筆順을 제시하고 5회 쓸 수 있도록 하였다.


## (2) 초등학교 한자 B

이 교과서는 크게 도입과정, 본문이해과정, 응용과정으로 내용이 구성되어 있
다. 그 특징을 살펴보면 다음과 같다.
① '도입과정'은 學習 目標와 새로 배울 한자를 제시하고, 學習 動機를 誘發하는
  삽화를 제공하였다.
② '본문 이해 과정' 중 '한자의 음과 뜻 알아보기'는 한자의 음과 뜻을 배우고
  생성과정을 살펴보도록 하였으며, '한자어의 음과 뜻 알아보기'에서는 한자어
  의 뜻을 제시하고 학습자 스스로 한자어의 음을 적어보도록 하였다. '생각해
  보기'에서는 漢字의 字源을 밝히거나 한자가 다른 글자와 어울려 한자어가
  되는 경우를 제시하였다. '한자어의 쓰임 알아보기'에서는 배운 한자어를 실
  제 언어생활에서 활용할 수 있도록 하였다.
③ '응용 과정'에서는 본문에서 배운 한자를 활용할 수 있는 읽을거리·만화·퍼
  즐·암호풀이·傳來童話·哲學童話·故事成語 등을 제시하여 아동 스스로
  사고력을 키우도록 하였으며, 이미 배운 한자를 응용하고 반복학습 할 수 있
  도록 하였다. 또한 '한자쓰기'난을 두어 그 시간에 배운 한자를 필순에 맞게

쓰면서 익히도록 하였다.

위의 구성 요소를 실제로 적용한 교과서의 한 단원을 실례를 살펴보자.

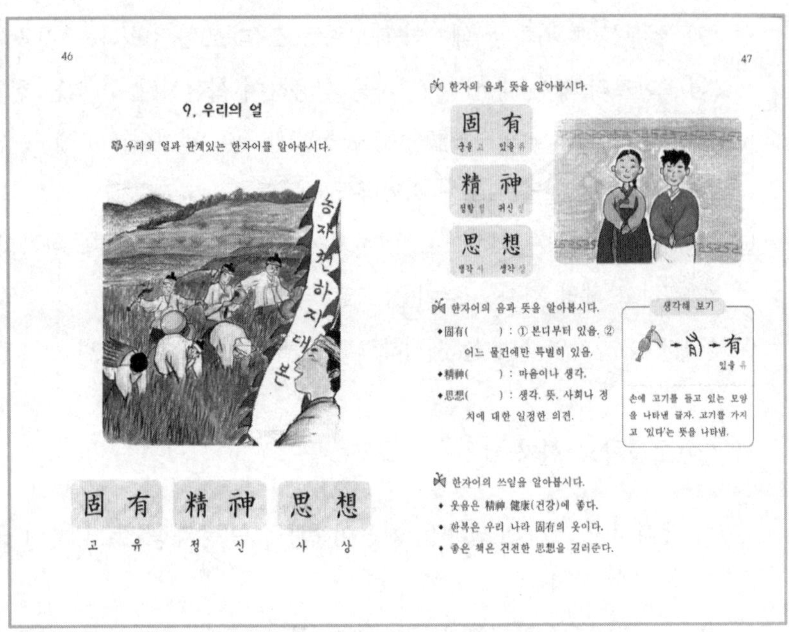


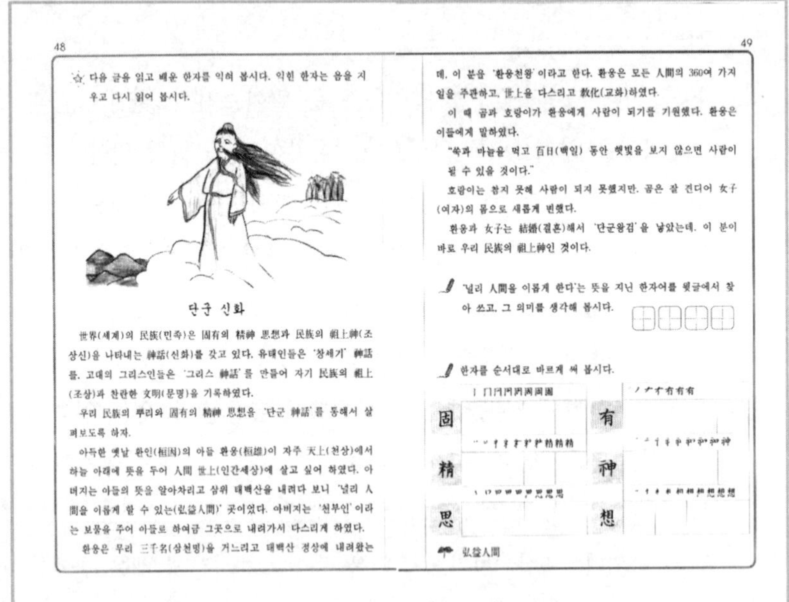

㉠ '도입과정'에서는 '우리의 얼과 관계있는 한자어를 알아봅시다.'라고 학습목표를 설정하여 단원 제목 '우리의 얼'과 관련을 맺고 있으며, 농악을 울리면서 농사를 하는 전통적인 농촌의 풍경을 삽화로 제시하였다. 그리고 하단에 '固有, 情神, 思想'의 한자어를 표제자로 제시하고 標題字 아래에 그 음을 달았다. 그런데 단원 제목과 학습목표 사이에는 유기적인 관계가 성립한다고 하더라도, 표제자와 학습 목표와는 일정한 거리가 있다. 곧 固有, 精神, 思想의 한자어와 우리의 얼과는 직접적인 관련을 맺고 있다고 할 수 없다. 교과서를 보면 표제자가 낱낱이 분리되어 서로 다른 세 개의 한자어를 구성하고 있을 뿐, 세 개의 한자어가 유기적으로 연결되어 '固有한 精神과 思想'이란 학습목표와 밀착된 구성을 하고 있지 못하다.

㉡ '본문이해과정'중 ⓐ '한자의 음과 뜻 알기'에서는 표제자의 대표적인 뜻과 음을 표기하였고, 그 옆에 표제자와 관련된 삽화를 나타냈다. ⓑ '한자어의 음과 뜻 알아보기'에서는 표제자 '固有, 情神, 思想'을 제시하고 그 음을 써 보도록 하였으며, 한자어의 뜻을 풀이하였다. 여기에서 ⓐ과 ⓑ는 필연적으로 상관 관계를 갖는다. 곧 한자의 뜻에 따라 한자어의 뜻이 달라질 수 있기 때문이다. 그런데 '固有'의 경우 ⓐ에서는 '굳을 고'라고 하여 '굳다'로 그 뜻을 풀이하고, ⓑ에서는 '固有'의 뜻을 '본디부터 있음'이라고 하여 서로 뜻 풀이를 다르게 적용하였다. 한자를 처음 배우는 학생들에게 한자의 특성이 多義字임을 일일이 말하지 않는다면, 차라리 ⓐ에서 '본디 고'로 풀이하는 것이 한자어와의 뜻풀이 관계에서 볼 때 일관성이 있고, 학습자에게 혼동을 덜 줄 수 있을 것이다. ⓒ '생각해보기'에서는 표제자 중 하나인 '有'자의 字源을 그림을 통한 자형의 변화 과정과 그에 따른 설명을 하였다. ⓓ '한자어의 쓰임 알아보기'에서는 표제자를 활용한 국어 문장을 실례로 나타냈다.

㉢ '응용과정'에서는 단군 신화를 그 단원에서 익힌 新習 漢字와 그 단원 이전에 익힌 旣習 漢字를 활용하여 국한 혼용, 한글 병기 형태로 읽을거리를 소개하고 있다. 또 '한자쓰기'난에서는 新習 漢字의 筆順을 제시하고 4회 쓸 수 있도록 하였다. 여기에서는 漢字·漢字語를 反復 學習하는 여러 가지 방법 중

에서 神話를 인용하였는데, 학습 목표와 일정한 관계를 맺으면서 초등학교 6학년 수준의 학생들이 흥미롭게 읽고 이해할 수 있는 내용이어서 내용 선정에 무리가 없다. 다만 학습 내용을 돕기 위한 삽화가 친근한 인상을 주지 못한다. 이왕이면 곰과 호랑이가 백일기도를 하거나, 백일기도를 마친 곰이 熊女로 변하는 모습을 싣는 것이 학습자들에게 더 흥미를 유발할 것으로 보인다.

### (3) 초등학교 한자 C

이 교과서는 바탕글, 한자의 뜻과 음 알아보기, 한자어의 뜻 알아보기, 한자의 쓰임 알아보기, 한자어의 쓰임 알아보기, 익히기, 쓰기, 연습 등으로 구성되어 있다. 그 특징을 살펴보면 다음과 같다.

① '바탕글'에는 새로 배울 한자를 사용하여 글을 구성하여 제시하였다.

② '한자의 뜻과 음 알아보기'에서는 새로 배울 한자가 들어있는 한자어를 제시하여, 그 한자의 뜻과 음을 밝혔다. 한자의 뜻이 여러 가지인 경우에는 대표적인 뜻 하나만을 밝혔다.

③ '한자어의 뜻 알아보기'에서는 바탕글에 제시된 한자어의 뜻을 자세히 풀이하였다.

④ '한자의 쓰임 알아보기'에서는 한자의 쓰임을 보여, 새로 배운 한자가 들어간 낱말을 익히도록 하였다.

⑤ '한자어의 쓰임 알아보기'에서는 새로 배운 한자어를 사용한 예문을 제시하여 언어생활에 응용하게 하였다.

⑥ '익히기'에서는 한자의 짜임, 한자 읽기, 뜻이 상대되는 한자, 모양이 비슷한 한자, 뜻이 비슷한 한자, 음이 여러 가지인 한자 등을 실어서 학습에 도움이 되게 하였다.

⑦ '쓰기'에서는 새로 배울 한자를 필순에 맞게 쓸 수 있도록 하였다.

⑧ '연습'에서는 여러 가지 형태의 문제를 제시하여 스스로 풀어보게 하였다.

위의 구성 요소를 실제로 적용한 교과서의 한 단원을 실례로 살펴보자.

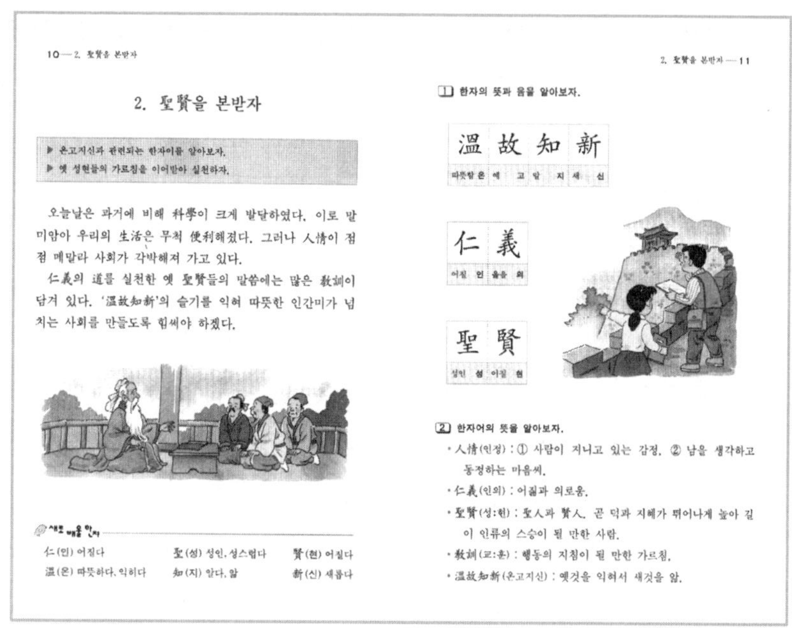



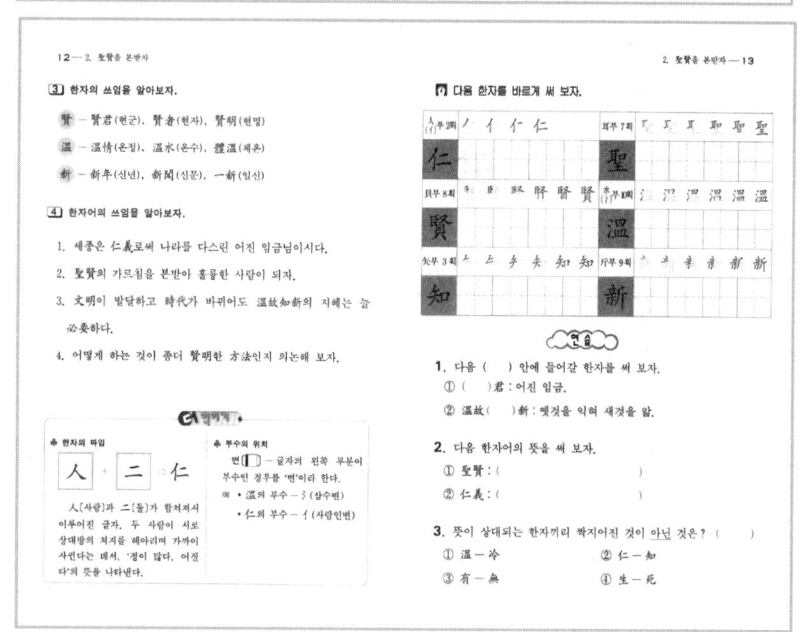



우선 단원명 아래 '온고지신과 관련되는 한자어를 알아보자.', '옛 성현들의 가르침을 이어받아 실천하자.'는 학습 목표를 제시하고 바탕글을 구성하였다.

㉠ '바탕글'에서는 단원명과 관련된 내용의 읽을거리를 國漢混用으로 표기하여 두 단락으로 소개하고 있다. 또한 '바탕글' 아래에 새로 배울 한자를 낱자로 제시하고 있다. 그런데 '바탕글'의 내용을 살펴보면 '溫故知新', '仁義', '聖賢'이라는 한자어를 활용하기 위하여 문장을 너무 作爲的으로 구성하여 읽기에 편안치 못하다. 溫故知新의 내용을 알려주기 위해서는 좀 더 자세한 내용 서술이 있어야 하는데, 科學이 발달한 현재의 便利한 生活과 仁義의 도를 실천한 聖賢의 삶만을 대조적으로 부각하여 어색한 느낌을 준다. 많은 한자어를 활용하기 위하여 몇 개의 과정을 생략하거나 건너 뛰어 글을 서술하는 것보다는 학생들이 이해하기 쉽도록 적은 한자어를 활용하여 자세하게 서술하는 것이 학습에 더 효과적일 것이다.

㉡ '한자의 뜻과 음 알아보기'에서는 바탕글에 나온 한자어 '溫故知新, 仁義, 聖賢'을 제시하고 각 한자의 아래에 뜻과 음을 표기하였다. 그런데 바탕글 아래에 '새로 배울 한자'난에 이미 '仁, 聖, 賢, 溫, 知, 新' 등의 신습 한자에 대해 뜻풀이를 하고, 여기에서 다시 한자어 아래에 한자 뜻풀이를 하여 그 차이를 구별하기 어렵다. 굳이 구별하자면 앞의 것은 서술어 형태<仁(인) 어질다>이고, 뒤의 것은 관형어 형태<仁 어질 인>로 되어있을 뿐이다.

㉢ '한자어의 뜻과 음 알아보기'에서는 바탕글에 나와 있는 '人情, 仁義, 聖賢, 敎訓, 溫故知新'등의 음을 달고 그 뜻을 풀이하였다.

㉣ '한자의 쓰임 알아보기'에서는 '賢, 溫, 新'을 제시하고 이를 사용한 한자어 '賢君, 賢者, 賢明', '溫情, 溫水, 體溫', '新年, 新聞, 一新'등을 제시하였다.

㉤ '한자어의 쓰임 알아보기'에서는 앞에서 배운 한자어를 활용한 국어 문장을 실례로 소개하였다.

㉥ '익히기'에서는 '仁'자의 짜임과 부수의 위치에 대해 풀이하였다.

㉦ '쓰기'에서는 신습 한자의 필순을 제시하고 4회 쓰도록 하였다.

㉧ '연습'에서는 한자 쓰기, 한자어 뜻 쓰기, 상대되는 한자 알아보기 등의 문제를 제시했다.

## ⑷ 어린이 한자 F

이 교과서는 활동제시, 한자마당, 한자 익히기, 한자어 익히기, 활동마당, 쉬어 가기, 확인하기 등으로 구성되어 있다. 그 특징을 살펴보면 다음과 같다.

① '활동제시'는 공부할 한자를 대화나 만화, 노래 등의 실제 사용 장면을 통하여 나타냈다.

② '한자마당'은 한자의 음과 뜻을 익히고 활용하도록 하였다.

③ '한자 익히기'는 공부한 한자를 익히고 활용하도록 하였다.

④ '한자어 익히기'는 공부한 한자로 이루어진 한자어를 익히고 활용하도록 하였다.

⑤ '활동마당'은 자료 읽기나 활동을 통해 공부한 한자·한자어를 익히는 부분으로, 여러 자료 읽기나 폭넓은 활동을 통해 지금까지 공부한 한자·한자어를 정리할 수 있도록 하였다.

⑥ '쉬어가기'는 공부한 한자어가 들어간 이야기를 읽으며 마무리를 하도록 하였다.

⑦ '확인하기'는 공부한 한자·한자어를 스스로 평가할 수 있도록 하였다.

위의 내용 구성요소를 실제로 적용한 교과서의 한 단원을 실례로 살펴보자.

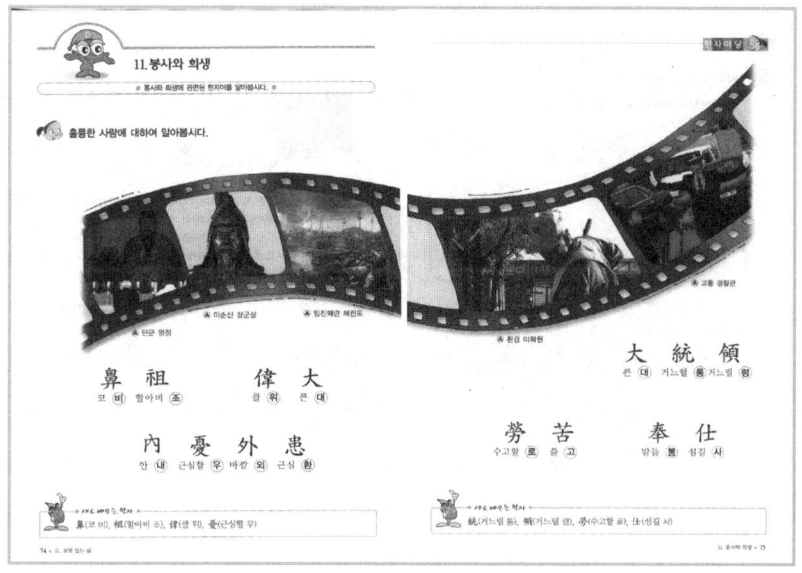

# 317

제 5 장  초등 학교 한자 교재

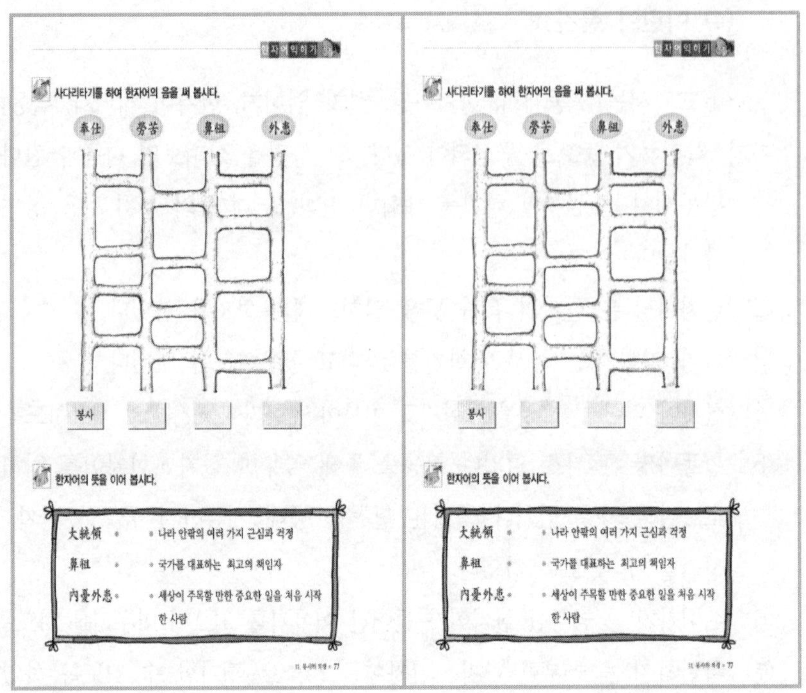

이 교과서에서는 단원명 아래 '봉사와 희생에 관련된 한자어를 알아봅시다.'라고 학습목표를 제시하였다.

㉠ '활동제시'에서는 '훌륭한 사람에 대하여 알아봅시다.'라고 활동 주제를 밝힌 뒤, 단군 영정, 이순신 장군상, 임진왜란 해전, 환경 미화원, 교통 경찰관 등의 활동과 관련한 사진을 싣고 있다. 구체적인 내용에 대한 언급은 없지만, 여러 가지 인물이나 활동하는 모습의 사진을 통하여 학습 목표와 관련한 동기를 유발하고자 제시한 것으로 보인다.

㉡ '한자마당'에서는 표제자를 제시하고, 각 한자의 뜻과 음을 달았으며, 하단에 새로 배우는 한자의 뜻과 음을 실었다. 이 교과서도 C종의 교과서와 같이 한자의 뜻풀이가 겹쳐 제시되고 있는데, 표제자 아래와 신습한자 난 모두 관형형으로 싣고 있다.

㉢ '한자 익히기'에서는 신습한자 '統, 憂, 鼻, 勞, 偉'의 뜻과 음을 연결해 보기

**318**

초등학교 한자교육

와 <보기>의 글자를 활용한 한자 완성하기 등을 제시하였다.

ⓔ '한자어 익히기'는 한자어 '奉仕, 勞苦, 鼻祖, 外患'을 제시하고 한자어의 음을 써보도록 하였으며, '大統領, 鼻祖, 內憂外患' 등의 한자어와 그 뜻을 연결해 보도록 하였다.

ⓜ '활동마당'에서는 한자어 '勞苦'와 관련된 편지 쓰기 활동과 偉大한 인물의 업적 알아보기 활동으로 구성하였다.

ⓗ '쉬어가기'에서는 한자어 '偉大, 大統領'을 활용한 예화인 '링컨의 일화'를 소개하였다.

ⓢ '확인하기'에서는 한자의 뜻과 음 쓰기, 한자어 음 쓰기, 한자어를 한자로 쓰기 등의 문제를 제시하였다.

## 3) 초등 한자 교재의 문제점

이상의 교과서 실태 분석을 통하여 한문교재의 교수·학습 방법에 대하여 몇 가지 問題點을 확인할 수 있었다.

### (1) 敎授者 中心의 敎授·學習

교과서는 敎育課程을 토대로 하여 교육과정의 基本 정신을 표현하는 道具라 할 수 있다. 그러므로 敎科書는 교과서를 집필하는 時代의 理念을 반영하여야 하며, 동 시대의 교수·학습 방향이 고려되어야 한다. 물론 多元化 時代·價値多樣性을 추구하는 사회에서 교과서에 이러한 제한을 두어야 하는가에 대한 논란은 일어날 수 있다. 그렇지만 현재 우리의 교육 실정이 교과서의 '자유 발행제'를 허용하지 않으므로, 國定·檢認定 敎科書 制度 하에는 이러한 제한을 받을 수밖에 없다.

이러한 측면에서 初等學校 漢字 교과서의 執筆이나 發刊·使用은 교육과정과 결부될 수밖에 없다. 비록 국가 수준의 초등학교 한자 교육과정이 제정되지는 않았다 하더라도 각론을 아우르는 敎育課程 總論은 유효하므로, 초등학교 한자

교과서는 제7차 교육과정 총론의 기본 정신이 반영되어야 한다.

주지하듯이 제7차 교육과정은 自律과 創意에 바탕을 둔 學生 中心 教育課程이며, 학생들의 自己主導的 學習 能力 伸張과 水準別 教育課程의 運營을 그 뼈대로 하고 있다. 제7차 교육과정의 이러한 취지에 맞는 教授·學習을 하기 위해서는 教師의 일방적인 講義, 解說, 說明은 꼭 필요한 경우에 적용하는 것을 원칙으로 하여야 한다. 그리고 팀티칭 학습, 협력 학습 등 다양한 교수·학습 방법을 도입하여 학생의 직접 체험학습, 소그룹별 공동 과제 해결 학습, 개별 학습 활동이 전개될 수 있는 교육 방법을 선택하여야 한다.

따라서 교과서는 이와 같은 교육과정의 기본 정신을 반영하여 구성하여야 한다. 그런데 초등학교 한자 교과서의 경우 일부를 제외하고는 대부분의 교과서가 教授者 中心의 教授·學習이 되도록 편성되어 있다. 한자의 교육이 초등학교 학생들에게 처음 접하는 교과이고, 그 표기 방법도 낯설다는 教科의 特殊性을 용인하더라도 교과서의 구성을 교수자 중심이 아닌 學習者 中心으로 하는 것이 타당하다.

초등학교 한자·한문교육의 교과적 특수성으로 볼 때 이와 같은 교수자 중심의 직접 교수법이 오히려 더 효과적인 학습 결과를 산출할 수도 있다. 그렇지만 앞에서 서술했듯이 학생들이 지닌 多樣한 水準의 潛在的 才能을 啓發하기 위해서는 産出指向的인 방법보다는 過程指向的인 방법으로 교수·학습 계획이 설계되고 수행되어야 한다. 단기간에 많은 결과를 산출하는 것이 巨視的으로 볼 때에는 오히려 학생들의 숨은 재능을 계발시키지 못할 수도 있기 때문이다.

또한 현대의 디지털 知識情報 社會에서 요구하는 創意的 思考力과 問題解決力을 기르기 위해서는 지식을 전수하는 교수자 중심의 교수·학습 방법보다는 학생과 교사의 상호작용 활동이 활발하게 진행할 수 있는 學習者 中心의 教授·學習 方法이 필요할 것이다.



초등학교 한자교육

## (2) 敎材 構成의 定型化

교과서는 교육과정에 제시된 敎育 目標와 敎育 內容을 구현하는 效率的인 道 具이다. 비록 교과서가 교육과정의 전부가 아니다라고 하지만 이를 대하는 학습 자의 처지에서 보면 교과서는 여전히 교육내용의 전부로 생각하기 쉽다. 더군다나 국가수준의 교육과정이 마련되어 있지 않은 초등학교 漢字 敎科의 경우에는 학습 자 뿐 아니라 교수자도 교과서에 의존할 수밖에 없다.

그런데 현재 認定 敎科書로 사용되고 있는 초등학교 漢字 교과서의 교재 구 성 내용을 살펴보면 한결같이 그 내용 체제를 정형화하여 교수자에게 敎授·學 習 方法 選擇의 폭을 좁게 만들고 있다. 뿐만 아니라 학습자에게는 학습의 興味 를 떨어뜨리고, 호기심을 유발시키지 못하며 지루한 교과라는 인상을 심어 줄 수 있다. 나아가 한자은 지루하고 재미없다는 잘못된 인식을 갖게 할 수도 있다.

물론 언어 재료를 기본으로 하는 他敎科에서도 정형화된 내용 체제가 있다. 그러나 국어교과나 영어교과의 교과서는 일정한 틀 안에 이루어져 있으나 그 양 상은 조금 다르다.[18] 곧 초등학교 국어 교과서는 그 구성 내용이 情報傳達, 說 得, 情緒表現, 親交 등의 매우 다양한 내용으로 되어 있어 학습자들이 교과서의 정형화에 따른 지루한 느낌을 받지 않는다. 또한 構成 要素 간의 교과서 내 間隔 이 멀고, 頻度가 적어 閉鎖的이라는 느낌을 받지 않는다. 초등학교 영어 교과서 의 경우에도 구성 내용 요소의 간격과 빈도가 가깝고 많으나 기본적으로 文字 言

---

[18] 초등학교 국어 교과의 경우, 교과서는 '마당 도입 → 소단원 1, 2→ 한 걸음 더(되돌아가기, 더 나아가 기) → 쉼터'의 형식으로 정형화되었다. 그러나 실제의 내용을 살펴보면 마당별로 정보 전달, 설득, 정 서 표현, 친교 등의 내용으로 범주화하여 매우 개방적이다. 따라서 학습자가 교과서를 활용하면서 정형 의 구성으로 인한 단조로움, 지루함, 폐쇄적 느낌을 받지 않는다.
초등학교 영어 교과의 경우, 교과서는 Look and Listen, Listen and Repeat, Let's Read, Let's Play, Let's Sing, Let's Chant, Let's Write, Activity, Role Play, Review 등의 형식으로 정형화 하였다. 그렇지만 교 과서는 학습의 흥미를 유발시키기 위한 도구로 짧은 시간에 이용하는 경우가 대부분이다. 초등 영어 교 과는 문자 언어 교육을 가급적 쉽고 간단한 수준의 내용으로 하고, 음성 언어 교육에 중심을 두어 교과 서를 구성하였다. 그러므로 CD-ROM 타이틀이 가진 매체적 특성을 고려하여 동영상, 동화상, 그림과 음향을 입체적으로 활용하여 학습 동기와 학습 효과를 높이도록 하였다.

語 敎育보다는 音聲 言語 敎育에 그 중심을 두기 때문에 교재의 정형성에 따른 구속을 덜 받는다.

이에 비하여 초등학교 한자 교과서는 기본적으로 文字 言語 敎育에 충실할 수밖에 없으므로 교과서의 구성 형태나 내용은 학습자의 학습의욕에 곧 영향을 준다. 그렇기 때문에 정형화한 교과서의 구성 형태는 교수·학습 방법의 제한을 가져올 수밖에 없다.

학생의 다양한 潛在 能力을 무한히 啓發시키기 위해 교수자가 多樣한 敎授·學習 方法을 시도할 수 있다. 그러나 한 교사가 여러 교과를 담당해야 하고, 초등학교 교사의 근무 환경으로 볼 때 각 교과마다 자신의 수업을 일정한 교수·학습 방법에 따라 구성하고 연출하기는 매우 어렵다. 그보다는 교과서 構成 時 多樣性을 確保하여 다양한 교수·학습 방법이나 기법을 사용할 수 있도록 교재를 편찬하는 것이 더 효율적이라 할 수 있다.[19]

### (3) 敎科 內容의 閉鎖性

形式과 內容은 엄밀하게 다른 영역의 문제이지만, 다른 한편으로는 相互補完的이다. 곧 형식에 의해서 내용이 제한되기도 하고, 내용에 의해서 형식이 갖는 폐쇄성을 극복하기도 한다. 현재 사용하고 있는 초등학교 한자 교재 또한 이러한 측면에서 자유롭지 못하다. 곧 규격화된 외부 구조로 인해 내부의 깊이가 얕을 수밖에 없다. 이 문제는 곧 習慣的인 典範의 追從과 敎育課程 精神을 이해하지 못한 교과서의 內容 編成에 그 원인이 있다고 할 수 있다.

먼저 習慣的인 典範의 追從 문제이다. 초등학교 교육에서 정식으로 한자 교육을 시행하게 된 계기는 제6차 교육과정의 제정에 기인한다. 1995학년도부터 시행된 제6차 교육과정에서는 '敎科', '特別活動', '學校裁量時間'으로 교육과정이

---

19) 교육인적자원부, 『초등학교 교육과정 해설(Ⅴ)』─ 체육, 음악, 미술, 외국어, 1998, 183~200쪽.
  초등학교 영어 교과는 자연적 교수법, 전신반응 교수법, 과제해결력 교수법, 역할놀이, 놀이/게임, 노래/챈트, 활동중심 지도법 등 교수·학습 방법과 기법을 사용하여 교과서가 구성되어 있어 교수자가 다양한 방법으로 교수·학습을 시도할 수 있다.

## 322

편재되었다. 이 중 '학교재량시간'은 3학년 이상 연간 34시간 이상으로 신설된 것으로, 이 시간을 활용하여 市·道敎育廳, 地域敎育廳, 學校 등에서 다양한 프로그램을 창의적으로 계발하도록 하였다. 이에 따라 서울특별시교육청에서는 선도적으로 '초등학교 학교재량시간 및 중학교 선태과목 교육과정'을 제정하고, 여기에 初等學校 漢字 敎育課程을 포함하였다. 그 후 1996년 초등학교 한자 교과서 2종(<표 5-3>의 A, B종)이 인정교과서로 승인 받았는데 그 이후의 교과서는 이들을 전범으로 삼아 내용과 형식을 구성한 것으로 보인다. 그렇기 때문에 내용면에서 표현 방법은 다르지만 한자의 쓰임, 한자의 짜임, 한자어의 쓰임, 한자어의 활용 등으로 유사하게 구성된 것이 아닌가 한다. 물론 앞의 2종 교과서도 제6차 교육과정 당시 쓰이고 있는 중학교 한문 교과서를 부득이 전범으로 삼았을 것이다.

다음으로 敎育課程 精神을 이해하지 못한 교과서의 內容 編成 문제이다. 초등학교 한자 교과는 국가수준의 교육과정이 없으므로 이를 되돌려 보면 다른 교과보다 모험 정신과 창의성이 더 많이 발현될 수 있다. 한자 교육이 道具 敎科의 역할을 한다고 볼 때, 도구 교과의 의미를 단순히 漢字·漢字語의 意味 把握에 두지 않고 意味를 構成하거나 再構成하는데 있다고 보면 그에 따른 교과서의 내용도 지금과는 상당히 다른 모습일 것이다. 곧 한자·한자어의 학습 목적이 방대한 한자·한자어의 지식을 습득하는 文解力(literacy)에 그치는 것이 아니라 이를 媒介로 하여 知識을 構成하고, 學習 方法을 學習(learning study skills)하며 나아가 高等 精神 技能의 發達에까지 미치게 하는 것이다. 물론 이러한 시각은 構成主義를 根底로 하는 것이다.

이와 같은 시각에서 교과서의 내용을 편성한다면 한자 교과서의 전형성, 폐쇄성을 극복하고 다양하고 참신한 방법으로 교과서의 내용을 구성할 수 있을 것이다. 이것은 곧 漢字 敎授·學習 方法의 間學問的 接近(interdisciplinary approach)과 그 脈을 같이 한다고 볼 수 있다.

# 초등 한자 교재의 실제

　　현재 초등학교 학생들에게 한자를 가르치기 위해 사용하고 있는 교재들은 각 시도교육청에서 인정한 인정교과서와 학교 자체로 개발한 한자 교재가 대종을 이루고 어린이 신문의 학습 한자나 인터넷을 활용한 멀티미디어 자료, 시중 출판사에서 제작한 교재 등이 있다. 각 시도교육청에서 인정한 교과서의 경우는 교육청에서 마련한 심의 기준에 따라 전문가에게 위촉하여 교과서를 심의하고 있다. 비록 국가 수준의 표준 심의안을 마련하여 교과서의 내용을 심의하는 것은 아니지만 어느 정도 교과서가 갖추어야 할 기본 내용 요소들을 싣기 위하여 노력하고 있다고 볼 수 있다. 그러나 인정 교과서 이외의 한자 교재들은 이와 같은 절차를 거치지 않고 학교 현장에서 쓰인다. 그래서 이러한 교재에 실린 한자들이 과연 초등학교의 학생들에게 적절한 내용을 담고 있는지 의문이며, 초등학교의 여러 교과목과 관련이 깊은 기본 한자인지 알 수 없다. 또한 이러한 교재들이 한자 구조의 원리나 현대 인지발달이론을 고려하여 편찬한 것인지도 판단하기 어렵다.

　　초등학교 현장에서 한자 교육을 위하여 사용하고 있는 여러 교재 가운데 신문활용교재, 학교개발교재, 인정 교과서의 세 가지 교재에 대하여 살펴보기로 하자.

## 1) 신문을 활용한 한자 교재

### (1) 교재의 내용

초등학교 현장에서 어린이들이 쉽게 접할 수 있는 매체 자료로 신문을 들 수 있다. 각 신문사에서는 어린이들의 흥미와 학습 수준, 인지 능력 등을 고려하여 어린이 신문을 만들어 보급한다. 어린이 신문은 그날의 중요한 뉴스와 각 학년의 진도에 알맞은 학습문제, NIE, 어린이 경제, 만화 등을 싣고 있다. 또한 학습의 한 부분으로 '일일 한자'를 싣고 있다. '일일 한자'는 아래와 같이 초급, 중급, 고급으로 구분하여 3개의 한자를 싣고 있다.

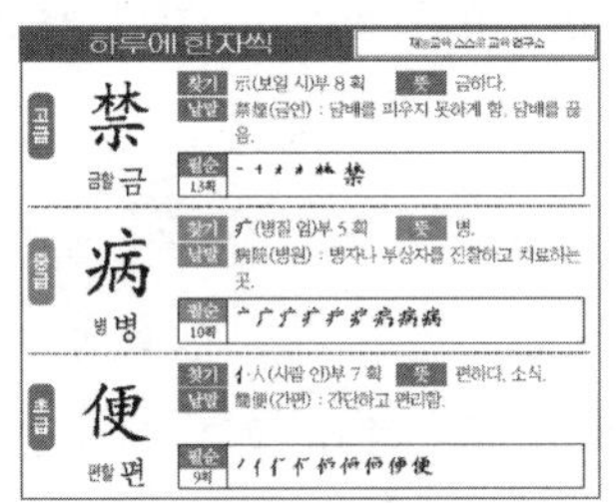

〈소년한국일보, 2006.7.26〉

〈소년조선일보, 2006.7.26〉

초등학교 현장에서는 신문에 실린 한자를 이용하여 아침 자습시간에 한자 공부를 하는 경우가 많다. 교사는 그날 신문에 실린 한자를 쓰고, 한자 아래에 뜻과 음을 밝혀 써 놓는다. 그러면 학생들은 칠판에 씌어 있는 한자를 보고, 자신의 한자 공책에 옮겨 적는다. 대개의 경우 학생들은 한 글자를 10회 내지 20회 정도 반복하여 쓰고 뜻과 음을 한자 아래 쓴다. 교사는 그날 공부할 한자를 학생들과 함께 읽고, 한자가 사용되는 용례를 알려주기도 한다. 종종 신문의 한자 학습란을 공책에 오려 붙인 후 한자를 익히게 하는 경우도 볼 수 있는데 한자 학습 방법은 대동소이하다.

## (2) 신문활용 한자 학습의 장점

신문을 활용한 한자 학습 방법은 다음과 같은 장점이 있다.

첫째, 신문에서 매일 한자를 선정하여 제공하기 때문에 교사가 어떤 한자를 선정하여 가르칠 것인가에 대한 고민을 할 필요가 없다. 교사가 한자 교육에 대한 필요성만 인식하고 있다면 언제나 교수할 내용이 마련되어 있어서 학생들에게 손쉽게 한자 교육을 할 수 있는 것이다. 교사가 아무리 한자를 가르치고자 하여도 가르칠 내용이 없다면 한자 교육은 쉽게 이루어질 수 없을 것이다.

둘째, 교사는 여러 가지 교수 학습 방법을 고려하지 않고 학생들에게 한자 교육을 할 수 있다. 정식 교과로서 한자를 공부하거나 재량 활동의 한 영역으로 한자를 공부하는 경우에는 그럴 수 없지만 '아침 자습' 시간의 성격상 모든 학습은 학생 스스로에 의해서 이루어지기 때문에 교사는 매일의 학습 내용에 대해서 교수 학습 방법을 마련하지 않아도 된다. 혹 교사가 한자 교육에 대한 남다른 열의가 있는 경우에는 그렇지 않겠지만, 대개의 경우 자습은 학생 스스로에 의한 공부이기 때문에 아침 자습 시간에 이루어지는 한자 공부 역시 그와 같은 성격을 벗어나지 않는다.

셋째, 학생들에게 지속적으로 많은 양의 한자를 학습하게 할 수 있다. 신문은 학생들에게 매일 제공되는 매체이므로 학생들은 신문을 활용하여 매일같이 한자를 익히게 된다. 비록 문서로서 계획된 교육과정으로 한자 공부를 하는 것은 아니지만 아침 자습 시간의 한자 공부는 전개된 교육과정이며, 동시에 실현된 교육과정이다. 매일 매일 일정한 시간에 일정 양의 한자를 학습함으로써 학생들은 정규 교육과정에 버금가는 학습을 할 수 있는 것이다.

## (3) 신문 활용 한자 학습의 단점

신문을 활용한 한자 교육은 순기능이 있는 반면에 여러 가지 부정적인 기능도 가지고 있다. 우선 학생들의 학습 수준이나 인지 발달 정도를 고려하지 않고 한자를 교육하기 때문에 개별화된 학습이나 수준별 학습을 할 수 없다. 학생들이 배워야 할 한자는 학습할 내용을 가르칠 교사가 선정하는 것이 아니라 매체 자료인 신문을 통해 제공된다. 그러므로 학생들의 학습 상황이나 발달 정도를 고려하지 않으며 모든 학생들이 일률적인 공부를 할 수밖에 없다. 위의 신문 자료에서 보듯이 일일 한자는 대개 초급, 중급, 고급의 3단계로 구분하여 나온다. 초등학교의 교육과정과 비교하여 본다면 초급은 1~2학년, 중급은 3~4학년, 고급은 5~6학년을 염두에 두고 마련한 것으로 보인다. 그래서 모든 학생들이 같은 내용의 한자를 학습할 수밖에 없다. 물론 학생의 한자 학습 수준에 따라서 저학년 학생들이 중급이나 고급 과정으로 배정된 한자를 공부할 수도 있다. 그런데 초급, 중급, 고급 과정의 한자를 배정하는 기준도 모호하기 때문에 이 또한 학생들의 인지 발달 정도를 고려한 것이라고 볼 수는 없다.

다음으로 한자 공부를 통해 한자에 대한 거부감을 주는 역효과를 가져올 수 있다. 아침 자습 시간에 이루어지는 한자 공부는 교수·학습의 계획아래 이루어지는 것이 아니기 때문에 주로 학생들의 한자 쓰기 중심으로 진행된다. 학생들은 주어진 학습량을 채우기 위해 한자의 음과 뜻을 익히는데 중점을 두지 않는다. 그래서 한자를 쓰는 것도 한 글자 한 글자를 필순에 맞게 쓰는 것이 아니라 하나의 무의미한 부호를 여러 번 반복하여 쓰는 경우가 많다. 예를 들어 '해 일(日)'자를 공부하는 경우 필순에 맞게 내려 긋는 획을 먼저 쓴 후 기역자 모양의 획을 쓰고, 다시 가로 획을 위에서 아래로 써야 한다. 그런데 학생들은 '日'자를 한 글자씩 필순에 맞게 쓰기 보다는 열 칸의 한자 공책에 먼저 세로로 긋는 획을 계속 쓴다. 다음으로 다시 기역자 모양의 획을 열 칸에 차례대로 긋고, 나머지 가로 획도 이와 같은 방법으로 긋는다. 글자를 쓴다고 하기 보다는 차라리 모르는 부호를 계속하여 그리는 것이라고 보아야 한다. 이러한 무의미한 행위를 통해 한자를 열 번 혹은 스무 번 쓴다고 한들 무슨 교육적 의미가 있겠는가. 아까운 시간과 정력만 낭비하는 셈이다. 결과적으로 한자 공부는 한자공부대로 하지 못하고, 오히려 한자에 대한 부정적인 인상만 심어주게 된다.

한자 교육이 이와 같은 부정적인 기능만 심어준다면 차라리 처음부터 하지 않은 것이 나을 것이다. 기왕 시간을 정하여 아침 자습시간에 한자 공부를 하기로



제 5 장_초등 학교 한자 교재

하였다면 교사는 학생들이 한자 공부를 바르게 할 수 있도록 안내하여야 할 것이다. '한자 공책 채우기'가 아닌 진정한 의미의 한자 공부가 되도록 교사는 여러 가지 학습 방법과 자료를 확보하여야 할 것이다. '해 일(日)'을 공부한다면 그것과 관련된 일상생활 용어나 학습용어도 찾아보게 하고, 그날의 여러 가지 신문 기사 중에서 '日'과 관계된 어휘도 설명하여 준다면 학생들은 한자 공부 시간을 흥미롭게 보낼 것이다.

## 2) 학교에서 개발한 한자 교재

### (1) 교재의 구성

초등학교 현장에서 한자 교육의 교재로 사용하는 것 가운데 하나로 학교에서 제작한 한자 교재를 들 수 있다. 학교에서 제작한 한자 교재는 전교의 학생들이 입학하면서부터 졸업할 때까지 배우는 것이므로 학생들의 한자 학습에 매우 중요한 교재라 할 수 있다. 일선 초등학교에서는 단위 학교 교장선생님의 교육관, 학부모의 요구 또는 학교 특색 교육의 하나로서 한자 교육을 하게 되는데 이 때 필수적으로 한자 교재가 필요하다. 교과용 도서에 관한 규정(2002. 6. 25)에 따르면 학교에서 국정 교과서나 검정 교과서가 없는 경우 인정 교과서를 사용하도록 하고 있다.

그러나 일선 학교의 사정을 보면 인정 교과서보다는 학교에서 자체 제작한 한자 교재로써 한자 교육을 실시하는 것을 더 선호한다. 단위 학교에서 자체로 제작한 한자 교재를 선호하는 까닭은 여러 가지 원인이 있는데, 그 중 교과서 구입에 따른 경비 문제가 중요한 구실이 되기도 한다. 왜냐하면 인정 교과서는 인정 당시 일정한 산출 기준에 의해 교과서 가격이 산정되어 있기 때문에 학생들에게 교재를 보급하기 위해서는 적지 않은 학교 예산을 배정해야 한다. 그렇기 때문에 단위 학교에서는 학교 예산을 절약한다는 구실로 인정 교과서를 구입하여 전학생들에게 나누어주기를 꺼려한다. 그래서 인정 교과서를 구입하지 않고 학교 자체에서 교재를 제작하여 한자 교육을 하려는 것이다. 학교에서 자체로 한자 교재를 개발할 경우에는 학교 인쇄실을 이용하여 교재를 제작하거나 학교 신문, 학교 교육과정 등을 인쇄하는 외부 업체에 의뢰하여 한자 교재를 제작하게 되는데 어떤 경우이든 인정 교과서를 구입하는 경우보다는 예산이 절감되는 것이 사실이다.

학교에서 제작한 한자 교재의 내용이 교수·학습에 매우 적절하게 구성되어 있어서 인정 교과서의 내용·수준을 유지하고 있다면 교과용 도서에 관한 규정을 지키지 않는다고 하더라도 이해할 수 있다. 그러나 실제로 학교에서 제작한 한자 교재의 내용을 살펴보면 그렇지 못한 경우가 많다. 정규 교과가 아닌 재량 활동에 쓰이는 교과서를 학교 나름대로 제작하려면 학교 교육과정위원회를 통해 재량 활동 교재 제작 소위원회를 구성하고, 여기에서 충실한 교재를 구성할 수 있도록 여러 방법을 모색해야 한다. 그런데 초등학교 교사의 현실적 근무 여건을 고려하여 보면 이와 같은 방법으로 교재를 구성하기는 쉽지 않다. 그래서 대개의 경우 한두 명의 교사가 일임하여 교재를 제작하게 되는데 교육 경력이 짧은 젊은 교사가 맡아서 하는 경우가 많다. 그러므로 교재 제작을 담당하는 교사는 교육 과정 정신의 구현, 교육 내용의 적정성, 일정 수준 이상의 내용 선정과 조직 등의 문제를 고려할 틈이 없다. 장기적인 교육 계획을 가지고 충실한 교재를 편찬하기 보다는 정해진 기간 안에 교재를 완성하는 것이 급선무이다. 따라서 동료 교사나 이웃 학교와의 정보 교환을 통해 단위 학교에서 제작하여 사용하는 한자 교재를 입수하고, 그것의 내용을 보완하여 자신이 속한 학교의 실정에 맞는 한자 교재를 제작하게 된다. 이러한 방법으로 한자 교재를 제작하다 보니 양질의 한자 교재가 나오기는 어렵다. 학교에서 자체적으로 교재를 제작하여 한자 교육을 한다는 사실만으로도 칭찬받기에 충분하다. 그렇지만 보다 더 체계적으로 준비하여 충실한 내용을 갖춘 교과서를 마련한다면 더욱 효과적인 한자 교육이 이루어질 것이다.

## (2) 교재의 실례

다음의 자료는 학교에서 제작한 한자 교재의 본보기이다. 교재의 목차와 구성 내용을 살펴본다면 앞에서 논의한 사실들이 기우가 아님을 확인할 수 있을 것이다.[20]

〈서울내발산초등학교 한자교재〉

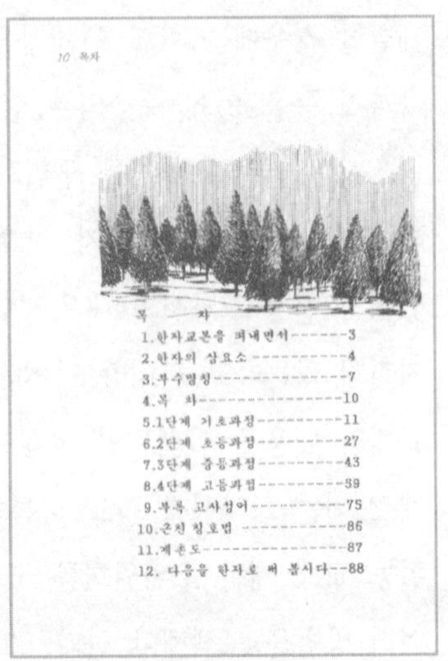

〈한자교재의 목차〉

〈제 1단계 기초과정 한자 교재〉

---

20) 위의 자료는 초등학교에서 자체로 제작한 한자 교재의 일반적인 모형으로 여러 학교의 내용을 검토해도 대동소이함을 볼 수 있다. 따라서 본고에서의 논의는 학교 제작 한자 교재의 일반적인 내용을 대상으로 한 것이므로 특정 학교의 한자 교육 상황이나 교재 제작의 문제점을 다루는 것은 아님을 밝힌다.

<제 2단계 초등과정 한자 교재>

<제 3단계 중등과정 한자 교재>

<제 4단계 고등과정 한자 교재>

<부록 고사성어 한자 교재>

위의 자료에서 보듯이 단위 학교에서 자체로 제작한 한자 교재는 학년별 위계를 고려하지 않은 채 한 권의 교재로 구성되어 있다. 따라서 1학년 학생부터 6학년 학생까지 동일한 교재를 가지고 공부하는 경우가 대부분이다. 목차에서 확인하듯이 1단계 기초과정, 2단계 초등과정, 3단계 중등과정, 4단계 고등과정 등이 순

차적으로 나열되어 있다. 또한 각 단계별로 동일한 분량으로 한자·한자어가 제시되고 한자의 뜻과 음, 한자어의 뜻, 필순 등이 규격화되어 제시될 뿐이다. 그렇기 때문에 단계가 올라갈수록 복잡한 모양의 한자나 높은 수준의 어휘를 공부한다는 차이만 있을 뿐, 한자 교수·학습의 다양한 모습을 찾아보기는 힘들다. 이를 통해 볼 때, 학교에서 자체로 제작한 한자 교재도 쓰기 중심의 아침 자습 시간 지도용으로 제작된 경우가 대부분이며, 한자 교수·학습 방법의 다양한 측면을 고려하여 제작한 것이 아님을 알 수 있다.

### 3) 인정 교과서

#### (1) 인정 교과서의 발행

초등학교에서 재량 활동 시간의 한자 교육 교재로 사용하는 것이 인정 교과서이다. 인정 교과서에 대한 것을 살피기 위해서는 잠시 우리나라 교과서의 편찬 제도에 대해 살펴볼 필요가 있다. 우리나라에서 교과용도서 편찬은 국가의 관여 방식 또는 관여 정도에 따라 국정제, 검정제, 인정제로 구분할 수 있다. 국정제는 국가가 직접 교과용도서를 저작하거나 위탁하여 개발하는 제도이다. 우리나라는 현재 모든 국정도서를 위탁하여 편찬하고 있다. 비록 국정도서는 위탁하여 편찬되고 있으나 국정도서의 편찬 계획, 연구·개발, 심의에 이르기까지 모든 개발 과정에서 국가가 주도적으로 참여하고 있다. 검정제에서는 교과용도서의 저작 주체는 민간으로서 근본적으로 국정제와 다르나, 국가에서 실시하는 검정심사를 받아야 한다는 점에서 국가가 간접적으로 교과용도서 편찬에 관여하고 있다 할 수 있다. 인정제는 검정제와 유사한 편찬제도로서 인정 심사는 검정심사의 규정을 준용하여 시행되며, 대부분의 인정 관련 업무는 시·도 교육감에게 위임되어 있다. 비록 인정심사가 검정심사의 규정을 준용하여 실시하고 있지만 국가의 관여 정도는 실질적으로 검정제에 비하여 훨씬 미약한 것으로 간주된다.

우리나라 교과용도서의 편찬제도는 국정제와 검정제가 근간을 이루면서 인정제도 시행되고 있으며, 매 교육과정기마다 다소 차이가 있다. 제 7차 교육과정기에 편찬된 교과용도서는 제7차 교육과정의 정신을 반영하여 학생의 자기주도적 학습 능력과 창의력 신장을 목표로 하였으며, 쉽고 재미있고 활용하기 편리하도록 제작하였다. 초등학교의 경우 대부분의 교과서는 국정제로 편찬된다. 제 6차 교육과정기에 초등학교 영어 교과서가 검정으로 개발된 적이 있으나 지금은 국정으로 전환되었다.

검정제와 인정제로 출원되는 교과서의 심사 위원은 절대로 외부에 공개되지 않는다. 그래서 교과서 집필자들은 자기가 집필한 교과서를 심사할 심사 위원들이 누구인지, 그리고 이들이 해당 교과나 과목에 대해 어느 정도의 전문성을 갖추고 있는지 매우 궁금해 한다. 그리고 심사를 제대로 할지 의심스러워하기도 한다. 그 이유는, 각 교과나 과목에서 전문성을 갖춘 학자들이 거의 대부분 교과서를 집필하기 때문이다. 그래서 흔히 들리는 얘기가, '전문가가 집필하고 비전문가가 심사한다.'는 말이 나돌기도 한다.

교과서를 출원한 대부분의 저작자는, 심사 위원으로부터 출원한 교과서에 대한 심사 결과와 함께 수정 통지서를 받는다. 그런데 심사 위원들이 지적해 준 수정 요구 내용으로 미루어 볼 때, 심사에서는 교과서의 핵심이 되는 내용보다는 그렇지 않은 내용이 더 많이 심사되는 것 같다. 그 이유는, 교육과정의 구현, 교육 내용의 적정화, 내용의 범위와 수준, 내용 선정과 조직, 학습자 중심 등에 대한 지적은 별로 없고, 교육의 중립성 유지(가령 정치, 종교, 남녀, 직업, 계층 등에 대한 편견이 있는지 등)와 표현 및 표기에 대한 지적이 대부분이기 때문이다. 이런 점에서 심사의 타당성과 심사 위원들의 교과적 전문성이 크게 의심받기도 한다.

초등학교 한자 교과서는 국가 수준의 교육과정이 없는 까닭에 각 시도 교육청 주관으로 인정제로 편찬되고 있다. 서울특별시교육청의 경우 서울특별시교육과학연구원 주관으로 각 교과서별 인정 심의를 하고 있다. 서울특별시교육과학연구원은 교과용도서의 인정 요청이 올 경우 해당 과목의 전문가에게 심의를 위촉하여 진행한다. 초등학교 한자 교과서의 경우 심사 위원들은 다음 표와 같은 기준에 의거해 교과서를 심사하게 된다.

**333**

| 심사영역 | 심사 기준 | 배점 | 평점 | 비고 |
|---|---|---|---|---|
| Ⅰ. 내용의 선정 | 1. 내용은 창의적으로 선정하였으며, 중학교 한문과의 연계성과 위계성을 고려하였는가? | 10 | | |
| | 2. 기초한자 중심으로 수준이 고려되었으며, 초등학교 수준에 맞는 평이하고 언어생활에 활용도가 높은 핵심적인 어구들이 선정되었는가? | 10 | | |
| Ⅱ. 내용의 조직 | 3. 내용이 '내용', '방법', '평가' 등을 고려하여 체계적이고 효율적으로 전개될 수 있도록 조직되었는가? | 10 | | |
| | 4. 전통문화를 이해하고, 올바른 가치관을 형성하며, 현재 사회분야의 특성도 적절하게 반영하여 조직되었는가? | 10 | | |
| Ⅲ. 내용의 수준과 범위 | 5. 단계별로 글자수와 난이도를 고려하여 안배하고 한자, 한자어의 학습에 도움이 되는 방향으로 구성되었는가? | 10 | | |
| | 6. 한자의 짜임 및 한자어의 짜임 등에 대한 학습내용은 한자, 한자어를 쉽게 이해하도록 효과적으로 제시하였는가? | 10 | | |
| Ⅳ. 구성체제 | 7. 학습 내용은 교수학습이 일관성있게 전개될 수 있도록 구성하였는가? | 10 | | |
| | 8. 삽화, 사진, 도표 등은 학습목표를 효과적으로 달성할 수 있도록 적절하게 구성 배치되어 있는가? | 10 | | |
| Ⅴ. 표현·표기 | 9. 표현은 어법에 맞고 표기는 한글 맞춤법 표준어 규정에 따랐는가? | 10 | | |
| | 10. 판형, 색도, 쪽수 등 교과서 체제는 초등학교 한자 교과의 특성에 맞게 편찬되었으며 진술된 내용은 오류나 편견이 없는 것으로 정확한가? | 10 | | |
| 계 | | 100 | | |

　　이와 같은 심의 절차를 통과하여 인정도서로 교육감의 승인이 나면 각 학교에서는 학교의 교비로 인정 도서를 구입하여 학생들에게 무료로 제공하여야 한다. 그런데 일선에서는 상당수의 학교에서 경제적 부담 때문에 한자 교육을 하면서도 인정 도서를 구입하지 않은 채 교육과정을 운영한다. 6차 교육과정기의 영어 교과서는 검정제를 통하여 제작되었지만 학교 교비로 교과서를 구입하여 학생들에게 제공하였던 사실과 비교해 볼 때 안타까운 일이다. 기왕 학교에서 한자 교육

을 하기로 결정하였다면 양질의 교과서를 구입하여 학생들에게 제공하는 것이 바
람직할 것이다.

### (2) 인정 교과서의 구성

초등학교 한자 교과서는 교과용 도서에 관한 규정에 따라 인정 교과서를 사용
하게 된다. 인정 교과서는 교과서 심사 기준에 따라 심의 의원의 심사를 통과하
여야 하는데 심사 기준의 준거가 되는 것은 교육과정이다. 서울특별시교육청은 제
6차 교육과정이 고시된 지 3년 뒤인 1995년에 '초등학교 학교재량시간 및 중학교
선택과목 교육과정'을 제정하면서, 여기에서 처음으로 '초등학교 한자' 교육과정
을 제정하여 고시하였다. 이후 1997년 12월10일 '초등학교 한문'으로 교육과정을
개정하면서 교과 명칭과 교육과정의 일부 내용을 수정하였으나, 그 본질적인 내용
은 처음의 것과 다르지 않다. 제 7차 교육과정이 1997년 12월 30일 고시되었으
므로 수정된 교육과정이 7차 교육과정이라고 보기는 어려우나 실질적으로 교육청
에서 교과서를 심의할 때에는 이를 적용한다. 따라서 교과서의 구성도 일차적으로
수정된 '초등학교 한문' 교육과정의 내용을 반영하여야 한다. 즉, 초등학교 한문
교육의 성격·목표·방법·내용·평가 등의 항목에 기술되어 있는 내용을 충실
하게 따라야 한다.

또한 이를 근거로 마련된 초등학교 한자 인정 심의 기준의 내용을 무시하고
교과서를 제작하기는 현실적으로 불가능하다. 그러므로 내용 선정, 내용 조직, 내
용의 수준과 범위, 구성 체제, 표현·표기 등은 인정도서의 심사기준에 저촉되지
않도록 고려하여야 한다.

그러면 실제적으로 '초등학교 한문' 교육과정에 따라 구성된 교과서를 살펴보
자. 여기에서는 필자가 직접 집필한 제 6차 교육과정기 전통문화연구회 간행의
『초등학교 한자』 교과서와 제 7차 교육과정기 (주) 두산 간행의 『어린이 한자』
교과서를 대비하여 살펴보기로 한다.

|  | 『초등학교 한자』1996. 12. 19. | 『어린이 한자』2003. 2. 10. |
| --- | --- | --- |
| 교과서 권수 | 1·2·3·4단계 4권 구성 | 1·2·3·4단계 4권 구성 |
| 단원 구성 | 각 단계별로 대단원 8개, 소단원 32개, 총 128단원으로 구성 | 각 단계별로 대단원 5개, 소단원 20개, 총 80단원으로 구성 |
| 신습한자 | 1단계 127자, 2단계 143자, 3단계 176자, 4단계 162자, 총 608자 선정 | 1단계 80자, 2단계 163자, 3단계 160자, 4단계 177자, 총 580자 선정 |
| 소단원 구성 | 도입 과정(학습목표, 표제자 제시), 본문 이해 과정(한자의 음과 뜻 알아보기, 한자어의 음과 뜻 알아보기, 생각해보기, 한자어의 쓰임 알아보기), 응용 과정 | 학습목표, 학습활동 제시, 새로 배우는 한자, 활동마당(1), 한자 익히기, 쓰기 익힘책, 한자어 익히기, 활동마당(2), 쉬어가기, 확인하기 |
| 기타 | 교과서의 내용을 인터넷에 탑재함. (http://www.cybersodang.co.kr) | 교과서에 따른 쓰기 익힘책 별책으로 구성, 교사용지도서 제작 |

## 나) 소단원 구성의 특징

◆ 초등학교 한자

① 전체 소단원을 32주로 설정하여 1년간 한 주에 한 단원씩 배울 수 있도록 하였으며, 1학기에는 17단원, 2학기에는 15단원으로 구성하여 학기 구분을 하였다.

② 각 단계별 해당 학년의 타 교과 교육과정과 관련하여 통합교과적으로 구성하여 학습의 전이효과를 꾀하였다.

③ '도입과정'은 학습 목표와 새로 배울 한자를 제시하고, 학습 동기를 유발하는 삽화를 제공하였다.

④ '본문 이해 과정' 중 '한자의 음과 뜻 알아보기'는 한자의 음과 뜻을 배우고 생성과정을 살펴보도록 하였으며, '한자어의 음과 뜻 알아보기'에서는 한자어의 뜻을 제시하고 학습자 스스로 한자어의 음을 적어보도록 하였다. '생각해보기'에서는 한자의 자원을 밝히거나 한자가 다른 글자와 어울려 한자어가 되는 경우를 제시하였다. '한자어의 쓰임 알아보기'에서는 배운

한자어를 실제 언어생활에서 활용할 수 있도록 하였다.

⑤ '응용 과정'에서는 본문에서 배운 한자를 활용할 수 있는 읽을거리·만화·퍼즐·암호풀이·전래동화·철학동화·고사성어 등을 제시하여 아동 스스로 사고력을 키우도록 하였으며, 이미 배운 한자를 응용하고 반복학습 할 수 있도록 하였다. 또한 '한자쓰기'난을 두어 그 시간에 배운 한자를 필순에 맞게 쓰면서 익히도록 하였다.

⑥ '단원 평가'에서는 대단원에서 배운 내용을 종합적으로 점검하고 익힐 수 있도록 평가 문항을 제시하였다.


◆ 어린이 한자

① 전체 소단원을 20주로 설정하여 1년간 배울 수 있도록 하였으며, 학기 구분은 하지 않았다.

② 7차 교육과정의 흐름에 맞추어 '활동 중심'으로 교과서를 구성하였다.

③ '활동 제시'는 공부할 한자를 대화나 만화, 노래 등의 실제 사용 장면을 통해 나타냈다.

④ '새로 배우는 한자'는 새로 공부할 한자의 뜻과 음을 밝히었다.

⑤ '한자 마당'은 한자의 음과 뜻을 익히고 활용하도록 하였다.

⑥ '한자 익히기'는 한자가 이루어지는 과정을 살펴보고 한자의 음과 뜻을 익히도록 하였다.

⑦ '쓰기 익힘책'을 별도로 구성하여, 공부한 한자 또는 한자어를 필순에 따라 쓸 수 있도록 하였다

⑧ '한자어 익히기'는 공부한 한자로 이루어진 한자어를 익히고 활용하도록 하였다.

⑨ '쉬어가기'는 공부한 한자어가 들어간 이야기를 읽으며 마무리할 수 있도록 하였다.

⑩ '활동마당'은 자료 읽기나 활동을 통해 공부한 한자·한자어를 익힐 수 있도록 하였다.

⑪ '확인하기'는 공부한 한자·한자어를 스스로 평가해보는 부분으로 대단원이 끝날 때마다 배운 한자를 이용한 활동이나 이야기, 고사성어 등으로 구성하였다.


## 다) 단원 구성의 실제

◆ 초등학교 한자

<1단계>

一. 자연과 사람

    1. 일월산천(日月山川)    2. 수화풍우(水火風雨)

    3. 얼굴(耳目口鼻)    4. 우리의 몸(手足心身)

二. 수의 세계

    5. 일이삼사(一二三四)    6. 오륙칠팔(五六七八)

    7. 구십백천(九十百千)    8. 수량과 크기(大小多少)

三. 방향과 위치

    9. 상하좌우(上下左右)    10. 동서남북(東西南北)

    11. 전후방위(前後方位)    12. 높낮이와 길이(高低長短)

    13. 거리와 무게(遠近輕重)

四. 계절과 경치

    14. 봄 여름 가을 겨울(春夏秋冬)    15. 낮과 밤(朝夕晝夜)

    16. 하늘과 구름(靑天白雲)    17. 아름다운 풍경(丹楓雪景)

五. 재미있는 한자

    18. 활과 수레(弓刀車石)    19. 뼈와 근육(骨肉齒血)

    20. 깃털과 의복(羽毛衣皮)

六. 동물과 식물

    21. 우리 목장(牛馬犬羊)    22. 새와 물고기(鳥蟲魚貝)

    23. 풀과 나무(草木植物)    24. 꽃과 열매(花果竹林)

七. 행복한 우리 가족

    25. 아버지와 어머니(父母子女)    26. 형제 남매(兄弟男妹)

    27. 할아버지와 손자(祖孫夫婦)    28. 행복한 가정(幸福家庭)

八. 우리는 한 겨레

    29. 우리 나라(大韓民國)    30. 나라를 튼튼히(安全對備)

    31. 서로가 평화롭게(平和共存)    32. 남북이 하나로(同族往來)

9. 수업 시간(數學英語實科)

三. 건강한 삶

10. 아침 운동(早起運動熱心)　　11. 몸을 깨끗이(每番洗面淸潔)

12. 전염병 예방(醫師注射必要)　　13. 즐거운 체육시간(體育興味增進)

四. 다양한 취미 생활

14. 노래 부르기(音樂合唱歌曲)　　15. 그림 그리기(美術材料黃色)

16. 연극 연습(兒童登場觀客)　　17. 여가 선용(休日餘暇善用)

五. 서로 돕는 삶

18. 봉사 활동(讓步協同奉仕)　　19. 불우 이웃 돕기(感謝誠金恩惠)

20. 어려움을 함께(困難慰勞相助)　　21. 결혼 축하(結婚慶事祝賀)

六. 경제 활동

22. 생산과 소비(生産消費貯蓄)　　23. 우리의 제품을 세계로(海外貿易競爭)

24. 경제 교류(財貨經濟交流)

七. 문화 유산을 찾아서

25. 시내에서 바다로(溪谷湖水深淺)　　26. 원양 어선의 출입(遠洋漁船出入)

27. 석유를 찾아서(油田探查希望)　　28. 좋아지는 섬 생활(落島道路完工)

八. 자주 국방의 길

29. 유비무환(陸軍有備無患)　　30. 우리 국군(將兵勇敢莫强)

31. 군인의 정신(命令服從忠誠)　　32. 이순신 장군(聖雄武功戰死)


<4단계>

一. 인류의 평화와 올림픽

1. 자유와 평등(世界人類歡迎)　　2. 의무와 권리(追憶因緣便紙)

3. 소질과 능력(勝敗得失施賞)　　4. 민주 사회 건설(最初永久記念)

二. 산업과 경제 활동

5. 학급 회의(豐年穀食秋收)　　6. 과제는 내 힘으로(支店賣買利益)

7. 조사 발표하기(銀行金錢授受)　　8. 특별 활동(商品製造達成)

三. 전통문화의 향기

9. 우리의 얼(固有精神思想)　　10. 고전의 향기(古典詩畵香氣)

11. 속담과 격언(俗談格言引用)　　12. 선현들의 지혜(先賢知識考察)

四. 다양한 취미 생활

13. 준법 생활(規則嚴守禁止)　　14. 법원을 찾아서(法律是非判決)

15. 공정한 선거(絶對公正選擧)　　16. 민주주의 정치(直接參與政治)

17. 평등한 사회(性別專門業務)



초등학교 한자교육

3. 서로 닮았네요(飮食衣服洞里有在)　　4. 길고 짧은 것(短多古今遠近强弱)

二. 꿈을 키워요

5. 무엇이 되고 싶나요(歌畵家發明作記者)　　6. 내 꿈은 카레이서(動車速度力高安全)

7. 한글과 한자(子音漢字不便利習)　　　8. 이순신 장군(死活海戰用前例勝)

三. 즐겁게 배워요

9. 아침을 열어요(席姓名表問答意見)　　10. 좋아하는 과목(數體育科讀書社會)

11. 나도 수학자랍니다(半分公式直角合同)　　12. 알쏭달쏭 과학(然光風空植物化石)

四. 아름다운 것을 찾아서

13. 들로 산으로(登農事夕陽果花米)　　14. 미술관에 가서(現代美術圖紙立油)

15. 용기 있는 사람(界勇氣行往來童文)　　16. 변해 가는 우리 마을(開平市場工業親苦)

五. 되돌아 보아요

17. 온 국민의 축제 마당(極旗萬歲面住方由部) 18. 가족사랑 내 몸처럼(孫孝道電族命身所重)

19. 기본을 바르게(基本正共每失反省)　　　20. 설날을 맞이하여(幸運頭成始歸京集)


<3단계>

一. 작은 것이 아름답다

1. 푸르게 푸르게(落葉淸黃赤綠黑)　　2. 계절의 변화(寒溫庭園窓他昨)

3. 난 달라요(善惡晝夜輕賣買吉凶)　　4. 같은 글자를 찾아라(樹根祝福感性結線)

二. 내 마음이 쑥쑥

5. 학교에서(注向班番號放知識發)　　　6. 배우는 기쁨(順序樂唱英第課題)

7. 그래도 지구는 돈다(相對理情熱原因調査)　　8. 옛날 옛날에(典傳說章神仙期待)

三. 나와 우리가 사는 곳

9. 몸이 아프면(病院醫師談患藥效)　　　10. 할머니 할아버지(敬堂德禮節奉養)

11. 아름다운 우리 강산(形色旅客船觀雪景湖) 12. 독도는 우리 땅(獨島都陸愛區郡邑)

四. 함께 사는 세상

13. 무엇을 살까요?(商店價格廣告品質)　　14. 아껴 쓰는 보람(銀貯財産消費等級)

15. 여행을 떠나요 (路過停止到着交通)　　16. 더불어 사는 우리(約束訓責任規則)

五. 세계로 미래로

17. 즐거운 운동 경기(野球朴選競技打功)　　18. 역사를 찾아서(歷史和朝鮮使臣洋)

19. 앞서 가는 우리(新聞最初特別參考)　　20. 새롭게 만들어요(的當計量許可種改良)


<4단계>

一. 알차고 힘차게

1. 동해를 다녀와서(燈操深波魚豊漁歡呼) 2. 우애로운 형제(友勤勉終壯元及厚賞)

3. 건강한 생활(健冷浴洗以治決恒常)          4. 우리 마을(週末必要施設完備局曜)

二. 과거에서 미래로

5. 발전하는 우리 고장(鐵橋製造汽貨增加希望流)   6. 인간과 자연(去破壞變件災處再活)

7. 탐구하는 생활 (察探究能誠實氷河)          8. 우주 기지 건설(願案宇宙建招請)

三. 보람 있는 삶

9. 목수 이야기(支持屋得復舊精宅餘恨)   10. 백범 김구(志非凡念報恩思想)

11. 봉사와 희생(鼻祖偉憂統領勞仕)   12. 자랑스런 우리 나라(寫眞展爭榮視聽雄致賀)

四. 읽고 보고 느끼며

13. 노예의 삶(給料貧困富貴州罪無關)       14. 전시회를 다녀와서(示筆具板册卷炭)

15. 통일을 기다리며(敗亡暗雲兵士彼己露宿) 16. 즐거운 요리 시간(類材卓興味耳朗)

五. 즐거운 학교 생활

17. 운동회를 마치고(協助令威走團位練)   18. 재미있는 수학시간(算減乘除比億曲圓倍)

19. 한 해를 보내며(馬救送迎暮充滿)       20. 졸업식(回卒學壇詩慶尊仁慈)


## (3) 인정 교과서의 활용

초등학교 한자 교육의 현황에 대한 안재철(1991), 방인태(1998; 2003) 등의 설문 조사 결과를 보면 전국적으로 65% 이상의 학교에서 한자 교육을 실시하고 있다. 그런데 이들 학교에서 한자 교육을 위해 사용하는 교재를 조사한 결과 학교에서 자체 제작한 교재를 사용하는 경우(29%)가 제일 높고, 어린이 신문의 한자를 교재로 사용하는 경우(27%)가 그 다음이며, 시중에서 상업적으로 판매하는 교재를 이용하는 경우(24%)도 적지 않다. 이처럼 인정 교과서 이외의 교재를 이용하여 한자 교육을 하는 경우가 90% 정도이고, 교육청에서 인정한 인정 교과서를 활용하는 경우는 10%에 지나지 않는다고 한다.

이와 같이 일정한 교육과정의 기준에 의한 심사를 거치지 않은 교재로 한자 교육을 실시하는 것은 큰 문제가 아닐 수 없다. 그것은 교육과정 정신의 구현, 교육 내용의 적정성 여부, 교육 내용의 범위와 수준, 학습자 중심의 교육 등 여러 가지 교육적으로 고려해야 할 사항들을 무시한 교재를 사용함으로써 학습자들에게 부적절한 교재를 제공하는 잘못을 범한다는 것이다. 또한 교육적으로 검증을 거치지 않은 교재를 사용함으로써 학습자들에게 한자에 대한 그릇된 인식을 심어

줄 가능성이 크다. 이와 같은 문제점을 해결하기 위해서 초등학교 현장에서 한자 교육을 할 때에는 인정 교과서를 사용하여 실시하도록 제도적으로 규정하여야 한다. 또한 인정 교재를 채택하지 못하는 이유 중에 경비 문제가 큰 걸림돌로 작용하는데 국가에서 교재를 제공하거나, 아니면 수익자 부담으로 교재를 구입할 수 있도록 제도적인 보완책을 마련하여야 할 것이다.

초등학교 한자 교육을 위하여 수많은 집필자들이 오랜 기간 동안 노력을 기울여 제작한 교과서가 초등학교 현장에서 제대로 활용되지 못한다면 국가적으로 큰 낭비일 뿐 아니라 교육을 받는 학생들에게도 미안스러운 일이다. 학생들이 다양한 교수·학습 방법을 적용할 수 있도록 개발한 한자 교재를 사용하여 가르쳐야 '한자'는 매우 재미있고 유익한 교과라는 인식을 할 수 있을 것이다.


초등학교 한자교육

## 참고문헌

교육인적자원부(2000), 『초등학교 교육과정 해설서』.

서울특별시교육청(1997), 『초등학교 학교재량시간 및 중학교 선택과목 관련 교육과정』.

강경모(2002), 「바람직한 한문과 평가를 위한 내용 영역 검토」, 『한문교육』 54, 전국한문교사모임.

金王奎(2000), 「초등학교 한문 교육의 현황과 실제」, 『漢字漢文敎育』 제6집, 한국한자한문교육학회, 165~
  217쪽.

金王奎(2003), 「한국의 초등학교 한자교육의 현황과 과제」, 『漢文敎育硏究』 제21호, 韓國漢文敎育學會,
  239~265쪽.

김종운(1993), 「국민학교 교육용 한자의 선정과 학년별 적용에 관한 연구」, 한국교원대학교대학원 석사학위
  논문.

노명완(2004), 「집필·검정 과정상의 문제점 개선 시급」, 『교과서연구』 42호, 한국교과서연구재단.

노희방(2005), 「교과용 도서 편찬 제도」, 『교과서연구』 44호, 한국교과서연구재단.

박기룡(1995), 「국민학교 저학년 한자지도 연구」, 『漢字漢文敎育』 제2집, 한국한자한문교육학회, 203~
  224쪽.

朴英鎬(1996), 「제6차 한문과 교육과정 중 '내용체계'의 문제점과 해결방안」, 『漢文敎育硏究』 10, 한국한문
  교육학회.

方仁泰(1997), 「초등 한자 교육론」, 『한국초등교육』 제9권 제1호, 89~107쪽.

方仁泰(1998), 「한자 교육에 대한 초등교사의 의식조사」, 『한자한문교육』 제4집, 153~164쪽.

方仁泰(1999), 「남북한의 초등 한자교육 비교」, 『漢字漢文敎育』 제5집, 한국한자한문교육학회, 1~16쪽.

方仁泰(2004), 「초등학교 한자교육의 문제 및 해결 방안」, 『漢字漢文敎育』 제12집, 한국한자한문교육학회,
  42~53쪽.

方仁泰(2005), 「초등학교 한자 교육의 문제 및 해결 방안」, 『초등학생 실력 향상을 위한 어휘력 강화학습에
  관한 세미나』 자료집, 서울시교육의정회, 12~19쪽.

배종수(2002), 「좋은 교과서의 조건들」, 『교과서연구』 39호, 한국교과서연구재단.

송병렬(2003), 「한문과 교육과정의 영역과 내용 체계의 문제」, 『새로운 한문 교육의 지평』, 문자향, 15~
  25쪽.

安載澈(1991), 「국민학교에서의 한자교육의 실태연구」, 『우봉임만영교수회갑기념논문집』, 동간행위원회.

安載澈(2003), 「한문과 교육과정의 영역에 대한 문제 검토」, 『漢文敎育硏究』 20, 韓國漢文敎育學會, 443~
  483쪽.

元容錫(2003), 「한문과 교육과정 내용체계에 관한 연구」, 『漢字漢文敎育』 11, 韓國漢字漢文敎育學會, 103~134쪽.

정용환(2002), 「사실과 원칙 중심의 오류 없는 교과서」, 『교과서연구』 39호, 한국교과서연구재단.

鄭愚相(1995), 「초등학교 교육용 기초 한자의 선정과 표준 훈음의 설정시안」, 『漢字漢文敎育』 제2집, 한국한자한문교육학회, 181~200쪽.

池載歡(2004), 「초등학교 한자 교재의 내용 비교 검토」, 『漢字漢文敎育』 제12집, 한국한자한문교육학회, 61~87쪽.

陳哲鏞(1998), 「초등 한자 교육 평가」, 『漢字漢文敎育』 제4집, 한국한자한문교육학회, 21~44쪽.

韓殷洙·鄭寓仁(1996), 「초등학교 한자 교재 편찬고」, 『漢字漢文敎育』 제3집, 한국한자한문교육학회, 149~188쪽.

韓殷洙(1994), 「국민학교 한자교재 구성 시론」, 『漢字漢文敎育』 창간호, 한국한자한문교육학회, 81~106쪽.

韓殷洙(2002), 「초등학교 한문교육 평가방법의 모색」, 『漢字漢文敎育』 제9집, 한국한자한문교육학회, 68~95쪽.

韓殷洙(1999), 「초등에서의 한자교육 방법」, 『새국어교육』 제58호, 한국국어교육학회, 35~38쪽.

韓殷洙(2004), 「초등학교 한문 교재의 내용 수준 문제」, 『한자한문교육』 제13집, 한국한자한문교육학회, 7~53쪽.

韓殷洙(2005), 「初等學校 漢字 敎材의 분석과 敎授·學習 方法 고찰」, 『어문연구』 33권 3호, 한국어문교육연구회, 483~508쪽.

# 제6장

## 초등 한자의 평가 방법

# 1. 한자의 평가 원리와 유형

## 1) 한자 평가 원리

첫째, 漢字와 漢字語 평가는 실제 사용 능력을 평가해야 한다. 이를 한자 평가의 實際 原理라고 할 수 있다. 한자는 언어요 문자이다. 언어와 문자는 그 자체의 가치가 아니라, 인간의 의사소통과 문화적인 욕구를 충족시키는 매체이고 수단이다. 그러므로 초등학교에서 한자를 학습하는 것도 이러한 언어와 문자 생활의 사용에 있다 할 수 있고, 한자를 학습해서 실제의 언어와 문자 생활에 활용하는 데에 근본적인 목적이 있다. 우리의 경우에 한자는 한자만으로 독자적으로 사용되는 것이 아니라, 한자어의 형태로 사용되고, 또 그것은 문장에서 일상의 언어생활에서 사용된다. 그러므로 이러한 한자의 실제 사용의 본질적 목적에 비추어 그 한자의 능력을 평가하는 것이 가장 기본적으로 요구된다. 그리고 이러한 점을 평가의 상황에서 반영해야 하고, 이것을 초등학교 한자 평가에서 첫 번째 유지해야 할 원리, 실제 원리인 것이다.

둘째, 漢字와 漢字語 평가는 관련 지식보다는 실제 사용 능력을 평가해야 한다. 이를 使用 원리라고 할 수 있다. 때문에 한자와 한자어에 관한 문법적 지식 평가는 지양해야 한다. 이것은 첫 번째의 원리인 실제의 원리와 직결되는 것으로서, 실제의 원리는 한자가 사용되는 실제 상황을 제시하여 평가해야한다는 것이라면, 이 사용의 원리는 사용 자체의 능력을 평가해야 한다는 것이다. 첫째 원리가 평가 상황에 관한 것이라면 이것은 평가의 사용 능력에 관한 것이라 할 수 있다. 또 한자 사용과 관련된 것으로서 이것은 당연히 정확성을 요구한다. 따라서 한자의 정확한 사용 능력의 여부를 평가해야 한다는 것이 바로 사용의 원리이다. 한자를 읽고 쓸 때에 정확하게 사용하지 않으면 한자의 문자로서의 역할을 할 수 없게 된다. 그러므로 한자 사용 능력을 평가하면서 이 점을 분명하게 고수해야 하고, 이것이 바로 使用 원리의 핵심이라 할 수 있다.

셋째, 漢字成語 평가는 한자성어의 의미를 바르게 이해하는 데에 평가의 중점을 두어야 한다. 이것을 理解 원리라 부를 수 있다. 한자성어는 한자로 이루어진 한자어보다 큰 단위의 언어이다. 이것은 四字로 된 사자성어나, 관련된 역사적 사실적 배경이 있는 故事成語에 관한 평가이다. 이러한 한자성어를 평가할 때는 그 성어의 정확한 이해에 평가의 핵심을 두어야 한다는 의미이다. 이 성어를 사용하기에 앞서 성어의 의미를 바르게 이해해야 이의 사용을 정확하게 하고, 실제의 사용할 상황에 맞게 사용할 수 있는 셈이다. 따라서 한자 성어를 평가할 때는 이 이해 원리를 유념해야 한다.

넷째, 國漢文章 평가는 國漢文의 문장을 실제의 문자생활, 독서나 작문의 생활에서 평가해야 한다. 이것을 生活 원리라 부를 수 있을 것이다. 초등학교 한자 교육의 기본적 목표는 국한문의 문장을 정확히 읽어 이해하고, 필요한 경우에 국한문장의 글을 쓸 수 있게 하는 것이다. 이것은 표기를 한자로 표기하고 그렇지 않고의 표기상의 문제를 떠나서, 실제의 한자어가 사용된 문장을 정확하게 읽고 쓰는 언어와 문자 생활의 능력과 정도를 평가해야 한다는 의미이다. 한자와 한자어를 학습하고 이것이 일상 언어에서 반영되어 생활에 적용되고 활용되지 않는다면 한자 학습의 본질적인 의미의 상실을 뜻한다. 따라서 이러한 한자 학습의 본질적이고 고유한 목적에 비추어 평가할 시에 이 원리를 유념해야 한다는 의미이다.


초등학교 한자교육

## 2) 한자 평가 유형

### (1) 지필 평가

紙筆 평가는 글자 그대로 종위 위에 쓰는 평가의 일체를 모두 포함한다. 학습자가 지면에 인쇄된 평가 문제를 직접 써서 해결하는 방식의 평가를 총칭한다. 학습자의 실제 수행 능력을 평가하는 수행 평가와 달리, 지필 평가는 학습자의 지식을 주로 평가하게 된다. 학습의 결과를 평가할 때, 대부분의 교과에서는 지필 평가를 선호한다. 지필 평가에 의한 한자 평가는 한자와 한자어의 음훈과 쓰기 평가, 한자성어나 국한문장에 대한 이해와 독음 평가 등의 다양한 평가를 실시할 수 있다. 대부분의 학교에서 학습자의 학습 성취 정도를 일시에 측정하기 위한 가장 현실적인 평가 방법이다.

### (2) 수행 평가

수행 평가는 지필 평가의 단점을 해결하기 위한 평가 방법으로서 학습자의 지식과 기능, 태도의 실제 수행 능력을 평가하는 방법이다. 특히 한자 학습 경우는 지식이 아니라, 실제 생활에서의 사용 능력을 향상시키는 것이므로 지필 평가가 측정하기 어려운 실제 한자와 한자어 한자성어, 국한문장의 실제 사용 능력을 측정하는 효과적인 방법이다. 이에는 한자 학습의 읽기와 쓰기 능력의 측정뿐만 아니라, 학습 태도를 평가하기 적합하고, 특히 포트폴리오를 통한 누가 평가는 실제적이고 효과적인 방법이다.

수행 평가(Performance Assessment)란 "평가자가 학습자의 학습 과제 수행 과정 및 결과를 직접 관찰하고, 그 결과를 전문적으로 평가하는 방식"을 의미한다. 한문교육에서 적용할 수 있는 수행 평가 방법으로는 서술형 검사, 논술형 검사, 관찰법, 토론법, 면접법, 연구보고서법, 포트폴리오법, 발표학습법, 협동학습법, 마인드맵, 역할놀이 학습법 등을 들 수 있다. 이 중에서 초등학교 한자교육에서 적용 가능한 방법으로는 서술형과 관찰법, 면접법, 포트폴리오법 등이 있다.

**351**

### (3) 진단평가

진단평가는 형성평가나 총괄평가와 마찬가지로 학생의 행동 특성에 관한 정보 수집을 위해 모종의 의사결정, 기술, 분류가 목적이다. 그 특징으로는, 첫째 수업을 시작하는 시초에 학생을 이해하고 그에 적응된 수업방법을 투입하려는 것, 둘째 학생이 학습을 진행하는 도중에 계속적인 결함을 진단하려는 것, 셋째 始發 행동 진단에 따른 학생의 처치와 교수방법의 적응에 있다.

진단평가는 첫째, 수업을 시작하기 전에 실시하는 진단평가는 학생이 학습을 시작하기 전에 그가 어떤 단계, 어떤 수준에 놓여있는가를 파악하기 위해 실시한다. 이러한 목적의 진단은 다음의 둘이다. ①계획한 학습 과제의 목표를 성취하는 데 선수 조건이 된다고 추측하는 시발 행동 및 기능을 학생이 소유하고 있는가의 여부, 주어진 학습 단위 또는 과정의 목표를 학생이 이미 통달해서 보다 높은 수준의 학습프로그램을 제공해야하는지를 결정하려는 것이며, ②학생이 지니고 있는 특성, 지능, 적성, 흥미, 동기, 기초 기능 등에 관한 정보를 확인하고 그에 따라 적절한 교수 방책이나 교수 방법의 대안을 제공하는 의사 결정을 하려는 것이다. 둘째 교수·학습이 진행 중일 때 실시하는 평가로 이 평가의 주된 기능은 학습자가 학습에서 나타내는 계속적인 결함의 원인 및 그 밑에 놓여 있는 원인 정보를 수집하여 적절한 의사 결정을 하려는 것이다. 셋째 시발 행동의 진단에 따라 교수 방책의 효과가 극대화될 수 있도록 학생을 處置하려는 것이다.

### (4) 형성평가

수업 활동을 진행하는 과정에서 그 수업 활동에 주어진 여러 수업 목표의 달성을 위해 제대로 정상적인 진전을 보여주는지를 계속적으로 점검해나가는 평가의 형태를 말한다. 이 형성평가는 교수·학습이 끝난 뒤에 실시하는 총괄평가의 약점을 보완하고, 총괄평가의 일부 부정적 작용을 덜기 위해 활용하는 평가활동이라고 할 수 있다.

형성평가는 교수·학습을 형성하는 과정에서 그 수업과 학습의 진전 상황에 관한 정보를 수집하고 분석함으로써, 바로 그 수업과 학습의 개선에 이바지하려는 데에 그 주요한 목적이 있는 것이다. 그러므로 형성평가에서는 수업과 학습의 개선을 위하여 반드시 필요한 증거나 정보를 수집하는 절차를 어떻게 개발하며, 그 증거나 정보를 가장 유용하게 요약 보고하는 절차를 구성하며 평가할 때에 따른 부정적인 효과를 어떻게 경감시킬 것인가의 문제와 부딪힌다. 따라서 수업과 학습의 진행과정에서 얻은 증거와 정보를 수업과 학습의 과정 자체에 어떻게 관련짓느냐 하는 것이 형성평가의 핵심적인 문제이다.

이러한 면에서 형성평가의 기능은 다음과 같다. 첫째, 학습 진행 속도를 조절하는 기능이 있다. 특히, 학습해야할 교과 내용의 범위가 넓거나 분량이 많을 때에 적절한 빈도로 실시하는 형성평가는 학습 진행 속도의 조절을 위해 큰 도움을 줄 수 있다. 둘째, 학습을 진행 중인 학생들의 학습에 대한 보상 또는 강화기제의 역할을 한다. 그러므로 형성평가의 결과는 평점으로 표시하지 않는 것이 바람직하다. 셋째, 학생들이 당면하는 학습의 곤란을 파헤치고 밝히는 데에 큰 도움을 줄 수 있다. 따라서 형성평가의 결과는 가능하면 학생들 스스로 채점하여 그 결과에 대한 판단을 내리게 하는 것이 바람직하다. 왜냐하면 형성평가의 목적이 학생들이 자신의 학습 곤란을 스스로 극복할 수 있게 하는 데에 있기 때문이다. 넷째, 학습지도 방법의 개선에 큰 기여를 할 수 있다. 이 기능은 학습동기를 유지하는 기능뿐 아니라 학습 지도과정 속에 숨은 허점이나 약점을 발견할 수 있게 한다. 교수자 자신이 가르친 학급의 형성평가의 결과를 분석하면 자신이 학습지도 과정 중의 어떤 부분에 약점이 숨어있는지를 밝혀낼 수가 있다.

### (5) 총괄평가

총괄평가는 Scriven(1967)이 처음 사용하였는데, 이 총괄평가의 개념은 "한 학습과제, 단위, 교과가 끝난 다음에 기말, 연말에 종합적으로 교육목표의 달성도를 사정하여 수업활동의 효율성에 대한 판단을 내리는 데에 목적을 두는 평가"로 그 기능은 다음과 같다.

첫째, 총괄평가의 일차 기능은 학생들의 성적을 매기는 데에 있다. 이 성적은 보통 점수나 평점으로 평가한다. 총괄평가는 비교적 장기간에 걸친 학습 성과가 종합된다는 입장에서 볼 때, 평가의 내용이 특정 교과나 학습 단원의 주요 수업 목표들을 잘 대표할 수 있도록 선택하는 일이 중요하다. 때문에 이 평가는 수업 목표에 대해 높은 타당도를 갖추어야 한다. 둘째, 총괄평가의 결과는 학생들의 장래 성장을 예측하는 근거로 사용할 수 있다. 그러므로 평가에 신중을 기해야 한다. 셋째, 총괄평가의 결과로 학습 진단의 성과를 비교할 수 있다. 이 기능은 학생 개인의 학습이나 성적이 아니라, 어떤 학생 집단의 종합적인 학습 성과를 다른 교수법 학습자료 학생집단과 관련시켜 본다는 점에 특색이 있다. 넷째, 총괄평가는 학습지도의 장기적인 질적 관리를 위해서도 큰 도움을 줄 수 있다. 특히 한 교과의 수업과정이 전과 비슷할 때는 금년도 총괄평가의 결과를 과거의 총괄평가의 결과와 비교해 볼 필요가 있다. 이 경우에 그 결과에 차이가 나면 분석하여 그 원인을 밝혀야 할 것이다.

# 2

## 한자의 평가 영역과 내용

### 1) 한자 평가

한자 평가는 한자에 관한 평가를 하는 유형으로서 이에는 한자의 讀音과 뜻,


초등학교 한자교육

한자로 쓰기, 필순, 획수, 부수 따위가 있다. 한자의 독음과 뜻은 한자의 음과 뜻을 달거나 맞는 음과 뜻을 고르게 하는 것이고, 한자로 쓰기는 음이나 뜻을 제시하고 이에 맞는 한자를 직접 쓰게 하는 것이다. 이밖에 한자의 필순과 획수를 묻는 문제, 모르는 한자를 자전에서 직접 찾는 능력을 평가하기 위한 부수를 묻는 문제 따위가 한자의 여러 평가 유형들에 속한다.

**〈한자 평가〉의 예**

(1) 다음 한자의 뜻과 독음을 써봅시다.
　① 末 (뜻:　음:　) ② 備(뜻:　음:　) ③ 曜(뜻:　음:　) ④ 木(뜻:　음:　)
(2) 다음 중 독음과 뜻이 <u>잘못</u> 연결된 한자를 찾아봅시다.
　① 願－원－원하다 ② 宇－주－집 ③ 才－재－재주 ④ 河－하－물
(3) 다음 한자와 뜻이 비슷한 한자를 찾아봅시다.
　思 : ① 市　② 長　③ 想　④ 恨

## 2) 한자어 평가

한자어의 평가는 한자가 서로 어울려 하나의 낱말을 이루는 한자어를 대상으로 하여 한자어의 독음과 뜻, 한자어의 짜임을 평가하는 유형들이 있다. 한자어의 독음에서는 어울리는 한자에 따라 음이 다른 한자들에 평가의 초점을 맞춰야 하고 한자어는 뜻이 다양하므로 가능하면 國文章을 제시하고 그 문맥에 맞는 한자어의 뜻을 묻는 것이 평가의 타당도를 높일 수 있다. 특히 한자어의 짜임은 그 원리가 漢文章의 독해와 연관되는 만큼 중요하게 다루어야 하나, 짜임에 지나치게 얽매이는 평가는 지양함이 좋다. 왜냐하면 어디까지나 한자의 짜임은 짜임 자체의 이해에 있는 것이 아니라, 짜임을 통한 한자어의 뜻의 이해와 문장의 의미 파악에 궁극적인 지향점이 놓이기 때문이다.

 

(1) 다음 한자어의 독음을 쓰고 알맞은 풀이와 이어 봅시다.

    ① 古典 (　　　　) ● ● 사물의 내용을 자세히 살펴봄

    ② 理由 (　　　　) ● ● 바라고 기다림

    ③ 調査 (　　　　) ● ● 오랫동안 널리 읽히고 모범이 될 만한 작품

    ④ 期待 (　　　　) ● ● 까닭

(2) ≪보기≫에서 알맞은 한자를 골라 써 넣어 봅시다.

    ≪보기≫

| 都市 | 觀光 | 旅客船 | 貨物車 |

    ① 사람들이 도시□□로 많이 모여 인구 집중 현상이 나타났다.

    ② 금강산으로 가기 위해 여객선□□□을 타고 동해로 나갔다.

(3) 다음 밑줄 친 낱말을 한자로 써봅시다.

    ① 내 고향은 꽃피는 산골입니다.　② 교장 선생님께 편지를 썼습니다.

## 3) 漢字成語 평가

한자성어는 일반적으로 언어와 문장의 사용에서 단어로 쓰이는 한자어보다 큰 개념이다. 일상의 언어생활에서 쓰이기도 하지만 그 사용의 빈도나 활용은 다소 뒤진다. 한자성어는 故事成語와 사자성어로 구분할 수 있다. 일반적으로 한자어는 2자의 한자어나 3자의 한자어를 칭하고, 보통 4자로 이루어진 것을 한자 성어라고 부른다. 물론 성어에 포함된 고사성어도 2자나 3자가 있다. 예컨대 矛盾과 千里眼, 千里馬 따위가 있다. 그러므로 여기서 말하는 성어는 4자 이상으로 이루어진 한자어를 별도로 칭하는 의미이다. 그리고 그 중에는 과거의 역사적 성어 탄생의 배경이 있는 것을 고사성어로 부르고, 그러한 확실하게 알려진 배경이 없이 조어되어 쓰이는 말들을 통칭한다. 특히 근대에 오면서 이러한 말들은 많이 조어되어 쓰인다. 예컨대, 西勢東漸, 東道西器 따위가 그것이고, 經濟發展이나 開拓

精神 등의 이미 사용하는 단어를 결합하여 4자의 성어를 만든 경우도 아주 많다. 이러한 한자성어를 대상으로 평가를 할 때는 그 정확한 의미를 알고 있는가와 그 바른 발음에 관한 것이다. 초등학교의 경우에 한자의 표기 자체를 강조하거나 중요시하게 다룰 필요는 없다. 한자로 직접 표기해야 할 경우도 점차 없어지는 현실도 그러하고, 또 이것은 컴퓨터의 사용으로 손으로 직접 필기해야 하는 상황이 대폭 줄어들기에, 정확하게 한자를 표기상 식별할 수 있는 능력, 자형을 구별할 수 있는 능력이 우선된다고 할 수 있다. 그러므로, 한자로 표기된 것을 정확하게 발음하고, 그 의미를 확실하게 이해하는 것, 따라서 그것을 이용하여 문장을 이해하거나 표현할 경우에 그 정확성과 적합성을 평가의 목표로 삼아야 할 것이다.

<한자성어 평가의 예>

(1) 다음 밑줄 친 한자성어를 읽어 봅시다.
　　① 그 나라는 계속 <u>內憂外患</u>에 시달려 왔다.　　독음 :
　　② <u>形形色色</u>의 단풍이 아름답게 보였다.　　　　독음 :
(2) 다음 문장의 (　　)에 어울리는 한자성어를 ≪보기≫에서 골라 써봅시다.
　　≪보기≫

| 威風堂堂 | 耳目口鼻 | 以熱治熱 | 三寒四溫 |

　　① 조상들은 더위를 (　　　　　　)로 다스려 왔다.
　　② 할아버지는 언제나 (　　　　　　)하게 걸어 가신다.
(3) 한자성어의 독음과 뜻을 바르게 이어봅시다.
　　① 知彼知己　　★ 송구영신　　♣ 더하고 빼고 곱하고 나누기
　　② 送舊迎新　　★ 가감승제　　♣ 상대를 알고 나를 안다
　　③ 加減乘除　　★ 지피지기　　♣ 옛것을 보내고 새것을 맞이하다

## 4) 國漢文章 평가

국한문장의 평가는 실제의 한자어가 사용된 국한문장에 대한 이해의 정도를

**357**

평가하는 것이다. 한자를 혼용한 국한문의 문장을 제시하고, 그 문장에서 사용된 한자어에 대한 독음과 의미의 이해 정도를 평가 대상으로 삼는다. 초등학생을 대상으로 국한문장을 직접 써보게 하는 것은 정도에 지나친다. 물론 그러한 평가를 시도할 수는 있지만, 가능하면 국한문장에서 한자와 한자어에 대한 적용의 정도를 평가하는 것이 적절하다. 간혹 잘못 사용된 한자어를 찾아내거나, 적합한 한자어를 선별하게 하여 얼마나 그 한자어의 적절한 의미를 이해하고 있는가를 평가할 수 있을 것이다.

국한문장 평가에서 제시하는 문장은 평가만을 위한 문장을 별도로 작성하는 것보다는 이미 국한문으로 사용된 문장을 이용하는 것이 바람직하다. 이것은 평가가 그 자체만을 위한 것이 아니라, 실제의 사용 여부를 평가하는 것인 만큼, 실제 쓰인 문장을 대상으로 평가하는 것이 보다 실제적이기 때문이다. 물론 문장에서 다루고 있는 내용도 초등학생의 사유와 생활 경험으로서 가능한 것이어야 함은 물론이다. 한자어가 평가 대상이 된다고 실제로 초등생의 사유와 경험 세계와 무관하거나 거리가 먼 생소한 것을 단지 한자어 사용의 국한문장 평가라는 이유만으로 제시하여 평가하는 것은 바람직하지 않다. 국한문으로 쓰인 문장을 읽게 하는 것만으로도 교육적 경험을 할 수 있게 하는 것이 필요하다. 그런 면에서 평가 대상으로 하는 국한문장의 선택에 각별 유의해야 한다.

<국한문장 평가의 예>

汽車가 우리나라에 들어온 것은 1896년입니다. 이 때는 노량진과 제물포 사이에 鐵道가 만들어지고, 기차가 이 두 곳을 오갔습니다. 이것이 경인선입니다. 그 뒤로 서울에서 부산을 잇는 경부선을 비롯한 많은 철도가 만들어지면서, 전국 각지의 사람과 貨物의 이동이 편리해졌습니다. 이제는 서울과 부산을 빨리 오갈 수 있는 경부 高速鐵道까지 개통되었습니다.

(1) 위 글의 한자어를 읽은 것이다. 바르게 연결한 것을 찾아봅시다.
① 汽車―기선 ② 鐵道―철로 ③ 貨物―하물 ④ 高速―고속


초등학교 한자교육

(2) 위 글의 다음 한자어를 한자로 써봅시다.

　① 전국 : (　　　　　　　　) 　② 편리 : (　　　　　　　　)

(3) 위 글에서 한자어를 한자로 써본 것이다. 바른 것을 찾아봅시다.

　① 경부선―京富線 　② 경인선―京仁線


# 3

## 한자의 지필 평가 유형

## 1) 선택형

선택형 문항은 형식 자체가 구조화, 객관화 된 특징이 있다. 그러므로 정답을 문항 속에서 확인, 선택하게 하는 형식이다. 선택형 문항으로서 단순한 상기나 기억, 단편적 지식, 개념의 상기에 치우친 문항을 제작할 수 있다.

### (1) 진위형

진위형은 학생에게 진술문을 제시하고 그것의 진위, 정오를 판단케 하는 방법이며, 양자택일형이라고도 한다. 진술문 한 개만 주는 경우와 두 개를 주고 그 중 어느 것이 옳은가를 묻는 방법도 있다. 진위형 문항을 제작할 때는 다음을 주의해야 한다. 첫째 한 가지 해석만 가능한 절대적 眞, 절대적 僞의 진술문을 사용할 것, 둘째 한 개의 문항에는 단일한 아이디어만 포함시킬 것, 셋째 부정문장은 피

할 것, 넷째 종속적이나 조건이 많은 복합문이나 긴 문장은 사용하지 말 것, 다섯째 절대적 어구나 일반적 어구를 사용하지 말 것 등이다.

### <진위형>의 예

* 다음에 맞는 것은 ○ 표, 틀린 것은 × 표를 해봅시다.
  (1) 날짐승을 나타내는 한자는 '鳥'와 '蟲'이다. (　　)
  (2) 경선이는 耳目口非가 반듯하다. (　　)
  (3) 우리나라의 山川은 매우 아름답습니다. (　　)

### (2) 배합형

배합형은 일련의 전제와 답지, 전제와 답지를 배합시키는 지시문의 셋으로 구성된다. 전제와 답지에는 단어, 어구, 문장, 기호 등을 사용할 수 있다. 배합형 문항을 제작할 때 주의할 것은 다음과 같다. 첫째 전제나 답지는 동질성이 있는 것끼리 묶을 것, 둘째 전제나 답지의 수는 적절히 제한할 것, 셋째 전제와 답지의 각 문항은 최대한 계열성 있게 배열할 것, 넷째 어떤 조건에서 배합할 것인지 분명히 지시할 것, 다섯째 전제나 답지의 각 항목 사이에 중첩되는 개념이 있어서는 안 될 것 등이다.

### <배합형>의 예

* 알맞은 한자어를 <보기>에서 찾아 써 봅시다.
  ≪보기≫

| 情熱 | 調査 | 理由 |
| --- | --- | --- |

  (1) 낮과 밤이 생기는 이유□□는 무엇일까?
  (2) '초파리의 한살이'를 백과사전에서 조사□□하였습니다.

(3) 귀가 들리지 않는 어려움도 음악에 대한 베토벤의 정열□□을 꺾지 못
했습니다.

### (3) 선다형

선다형은 질문을 제시하고, 그 답에 해당하는 것을 여러 개 제시하여 답을 선
택하게 하는 평가 방식이다. 집단 대상으로 정해진 짧은 시간에 평가할 수 있는
장점이 있다. 그러나 정답을 맞거나 틀린 학생의 실제 이해 여부를 판정하기 어
려운 문제가 있다. 일반적으로는 답지를 4~5개를 제시한다. 여기에서 보다 신뢰
성을 높이기 위해서는 제시하는 답지의 변별성을 낮추는 게 좋다. 학습자가 정확
하게 알지 못하면 쉽게 답을 고를 수 없게 답지간의 변별도를 낮추는 것이 요체
이다.

<선다형의>의 例

* 왼쪽 한자와 독음이 같은 것을 골라 봅시다.
  (1) 方 : ① 知  ② 向  ③ 番  ④ 放
  (2) 弟 : ① 課  ② 序  ③ 第  ④ 唱
  (3) 人 : ① 因  ② 目  ③ 理  ④ 古

## 2) 서술형

학습자가 평가 문항에 대한 정답을 단어나 문장으로 직접 서술하는 평가 유형
을 지칭한다. 서술형에는 서술 방식에 따라서 단답형과 완성형, 논술형이 있다.
학습자가 물음에 대한 답을 직접 작성하는 방식으로 통칭 주관식이라 부르지만,
엄밀한 의미에서 주관식은 이 중의 논술형이고 나머지는 객관적인 정답이 있는
객관식에 해당한다.

### (1) 단답형

單答形이란 말 그대로 단 하나의 답이 있는 문제를 제시하고 그 답을 학습자가 직접 서술하게 하는 평가 방식이다. 이 평가 방식은 객관적으로 단 하나의 답만 있는 문제를 제시해야 한다. 여러 개의 정답이 있는 경우에는 이 평가 방식을 적용하기 어렵다.

<단답형>의 例

(1) 다음 한자의 뜻과 음을 써 봅시다.
　① 敬(뜻 :　　　음 :　　　) ② 堂(뜻 :　　　음 :　　　)
　③ 奉(뜻 :　　　음 :　　　) ④ 藥(뜻 :　　　음 :　　　)
(2) 다음 한자어의 뜻을 써 봅시다.
　① 銀行 :　　　　　　　　　　② 消費 :
　③ 等級 :　　　　　　　　　　④ 財産 :
(3) 다음 문장의 밑줄 친 한자어의 음을 써 봅시다.
　놀이 공원에서 木馬(　　　　)를 타고 놀았습니다.

### (2) 완성형

완성형은 문항을 제시하는 데, 일정 부분을 공란으로 제시하여 이것을 학습자가 기술하여 완성하게 하는 방식을 말한다. 완성형을 제시할 때는 제시한 문항에서 학습자가 반드시 인지해야 할 부분을 공란으로 제시해야 한다. 그리고 이것은 공란에 들어갈 정답이 가능하면 하나의 답만이 있을 수 있는 문제를 제시하는 것이 신뢰성을 확보하는 방법이다. 이 완성형은 공란에 넣을 정답이 하나의 단어일 수도 있고, 하나의 구절이 될 수도 있다. 그럴 때 그 서술의 정도에 다른 평점의 기준을 미리 제시하는 것이 바람직하다. 그것이 현실적으로 용이하지 않을 때는 가능하면 그 편차가 적은 것을 선택하는 것이 필요하다.

* <보기>에서 알맞은 한자어를 골라 문장을 완성해 봅시다.

≪보기≫

觀光　　市內　　旅客船　　快速船　　形形色色　　天高馬肥

(1) 우리는 □□버스를 타고 현장 학습을 다녀왔습니다.

(2) 사람을 싣고 다니는 배를 □□□이라 합니다.

(3) 가을이 되자 나뭇잎이 □□□□으로 물들었습니다.


## (3) 논술형

이 논술형은 실제로 초등학생에게 적용하기 쉽지 않은 유형이다. 그러나 고학년일 경우에 적절한 방식으로 한자어의 사용 전반에 관하여, 한자 학습에 대한 태도를 평가하거나, 전통 문화에 대한 것과 가치관에 대한 것을 평가하고자 할 때는 제한적으로 사용할 수 있을 것이다. 한자교육이 단지 한자와 한자어의 이해와 사용에 국한하는 미시적인 교육이라기보다는 한국의 한자와 관련된 문화와 가치를 이해하고, 그것을 현실의 생활에 어떻게 적용하여 바람직한 삶을 살아갈 것인가 하는 보다 거시적인 문제와도 연결시킬 필요성이 있기에 적절하게 평가 방식을 적용하는 것도 바람직하다.



(1) 世宗大王의 偉大한 점에 대해 써 봅시다.

(2) 誠實한 學校 生活에 대해 써 봅시다.

(3) 물건의 再活用에 대한 의견을 써 봅시다.

## 1) 쓰기 평가

한자의 쓰기 평가는 한자의 筆寫를 평가 대상으로 삼는다. 한자 쓰기 학습은 한자를 정확하고 아름답게 쓰게 하기 위한 것이다. 한자 쓰기란 문자 그대로 한자를 필순에 따라 정확하게 베껴 쓰는 것이다. 그러나 학생들에게 단지 글자를 베껴 쓰게 하는 것은 어떤 흥미도 일으키지 못하고 오히려 쉽게 싫증나게 해 버리기 쉽다. 그리고 번거로움을 느껴 무의미하게 생각하는 학생마저 나오게 된다. 따라서 학생들로 하여금 한자 쓰기에 흥미와 관심을 지니게 하기 위해서는 우선 도입 단계가 중요하다. 처음부터 교사가 "…한 점에 주의하세요"라든가, "글자의 모양이나 크기 필순 등에 주의하세요." 라고 철저히 가르치는 것이 아니라 자유롭게 학생들이 써보도록 하는 것이 효과적이다. 이렇게 하여 학습자는 자연스럽게 자기 나름대로 한자를 쓰며 점, 획, 받침 등의 학습을 시작한다. 이러한 과정을 거치면서 학생들은 한자 쓰기에 관심을 보이며 쓰기 학습이 진행된다.

한자 쓰기 대상을 선택할 때는 학생들과 서로 이야기하여 쓰고 싶은 것을 고르게 하는 것이 좋다. 학습자의 생활 경험과 계절 등을 고려하여 고르는 것도 한 방법이다. 入學, 卒業, 上, 下, 父, 母, 兄, 弟, 姉, 妹, 男, 女, 善, 惡, 孝, 道 등을 제시하면 쉽게 흥미를 가지고 자발적으로 쓰기 학습을 하게 된다.

이렇게 학생들이 써 낸 한자, 한자어 등은 약간이라도 좋은 점을 발견하여 칭찬한다. 그리고 문제점이 있는지 없는지를 될 수 있는 한 학생들이 스스로 평가하게 한다. 이때 하나 혹은 둘 정도의 평가 관점을 정하여 주면서 평가한다. 가령, '人'자의 오른쪽 파임이 너무 짧았다든지 너무 길다든지 혹은 어느 글자에 점이 빠졌다던가('水'자와 '氷'자는 왼쪽 점이 있느냐 없느냐에 따라 차이가 있으며, 이런 문제는 여러 가지 한자 학습에 주의를 요한다) 등을 학생들이 스스로 발견하도록 한다. 또 세로획이 조금 삐뚤어졌다던가, 가로획이 지나치게 가늘다든지 하는 등의 주의를 시킨다. 그렇게 하면 다음부터는 목표에 주의하면서 쓰게 되며 차츰 발전하게 된다. 학생 혼자만 쓰게 하면 몇 번을 반복하여 써도 별로 향상되지 않는다.

그리고 편지 봉투의 수신인 쓰는 법, 엽서 쓰기 등도 좋은 제재가 될 수 있다. 몸이 아픈 친구에게 편지를 쓰는 것 등은 한자어 쓰기의 발표 기회로 활용할 수 있다. 일반적으로 한자어를 쓰기 위해 글자를 베낄 때는 매우 정성들여 쓰게 된다. 그런데 실제 편지 등을 쓰게 하면 난잡해지기 쉽다. 한자와 한자어를 잘 쓰도록 습득했어도 그것을 능숙하게 활용할 수 없으면 의미가 없다. 어떠한 제재를 취했더라도 지도 목표는 하나나 둘 정도로 하고 너무 욕심을 내지 않는 것이 좋다. 그 목표를 관점으로 하여 평가하는 것이다. 예를 들면 봉투의 수신인 쓰는 법을 학습한다면 글자의 배열과 글자의 크기라고 합쳐 말하고 그 점만을 평가대상으로 하는 것이다. 평가의 초점을 하나 내지 둘로 압축하여 평가하는 것이 바람직하다.

한자 쓰기 게임을 통해 경쟁심을 자극하는 것도 한 방법이다. 팀을 만들고 심사원을 정하여 상호 평가하는 방법도 있다. 학생들이 쓴 한자를 보고 어느 곳이 좋고 어느 곳이 잘못 되었는지, 왜 잘못 되었는지, 또 어디가 잘된 것인가를 각 조마다 서로 충분히 이야기하도록 한다. 이렇게 하면 자신의 한자 학습에 대한 잘잘못을 깨닫게 되고, 스스로 틀리지 않으려고 노력하게 된다. 평가의 근본은 그 평가 결과를 통하여 자신의 재능을 발견하고, 부족한 부분을 스스로 보충해 나아가도록 촉진시켜 주는 데 있다고 볼 때, 위의 평가 활용 방법은 이용해 볼만하다.

각 학년에 따른 내용을 완전히 파악하여 지도하고 그 성취도를 평가함과 동시에 학생 능력의 차이에 따라 어떤 학생에게는 보다 높은 내용을 또 다른 학생에게는 좀 낮은 내용을 지도하여 개인 능력을 절대 평가하는 것이 중요하다.

## 2) 읽기 평가

읽기 평가의 대상으로는 음독에 관한 평가를 들 수 있다. 음독 학습에서는 읽는 내용이 듣는 사람에게 잘 전달될 수 있게 분명한 발음으로 읽게 한다. 음독과 낭독은 귀로 듣기 때문에 시간이 경과하면 잃어버리기 쉽다. 될 수 있는 한 정확하게 그 자리에서 쉽게 평가하기 위해 체크 카드(체크리스트)를 이용하는 것이 좋다. 그 평가 항목으로는 대체로 다음과 같은 항목을 들 수 있다.

### 1) 음성

- 크지도 작지도 않게 분명한 음성으로 한자, 한자어, 국한문을 읽고 있는가?
- 정확한 발음과 억양을 유지하며 읽고 있는가?

### 2) 속도

- 쉬운 부분만 골라 읽기를 하고 있지는 않은가?
- 句讀點을 제대로 끊어 읽고 있는가?
- 읽는 것이 지나치게 빠르지 않은가?
- 억양을 잘 살려 읽고 있는가?

### 3) 이해

- 글을 바르게 이해하고 읽고 있는가?
- 문장 구성 단위를 바로 알고 끊어 읽는가?


초등학교 한자교육

### 4) 표현

- 감정 표현이 얼굴에 나타나고 있는가? (표정을 가지고 글을 읽고 있는가? )
- 신체 표현에 알맞게 저절로 손짓, 몸짓을 사용하고 있는가?

이상과 같이 여러 항목에 따라 3단계 내지 5단계 평가를 실시하면 효과적이다. 이처럼 낭독을 통하여 한자, 한자어, 국한문 등을 정확히 읽고 그 뜻을 헤아릴 수 있다면 한자 읽기 학습은 목표를 성취하는 것이다.

## 3) 태도 평가

한자와 한자 학습, 한자 교육 전반에 관한 학습자의 태도를 평가하는 것이다. 이것은 몇 개의 문항으로 평가하기보다 포트폴리오나 평시의 학습 태도를 종합적으로 평가하는 것이 바람직하다. 그리고 이것을 수치로 점수화하기보다 종합 평정을 통한 포괄적인 평어를 사용하여 평가하는 것이 요구된다. 이것은 한자 교육에도 분명하게 하나의 필요한 평가 요소로 반영되어야 하는 것이 중요하므로, 이것을 상대적인 우열을 비교하거나 객관화시키기보다, 학습자 개개인의 학습상 태도 변화와 학습의 적응의 정도를 평가하는 것이 필요하다.

## 4) 포트폴리오 평가

학습자의 학습에 관한 지속적인 관찰과 그 학습의 수행의 정도를 累加的으로 수집하고 보관하고 정리하여 전반적인 학습 능력과 학습 성취를 평가하기에 적합한 방식이다. 특히 초등생의 경우에 자형에 대한 식별과 인식을 넘어서 그것을 필기하는 능력을 지나치게 강조하지 않는 것이 요구되는 만큼, 이러한 한자 자형 쓰기에 관한 것은 포트폴리오를 통한 누가적 평가로 그 적응의 정도와 선호의 상태 등을 평가하여 차후의 학습과 교수에 반영하는 것이 필요하고 중요하다.

# 한자 능력 급수 평가

## 1) 한자 능력과 한자 급수 평가

한자능력을 평가하기 위해 각 기준에 따른 급수를 정하고, 이를 평가하여 능력을 인정하는 평가 방식이 한자급수 평가이다. 2001년부터 국가 공인을 받은 각 기관별로 능력 급수의 유형은 사범 급수부터 8급까지로 다양하다. 그리고 각 급수별 평가 요소와 배정 한자도 상이하다. 이에 관해 보다 자세한 것은 각 기관의 홈페이지를 참조할 수 있다.

## 2) 한자 급수 평가 시행 기관

국가에서 공인을 받아 한자 능력 검정 시험을 시행하는 곳은 현재 (사)한국어문회(2001~:http://www.hanja.re.kr), (사)한자교육진흥회(2004~ : http://www.hanja114.org), (사)대한민국한자교육연구회(2004~ : http://www.hanja.net), (사)한국외국어평가원(2004~ : http://www.ehanja.or.kr), (사)한국평생교육평가원(2006~ : http://www.kpe.or.kr), (사)한국한자한문능력개발원(2006~ : http://www.hanja4u. org)의 6곳이다. 이것은 앞으로 더 증가할 수 있다.

## 3) 각 급수별 평가 요소

국가 공인 한자 능력 급수 평가를 실시하는 6개 기관별로 각 급수별 평가 요소를 살펴 보자. 대동소이하나 각 기관별로 약간씩 다르다.

(사)한국어문회는 "讀音, 訓音, 漢字쓰기, 部首, 筆順, 長短音, 反義語/反意語. 相對語, 同義語/同意語, 類義語, 同音異義語, 뜻풀이, 略字, 完成型"이고, (사)한자교육진흥회는 "훈음, 독음, 쓰기, 용어뜻, 기타"이다. (사)대한민국한자교육연구회는 "한자의 훈음알기, 한자의 짜임을 통한 형,음,의 알기, 훈음에 맞는 한자 알기, 한자의 다양한 훈음알기, 부수와 획수 적용하기, 약자와 속자, 유의자와 반의자의 한자알기, 한자어와 한문에 적용하기, 한자어의 독음알기, 한자어의 뜻 알기, 낱말을 한자로 변환하기, 한자어의 짜임알기, 문장속의 한자어 독음알기, 문장속의 낱말을 한자로 변환하기, 반의어와 유의어 알기, 장음절과 단음절 구분하기"이고, (사)한국외국어평가원은 "한자어의 독음 쓰기, 한자의 訓·音 쓰기, 訓·音에 맞는 한자 쓰기, 뜻(內容)에 맞는 한자어 쓰기, 문장 속 빈칸의 뜻에 맞는 한자어 채우기, 反意語(相對語) 쓰기, 同義語(類似語) 쓰기, 내용(뜻)에 맞는 성어 및 고사성어를 한자로 쓰기, 略字(俗字) 쓰기, 뜻에 맞는 단문 쓰기, 단문 해석, 한시 해석"이다. (사)한국평생교육평가원은 "훈·음에 맞는 한자, 한자의 훈·음, 한자어의 독음, 한자어의 뜻 이해, 뜻에 맞는 한자어, 생활 한자어 활용, 동의어(자), 유의어(자), 반의어(자), 상대어(자), 장음 찾기, 명언·명구(단문 포함) 이해, 간이한 시구·문장 이해, 동음이의어, 속담을 이해하기, 한자어 쓰기, 약자 쓰기, 4자성어(고사성어 포함)"이고, (사)한국한자한문능력개발원은 "독음, 훈음, 한자 쓰기, 자원 풀이, 인성교육 한문 지정 과제, 반의어, 상대어, 사자·고사성어, 부수, 동의어, 유의어, 동음이의어, 뜻풀이, 약자"이다.

## 4) 기관별 급수 배정 한자

각 공인 기관별로 급수에 따른 배정 한자가 다르다. 이를 공인 급수와 비공인 급수로 구별하여 비교 제시한다.

| 시행 기관 | (사)한국어문회 | (사)한자교육<br>진흥회 | (사)대한민국<br>한자교육연구회 | (사)한국외국어<br>평가원 | (사)한국평생<br>교육평가원 | (사)한국한자<br>한문능력개발원 |
|---|---|---|---|---|---|---|
| 공인 급수 배정한자 수 | 1급(3,500, 쓰기 2,005)), 2급(2,355, 쓰기1,817), 3급(1,817, 쓰기1,000), 3급Ⅱ(1,500, 쓰기750) | 사범(5,000), 1급(3,500), 2급(2,300), 3급(1,800) | 사범(5,000), 1급(3,500), 준1급(2,500), 2급(2,000), 준2급(1,500) | 1급(3,500), 2급(2,500), 3급(1,850), 4급(1,500) | 1급(3,500,쓰기1,800),2급(2,500,쓰기1500),3급(1,800,쓰기1,000),준3급(1,500,쓰기750) | 1급(3,500,쓰기1,800),2급(2,350,쓰기1,500),준2급(1,800,쓰기1200),3급(1,500,쓰기900) |
| 비공인 급수 배정한자 수 | 4급(1,000, 쓰기500), 4급Ⅱ(750, 쓰기400), 5급(500, 쓰기300, 6급(300, 쓰기150), 6급Ⅱ(300, 쓰기50), 7급(150), 8급(50) | 4급(900), 준4급(700),5급(450),준5급(250),6급(170),7급(120),8급(50) | 준사범, 3급(1,000), 준3급(800),4급(600),준4급(400),5급(250),준5급(100),6급(50) | 준4급(900),5급(600),준5급(450),6급(350), 준6급(250),7급(150),8급(70) | 4급(1,000,쓰기500),준4급(750,쓰기300),5급(500,쓰기250), 준5급(300,쓰기150),6급(250,쓰기50),7급(150),8급(50) | 준3급(1,200,쓰기700),4급(900,쓰기500),준4급(700,쓰기300),5급(500,쓰기150),6급(300,쓰기50),7급(150),8급(50) |



초등학교 한자교육

方仁泰(1999), 「漢文科 敎育評價 方法」, 『新漢文科 敎育論』, 傳統文化研究會.
方仁泰 外(2004), 『제7차 교육과정에 맞춘 어린이 漢字(기초편)』, (주)두산.
方仁泰 外(2003), 『제7차 교육과정에 맞춘 어린이 漢字(1~4단계)』, (주)두산.
宋永日(2001), 『漢字 敎授 學習 方法과 評價論』, 장서원, 176~177쪽.
鄭達泳(1999), 「漢文科 學習評價의 活用」 『新漢文科 敎育論』, 傳統文化研究會.
한국어문회, http://www.hanja.re.kr
한자교육진흥회, http://www.hanja114.org
대한민국한자교육연구회, http://www.hanja.net
한국외국어평가원, http://www.ehanja.or.kr
한국평생교육원, http://www.kpe.or.kr
한국한자한문능력개발원, http://www.hanja4u.org

## 저자 소개

### 方仁泰

서울교육대학교, 서울대 대학원 국문과, 문학박사

現 서울교육대학교 교수

### 金昌祐

서울교육대학교, 고려대 대학원 국문과, 문학박사

現 고려대, 한국교원대, 한국체대, 경찰대 강사

### 韓殷洙

서울교육대학교, 한국교원대 대학원 국어교육학과, 교육학박사

現 서울교대, 한국교원대 강사

서울교육대학교 초등국어교육연구소 교육총서 1

## 초등학교 한자교육

초판 1쇄 발행    2006년 8월 30일
초판 2쇄 발행    2007년 8월 30일

저　　자　방인태·김창호·한은수
펴 낸 이　이대현
책임편집　이태곤
편　　집　권분옥·이소희·양지숙·김주헌·김지향·허윤희
기　　획　홍동선
제　　작　안현진
관　　리　정태윤
펴 낸 곳　도서출판 **역락** / 서울 서초구 반포4동 577-25
　　　　　 문창빌딩 2층(우1137-807)
전　　화　3409-2058(대표) 3409-2060(편집부) FAX 3409-2059
이 메 일　youkrack@hanmail.net
홈페이지　www.youkrack.com
등　　록　1999년 4월 19일 제303-2002-000014호

정　　가　15,000원

ISBN　89-5556-496-1-93710

* 잘못된 책은 교환해 드립니다.